Accounting Dictionary

English-Spanish
Spanish-English
Spanish-Spanish

Diccionario de Contabilidad

Inglés-Español
Español-Inglés
Español-Español

Nora Sánchez

T0304624

WILEY

John Wiley & Sons, Inc.

Copyright © 2003 by John Wiley & Sons, Inc . All rights reserved.

Published by John Wiley & Sons, Inc., Hoboken, New Jersey
Published simultaneously in Canada

Limit of Liability/Disclaimer of Warranty: While the publisher and author have used their best efforts in preparing this book, they make no representations or warranties with respect to the accuracy or completeness of the contents of this book and specifically disclaim any implied warranties of merchantability or fitness for a particular purpose. No warranty may be created or extended by sales representatives or written sales materials. The advice and strategies contained herein may not be suitable for your situation. You should consult with a professional where appropriate. Neither the publisher nor author shall be liable for any loss of profit or any other commercial damages, including but not limited to special, incidental, consequential, or other damages.

For general information on our other products and services, or technical support, please contact our Customer Care Department within the United States at 800-762-2974, outside the United States at 317-572-3993 or fax 317-572-4002.

Wiley also publishes its books in a variety of electronic formats. Some content that appears in print may not be available in electronic books.

For more information about Wiley products, visit our web site at www.wiley.com.

Library of Congress Cataloging-in-Publication Data:

Sánchez, Nora.
    Accounting dictionary. English-Spanish, Spanish-English,
Spanish-Spanish / Nora Sánchez.
      p. cm.
    ISBN 0-471-26576-4 (CLOTH : acid-free paper)
    1. Accounting—Dictionaries—Spanish. 2. Spanish
language—Dictionaries—English. 3. English
language—Dictionaries—Spanish. I. Title.
HF5621 .S26 2004
657'.03—dc21   2003014093

10 9 8 7 6 5 4 3 2 1

Dedication

To my children Federico and Rosario, for their support and unconditional help.

To my brother Alejo, for his invaluable contribution to the development of the software underlying this work.

To my teacher of life, Susana Kurokawa, for her unconditional support and guidance.

To my husband Luis, who is my guide and inspiration in life.

Dedicatoria

A mis hijos Federico y Rosario, por su apoyo y ayuda incondicional.

A mi hermano Alejo, por su contribución inestimable en el desarrollo informático de este libro.

A mi maestra de vida, Susana Kurokawa, por su soporte y orientación sin concesiones.

A mi esposo Luis, mi guía e inspiración en el camino del ser.

About the Author

Nora Sánchez, C.P.A., has 15 years of experience as a manager and professional consultant for large Latin American and European companies in the fields of project appraisal, M&As, and business process improvement. She teaches valuation and financial accounting at Universidad Torcuato Di Tella in Buenos Aires, Argentina. As a fully bilingual practitioner and teacher, she is familiar with the real needs of those who deal on a daily basis with the challenge of properly translating and understanding financial statements.

Acera del Autor

Nora Sánchez es Contadora Pública Nacional. Tiene más de 15 años de experiencia como consultora de grandes compañías latinoamericanas y europeas en el campo de la valuación de proyectos, fusiones y adquisiciones, y reingeniería de procesos. Dicta cursos de valuación y contabilidad financiera y gerencial en la Universidad Torcuato Di Tella en Buenos Aires, Argentina. Como profesional y docente fluente en Inglés y Español, está bien familiarizada con las reales necesidades de aquellos que deben enfrentarse a diario con el desafío de traducir adecuadamente e interpretar estados contables.

Indice

Contents

Prefacio

El proceso creciente de globalización de los negocios hace que cada día sea más y más frecuente para los que producen, usan e interpretan la información contable, el tener que comprender y utilizar los términos contables en un idioma diferente del propio, con exactitud y pertinencia.

Este diccionario ha sido elaborado pensando en los usuarios de habla hispana e inglesa, que manejando perfectamente los conceptos contables en su idioma de origen, precisan conocer sus apropiadas equivalencias idiomáticas. En las secciones Inglés-Español y Español-Inglés de este libro se incluyen, con ese fin, los más de 12.000 términos contables genéricos de uso más frecuente en ambos idiomas.

Asimismo, si bien los países Iberoamericanos comparten un idioma común, es también cierto que la terminología contable difiere muchas veces entre ellos. Por ello se han incluído, en una tercera sección Español-Español, más de 800 equivalencias para Argentina, Chile, Colombia, España, México, y Venezuela, cuyas contrapartes figuran también en las dos primeras secciones del libro.

Finalmente, hemos incluido un apéndice para ilustrar al lector respecto de las diferencias de terminología entre diferentes países, tal como aparecen en los estados contables de la vida real. Se encontrarán allí 21 estados financieros para siete países: Argentina, Chile, Colombia, España, Estados Unidos, México y Venezuela. Para cada país se han incluido ilustraciones pertenecientes al sector manufacturero, a la banca, y a la industria de servicios. Si bien las empresas y los números son ficticios, están basados en reportes reales. Los ejemplos presentados no pretenden cubrir, naturalmente, todas la variantes que pueden encontrarse en la práctica, pero ilustran al lector sobre los términos en uso, y sobre su ubicación habitual más frecuentemente utilizada en los reportes contables de los Estados Unidos, España y Latino América.

Preface

In the face of increasing globalization, users of accounting information more than ever need to understand and be able to properly use accounting vocabulary in a language different from their own—and to do so with accuracy and relevance.

This dictionary was written for Spanish and English users who are already familiar with the meaning of accounting concepts in one of these languages and need to know the appropriate equivalent(s) in the other. In the English-Spanish and Spanish-English sections of this book, the reader will find appropriate equivalences for the more than 12,000 accounting terms that are most frequently used.

Despite the fact that Ibero-American countries share a common language, it is also true that accounting terminology differs greatly among them. This is why, besides generic accounting terms, we are also including a final Spanish-Spanish section with more than 800 equivalent terms specifically used in Argentina, Chile, Colombia, Spain, Mexico, and Venezuela. These entries can also be accessed via the first two sections of the dictionary.

Finally, we have included an appendix to give the reader a snapshot of how accounting statements may look in different countries. Here you will find 21 financial statements for seven countries: Argentina, Chile, Colombia, Mexico, Spain, Venezuela, and the United States. For each country, we have included sample statements for manufacturing, banking, and service firms. Although the firms and the data are fictitious, the statements are based on real formats used by real companies. Yet these samples do not cover all possible variants; they are simply intended to illustrate which terms, in which locations in an accounting statement, are usually employed in the United States, Spain, and Latin America.

Nota del Autor

Este diccionario ha sido desarrollado para usuarios de terminología contable, de modo que en el caso de términos con más de un significado, sólo se mencionan los relacionados con conceptos contables.

En el caso de vocablos con más de un significado, estos se presentan numerados en forma sucesiva:

> **abono**   *m.* 1. payment, subscription; 2. credit.

En los casos de entradas en inglés con una traducción genérica o más frecuente en Español (incluyendo términos equivalentes específicos para países de habla hispana), se presenta en primer término la traducción genérica y luego la traducción referida al país de origen, figurando este último en forma antepuesta:

> **accumulated depreciation**   fondo de amortización, depreciación acumulada, amortización acumulada; ■ *Mex.* estimación para depreciación; ■ *Sp., Mex.* provisión para depreciación, deducción por amortización.

Para entradas que se utilizan sólo en algunos países, estas se presentan seguidas por la referencia del país de origen:

> **asiento de inversión**   ■ *Mex.* reversing entry.

En la sección Español-Español, cuando las entradas corresponden específicamente a algún país, se presentan seguidas de la referencia al país de origen, en negrita y entre paréntesis:

> **aproximación a la realidad (Arg.)**   representación fiel.

Entradas que tienen términos equivalentes que difieren entre países, se presentan anteponiéndoles la referencia al país de origen:

> **auditor**   ■ *Arg.* contador dictaminante ■ *Esp.* censor de cuentas.

Author's Note

This dictionary has been written for users of accounting terms. When a word or phrase has more than one meaning, only those related to accounting concepts are given.

Entries with more than one meaning are numbered differently:

> **act**   1. acta; 2. ley, decreto; 3. acto, acción.

English entries with a generic translation are presented first, followed by variants used in specific Spanish-speaking countries. The latter are preceded by a reference to the country of origin:

> **accumulated depreciation**   fondo de amortización, depreciación acumulada, amortización acumulada; ■ *Mex.* estimación para depreciación; ■ *Sp., Mex.* provisión para depreciación, deducción por amortización.

For terms used in some specific countries only, the country of origin precedes the translation:

> **asiento de inversión**   ■ *Mex.* reversing entry.

In the Spanish-Spanish section, entries related to a specific country are followed by the reference to the country of origin in bold font and in parentheses:

> **aproximación a la realidad (Arg.)**   representación fiel.

In entries that have different equivalent terms among Spanish-speaking countries, the country of origin is presented before the equivalent term:

> **auditor**   *Arg.* contador dictaminante ■ *Esp.* censor de cuentas.

Abbreviations/ Abreviaturas

Abbreviation/ Abreviatura	English/ Inglés	Spanish/ Español
m	masculine	masculino
f	feminine	femenino
m/f	common gender	neutro
v.	verb	verbo
adj.	adjective	adjetivo
n.	noun	nombre/sustantivo
Arg.	Argentina	Argentina
Ch.	Chile	Chile
Col.	Colombia	Colombia
Esp.	Spain	España
Mex./Méx.	Mexico	México
Sp.	Spain	España
UK	United Kingdom	Reino Unido
US	United States	Estados Unidos
Ven.	Venezuela	Venezuela

English-Spanish
Inglés-Español

**AAA (American Accounting
Association)** Asociación Americana de
Contabilidad.

**AARR (accrual accounting rate of
return)** tasa de retorno contable, retorno
sobre la inversión.

abandoned property propiedad
abandonada.

abandonee beneficiario del abandono.

abandonment abandono, desistimiento.

abandonment clause cláusula de
abandono.

abandonment loss pérdida por
abandono.

abate rebajar, anular, disminuir.

abatement disminución, cancelación,
rebaja, reducción.

abatement of debts rebaja de deudas,
disminución de deudas.

abatement of taxes rebaja de
impuestos, disminución de impuestos.

ABB (activity-based budgeting)
presupuesto por actividades, presupuesto
basado en la actividad.

ABC (activity-based costing) costo
basado en actividades, costeo por actividad.

ABC method método ABC.

ABM (activity-based management)
gestión basada en actividades,
administración por actividad.

abnormal gain ganancias extraordinarias.

abnormal loss pérdidas extraordinarias.

abnormal spoilage deterioro anormal,
merma anormal, desperdicio anormal.

above par sobre la par, con prima.

above the line sobre la línea, dentro de la
línea.

absence ausencia.

absence from work falta de asistencia
al trabajo, ausencia al trabajo.

absenteeism ausentismo, absentismo.

absolute title título absoluto.

absolute total loss pérdida total
efectiva.

absorb absorber.

absorb costs absorber costos.

absorbed cost costo absorbido.

absorbed overhead gastos generales
absorbidos, costos indirectos de fabricación
aplicados, gastos generales de fabricación
aplicados.

absorption absorción.

absorption costing costeo por
absorción, costeo de absorción.

absorption of costs absorción de
costos.

absorption rate coeficiente de
absorción, tasa de absorción, índice de
absorción.

abstract *adj.* abstracto.

abstract *n.* extracto, resumen.

abstract of account estado de cuenta.

abstract of current account extracto
de cuenta corriente.

abstract of postings resumen de pases
al mayor.

abusive tax shelter amparo
contributivo abusivo, abrigo contributivo
abusivo.

**ACAS (Advisory, Conciliation and
Arbitration Service)** Instituto de
Mediación, Arbitraje y Conciliación.

accelerated amortization
amortización acelerada.

**accelerated cost recovery system
(ACRS)** sistema acelerado de
recuperación de costos.

accelerated depreciation
depreciación acelerada.

acceleration clause cláusula de
aceleración, cláusula de vencimiento
anticipado.

accept aceptar, acoger, admitir, avenirse a,
recibir, reconocer, supeditarse a.

accept a bill aceptar una letra.

acceptable quality level (AQL) nivel
de calidad aceptable.

acceptance aceptación, aprobación.

acceptance agreement contrato de
aceptación.

acceptance at days date aceptación
a… días fecha.

acceptance at days sight aceptación
a... días vista.

acceptance bill letra de cambio
aceptada.

acceptance line línea de aceptación.

acceptance of a bill of exchange
aceptación de letra de cambio.

acceptance sampling muestreo por aceptación, muestreo de aceptación.

acceptance supraprotest aceptación de letra de cambio bajo protesto.

acceptances receivable aceptaciones por cobrar.

accepted bill documento de cobro aceptado, efecto aceptado.

accept for the account of recibir por cuenta de.

acceptor aceptante, aceptador.

acceptor of a bill aceptante de una letra.

accident accidente.

accident benefits indemnización por accidentes de trabajo, beneficios por accidente.

accident insurance seguro contra accidentes.

accommodation endorsement endoso de favor, endoso de garantía.

accommodation indorsement (UK) endoso de favor, endoso por aval.

accommodation note documento de garantía, documento avalado.

accord acuerdo, convenio, pacto.

account *n.* 1. cuenta; 2. informe.

account analysis method método de análisis de cuenta.

account balance saldo de cuenta, saldo, saldo contable, saldo de la cuenta, saldo de una cuenta.

account basis base contable.

account book libro de contabilidad, libro de cuentas, libro de asiento, libro de cuenta y razón.

account closed cuenta saldada, cuenta cerrada.

account entry anotación en cuenta.

account form formato de balance, balance de cuenta, forma de cuenta.

account heading encabezado de cuenta.

account holder cuentacorrentista, titular de cuenta, cuentahabientes.

account keeping teneduría de libros, tratado de contabilidad.

account master file archivo maestro de cuentas.

account number número de cuenta.

account number field campo del número de cuenta.

account number mask número de cuenta provisional.

account reconciliation conciliación de cuenta, conciliación de cuentas, reconciliación de cuenta.

account settled cuenta saldada.

account stated cuenta aceptada, cuenta conforme, cuenta convenida.

accountability responsabilidad, obligación de rendir cuentas.

accountability concept principio de responsabilidad.

accountability unit unidad de responsabilidad contable.

accountable *adj.* contabilizable.

accountable person *adj.* responsable de rendir cuentas.

accountancy (UK) contabilidad, contaduría.

accountant contador, contable.

accountant in charge contador responsable, contador encargado.

Accountant, The publicación semanal sobre temas contables (UK).

accountant's certificate certificado del contador, dictamen del contador.

accountant's fees honorarios del contador.

accountant's handbook manual del contador.

Accountant's Index bibliografía de libros y artículos contables publicada por la AICPA.

accountant's liability responsabilidad del contador.

Accountant's Magazine, The publicación contable del Instituto de Contadores Matriculados de Escocia.

accountant's opinion opinión del contador.

accountant's report informe del contador.

Accountants for the Public Interest (API) organización que brinda apoyo técnico a la asistencia social y entidades sin fines de lucro.

accounting contabilidad, contaduría.

Accounting and Review Services Committee (ARSC) Comité de Servicios Contables y de Revisión.

accounting books and records libros y registros contables.

accounting change cambio contable, cambio en la contabilidad.

accounting control   control contable, control de contabilidad.

accounting convention   convención contable.

accounting cushion   sobrestimación en la provisión de gastos.

accounting cycle   ciclo contable, proceso contable, ciclo de operaciones.

accounting data   datos contables.

accounting day   día de ajuste de cuentas.

accounting department   departamento de contabilidad, sección de cuentas.

accounting entity   entidad contable, entidad de contabilidad.

accounting entry   asiento contable, anotación contable.

accounting equation   ecuación contable básica, ecuación de contabilidad.

accounting error   error contable, error de contabilidad.

accounting event   hecho contable, evento de contabilidad.

accounting evidence   evidencia contable, prueba contable.

accounting firm   firma de contabilidad, estudio contable.

Accounting Historians Journal   publicación de la Academia de Historiadores Contables.

accounting identity   identidad contable, ecuación contable.

Accounting Information Systems (AIS)   sistema de información contable.

accounting interpretation   interpretación contable.

accounting manual   manual de contabilidad.

accounting measurement   medición contable.

accounting method   método contable, método de contabilidad.

accounting period   período contable, período de contabilidad, ejercicio contable.

accounting policies   políticas contables, prácticas contables.

accounting postulates   postulados contables, postulados de contabilidad.

accounting practice   práctica contable.

accounting principles   principios contables, principios de contabilidad.

Accounting Principles Board (APB)   Comité de Principios de Contabilidad.

Accounting Principles Board Opinion (APBO)   Opinión de la Junta de Principios de Contabilidad.

accounting procedures   procedimiento contable, procedimiento de contabilidad.

accounting profits   ganancias contables, beneficio contable, utilidad contable.

accounting rate of return   tasa de retorno contable.

accounting records   registros contables, registros de contabilidad.

accounting reference period   período de referencia contable.

Accounting Research Bulletin (ARB)   Boletín de Investigación Contable.

Accounting Review, The   publicación de la AAA sobre temas contables de naturaleza académica.

accounting risk   exposición a variaciones en el tipo de cambio.

Accounting Series Releases (ASR)   pronunciamientos oficiales sobre contabilidad, emitidos por la SEC, actualmente codificados como FRRs.

accounting software   programa informático contable.

accounting standards   normas contables (NC), normas de contabilidad.

Accounting Standards Board (UK)   Junta de Normas de Contabilidad.

Accounting Standards Committee   comité formado por seis organismos contables del Reino Unido e Irlanda que se pronuncia sobre normativa contable.

Accounting Standards Executive Committee (AcSEC)   Comité Ejecutivo de Normas Contables.

accounting statement   estado contable.

accounting structure   estructura contable, estructura de la contabilidad.

accounting system   sistema contable, sistema de contabilidad.

accounting transaction   operación contable, transacción contable.

Accounting Trends and Techniques   publicación anual del AICPA.

accounting unit   unidad contable, entidad.

accounting valuation   valuación contable.

accounting year   ejercicio contable.

accounts payable subsidiary ledger
registro auxiliar de cuentas por pagar, libro auxiliar del mayor de cuentas a pagar.

accounts per contra contracuentas.

accounts receivable cuentas por cobrar.

accounts receivable discounted cuentas a cobrar descontadas, cuentas a cobrar endosadas como garantía de un pagaré.

accounts receivable ledger auxiliar de cuentas por cobrar, mayor de cuentas a cobrar.

accounts receivable turnover razón de rotación de cuentas por cobrar, rotación de créditos, rotación de cuentas por cobrar.

accretion acrecentamiento.

accrual devengamiento.

accrual account cuenta de devengamiento ■ *Sp.* cuenta de periodificación.

accrual accounting contabilidad por lo devengado.

accrual accounting rate of return (AARR) tasa de retorno contable, retorno sobre la inversión.

accrual basis base de valor devengado, base de acumulación, método del devengado, base de valor devengado, base acumulada.

accrual basis of accounting acumulaciones básicas en contabilidad, sistema contable del devengado.

accrual charges cargos devengados, cargos acumulados.

accrual concept principio del devengado.

accrual date fecha de devengamiento, fecha de acumulación.

accrual method of accounting método contable del devengado, contabilidad sobre la base de erogaciones acumuladas.

accruals cargos devengados, acumulaciones.

accrue devengar, acumular.

accrued assets activo acumulado, activo devengado, ingreso devengado, ganancias devengadas.

accrued depreciation depreciación acumulada, depreciación devengada.

accrued dividend dividendo devengado.

accrued expenses gastos devengados, gastos acumulados, gastos acumulados a pagar.

accrued interest expense intereses devengados a pagar, intereses acumulados a pagar.

accrued interest income intereses devengados a cobrar, intereses acumulados por cobrar, intereses ganados a cobrar.

accrued liability pasivo devengado, gastos devengados, pasivo acumulado.

accrued revenue ingreso devengado, ganancia devengada, renta acumulada.

accrued taxes impuestos acumulados por pagar, impuestos devengados a pagar, contribuciones acumuladas.

accrued wages salarios por pagar, salarios acumulados, sueldos a pagar, jornales a pagar.

accumulate acumular.

accumulate reserves acumular reservas.

accumulated benefit obligation cálculo actuarial del valor presente de los beneficios.

accumulated depreciation fondo de amortización, depreciación acumulada, amortización acumulada ■ *Mex.* estimación para depreciación ■ *Sp., Mex.* provisión para depreciación, deducción por amortización.

accumulated earnings tax impuesto sobre ingresos acumulados.

accumulated expenses gastos devengados, gastos acumulados.

accumulated income resultados acumulados, ganancias acumuladas, ingresos acumulados, utilidades acumuladas.

accumulated profits ganancias acumuladas, ingresos acumulados.

accumulation 1. acumulación; 2. atesoramiento, acaparamiento.

accumulation schedule tabla de acumulación, cédula de acumulación.

accumulative dividend dividendo acumulativo.

accuracy precisión, exactitud.

acid test ratio prueba ácida, coeficiente de liquidez ácida, coeficiente de solvencia inmediata ■ *Sp.* ratio de tesorería.

acknowledgment of receipt acuse de recibo.

acknowledgment of receipt of an order acuse de recibo de un pedido.

ACM (additional cost method) método de costeo para la determinación del valor de las mercaderías en aduana.

acquired company compañía absorbida.

acquired goodwill crédito mercantil adquirido, valor llave adquirido, llave de negocio adquirida.

acquired surplus surplus adquirido, superávit adquirido, prima de emisión por fusión.

acquisition adquisición.

acquisition accounting método de la compra.

acquisition adjustment ajuste de adquisición.

acquisition cost costo de adquisición, costo de compra.

ACRS (accelerated cost recovery system) sistema acelerado de recuperación de costos.

AcSEC (Accounting Standards Executive Committee) Comité Ejecutivo de Normas Contables.

act 1. acta; 2. ley, decreto; 3. acto, acción.

action acción, pleito, proceso, trámite.

action of debt acción de regreso, acción de apremio.

active account cuenta activa, cuenta con movimiento.

active partner socio comanditado, comanditado, socio activo, socio industrial, socio responsable.

activity actividad.

activity account cuenta de actividad.

activity accounting contabilidad por centros de responsabilidad.

activity attributes características o atributos de las actividades.

activity base base de distribución.

activity-based budgeting (ABB) presupuesto por actividades, presupuesto basado en la actividad.

activity-based costing (ABC) costo basado en actividades, costeo por actividad.

activity-based flexible budget presupuesto flexible por actividad.

activity-based management (ABM) gestión basada en actividades, administración por actividad.

activity-based system sistema de información por actividades.

activity capacity capacidad operativa de la actividad.

activity center centro de actividad.

activity charges cargo por servicios bancarios, cargo por actividad, comisión por manejo de cuenta.

activity cost assignment asignación de costos por actividad.

activity cost driver impulsor del costo por actividad.

activity cost pool agrupamiento de costos por actividad.

activity dictionary diccionario de actividades.

activity driver conductor de actividad, impulsor de actividad.

activity driver analysis análisis de los impulsores por actividad.

activity level nivel de actividad.

act of bankruptcy acto de quiebra, ley de quiebras, acta que constituye el estado de quiebra, declaración de la suspensión de pagos.

act of commerce acto de comercio.

act of God caso fortuito, fuerza mayor.

act of incorporation escritura de constitución, escritura social.

actual real, verdadero.

actual basis bases reales de gastos.

actual cash value valor realizable en efectivo, precio justo de venta, precio real de venta, valor efectivo de mercado.

actual cost costo real, costo de adquisición, costo efectivo, costo incurrido.

actuals 1. disponibilidades, instrumentos financieros de contado; 2. mercaderías a entregar físicamente.

actuarial basis base actuarial.

actuarial calculations cálculos actuariales.

actuarial cost method método de costeo actuarial.

actuarial funding method método de costeo actuarial.

actuarial gains ganancias actuariales.

actuarial losses pérdidas actuariales.

actuarial reserve reserva actuarial.

actuary actuario.

ad aviso, anuncio.

add añadir, sumar.

added value valor agregado.

added-value tax impuesto al valor agregado (IVA).

addendum artículo adicional, suplemento.

additional cost method (ACM)
método de costeo para la determinación del valor de las mercaderías en aduana.

additional paid-in capital prima de emisión de acciones ■ *Mex.* prima en venta de acciones.

address *n.* dirección.

address *v.* dirigir.

address a meeting dirigirse a la asamblea, hacer uso de la palabra, hablar a la asamblea.

adequacy suficiencia.

adequate disclosure presentación adecuada, divulgación adecuada.

adhesion contract contrato de adhesión.

adjourn the meeting levantar la sesión, aplazar la sesión, disolver la asamblea.

adjudication of bankruptcy
declaración judicial de quiebra, apertura del procedimiento de quiebra, declaración judicial en quiebra.

adjunct account cuenta auxiliar, cuenta complementaria, cuenta adjunta.

adjust ajustar.

adjustable ajustable.

adjustable rate loan préstamo de tasa ajustable, préstamo de tasa variable.

adjusted balances saldos ajustados.

adjusted basis base ajustada, valor base.

adjusted for inflation ajustado por inflación.

adjusted gross income (AGI) ingreso bruto ajustado.

adjusted historical cost costo histórico ajustado.

adjusted tax basis base impositiva ajustada.

adjusted trial balance balance de comprobación ajustado, balanza de comprobación ajustada, balanza de saldos ajustados.

adjusting events hechos ajustables.

adjusting journal entry (AJE) asiento de ajuste, asiento corrector, asiento de rectificación, contraasiento, contrapartida.

adjustment 1. depuración; 2. arreglo; 3. ajuste.

adjustment entries asientos de ajuste.

adjustment for inflation ajuste por inflación.

administered liability pasivo administrado.

administered price precio administrado, precio controlado.

administration administración.

administrative accounting
contabilidad administrativa.

administrative and general expenses gastos generales y de administración.

administrative audit auditoría administrativa, revisión administrativa.

administrative budget presupuesto administrativo.

administrative controls controles administrativos.

administrative cost variance
variación en los gastos de administración.

administrative costs costos administrativos, costos de administración.

administrative expenses gastos administrativos, gastos de administración.

administrator administrador.

admitted assets activo confirmado, activo computable.

ADP (automatic data processing)
procesamiento automático de datos.

ADR (American Depositary Receipt)
certificado de depósito Americano.

ADR (asset depreciation range)
plazo de depreciación de activos, período de depreciación de bienes.

ad valorem al valor.

ad valorem tax impuesto ad valorem, impuesto inmobiliario, impuesto territorial, contribución de inmuebles, contribución inmobiliaria, contribución sobre bienes inmuebles, tributación inmobiliaria.

advance *n.* anticipo, adelanto.

advance *v.* adelantar.

advance collections cobros por adelantado, cobranzas por adelantado.

advance expense fund fondo de anticipo para gastos, fondo de anticipos de gastos.

advance of money adelanto, anticipo de dinero.

advance on account anticipo a cuenta.

advance payment anticipo de fondos, pago anticipado.

advance tax impuesto anticipado.

advance tax payment pago impositivo por adelantado.

advances from customers anticipo de clientes, anticipos de clientes.
advances to employees anticipo de sueldos, anticipos a empleados.
advances to suppliers anticipos a proveedores.
adverse opinion opinión adversa.
advertise anunciar, publicar.
advertiser anunciante.
advertising publicidad.
advertising agency agencia de publicidad, agencia publicitaria.
advertising and promotion publicidad y promoción, publicidad y propaganda.
advertising policy política publicitaria.
advise asesorar, informar, advertir, aconsejar.
adviser asesor.
advising asesoramiento, consejo, asesoría, consulta.
advisor asesor.
advisory consultivo, asesor.
advisory committee comisión asesora.
Advisory, Conciliation and Arbitration Service (ACAS) Instituto de Mediación, Arbitraje y Conciliación.
affiliate *n.* 1. filial, 2. afiliado
affiliated company compañía afiliada.
affirm afirmar.
AFL-CIO (American Federation of Labor-Congress of Industrial Organizations) Federación Americana de Trabajadores—Congreso de Organizaciones Industriales.
African, Caribbean and Pacific Group of States Grupo de Países de África, Caribe y Pacífico.
after account cuenta nueva.
after closing trial balance balance de comprobación posterior al cierre, balanza de comprobación después del cierre.
aftercost costo adicional, coste extraordinario.
after-hours horas extras.
after-sales service servicio de post-venta.
after-tax después de impuestos.
after-tax cash flow flujo de fondos después de impuestos.
after-tax profit ganancia después de impuestos, utilidad después de deducir impuestos.

after-tax rate of return tasa de retorno después de impuestos.
AGA (Association of Government Accountants) Asociación de Contadores Gubernamentales.
age edad, vida.
age analysis of accounts análisis de antigüedad de las cuentas.
age of accounts payable antigüedad de las cuentas por pagar.
age of receivables antigüedad de las cuentas por cobrar.
aged accounts cuentas vencidas.
aged debtors analysis análisis de vencimientos.
agency 1. mandato, representación; 2. agencia.
agency agreement contrato de representación.
agency contract contrato de representación.
agency costs costos de agencia.
agency fund fondo para organismos, fondo de agencia.
agency theory teoría de agencia.
agent agente.
agent bank banco agente.
agent's fee honorario de agente.
AGI (adjusted gross income) ingreso bruto ajustado.
aging antigüedad.
aging of accounts anticuación de las partidas, análisis por antigüedad, antigüedad de los saldos, clasificación por antigüedad.
aging of accounts receivable anticuación de las cuentas por cobrar.
aging schedule clasificación por antigüedad.
AGM (annual general meeting) junta anual.
agreement avenimiento, acuerdo, convenio, contrato.
agreement by the job contrato a destajo.
agreement of service contrato de servicio, contrato de trabajo.
AI (artificial intelligence) inteligencia artificial.
AICPA (American Institute of Certified Public Accountants) Instituto Americano de Contadores Públicos.

AIM (Alternative Investment Market)
Mercado Financiero Alternativo.

AIS (Accounting Information Systems) sistema de información contable.

AJE (adjusting journal entry) asiento de ajuste, asiento corrector, asiento de rectificación, contraasiento, contrapartida.

algebraic method método algebraico.

alimony pensión alimenticia, pensión tras divorcio.

aliquot alícuota.

all-in todo incluido, global.

all-in cost costo total.

all-in policy póliza contra todo riesgo.

all-inclusive income concept ingreso global, renta global.

all-inclusive income statement estado de resultados global, estado de ingresos global.

all-purpose financial statement estados financieros para uso general, estados contables que satisfacen los requerimientos de información de todos los usuarios.

all-risk policy póliza contra todo riesgo.

all-round price precio global, precio completo, precio con todos los gastos incluidos.

allege an offense alegar agravios.

allocate asignar, distribuir, prorratear, destinar, adjudicar.

allocation imputación, asignación, aplicación, distribución.

allocation of common costs asignación de costos comunes.

allocation of profit asignación de ganancias, asignación de resultados.

allocation of resources asignación de recursos.

allonge anexo para endosos.

allotment asignación, distribución, reparto.

allotment ledger mayor de asignaciones, auxiliar de asignaciones.

allotted asignado, adjudicado.

allow 1. permitir; 2. descontar, reducir, rebajar.

allow a discount conceder un descuento, conceder una rebaja, otorgar descuento, permitir un descuento.

allowable costs costos acordados, costos a ser reintegrados según contrato.

allowable deductions deducciones autorizadas.

allowable expenses gastos deducibles.

allowance 1. previsión; 2. bonificación ■ *Sp.* 3. provisión.

allowance for bad debts previsión para deudas incobrables, previsión para deudores incobrables, reserva para deudas incobrables, estimación para cuentas incobrables, provisión para cuentas dudosas ■ *Sp.* provisión para insolvencias.

allowance for billing adjustments previsión para descuentos en las ventas, provisión para ajustes en la facturación.

allowance for decline in stock market value previsión para desvalorización de inversiones, estimación para fluctuaciones en valores.

allowance for decline in the value of inventory previsión para desvalorización de mercaderías, estimación para fluctuaciones en inventarios.

allowance for depreciation depreciaciones acumuladas, amortizaciones acumuladas.

allowance for doubtful accounts provisión para cuentas dudosas, previsión para deudores incobrables, reserva para cuentas dudosas, estimación para cuentas dudosas, estimación para cuentas incobrables.

allowance for exchange loss previsión por desvalorización de moneda extranjera.

allowance for uncollectible accounts previsión para cuentas incobrables.

allowance method método de previsión de créditos incobrables.

allowance reserve reserva para bonificaciones, previsión para descuentos, reserva para rebajas.

all rights reserved derechos reservados.

all risk todo riesgo.

alpha risk riesgo alfa, error de primer tipo, error de primera especie.

alteration 1. alteración, cambio, corrección; 2. falsificación.

alteration of a check alteración de un cheque.

alteration of the books alteración de los libros.

alternative cost costo alternativo.

Alternative Investment Market (AIM) Mercado Financiero Alternativo.

alternative minimum tax (AMT) contribución mínima alternativa, impuesto mínimo alternativo.

American Accounting Association (AAA) Asociación Americana de Contabilidad.

American Arbitration Association Asociación Americana de Arbitraje.

American Bar Association Colegio de Abogados.

American depositary receipt (ADR) certificado de depósito americano.

American Federation of Labor-Congress of Industrial Organizations (AFL-CIO) Federación Americana de Trabajadores-Congreso de Organizaciones Industriales.

American Institute of Certified Public Accountants (AICPA) Instituto Americano de Contadores Públicos.

American Management Association Asociación Americana de Administración.

American Society of Women Accountants (ASWA) Asociación Americana de Contadoras.

American Women's Society of Certified Public Accountants (AWSCPA) Asociación Americana de Contadoras Públicas.

amortisation (UK) amortización.

amortization amortización.

amortization of a debt amortización de una deuda.

amortization of advertising and promotion amortización de publicidad y promoción.

amortization of a loan amortización de un préstamo.

amortization of goodwill amortización de llave del local.

amortization of patents amortización de patentes.

amortization of principal amortización de capital.

amortization schedule tabla de amortización.

amortize amortizar.

amortize a debt amortizar una deuda.

amortize an obligation amortizar una obligación.

amount monto, importe, suma, cantidad.

amount due importe a pagar, importe debido, importe vencido, acreencia, monto debido, cantidad debida, suma debida.

amount realized monto realizado, cantidad realizada.

amount to be paid importe a pagar.

amount written off monto amortizado, suma amortizada.

amounts allotted importes asignados, importes distribuidos.

AMT (alternative minimum tax) contribución mínima alternativa, impuesto mínimo alternativo.

analysis análisis.

analysis of financial statements análisis de estados contables, análisis de estados financieros.

analysis of variance análisis de la variación, análisis de variaciones.

analyst analista.

analytic schedule tabla analítica.

analytical balance sheet balance general analítico.

analytical review revisión analítica.

analytical test prueba analítica.

analyze analizar.

analyze accounts analizar cuentas.

ancillary auxiliar, accesorio, anexo, secundario.

announce anunciar, comunicar.

announcement anuncio, aviso, notificación, declaración.

announcement date fecha de anuncio.

annual anual.

annual accounts cuentas anuales.

annual amortization amortización anual.

annual audit auditoría anual.

annual balance balance anual.

annual basis base anual.

annual budget presupuesto anual.

annual closing cierre anual.

annual depreciation depreciación anual, amortización anual.

annual financial report informe financiero anual.

annual financial statements estados financieros anuales, estados contables anuales.

annual fiscal period ejercicio fiscal, período fiscal, período contable, período económico, vigencia fiscal.

annual general meeting (AGM) junta anual.

annual growth crecimiento anual.

annual leave licencia anual, vacaciones anuales.

annual mean promedio anual, media anual.

annual percentage rate (APR) porcentaje de tasa anual.

annual rate tasa anual.

annual report estados contables.

annual return rentabilidad anual, rendimiento anual.

annual sales ventas anuales.

annual shareholders' meeting asamblea anual de accionistas.

annual tax rates tarifa para el cálculo del impuesto anual.

annualize anualizar.

annualized rate tasa anualizada, tipo anualizado.

annualized return rendimiento anualizado.

annuitant beneficiario de una anualidad.

annuity anualidad, pensión.

annuity cost costo de anualidad.

annuity method of depreciation método de depreciación por anualidades.

antedate *n.* antedata, fecha falsa de un documento, anterior a la verdadera.

antedate *v.* antedatar, retrotraer.

antedated check cheque antedatado.

anticipated cost costo anticipado.

antitrust laws leyes antimonopolio.

APB (Accounting Principles Board) Comité de Principios de Contabilidad.

APB (Auditing Practices Board) (UK) Consejo de Prácticas de Auditoría.

APB Opinion pronunciamientos contables emitidos por la Junta de Principios Contables.

APBO (Accounting Principles Board Opinion) Opinión de la Junta de Principios de Contabilidad.

API (Accountants for the Public Interest) organización que brinda apoyo técnico a la asistencia social y entidades sin fines de lucro.

appendix anexo.

application of funds aplicación de fondos, uso de fondos, utilización de los fondos.

application programs programa de aplicación, programa aplicativo.

applied cost costo aplicado.

applied overhead costos indirectos de fabricación aplicados, gastos generales de fabricación aplicados.

appointment 1. nombramiento, designación; 2. citación, convocatoria.

apportion prorratear, distribuir, repartir, derramar.

apportionment distribución, prorrateo, reparto proporcional, derrama.

apportionment of net income distribución de la utilidad neta.

appraisal tasación, valuación, estimación, aforo, avalúo.

appraisal capital revalúo, revalúo técnico, revalúo contable ■ *Sp.* retasación.

appraisal costs costos de avalúo.

appraisal method método de valuación, método de tasación.

appraisal method of depreciation método de depreciación sobre el valor de tasación del activo.

appraisal report informe de valuación, informe de tasación.

appraisal surplus superávit por revaluación, beneficio procedente de valoración, superávit de tasación, incremento por revalúo.

appraisal value valor de tasación.

appraise aforar, tasar, valuar, valorar.

appraiser aforador, tasador, evaluador, valuador.

appreciation apreciación, incremento por apreciación, plusvalía.

appropriated profit utilidad aplicada.

appropriated retained earnings resultados acumulados asignados, utilidad retenida distribuida.

appropriated surplus superávit aplicado, superávit asignado.

appropriation aplicación, distribución, afectación, apropiación.

appropriation account cuenta de apropiación, cuenta de asignación.

appropriation budget presupuesto de apropiaciones, presupuesto de asignaciones.

appropriation ledger mayor de apropiaciones.

appropriation of retained earnings
distribución de los resultados acumulados,
ingresos retenidos apropiados, utilidad
retenida distribuida.
appropriation of retained income
distribución de resultados acumulados,
distribución de utilidades acumuladas.
appropriation period período de
apropiación.
approval aprobación.
approval level nivel de aprobación.
approval of credit aprobación de crédito.
approve aprobar.
approved budget presupuesto aprobado.
appurtenances accesorios.
APR (annual percentage rate)
porcentaje de tasa anual.
AQL (acceptable quality level) nivel
de calidad aceptable.
ARB (Accounting Research Bulletin)
Boletín de Investigación Contable.
area of responsibility área de
responsabilidad.
arithmetic average promedio
aritmético.
arithmetic mean media aritmética.
arithmetic progression progresión
aritmética.
arm's length en condiciones de igualdad,
imparcialidad.
arm's length transaction transacción
de libre competencia, negociaciones de
buena fe entre partes independientes.
arrangement arreglo, concordato.
arrangement fees gastos de gestión de
la emisión.
arrangement with creditors arreglo
con acreedores.
arrival draft giro pagadero contra
mercadería recibida, efecto pagadero a la
llegada de la mercancía, letra pagadera a la
recepción del cargamento.
**ARSC (Accounting and Review
Services Committee)** Comité de
Servicios Contables y de Revisión.
article 1. cláusula; 2. producto, artículo.
articles of agreement cláusulas de un
contrato.
articles of an association estatutos
sociales.
articles of dissolution acta de
disolución.

articles of incorporation acta de
organización, escritura de organización,
escritura de constitución, acta de
constitución, acta constitutiva, documento
de incorporación.
articles of partnership estatutos de
asociación, contrato de asociación,
contrato para formar una sociedad,
escritura de asociación, escritura de
sociedad.
articulate articular, estructurar, integrar.
articulation statement estado de
articulación.
artificial intelligence (AI) inteligencia
artificial.
as at al (fecha).
as of al (fecha), al cierre.
ASB (Auditing Standards Board)
Comité de Normas de Auditoría.
**ASEAN (Association of Southeast
Asian Nations)** Asociación de
Naciones del Sudeste Asiático (ANSEA).
asked price precio de oferta inicial.
ASR (Accounting Series Releases)
pronunciamientos oficiales sobre
contabilidad, emitidos por la SEC,
actualmente codificados como FRRs.
assembly cost costo de ensamblaje,
costo de montaje.
assert a claim entablar una reclamación.
assess valuar, valorar.
assessable capital stock capital
pendiente de exhibir, acciones de capital no
integradas.
assessable shares acciones pendientes
de integración.
assessed value valuación fiscal, valor
fiscal, valor catastral.
assessment 1. contribución adicional
para absorción de pérdidas o incrementar el
capital; 2. valuación fiscal, valuación
impositiva.
assessment base base imponible.
assessment insurance seguro de
cuota-parte, seguro de derrama.
asset activo, bienes del activo, activo
propio, activo patrimonial.
asset account cuenta de activo.
asset administration administración
del activo.
asset allocation asignación de
inversiones.

asset-backed securities   valores con respaldo de activo.

asset-based lending   préstamo respaldado por activo.

asset cover per share   valor de activos por acción.

asset coverage   cobertura de activos.

asset depreciation range (ADR) plazo de depreciación de activos, período de depreciación de bienes.

asset management   administración del activo.

asset stripping   liquidación de activos.

asset turnover   rotación del activo.

asset value   valor de activo.

assets   activo patrimonial, activo propio.

assets = liabilities + net worth activo = pasivo + cuentas de capital.

assets and liabilities   activos y pasivos.

assets depreciation   depreciación de activos.

assets in trust   activos en fideicomiso.

assets of a company   acervo social.

assets of an estate   acervo hereditario.

assign   asignar, apropiar, transferir, traspasar un derecho.

assign a contract   ceder un contrato, traspasar un contrato.

assignable lease   arrendamiento transferible.

assignation   asignación.

assigned   asignado.

assignment   apropiación, cesión, traspaso.

assignment method   método de asignación de trabajo a máquinas o áreas de actividad para minimizar los costos totales.

assignment of accounts receivable cesión de cuentas por cobrar, transferencia de cuentas por cobrar.

associate   asociado.

associated   asociado.

associated company   empresa asociada, compañía asociada.

associated with   asociado con, término que indica la responsabilidad del auditor sobre las notas a los estados contables.

association   asociación.

Association of Government Accountants (AGA)   Asociación de Contadores Gubernamentales.

Association of Southeast Asian Nations (ASEAN)   Asociación de Naciones del Sudeste Asiático (ANSEA).

assumed liability   pasivo asumido.

assumed profit   utilidad supuesta.

assumption   supuesto, presunción.

assumption of liabilities   toma de los pasivos, adquisición de los pasivos.

assumptions underlying cost-volume-profit (CVP) analysis supuestos subyacentes en el análisis del punto de equilibrio.

assurance policy   póliza de seguros.

assurance services   servicios de aseguramiento.

assure   asegurar, garantizar, prometer.

assured   asegurado.

ASWA (American Society of Women Accountants)   Asociación Americana de Contadoras.

at a premium   sobre la par.

at cost   al coste, al costo.

at days sight   a días vista.

at par   a la par.

at pro-rata   a prorrata.

at-risk rules   pérdida máxima a descontar impositivamente.

ATM (automatic teller machine) cajero automático.

attached account   cuenta embargada, cuenta bloqueada, cuenta intervenida judicialmente.

attachment   1. anexo, accesorio, aditamento, adjunto, suplemento; 2. traba de ejecución, embargo, incautación, secuestro judicial, toma legal de una propiedad o persona.

attendance fees   honorarios por asistencia.

attest   atestar, atestiguar, certificar, dar testimonio.

attest function   certificación contable.

attestation   atestificación.

attorney   abogado, apoderado, gestor, procurador.

attorney's letter   carta del auditor al abogado de su cliente para confirmar información sobre litigios.

attributable profit   ganancias imputables.

attribute   atributo.

attribute sampling   muestreo por atributos.

attribution atribución, adscripción, imputación.
audit *n.* auditoría ▪ *Sp.* censura de cuentas.
audit *v.* auditar.
auditability auditabilidad.
audit adjustment ajuste de auditoría.
audit certificate dictamen del auditor, certificado de auditoría.
audit committee comité de auditoría.
audit cycle ciclo de auditoría.
audit division división de auditoría.
audit examination examen de auditoría.
audit fees honorarios de auditoría.
audit function función de auditoría.
Audit Guide cuadernillos publicados por el AICPA, sobre prácticas contables.
audit notebook libro de notas de auditoría.
audit objectives objetivos de la auditoría.
audit opinion dictamen del auditor, dictamen de auditoría, informe del contador público autorizado.
audit period período de auditoría.
audit program programa de auditoría, programa de trabajo.
audit report informe de auditoría.
audit risk riesgo de auditoría.
audit scope alcance de auditoría.
audit software paquetes de auditoría, sistema de información de auditoría.
audit staff staff de auditoría, personal de auditoría.
audit standards normas de auditoría.
audit team equipo de auditoría, grupo auditor.
audit techniques técnicas de auditoría.
audit test test de auditoría, prueba de auditoría
audit trail pista de auditoría, análisis retrospectivo, método regresivo de recreación, pista de verificación, rastro de auditoría, referencia de auditoría, registro de auditoría, ruta de auditoría, verificación a posteriori.
audit working papers papeles de trabajo de auditoría.
audited voucher comprobante auditado.
auditing auditoría.
auditing evidence pruebas de auditoría, evidencia de auditoría.
auditing of accounts auditoría de cuentas.

Auditing Practices Board (APB) (UK) Consejo de Prácticas de Auditoría.
auditing procedures procedimientos de auditoría.
auditing process proceso de auditoría.
auditing standards normas de auditoría, normas de censura.
Auditing Standards Board (ASB) Comité de Normas de Auditoría.
Auditing Standards Executive Committee (AuSEC) Comité Ejecutivo de Normas de Auditoría.
auditing systems sistemas de auditoría.
audit year año de auditoría.
auditor auditor ▪ *Arg.* contador dictaminante ▪ *Sp.* censor de cuentas.
auditor-general auditor general.
auditor's certificate dictamen de auditoría, certificado de auditoría, dictamen del auditor, dictamen del interventor.
auditor's opinion opinión del auditor.
auditor's report informe del auditor.
AuSEC (Auditing Standards Executive Committee) Comité Ejecutivo de Normas de Auditoría.
authenticate autentificar, autenticar, legalizar.
authentication of signature autenticación de firmas.
authorize autorizar.
authorized auditor auditor autorizado.
authorized capital capital autorizado, capital social, capital escriturado.
authorized capital stock emisión autorizada, acciones autorizadas, acciones de capital autorizadas, capital social autorizado.
authorized deductions deducciones autorizadas.
authorized shares acciones autorizadas.
autocorrelation autocorrelación.
autograph autógrafo.
automatic data processing (ADP) procesamiento automático de datos.
automatic renewal renovación automática.
automatic teller machine (ATM) cajero automático.
autonomous autónomo.
autonomy autonomía, independencia.
auxiliary auxiliar.
auxiliary equipment equipo auxiliar.

auxiliary ledger auxiliar de mayor.
auxiliary sales ledger libro auxiliar de ventas.
available disponible, accesible.
available assets activo disponible, recursos disponibles.
available balance saldo disponible.
available-for-sale securities inversiones no corrientes en títulos de deuda o acciones.
available hours horas disponibles.
average promedio, media.
average age of inventory antigüedad promedio del inventario.
average annual yield rendimiento anual promedio.
average balance saldo promedio.
average collection period razón de días de venta en la calle, índice de cobranza, período promedio de cobranzas, período promedio de cobros.
average cost costo promedio.
average cost flow assumption costo promedio ponderado (CPP), precio promedio ponderado (PPP), precio medio ponderado (PMP).
average cost of capital costo promedio de capital.
average costing costo promedio ponderado, precio promedio ponderado.
average date fecha promedio, plazo medio.
average deviation desviación promedio, desviación media.
average inventory inventario promedio.
average life vida promedio, vida útil estimada.
average of sales promedio de ventas.
average output producción promedio, producción media.
average rate of return tasa de retorno promedio, tasa de rendimiento contable.
average sample number tamaño promedio de la muestra.
average waiting time tiempo promedio de espera.
avoidable cost costo evitable.
avoidance elusión, evitación.

AWSCPA (American Women's Society of Certified Public Accountants) Asociación Americana de Contadoras Públicas.

baby bonds bonos de bajo valor nominal.
back charges cargos atrasados, gastos pendientes.
back orders órdenes pendientes de entrega.
back-to-back credit crédito con garantía de otro crédito.
back-to-back loan préstamo de respaldo mutuo.
backflush cost costo descargado.
backflush costing costeo a partir de la producción terminada.
backlog reporting informes de pedidos no entregados.
backup copia de resguardo, duplicado, respaldo.
backup withholding retención de impuestos en la fuente.
bad debt deuda incobrable, deudores incobrables, cuenta incobrable, cuentas de cobro dudoso.
bad-debt expense pérdida por incobrabilidad, gasto contabilizado por deudas incobrables.
bad-debt recovery recupero de incobrables, recuperaciones de cuentas incobrables.
bad debts ratio coeficiente de deudores incobrables.
bad debts written off cuentas incobrables dadas de baja, deuda incobrable cancelada.
bad faith mala fe.
bailment depósito, afianzamiento, entrega de bienes en garantía.
bailout rescate financiero.
bailout payback method payback period cálculo del período de repago que contempla el valor residual del activo.
bait records registros "gancho" o "cebo" para el control de auditoría.

balance   *n.* 1. saldo; 2. balance; 3. balanza.
balance   *v.* balancear.
balance an account   balancear una cuenta.
balance carried forward   saldo llevado a la página siguiente, saldo arrastrado a la vuelta, saldo al frente.
balance-column account form   cuenta de rayado común, cuenta de rayado tipo.
balance due   saldo a pagar, saldo debido.
balance of payments (BOP)   balanza de pagos.
balance of previous period   saldo del período anterior, saldo del ejercicio anterior.
balance of retained earnings   estado de resultados acumulados.
balance of the account   saldo de la cuenta.
balance of trade   balanza comercial.
balance on hand   saldo disponible, saldo pendiente.
balance scorecard   método de evaluación y reporte de desempeño.
balance sheet   balance contable, balance, balance general ■ *Sp.* balance de situación.
balance sheet account   cuenta del balance, cuenta patrimonial, cuenta de balance.
balance sheet audit   auditoría de balance.
balance sheet equation   ecuación contable básica.
balance the budget   equilibrar el presupuesto.
balanced budget   presupuesto equilibrado.
balancing adjustment   ajuste para equilibrar débitos y créditos.
balancing entry   asiento de compensación, asiento de contrapartida.
balancing item contrapartida.
balloon préstamo cuyo último pago es significativamente mayor.
balloon payment   pago final mayor.
bank   banco.
bank acceptance   aceptación bancaria, giro aceptado por un banco.
bank account   cuenta bancaria.
bank advance   adelanto bancario, préstamo bancario.
bank appraisal   avalúo bancario.
bank balance   saldo en bancos.

bank bill   letra bancaria.
bank charges   gastos bancarios, cargos bancarios.
bank checking account   cuenta bancaria de cheques, cuenta corriente bancaria.
bank credit   crédito bancario.
bank deposits   depósitos bancarios.
bank discount   descuento bancario.
bank draft   giro bancario.
bank earning assets   activo productivo de los bancos.
bank endorsement   endoso bancario.
Bank for International Settlements (BIS)   Banco de Pagos Internacionales (BPI).
bank holiday   feriado bancario.
bank loan   préstamo bancario.
bank money order   giro bancario.
bank overdraft   sobregiro, descubierto bancario.
bank rate   tasa bancaria, tipo de interés bancario, descuento bancario.
bank reconciliation   análisis de cuenta corriente bancaria, conciliación bancaria.
bank statement   extracto de cuenta bancaria, estado de cuenta bancaria, resumen de cuenta bancaria.
bank transfer   transferencia bancaria.
bankbook   libreta de depósitos bancaria.
banker   banquero.
banker's acceptance   aceptación bancaria.
banking   banca.
banking charges   gastos bancarios, cargos bancarios.
banking expenses   gastos bancarios.
banking hours   horario bancario.
banking legislation   legislación bancaria.
banking services   servicios bancarios.
bankruptcy   bancarrota, quiebra.
bankruptcy prediction   predicción de quiebra.
bankruptcy proceedings   acto concursal, pleito de acreedores.
bar chart   gráfico de barras, gráfica de barras.
bargain purchase   compra por valor inferior al precio de mercado.
bargain purchase option   opción de compra en un contrato de arrendamiento de capital.

bargain renewal option opción de renovación de alquiler a valor mínimo en un contrato de arrendamiento.
bargaining negociación.
bargaining power poder de negociación.
barter trueque.
base *n.* base.
base *v.* basar.
base cost costo base.
base pay sueldo básico, sueldo base, salario base.
base period período base.
base rate tasa base, tipo básico.
base rate of pay tasa básica de pago, tipo básico de pago.
base stock inventario base, existencias mínimas.
base stock method método de existencias básicas, método de costeo del inventario base a valor de adquisición.
basic básico.
basic cost costo básico.
basic standard cost costo estándar básico.
basic wage salario base.
basing point punto base, ubicación geográfica base para la determinación de precio.
basing-point system sistema de punto base.
basis base.
basis of accounting base de contabilidad, método contable, base contable.
basis of apportionment unidad de distribución, unidad de reparto.
basket canasta.
basket purchase compra global, adquisición de un conjunto de activos por un precio global.
batch *n.* lote, partida.
batch *v.* agrupar.
batch costing costeo por lote, costeo por partida.
batch invoices agrupar facturas por lotes.
batch-level activities actividades a nivel de lote.
batch number número de lote.
batch processing procesamiento por lotes, procesamiento batch.
batch production producción por lotes.
Bayesian probability probabilidad bayesiana.

bear market mercado bajista.
bearer portador, tenedor.
bearer bonds bonos al portador.
bearer stock acciones al portador.
beginning balance saldo inicial.
beginning inventory inventario inicial.
behavioral accounting contabilidad conductista.
behavioral implications consecuencias en el comportamiento.
bellwether securities papeles líderes.
below cost a menos del costo, abajo del costo.
below par bajo la par.
below the line bajo la línea, abajo de la línea.
below the line expenditures gastos no incluidos.
benchmark patrón de excelencia, estándar de referencia.
benchmarking comparación competitiva.
beneficiary beneficiario.
benefit *n.* subsidio, prestación, beneficio.
benefit *v.* beneficiar, favorecer.
benefit approach to pensions método para el cálculo de los beneficios por planes de pensión.
best practices mejores prácticas.
best value (UK) valor óptimo.
Beta Alpha Psi fraternidad estadounidense de estudiantes universitarios de contabilidad.
beta distribution distribución beta.
beta factor coeficiente beta.
beta risk riesgo beta.
betterment mejora, mejoras de activos.
bias predisposición, tendencia, parcialidad.
bid oferta, puja.
bid and asked precios de oferta y demanda.
bid-ask spread margen entre oferta y demanda.
bid price precio de oferta.
bidder oferente, postulante.
Big Board informalmente Bolsa de Comercio de Nueva York.
bill *n.* nota de venta, factura.
bill *v.* facturar.
bill book libro de letras, libro de letras de cambio.
bill card ficha de registro.
bill discounted letra descontada, documento descontado.

bill head cncabezamiento de la factura, encabezado de factura.

bill holder tenedor de una letra, portador de una letra.

bill of activities listado de actividades, volúmenes y costos correspondientes a un objeto de costo.

bill of credit carta de crédito.

bill of exchange letra de cambio, cédula de cambio.

bill of lading conocimiento de embarque, nota de embarque ■ *Sp.* albarán.

bill of materials (BOM) listado de materiales, lista de materiales, resumen técnico de materiales.

bill of sale factura, contrato de compraventa.

bill payable letra por pagar, letra a pagar, efecto por pagar.

bill payable at sight letra pagadera a la vista.

bill receivable letra por cobrar, letra a cobrar, efecto por cobrar.

billing facturación.

billing machine facturadora, máquina de facturación.

billings on long-term contracts certificados de avance de obra, facturación en contratos de largo plazo.

billion mil millones.

bills discounted documentos descontados, efectos descontados.

bills payable documentos a pagar.

bills receivable documentos por cobrar, cuentas a cobrar.

BIS (Bank for International Settlements) Banco de Pagos Internacionales (BPI).

bit bit.

black market mercado negro.

blank check cheque en blanco.

blank endorsement endoso en blanco.

blanket appropriation asignación de fondos global.

blanket insurance seguro general, seguro múltiple, seguro abierto, seguro global.

blind entry asiento ciego, asiento confuso, asiento incompleto.

block bloquear.

block diagram diagrama de bloque, diagrama en bloques.

block of shares paquete de acciones.

block sampling muestreo de bloque.

blotter libro diario borrador.

blue chip stocks acciones de primera calidad.

blue-collar union sindicato obrero.

blue-collar worker obrero.

blue-sky law ley reguladora de valores.

board meeting reunión de directorio, sesión del consejo de administración.

board of administration junta de administración, consejo de administración.

board of directors junta directiva, consejo de dirección, consejo de administración, directorio.

body cuerpo, órgano, organismo.

boilerplate lenguaje estandarizado en documentos legales.

BOM (bill of materials) listado de materiales, lista de materiales, resumen técnico de materiales.

bona fide holder tenedor de buena fe.

bond bono, obligación hipotecaria, obligación.

bond conversion conversión de bonos, conversión de títulos.

bond debt deuda representada por bonos.

bond discount descuento sobre bonos.

bond dividend dividendo en bonos.

bond fund fondo de bonos.

bond indenture escritura de emisión de bonos, contrato de emisión de bonos.

bond issue emisión de bonos.

bond issue costs costo de emisión de bonos.

bond issue expenses gastos de emisión de bonos.

bond premium prima sobre bonos.

bond rating calificación de bonos.

bond register 1. registro de bonos; 2. encargado del registro de bonos.

bondholder tenedor de bonos.

bonus gratificación, sobresueldo, plus, bonificación, prima.

bonus method método de bonificación.

book *n.* libro, registro, tomo.

book *v.* anotar, registrar.

book balance saldo al cierre, saldo final.

book debt deuda en libros.

book inventory inventario en libros, inventario según libros.

book of account libro contable, libro de cuentas.

book of final entry libro de entrada final.
book of original entry libro de primera entrada, libro diario de primera entrada, libro de entrada original.
book of secondary entry libro de entrada secundaria.
book value valor contable, valor en libros.
book value method método de registración de conversión de bonos al valor de libros.
book value per share of common stock valor contable por acción.
bookkeeper contable, tenedor de libros.
bookkeeping teneduría de libros, contabilidad.
bookkeeping cycle ciclo contable, proceso contable, ciclo de operaciones.
booklet libreta.
books and records libros y registros.
books of prime entry libros de primera entrada.
Boolean algebra álgebra de lógica simbólica.
boot ganancia adicional, inicializar, arrancar.
BOP (balance of payments) balanza de pagos.
borrow pedir prestado, tomar prestado.
borrower prestatario, tomador del crédito.
Boston Consulting Group matrix matriz del Boston Consulting Group.
Boston ledger mayor tipo Boston.
bottleneck cuello de botella.
bottom line resultado neto después de impuestos, resultado final.
bottom-up budgeting presupuestación ascendente.
BPI (business process improvement) mejora de procesos.
BPR (business process reengineering) reingeniería de procesos.
bracket agrupar.
brainstorming torbellino de ideas.
branch sucursal.
branch accounting contabilidad por sucursales.
branch operations operaciones de sucursales.
brand marca, marca de fábrica.
brand name marca de fábrica, marca registrada.

brand recognition reconocimiento de marca.
breach of confidence abuso de confianza.
breach of contract ruptura de contrato.
break-down time tiempo de interrupción.
break even cubrir gastos.
break-even analysis análisis del punto de equilibrio.
break-even chart diagrama del punto de equilibrio, gráfica del punto de equilibrio.
break-even equation ecuación del punto de equilibrio.
break-even point punto de equilibrio.
break-even sales punto de equilibrio de ventas.
break-even time período crítico de repago.
bribe n. soborno.
bribe v. sobornar.
bridge loan préstamo puente.
brief n. escrito, instrucción, mandato.
brief v. informar.
briefing sesión informativa.
broker bolsista, corredor de bolsa, corredor, agente de bolsa.
brokerage commission comisión de corretaje.
brokerage fee comisión de corretaje.
broker call loan dinero a la vista, préstamo pagadero a la demanda.
budget n. presupuesto.
budget v. presupuestar.
budget account cuenta presupuestaria.
budget center centro de presupuestación, centro presupuestario.
budget committee comité presupuestario.
budget control control presupuestario.
budget cost allowance asignación presupuestaria de costos.
budget cuts recorte presupuestario.
budget deficit déficit presupuestario.
budget information información presupuestaria.
budget lapsing caducidad presupuestaria.
budget manual manual presupuestario, manual de instrucciones presupuestario.
budget period período presupuestario.
budget planning calendar calendario de planeamiento presupuestario, agenda de planeamiento presupuestario.

budget report   informe presupuestario.
budget slack   holgura presupuestaria.
budget variance   variación presupuestaria, variación en el presupuesto, varianza presupuestaria.
budgetary accounting   contabilidad presupuestaria.
budgetary accounts   cuentas presupuestarias, cuentas presupuestales.
budgetary control   control presupuestario, control presupuestal.
budgetary slack   holgura presupuestaria.
budgeted balance sheet   balance presupuestado.
budgeted factory-overhead rate   tasa de costos indirectos de fabricación presupuestados, alícuota de gastos de fabricación presupuestados.
budgeted income statement   estado de resultados presupuestado, estado de pérdidas y ganancias presupuestado.
budgeted indirect-cost rate   tasa de costos indirectos presupuestados, alícuota de costos indirectos presupuestados.
budgeting   presupuestación.
budgeting fund   fondo presupuestario.
budgeting models   modelos presupuestarios.
buffer stocks   inventario de seguridad.
bulk account   cuenta resumida.
bull market   mercado alcista.
bundled product   conjunto de dos o más productos que se venden por un precio total.
burden   carga, gravamen.
bureaucracy   burocracia.
business   negocio, comercio.
business accountancy (UK)   contabilidad comercial.
business accounting   contabilidad comercial.
business administration   administración de negocios, administración de empresas.
business administrator   administrador de empresas.
business combination   combinación de empresas, combinación de negocios, combinación mercantil.
business corporation   corporación, sociedad mercantil, sociedad comercial.
business cycle   ciclo económico.
business day   día hábil.

business entity   entidad comercial, entidad mercantil.
business entity concept   principio de la entidad del negocio.
business expense deduction   deducción por gastos del negocio.
business function costs   costos por función.
business hours   horas hábiles.
business intelligence   uso de la información del negocio para la toma de decisiones.
business manager   director comercial.
business name   razón social, nombre del negocio.
business organization   organización comercial.
business practice   práctica comercial, usos y costumbres comerciales.
business process   procesos del negocio.
business process improvement (BPI)   mejora de procesos.
business process reengineering (BPR)   reingeniería de procesos.
business type   tipo de negocio.
buy   comprar, adquirir.
buy back   recompra.
buy for cash   comprar al contado.
buy on account   comprar a crédito.
buyer   comprador.
buyout   compra total, adquisición total.
by-product   subproducto, productos secundarios, productos accesorios, productos derivados.
by proxy   por poder, mediante poder.
by the job   a destajo.
bylaws   estatutos, reglamentos.

C&F (cost anf freight)   costo y flete (C&F).
CA Magazine   publicación mensual del Instituto Canadiense de Contadores Matriculados.
caducity   caducidad.
cafeteria plan   plan de beneficios a empleados.

calendar year año calendario, año civil.
call *n.* opción de compra de un activo.
call *v.* requerir fondos.
call loan préstamo a la vista.
call off consignación.
call premium prima de rescate.
call price precio de amortización.
call provision provisión contractual para cancelación anticipada.
call the meeting to order abrir la asamblea, abrir la junta, abrir la reunión, abrir la sesión.
callable bond bono amortizable anticipadamente.
callable preferred stock acciones preferidas redimibles, acciones preferidas rescatables, acciones privilegiadas redimibles.
callable security título con opción de rescate anticipado.
callable stock acciones redimibles.
called preferred stock acciones preferidas redimidas, acciones privilegiadas redimidas.
Canadian Institute of Chartered Accountants (CICA) Instituto Canadiense de Contadores Matriculados.
cancel cancelar.
canceled check cheque pagado.
canceling entry asiento de cancelación.
cancellation cancelación.
CAP (Committee on Auditing Procedure) Comité de Procedimiento de Auditoría.
capacity capacidad.
capacity costs costos de capacidad.
capacity management administración de los costos de capacidad ociosa.
capacity ratios ratios de capacidad.
capacity requirements planning (CRP) planeamiento de requerimientos de capacidad.
capital 1. capital; 2. patrimonio neto; 3. bienes de capital fijo; 4. capital de trabajo.
capital accounts cuentas de patrimonio neto ■ *Sp.* cuentas de neto.
capital allowances desgravación impositiva sobre bienes del capital, amortizaciones sobre bienes de capital permitidas impositivamente.
capital asset pricing model (CAPM) modelo de valuación de activos.

capital assets bienes de capital, activo fijo, activo permanente.
capital budget presupuesto de inversiones en activo fijo.
capital budgeting presupuestación de inversiones.
capital commitment capital comprometido.
capital decay pérdida por obsolescencia.
capital employed capital empleado.
capital expenditure gastos en bienes de capital activados.
capital expenditure authorization autorización de inversiones en bienes de capital.
capital expenditure budget presupuesto de inversiones de capital.
capital expenditure control control de inversiones en bienes de capital.
capital expenditure proposal propuesta de inversiones en bienes de capital.
capital funding planning planificación de financiación de capital.
capital gain beneficio de capital, ganancia impositiva proveniente de la venta de activo fijo.
capital improvements mejoras de bienes de capital activadas.
capital increase aumento de capital.
capital instrument instrumento de capital.
capital intensive capital intensivo.
capital investment aportación, aporte de capital.
capital investment appraisal valuación de inversiones de capital.
capital investment decisions decisiones sobre inversiones de capital.
capital lease alquiler con opción de compra, arrendamiento de capital.
capital leverage apalancamiento de capital.
capital loss pérdida de capital.
capital maintenance mantenimiento de capital.
capital maintenance concept capital a mantener.
capital market mercado de capitales.
capital projects fund fondo para proyectos de inversión.
capital rationing limitación de capital.

capital recovery allowance provisión para recupero de capital.

capital redemption reserve reserva de capital amortizable.

capital resource planning planificación de recursos de capital.

capital stock acciones de capital.

capital stock subscribed suscripción de capital.

capital structure estructura de capital.

capital surplus prima de emisión de acciones, superávit de capital.

capitalization capitalización.

capitalization of earnings capitalización de resultados.

capitalization of interest capitalización de intereses.

capitalize 1. activar; 2. capitalizar.

CAPM (capital asset pricing model) modelo de valuación de activos.

captive item artículo cautivo.

carry acarrear.

carrying charge costos por mantenimiento de inventarios.

carrying costs costos por mantenimiento de inventarios.

carrying value valor neto en libros.

cartel cártel.

CASB (Cost Accounting Standards Board) Consejo de Normas de Contabilidad de Costos.

cash caja, disponibilidades.

cash account cuenta de caja.

cash advance anticipo en efectivo.

cash assets activo efectivo ▪ *Sp.* activo disponible.

cash audit auditoría de caja.

cash basis base de contado, base de efectivo, base de valor en efectivo.

cash basis accounting contabilidad en base al efectivo ▪ *Arg.* contabilidad por lo percibido.

cash budget presupuesto financiero.

cash cow generador de dinero.

cash disbursement journal subdiario de caja.

cash discount descuento por pago contado.

cash dividend dividendo en efectivo.

cash equivalent activos líquidos e inversiones de fácil realización.

cash equivalent value valor realizable.

cash flow flujo de efectivo, flujo de fondos.

cash flow forecasting proyección del flujo de fondos.

cash flow ratios indicadores del flujo de fondos.

cash flow statement estado de origen y aplicación de fondos, estado de flujo de caja ▪ *Sp.* cuadro de financiamiento.

cash flow yield coeficiente de fondos operativos netos a ganancia neta.

cash generating efficiency capacidad de generación de fondos operativos.

cash laundering blanqueo de dinero.

cash management administración de efectivo, administración de fondos.

cash on delivery (COD) pago contra entrega.

cash payments journal subdiario de caja.

cash receipts journal subdiario de ingresos.

cash-sale check boleta de venta al contado.

cash shortage and coverage faltante de caja.

cash stock acciones al contado.

cash surrender value valor de rescate.

cashier cajero.

cashier's check cheque de mostrador.

casualty loss pérdida por accidente.

catalog listado de ubicación de archivos.

category pricing precio por categorías.

cause-and-effect diagram diagrama de causa-efecto.

CD (certificate of deposit) certificado de depósito.

ceiling valor tope, valor neto de realización.

center centro.

central administration costs costos generales distribuídos.

central bank banco central.

central beta risk riesgo beta.

centralization centralización.

central processing unit (CPU) unidad central de procesamiento.

certainty certeza.

certainty equivalent valor equivalente de certeza.

certificate certificado.

certificate of deposit (CD) certificado de depósito.

certification certificación.

certified accountant (UK)   contador titulado.

certified appraisal   avalúo certificado.

certified balance sheet   balance certificado, balance general certificado, balance general dictaminado.

certified check   cheque certificado.

certified financial planner (CFP) planificador financiero certificado.

certified financial statement estados contables con dictamen del auditor.

certified in financial management (CFM)   certificación en administración financiera.

certified information systems auditor (CISA)   auditor certificado en sistemas de información.

certified internal auditor (CIA) auditor interno certificado.

certified management accountant (CMA)   contador gerencial certificado.

certified public accountant (CPA) contador público certificado, contador público titulado, contador público ■ *Arg.* contador público nacional (CPN).

CFA (chartered financial analyst) analista financiero matriculado.

CFO (chief financial officer)   gerente financiero.

CFC (controlled foreign corporation) compañía del exterior controlada.

CFM (certified in financial management)   certificación en administración financiera.

CFP (certified financial planner) planificador financiero certificado.

change   cambio.

change in accounting estimate cambio en la estimación contable.

change in accounting principle cambio en los principios contables.

change in reporting entity   cambio contable en la entidad de reporte.

changeover time   tiempo de conversión.

charge   *n.* cargo, débito.

charge   *v.* 1. debitar; 2. comprar a crédito.

charge off   1. cancelar; 2. castigar una partida; 3. cancelación contra resultados.

charitable contributions deduction deducciones por donación a entidades de bien público.

charter agreement   contrato de fletamento.

chartered accountant   contador certificado, contador matriculado, contador autorizado, censor jurado de cuentas, contable colegiado, contable titulado, contador público, contador público autorizado, contador público certificado, contador público diplomado, contador público titulado, perito contable, perito mercantil.

chartered entity (UK)   entidad pública autorizada.

chartered financial analyst (CFA) analista financiero matriculado.

chartered financial consultant (ChFC)   asesor financiero matriculado.

Chartered Institute of Management Accountants (CIMA) (UK) Asociación de Contadores de Gestión Certificados.

charting   método de evaluación de tendencias y comportamiento de precios de títulos.

chartist   analista de bolsa.

chart of accounts   catálogo de cuentas, plan de cuentas ■ *Sp.* cuadro de cuentas.

chattel mortgage   gravamen sobre bienes muebles.

chattels   bienes muebles.

check   *n.* cheque.

check   *v.* chequear, cotejar.

check authorization   autorización de cheque.

check digit   dígito de control.

check files   archivos de cheques.

checking account   cuenta corriente bancaria.

checking account balance   saldo de cuenta corriente bancaria.

ChFC (chartered financial consultant)   asesor financiero matriculado.

chief financial officer (CFO)   gerente financiero.

CI (continuous improvement) mejoras continuas.

CIA (certified internal auditor) auditor interno certificado.

CICA (Canadian Institute of Chartered Accountants) Instituto Canadiense de Contadores Matriculados.

CIF (cost, insurance and freight) costo, seguro y flete.

CIMA (Chartered Institute of Management Accountants) (UK) Asociación de Contadores de Gestión Certificados.

CISA (certified information systems auditor) auditor certificado en sistemas de información.

class clase.

class action acción de clase.

class A stock acciones de clase A.

class B shares acciones de clase B.

classification clasificación.

classification of assets clasificación de activos.

classification of liabilities clasificación de pasivos.

classification of stockholders' equity clasificación del patrimonio neto.

classified advertisement anuncio clasificado.

classified stock acciones clasificadas.

clause cláusula, artículo.

Clayton antitrust law ley Clayton antimonopolio.

clean libre de gravámenes.

clean opinion opinión sin salvedades.

clear account cuenta en regla.

clearance certificate certificado de aduana.

clearing account cuenta puente, cuenta provisional, cuenta transitoria.

clearinghouse banco de liquidación, cámara de compensación.

clearinghouse statement reporte de actividades de agentes de bolsa.

client cliente.

clock card tarjeta de tiempo.

close an account cerrar una cuenta.

close the books cerrar los libros.

closed-end mutual fund fondo de inversión de acciones limitadas.

closed corporation compañía no cotizante de capital cerrado.

closed loop system sistema de circuito cerrado.

closed system sistema cerrado.

closely held corporation compañía cotizante cuyo capital pertenece a unos pocos accionistas.

closely held stock capital perteneciente a pocos accionistas.

closing cierre.

closing agreement convenio final.

closing entry asiento de cierre, asiento final, asiento de refundición de pérdidas y ganancias.

closing of the books cierre de libros.

cluster sampling muestreo por grupos.

CM (contribution margin) contribución marginal.

CMA (certified management accountant) contador gerencial certificado.

CMA Magazine publicación bimestral de la Sociedad de Contadores Gerenciales en Canadá.

CMS (cost management system) sistema de administración del costo.

COD (cash on delivery) pago contra entrega.

code *n.* código.

code *v.* codificar.

code of ethics código de ética.

Code of Professional Ethics Código de Ética Profesional.

coding of accounts codificación de cuentas.

coefficient of determination coeficiente de determinación.

coefficient of variation coeficiente de variación.

coemption acaparamiento de la oferta.

coin analysis análisis de billetes y monedas.

coinsurance clause cláusula de coaseguro.

COLA (cost-of-living adjustment) ajuste por costo de vida.

collateral aval ∎ *Mex.* colateral.

collateral bond bono prendario.

collateralize garantizar con colateral.

collection cobro.

collection agent agente de cobros.

collection analysis análisis de cobranzas.

collection analyst analista de cobranzas.

collection period período de cobranzas.

collective wage agreement convenio salarial colectivo.

collusion   colusión.

combination   combinación.

combined depreciation   amortización combinada.

combined financial statement   estado financiero agrupado.

comfort letter   carta de alivio.

commercial   comercial.

commercial agency   agencia de información comercial.

commercial agent   agente comercial.

commercial area   área de comercio.

commercial bank   banco comercial.

commercial contract   contrato mercantil.

commercial paper   documentos comerciales de corto plazo.

commercial year   año comercial.

commission   comisión.

commission agent   comisionista.

commitment   compromiso contingente.

commitment accounting   contabilidad en base a compromisos.

committed cost   costo comprometido.

committee   comisión.

Committee on Accounting Procedure   Comité de Procedimientos Contables.

Committee on Auditing Procedure (CAP)   Comité de Procedimiento de Auditoría.

commodities futures   contratos de mercaderías a futuro.

commodity   mercadería de fácil comercialización.

commodity contract   contrato de producto.

commodity market   bolsa de productos.

commodity pricing   precio de mercancía genérica.

common cost   costo conjunto, costo indirecto.

common size financial statements   estados contables en valores porcentuales, método de porcientos integrales.

common stock   acciones comunes, acciones ordinarias.

common stock equivalent   título convertible en acciones ordinarias.

communications between predecessor and successor auditors   comunicaciones entre auditores predecesores y sucesores.

community of interests   comunidad de intereses.

community property   bienes de la sociedad conyugal, bienes gananciales.

company   compañía.

comparability   comparabilidad.

comparative balance sheet   balance comparativo.

comparative cost   costo comparativo.

comparative statement   estado comparativo.

comparative statement approach   enfoque de estados comparativos.

compensated absence   ausencia compensada.

compensating balance   saldo de compensación.

compensating depreciation   depreciación compensatoria.

compensation   compensación.

compensatory stock option   opción de compra de acciones como compensación a empleados.

competitive alliance   alianza competitiva.

competitive benchmarking   comparación competitiva, análisis competitivo.

competitive pricing   precio competitivo.

competitive saw   serrucho competitivo.

competitor analysis   análisis de competencia.

compilation   compilación.

complementing entry   asiento de complemento.

complete audit   auditoría completa.

completed contract method   método de reconocimiento de resultados sobre la obra concluida.

complex capital structure   estructura de capital compleja.

compliance audit   auditoría de acatamiento, auditoría de cumplimiento.

compliance test   auditoría de cumplimiento.

composite break-even point   punto de equilibrio multiproducto.

composite depreciation   depreciación combinada.

composition   acuerdo de reducción de deuda, concordato.

composition with creditors   acuerdo preconcursal.

compound entry   asiento compuesto, asiento múltiple.

compound interest method of depreciation   método de depreciación por anualidades.

compound interest rate   interés compuesto.

compound journal entry   asiento del diario compuesto.

compounding period   período de capitalización.

comprehensibility   comprensibilidad.

comprehensive   abarcador.

comprehensive annual financial report (CAFR)   informe financiero anual global.

comprehensive budget   presupuesto global.

comprehensive income   ingreso global, resultado total.

comprehensive tax allocation   método del impuesto diferido.

comptroller   interventor.

Compustat   base de datos publicada por una subsidiaria de Standard and Poor's.

computation   cómputo.

computer security   seguridad informática.

concealed assets   activos ocultos.

concentration banking   banca de concentración.

conceptual framework   marco conceptual.

concession   concesión.

condensed financial statement   balance condensado.

condition   condición.

conditional acceptance   aceptación condicionada, aceptación condicional, aceptación limitada.

conditional creditor   acreedor condicional.

condominium   condominio.

confidence interval   intervalo de confianza.

confirmation   1. confirmación; 2. circularización de auditoría.

conflict of interests   conflicto de intereses.

confusion   confusión.

conglomerate   conglomerado.

conglomerate financial statements   estados contables consolidados.

conglomerate merger   fusión de conglomerados.

consent   consentimiento.

conservatism   conservadurismo, conservatismo.

consignee   consignatario.

consignment   consignación.

consignment stock   mercadería en consignación.

consistency   consistencia ■ *Sp.* continuidad, uniformidad.

consistency concept   principio de uniformidad.

consolidated balance sheet   balance consolidado, balance de fusión.

consolidated financial statement   cuentas anuales consolidadas, estados contables consolidados.

consolidation   consolidación.

consolidation goodwill   llave de negocio por consolidación.

consortium   consorcio.

constant   constante.

constant cost   costo constante.

constant dollar accounting   contabilidad a valores constantes.

constituent company   compañía integrante de un grupo económico.

constrained optimization   optimización con factores limitantes.

constraining factor   factor limitante.

constraint-based costing   costeo según el factor limitante.

constraints   limitaciones.

construction in progress   obras en curso, obras en proceso ■ *Sp.* construcciones en curso, inmovilizaciones en curso.

constructive dividend   dividendo implícito.

constructive obligation   obligación implícita.

constructive ownership   atribución de carga fiscal.

constructive receipt   ingresos implícitos.

consult   consultar, asesorarse.

consumed cost   costos consumidos.

consumer analysis   análisis de consumidores.

consumer goods bienes de consumo, artículos de consumo.
consumer lease arrendamiento de consumo.
consumer price index (CPI) índice de precios al consumidor (IPC).
consumption consumo.
consumption tax impuesto al consumo.
contingency contingencia.
contingency plan plan de contingencia.
contingency theory teoría de la contingencia.
contingent assets activos contingentes, activo eventual.
contingent liability pasivo contingente.
contingent rental alquiler contingente.
contingent reserve reserva contingente.
continuing account cuenta continua.
continuing investment inversión continua.
continuing professional education (CPE) actualización profesional requerida por algunos estados de los Estados Unidos de Norteamérica.
continuity principio de empresa en marcha, continuidad.
continuous audit auditoría continua.
continuous budget presupuesto continuo.
continuous improvements (CI) mejoras continuas.
continuous operation operación continua.
contra contra.
contra account contracuenta.
contract contrato.
contract auditing auditoría de contratos.
contract authorization autorización para contratar.
contract cost costo contratado.
contract costing costeo por contrato.
contributed capital capital aportado, capital integrado.
contributed capital in excess of par prima de emisión de acciones, superávit de capital
contribution contribución, aporte.
contribution approach to pricing determinación de precios por contribución marginal.
contribution center centro de contribución.

contribution graph gráfico de margen de contribución.
contribution margin (CM) contribución marginal.
contribution margin analysis análisis de la contribución marginal.
contribution (margin) income statement estado de resultados marginal.
contribution margin method método de la contribución marginal.
contribution margin ratio porcentaje de contribución marginal.
contribution margin variance variación de la contribución marginal.
contribution per unit of limiting factor ratio ratio de contribución por unidad de factor limitante.
contribution price precio marginal.
contribution to sales ratio tasa de contribución de ventas.
contributor contribuyente.
control control ∎ Sp. dominio.
control account cuenta colectiva, cuenta control.
control chart cuadro de control.
control concept concepto de control.
control environment entorno de control.
control in the context of an asset control en el contexto de un activo.
control limits límites de control.
control of another entity control de otra entidad.
control procedures procedimientos de control.
control risk riesgo de control.
control risk assessment evaluación del riesgo de control.
control stock acciones de control.
control totals totales de control.
controllability controlabilidad.
controllability concept principio de control.
controllable cost costo controlable.
controllable manufacturing overhead variance variación controlable de los costos indirectos de producción.
controllable variance variación controlable.
controlled company compañía controlada ∎ Sp. filial.

controlled foreign corporation (CFC) compañía del exterior controlada.
controller contralor.
controllership contraloría.
controlling control de cumplimiento de planes y objetivos.
controlling company compañía controlante ■ *Sp.* dominante (compañía), matriz.
controlling company accounting contabilidad de la compañía controlante.
controlling interest interés mayoritario.
convention convención.
conventional cost system sistema de costeo convencional.
conventional costing costeo convencional.
conversion conversión.
conversion cost costo de conversión.
conversion price precio de conversión.
conversion ratio tasa de conversión.
conversion value valor de conversión.
convertibility convertibilidad.
convertible bond bono canjeable, bono convertible.
convertible debt deuda convertible.
convertible loan stock préstamo convertible.
convertible preferred stock acciones preferidas convertibles, acciones privilegiadas convertibles.
convertible securities títulos convertibles.
convertible stock acciones convertibles.
cook the books falsificación contable, cocina contable.
cooperative cooperativa.
cooperative bank banco cooperativo.
coordinating proceso de coordinación.
copyright derechos de autor.
corner the market acaparar el mercado.
corporate appraisal evaluación de empresas.
corporate bond bono corporativo.
corporate governance gobierno societario.
Corporate Governance Combined Code (UK) Código Combinado de Gobierno Societario.
corporate joint venture empresa conjunta.
corporate law ley de sociedades.

corporate planning model modelo de planificación corporativo.
corporate shares acciones corporativas.
corporate social accounting contabilidad social.
corporate stock acciones corporativas, acciones de sociedad anónima.
corporate tax impuesto de sociedades.
corporation sociedad anónima (S.A.).
corporation tax impuesto de sociedades.
correcting entry asiento de ajuste.
correlation correlación.
correlation coefficient (r) coeficiente de correlación.
correspondent corresponsal.
correspondent bank banco corresponsal.
cost costo ■ *Sp.* coste.
cost absorption absorción de costos, asignación de costos.
cost account cuenta de costo.
cost accountant contador de costos.
cost accounting contabilidad analítica, contabilidad de costos ■ *Sp.* contabilidad de costes.
Cost Accounting Standards Board (CASB) Consejo de Normas de Contabilidad de Costos.
cost accumulation acumulación de costos.
cost allocation asignación de costos, aplicación de costos.
cost analysis análisis de costos.
cost analyst analista de costos.
cost and freight (C&F) costo y flete (C&F).
cost application aplicación de costos.
cost apportionment aplicación de costos.
cost assignment asignación de costos.
cost assignment path esquema de asignación de costos.
cost auditing auditoría de costos.
cost-based price precio en base al costo.
cost basis base de coste, base de costo.
cost-behavior analysis análisis del comportamiento del costo.
cost-behavior pattern patrón de comportamiento del costo.
cost-benefit analysis análisis costo-beneficio.

cost center   centro de costos.
cost classification   clasificación de costos.
cost concept   principio del costo.
cost control   control de costos.
cost depletion   agotamiento del activo.
cost distribution   distribución del costo.
cost driver   impulsor del costo.
cost-driver analysis   análisis de impulsores del costo.
cost effective   costo efectivo.
cost-effectiveness   costo-eficiencia.
cost element   elemento del costo.
cost estimation   estimación del costo.
cost flow   flujo del costo.
cost function   función del costo.
cost hierarchy   jerarquía del costo.
cost, insurance and freight (CIF)   costo, seguro y flete.
cost management   administración del costo, gestión de costos.
cost management system (CMS)   sistema de administración del costo.
cost modules   módulos de costo.
cost object   objeto de costo.
cost of capital   costo de capital.
cost of conformance   costo de conformidad.
cost of debt   costo del pasivo.
cost of equity capital   costo de capital invertido.
cost of goods manufactured budget   presupuesto del costo de bienes de cambio.
cost of goods manufactured schedule   tabla del costo de producción.
cost of goods sold   costo de la mercadería vendida, costo de la mercancía vendida.
cost-of-living adjustment (COLA)   ajuste por costo de vida.
cost of new external common equity   costo de capital suscripto adicional.
cost of non-conformance   costo de no conformidad.
cost of prediction error   costo de predicción de errores.
cost of sales   costo de ventas.
cost plus pricing   precio con margen sobre el costo.
cost pool   agrupamiento de costos.

cost reapportionment   asignación del costo.
cost-recovery method   método de recuperación del costo.
cost reduction program   programa de reducción de costos.
cost reference   costo de referencia.
cost savings   ahorro de costos.
cost sheet   hoja de costos.
cost summary schedule   tabla resumen de costos.
cost table   tabla de costos.
cost-to-cost method   método de costeo por avance de obra.
cost unit   unidad de costo.
cost-volume formula   fórmula de costo-volumen.
cost-volume-profit (CVP) analysis   análisis costo-volumen-beneficio.
costing   costeo.
costs of quality   costo de calidad.
counterbalancing error   error de contrabalanceo.
countertrade   intercambio.
coupon bond   bono al portador.
coupon rate   tasa del cupón.
covenant   acuerdo de restricción sobre préstamo.
covenant to renew   acuerdo de renovar.
coverage   cobertura.
covered option   opción cubierta.
CPA (certified public accountant)   contador público certificado, contador público titulado, contador público ■ *Arg.* contador público nacional (CPN).
CPE (continuing professional education)   actualización profesional requerida por algunos estados de los Estados Unidos de Norteamérica.
CPI (consumer price index)   índice de precios al consumidor (IPC).
CPU (central processing unit)   unidad central de procesamiento.
crashing   reducción de tiempos de actividad por aplicación de recursos.
creative accounting   contabilidad creativa.
credit   *n.* abono, crédito.
credit   *v.* abonar, acreditar ■ *Sp.* datar.
credit acceptance   aceptación de crédito.
credit against tax   crédito impositivo.

credit analysis   análisis de crédito.
credit analyst   analista de crédito.
credit approval   aprobación de créditos.
credit balance   saldo acreedor.
credit counseling   asesoramiento de crédito.
credit entry   asiento de abono, asiento de crédito.
credit file   archivo de crédito.
credit line   línea de crédito.
credit manager   administrador de crédito.
credit memorandum   nota de crédito.
credit report   informe de solvencia.
credit reporting agency   agencia de informes de crédito.
credit scoring   calificación crediticia.
creditor   acreedor.
creditor days ratio   ratio de plazo de pago en días.
creditors' equity   pasivo total.
creditors' meeting   asamblea de acreedores, junta de acreedores.
critical event   suceso crítico.
critical path   camino crítico.
critical path accounting   contabilidad del camino crítico.
critical path method   método del camino crítico.
critical success factor   factor crítico de éxito.
crossfoot   sumas cuadradas.
cross-subsidy   subsidio cruzado de costos.
CRP (capacity requirements planning)   planeamiento de requerimientos de capacidad.
crystallization   cristalización.
culmination of earnings process   método de reconocimiento de resultados al momento de la venta.
cum   con.
cumulative activity cost   costo de actividad acumulado.
cumulative preferred stock   acciones preferenciales acumulativas, acciones preferentes acumulativas, acciones preferidas acumulativas, acciones privilegiadas acumulativas.
cumulative stock   acciones acumulativas.
cumulative voting   voto acumulado.

currency arbitrage   arbitraje de divisas.
current   corriente, actual.
current account   cuenta corriente.
current assets   activo móvil, activo corriente, activo circulante.
current cost   costo corriente.
current cost accounting   contabilidad a costos corrientes, contabilidad a valores corrientes.
current liability   pasivo corriente.
current operating concept   método de medición de la eficiencia.
current purchasing power accounting   contabilidad a costos de reposición.
current ratio   coeficiente de solvencia.
current tax   impuesto corriente.
current value   valor corriente.
current value accounting   contabilidad a valores corrientes.
current year   año en curso.
curtailment in pension plan   reducción del plan de pensiones.
customer group pricing   precio por grupo de clientes.
customer information file   archivo de información del cliente.
customer profitability analysis   análisis de rentabilidad de clientes.
customer response time   tiempo de respuesta.
customer retention   retención de clientes.
customer value   valor del cliente.
customhouse broker   agente de aduana.
customs   aduana.
customs agency   agencia de aduana.
customs area   área aduanera.
customs broker   agente aduanero.
customs clearance   despacho aduanero.
customs collector   administrador de aduanas.
customs declaration   declaración de aduana.
customs inspection   inspección aduanera.
customs officer   funcionario de aduana.
customs tariff   arancel aduanero.
customs warehouse   almacén aduanero.
cut-off   punto de corte.
cutoff date   fecha de corte.

cutoff rate   tasa de corte.
CVP (cost-volume-profit) analysis
   análisis costo-volumen-beneficio.
cyber investing   inversiones
   tecnológicas.
cyberspace   ciberespacio.
cycle   ciclo.
cycle billing   facturación por ciclos.
cycle time   período de maduración, tiempo
   de ciclo.
cycle time compression   reducción del
   tiempo de ciclo.
cyclical stocks   acciones cíclicas.

data   datos.
database   base de datos.
data privacy   privacidad de datos.
data processing   procesamiento de datos.
data warehouse   almacén de datos.
date of acquisition   fecha de adquisición.
date of record   fecha de registro.
daybook   libro diario.
day purchases in accounts payable
   días a proveedores.
days to sell inventory   razón de días de
   venta en existencias.
DCF (discounted cashflow)
   techniques   método del flujo de fondos
   descontado.
dead asset   activo sin valor, activo
   improductivo.
dead stock   inventario sin movimiento.
dead time   tiempo muerto.
dead weight   peso muerto.
deadline   fecha límite.
deal   convenio.
dealer   distribuidor, traficante.
death benefit   beneficio por defunción,
   beneficio por muerte.
death tax   impuesto sucesorio.
debenture bond   bono sin garantía
   hipotecaria, debenture, empréstito.
debenture capital   capital hipotecario.
debenture stock   acciones no
   redimibles, obligaciones garantizadas por
   los activos de la compañía.

debit   *n.* cargo, débito ▪ *Sp.* adeudo.
debit   *v.* cargar en cuenta, debitar, cargar
   ▪ *Sp.* adeudar.
debit memorandum   nota de débito.
debt   deuda ▪ *Mex.* adeudo.
debt and equity securities   títulos de
   deuda y de capital.
debt capacity   capacidad de
   endeudamiento.
debt financing   financiamiento con
   pasivos.
debt limit   límite de endeudamiento.
debt restructuring   reestructuración de
   deuda con problemas.
debt service   servicio de la deuda.
debt service fund   fondo para el servicio
   de deuda.
debt to equity ratio   coeficiente de
   endeudamiento, razón de deuda a capital.
debt to net worth ratio   coeficiente de
   endeudamiento, razón de deuda a
   patrimonio neto.
debtor   deudor.
debtor days ratio   ratio de plazo de
   cobro en días.
debugging   detección y corrección de
   errores en los programas y/o hardware.
decentralization   descentralización.
decentralize   descentralizar.
decentralized organization
   organización descentralizada.
decision   decisión.
decision-making   toma de decisiones.
decision-making under certainty
   toma de decisiones bajo condiciones de
   certidumbre.
decision-making under uncertainty
   toma de decisiones bajo condiciones de
   incertidumbre.
decision matrix   matriz de decisión.
decision model   modelo de decisión.
decision rule   regla de decisión.
decision support system (DSS)
   sistema soporte de decisiones.
decision theory   teoría de decisiones.
decision variable   variable de decisión.
declaration   declaración.
declaration date   fecha de declaración.
declared capital   capital declarado.
declared dividend   dividendo declarado.
declared value   valor declarado.
declassified cost   costo clasificado.

decline in economic usefulness declinación en la utilidad económica.
declining balance method método de saldos decrecientes.
decreasing-charge method método de cargos decrecientes.
decrement decremento.
decryption decodificación.
deductible expense gasto deducible.
deduction deducción.
deduction from gross income deducción de la ganancia bruta.
deduction from income deducción de la ganancia.
deduction from net income deducción de la ganancia neta.
deed escritura.
deed of trust contrato de fideicomiso.
deep-discount bond bono con descuento sustancial.
de facto de facto.
defalcation desfalco.
default on payment incumplimiento de pago.
defeasance anulación, revocación, derecho de redención de deuda tras incumplimiento.
defensive interval ratio índice de liquidez ácida en días.
deferral diferimiento.
deferred annuity anualidad aplazada, anualidad diferida.
deferred annuity contract contrato de anualidad diferida.
deferred charge cargo diferido.
deferred compensation compensación diferida.
deferred cost costo diferido.
deferred credit ingresos diferidos, ganancias diferidas.
deferred debit débito diferido.
deferred dividend dividendo diferido.
deferred expenditure gastos diferidos.
deferred expense gasto diferido.
deferred gross profit ganancia bruta diferida.
deferred income cobros diferidos, ganancia diferida, ingresos diferidos.
deferred income tax charge acreditamiento diferido del impuesto.
deferred income tax credit diferencia temporaria deducible.

deferred income tax liability diferencia temporaria gravable.
deferred liability pasivo diferido.
deferred maintenance conservación diferida.
deferred-payment sale venta de pago diferido.
deferred revenue ingresos diferidos.
deferred tax impuesto diferido.
deficiency insuficiencia en el pago impositivo.
deficiency account cuenta del faltante.
deficiency appropriation asignación para deficiencias.
deficiency letter carta de objeciones.
deficit déficit.
deficit account cuenta de déficit.
defined benefit pension plan plan de pensión de beneficios definidos.
defined contribution pension plan contribuciones definidas, plan de pensión de contribuciones definidas.
definition definición.
deflation deflación.
degree of financial leverage (DFL) nivel de apalancamiento financiero.
degree of freedom (DO) grado de independencia.
degree of operating leverage (DOL) nivel de apalancamiento operativo.
degree of relative liquidity (DRL) nivel de liquidez relativa.
degree of total leverage (DTL) nivel de apalancamiento total.
de jure de jure.
del credere del credere.
delegation of authority delegación de autoridad.
delinquent tax impuesto en mora.
delivery entrega.
delivery basis determinación de resultados en base a entregas.
delivery cycle time tiempo de ciclo de entregas.
delivery price precio de entrega.
delivery time plazo de entrega.
demand demanda.
demand deposit depósito a la vista.
denominator level tasa predeterminada de distribución de costos indirectos de fabricación.

denominator variance variación por volumen de la tasa de distribución de costos indirectos de fabricación.

department departamento.

department store tienda departamental.

departmental accounts cuentas departamentales.

departmental budget presupuesto departamental.

departmental burden carga departamental.

departmental charge carga departamental.

departmental overhead gastos indirectos departamentales.

departmental profit utilidad departamental.

departmental rate tasa de distribución departamental.

departmentalization departamentalización.

dependability confiabilidad.

dependent subordinado.

dependent deduction deducción por cargas de familia.

dependent variable variable dependiente.

depletable asset activo agotable.

depletion agotamiento.

deposit depósito.

deposit account cuenta de depósito.

depositary depositario.

depository depositario.

deposits in transit depósitos pendientes de acreditación.

depreciable depreciable, amortizable.

depreciable asset activo depreciable, activo amortizable.

depreciable cost costo amortizable, costo depreciable.

depreciable life años de vida útil, años a depreciar.

depreciate depreciar, amortizar.

depreciated cost costo amortizado.

depreciated original cost costo original depreciado.

depreciated value valor depreciado.

depreciation 1. depreciación, amortización; 2. deterioro de activos.

depreciation accounting depreciación contable, amortización contable.

depreciation adequacy depreciación adecuada.

depreciation base base de depreciación.

depreciation charge cargo por depreciación.

depreciation expense cargo por depreciación.

depreciation fund fondo para depreciación.

depreciation method método de depreciación.

depreciation rate coeficiente de depreciación.

depreciation recapture recuperación de depreciación.

depreciation unit unidad de depreciación.

deprival value valor de abandono.

derivative financial instrument instrumento financiero derivado.

descriptive financial statement estado contable descriptivo.

descriptive statistics estadística descriptiva.

detachable stock warrant certificado de compra de acciones.

detail account cuenta de detalle.

detailed audit auditoría detallada.

devaluation devaluación.

development cost costo de desarrollo.

development expense gasto de desarrollo.

development stage enterprise compañía en etapa de desarrollo.

deviation desviación.

devise legar.

DFL (degree of financial leverage) nivel de apalancamiento financiero.

differential diferencial.

differential analysis análisis diferencial.

differential cost costo diferencial.

digit dígito.

digital signature firma digital.

diluted earnings per share ganancias por acción diluidas.

dilution dilución.

diminishing balance saldo decreciente.

diminishing-provision method método de provisión decreciente.

direct access acceso directo.

direct allocation method método de asignación directa.

direct cost costo directo.

direct costing costeo directo.

direct debit débito directo.

direct expense gasto directo.

direct financing lease arrendamiento de financiamiento directo.

direct labor mano de obra directa.

direct labor budget presupuesto de mano de obra directa.

direct labor cost percentage rate tasa porcentual de costo de mano de obra directa.

direct labor efficiency variance variación en la eficiencia de la mano de obra directa.

direct labor hour rate tasa de horas de mano de obra directa.

direct labor mix variance variación en la mezcla de mano de obra.

direct labor rate variance variación en la eficiencia de la mano de obra directa.

direct labor time standards tiempo estándar de mano de obra directa.

direct labor variances variación de la mano de obra directa.

direct labor yield variance variación en la eficiencia de la mano de obra.

direct liability pasivo directo, responsabilidad directa.

direct material materia prima.

direct material mix variance variación en la mezcla de materia prima.

direct material yield variación en el rendimiento de las materias primas.

direct materials budget presupuesto de materias primas.

direct materials price standard precio estándar de materias primas.

direct materials price variance variación en el precio de las materias primas.

direct materials quantity standard cantidad estándar de materias primas.

direct materials quantity variance variación en el consumo de materias primas.

direct materials usage variance variación en la eficiencia de la materia prima.

direct materials variance variación en materias primas.

direct method 1. método de asignación directa; 2. método directo de conversión del cuadro de resultados al sistema de lo percibido.

direct overhead gastos generales de fabricación directos.

direct product profitability (DPP) rentabilidad directa de un producto.

direct test of financial balance auditoría directa sobre estados patrimoniales.

direct tracing rastreo, control contable.

direct write-off method método directo de eliminación de deudores incobrables.

director director.

directors' meeting junta de directores.

directors' report informe de la dirección.

disbursement desembolso.

disbursing officer oficial pagador.

disclaimer abstención.

disclaimer of opinion abstención de opinión, denegación de opinión.

disclosure información adicional a los estados contables.

discontinued operations operaciones discontinuas.

discount *n.* descuento, bonificación.

discount allowed descuento convenido.

discount loss pérdida del descuento por pronto pago.

discount rate tasa de descuento.

discounted cash flow (DCF) techniques método del flujo de fondos descontado.

discounted payback period período de repago descontado.

discounted present value valor presente.

discounts allowed bonificaciones otorgadas.

discovery period período de descutarimiento.

discovery sampling muestreo por descubrimiento.

discovery value accounting contabilidad por reconocimiento de reservas.

discrepancy discrepancia.

discretionary cost costos controlables.

discretionary (fixed) cost costos fijos controlables.

discriminating duties derechos diferenciales.

Discussion Memorandum documento que emite el Consejo de Normas de Contabilidad Financiera sobre temas contables.

disinvestment desinversión.

dismissal compensation indemnización por despido.

dispersion dispersión.

disposable income renta disponible.

disposal date fecha de venta.

disposition of net income disposición de la ganancia neta.

disposition of variances asignación contable de variaciones.

distort distorsionar.

distress merchandise mercadería en remate.

distress price precio de liquidación.

distributable distribuible.

distribution distribución.

distribution column columna de distribución.

distribution cost costo de distribución.

distribution discount descuento de distribuidor.

distribution expense gasto de distribución.

distribution to owners distribución de resultados.

diurnal diurno.

diversifiable risk riesgo diversificable.

diversity segmentation segmentación por diversidad.

divided account cuenta dividida.

dividend dividendo.

dividend cover cobertura de dividendos.

dividend-equalization reserve reserva estabilizadora de dividendos.

dividend exclusion dividendos no imponibles.

dividend growth model modelo de dividendos crecientes.

dividend in kind dividendo en especie.

dividend on shares dividendo en acciones.

dividend payout ratio tasa de dividendos distribuidos.

dividend tax impuesto sobre dividendos.

dividend yield ratio tasa de dividendos por acción.

dividends account dividendos a pagar, dividendos por pagar.

dividends in arrears dividendos pendientes, dividendos preferidos acumulados.

dividends payable dividendos por pagar.

divorce divorcio.

DO (degree of freedom) grado de independencia.

documentary credit crédito documentario.

DOL (degree of operating leverage) nivel de apalancamiento operativo.

dollar unit sampling (DUS) muestreo por valor unitario en dólares.

dollar value LIFO inventario valuado en dólares al último entrado-primero salido.

domestic corporation empresa local.

domestic debt deuda interna.

domestic market mercado local.

dominant influence influencia dominante.

donated capital donación de capital.

donated stock acciones donadas.

donated surplus contribuciones recibidas por la sociedad ■ *Mex.* superávit donado.

donation donación, donativos.

double-account-form balance sheet balance general en dos secciones.

double-account system sistema de cuenta doble.

double distribution doble distribución.

double entry bookkeeping contabilidad por partida doble.

double sampling muestreo doble.

double taxation agreement acuerdo de doble imposición.

doubtful debts provision provisión para insolvencias.

Dow Jones News/Retrieval servicio de información en línea.

down payment anticipo, pago inicial.

download descargar.

downsizing reducción de personal, reestructuración.

downstairs merger fusión descendente.

downtime tiempo de inactividad, tiempo perdido.

DPP (direct product profitability) rentabilidad directa de un producto.

draft 1. borrador, versión; 2. letra de cambio.

draft an agreement redactar un contrato.

drawback devolución de derechos de importación sobre materias primas.

drawing account cuenta de retiro de socios.

DRL (degree of relative liquidity) nivel de liquidez relativa.

DTL (degree of total leverage) nivel de apalancamiento total.

dual pricing fijación de precios dobles.

dualism dualismo.

dualism concept concepto de dualismo.

due vencido.

due date fecha de vencimiento.

dumping dumping.

Du Pont formula fórmula de Du Pont.

DUS (dollar unit sampling) muestreo por valor unitario en dólares.

duty derechos aduaneros.

duty-drawback reintegro de derechos aduaneros.

duty free libre de impuestos.

dynamic programming programación dinámica.

e-commerce comercio electrónico.

earliest finish time fecha temprana de finalización.

earliest start time fecha temprana de comienzo.

earliest time (ET) fecha temprana (FT).

early extinguishment of debt extinción temprana de deuda.

earmark afectar o restringir el uso de una cuenta.

earned discount descuento ganado, descuentos obtenidos.

earned income renta personal.

earned income credit renta mínima no imponible.

earned surplus resultados acumulados.

earning beneficio.

earning power valor actual de las ganancias del negocio.

earnings utilidad neta, ganancias.

earnings before interest and taxes (EBIT) beneficio antes de intereses e impuestos (BAII).

earnings before taxes (EBT) beneficio antes de impuestos (BAI).

earnings forecast utilidad proyectada, ganancia por acción proyectada.

earnings per share (EPS) beneficio por acción (BPA).

earn-out arrangement acuerdo de salida.

earnings yield rentabilidad por ganancias.

EBIT (earnings before interests and taxes) beneficio antes de intereses e impuestos (BAII).

EBT (earnings before taxes) beneficio antes de impuestos (BAI).

EC (electronic commerce) comercio electrónico.

ECI (employment cost index) índice de costo de empleo.

economic económico.

economic agreement acuerdo económico.

economic analysis análisis económico.

economic analyst analista económico.

economic life vida útil de un activo.

economic order quantity (EOQ) orden de pedido económica, pedido de dimensiones óptimas.

economic order quantity (EOQ) model modelo de cantidad de pedido económica.

economic production run size lotes óptimos de producción.

economic production run-size model sistema de lotes óptimos de producción.

economic profit utilidad económica.

economic value added (EVA) valor económico agregado.

economies of scope economías de alcance.

economy of scale economía de escala.

EDI (electronic data interchange) intercambio electrónico de datos.

edit control control de auditoría de datos ingresados.

EDP (electronic data processing) procesamiento electrónico de datos (PED).

Education Committee Comité de Educación.

educational travel deduction deducción por gastos de transporte a institutos de capacitación.

EEA (European Economic Area) Área Económica Europea (AEE).

effective interest method método de tasa efectiva.

effective interest rate tasa de interés efectiva.

effective tax rate tasa impositiva efectiva.

effectiveness eficacia.

efficiency eficiencia.

efficiency ratio ratio de eficiencia.

efficiency variance variación en la eficiencia.

efficient market hypothesis hipótesis de mercados eficientes.

EFTA (European Free Trade Association) Asociación Europea de Libre Comercio (AELC).

EFTS (electronic fund transfer system) sistema de transferencia electrónica de fondos.

EIB (European Investment Bank) Banco Europeo de Inversión (BEI).

eight-K (8-K) formato de presentación de eventos relevantes ante la SEC.

electronic banking banca electrónica.

electronic commerce (EC) comercio electrónico.

electronic data interchange (EDI) intercambio electrónico de datos.

electronic data processing (EDP) procesamiento electrónico de datos (PED).

electronic fund transfer system (EFTS) sistema de transferencia electrónica de fondos.

electronic mail (e-mail) correo electrónico.

elements of balance sheet elementos del balance.

elements of cost elementos del costo.

eliminating entry asiento de eliminación.

eliminations eliminación de cuentas recíprocas.

embezzlement apropiación fraudulenta de fondos.

employee asalariado.

employee absenteeism ausentismo laboral.

employee association asociación de empleados.

employee benefits beneficios a empleados.

employee empowerment otorgar poder de decisión a los empleados.

employee health benefits beneficios de salud a empleados.

Employee Retirement Income Security Act of 1974 (ERISA) regulación sobre seguros de retiro.

employee stock ownership plan (ESOP) planes de venta de acciones a empleados.

employers' association asociación patronal.

employment bureau bolsa de trabajo.

employment cost index (ECI) índice de costo de empleo.

encode codificar.

encrypt encriptar.

encumbrance 1. gravamen; 2. compromisos asignados de gastos.

end-of-period adjustments ajustes de fin del período contable.

ending inventory existencias al cierre del período.

endorsed bill documento por cobrar endosado.

endorsee endosatario.

endorsement endoso.

endorser avalista, endosante.

enforced collection action acción ejecutiva de cobro.

engagement compromiso.

engagement letter carta de compromiso.

engineered capacity capacidad ideal.

engineered costs costos asociados con el volumen de producción.

engineering analysis análisis industrial de costos.

enrolled agent agente impositivo autorizado.

enter in the books contabilizar, anotar en los libros.

enterprise accounting contabilidad de empresa.

enterprise fund tarifa pública.

enterprise resource planning (ERP)
planeamiento de recursos.
entertainment allowance gastos de
representación.
entertainment expense deduction
deducción por gastos de representación.
entity ente, entidad.
entity accounting contabilidad del ente
económico.
entity theory teoría de la entidad contable.
entrapment (UK) atrapamiento.
entrepreneur emprendedor, empresario.
entry entrada, asiento, anotación.
entry value valor de reemplazo.
environmental audit auditoría
medioambiental.
environmental impact assessment
análisis del impacto medioambiental.
EOQ (economic order quantity)
model modelo de cantidad económica de
pedido.
EPS (earnings per share) beneficio
por acción (BPA).
equalization equiparación impositiva.
equalization reserve reserva o
previsión para devengamiento de gastos.
equalizing dividend dividendo
complementario.
equation method método de la ecuación
para el cálculo del punto de equilibrio.
equipment equipo.
equipment leasing arrendamiento de
equipo.
equipment trust certificate bono
para financiación de equipo.
equity patrimonio neto ■ *Sp.* recursos
propios.
equity capital capital social.
equity financing financiamiento con
capital propio.
equity instrument instrumento
accionarial.
equity method método del valor
patrimonial.
equity share capital capital ordinario
en acciones.
equity spread margen de utilidad
patrimonial.
equivalent production producción
equivalente.
equivalent taxable yield rendimiento
imponible equivalente.

equivalent uniform annual cost
costo uniforme anual equivalente.
equivalent units unidades equivalentes.
ERISA (Employee Retirement
Income Security Act of 1974)
regulación sobre seguros de retiro.
ERP (enterprise resource planning)
planeamiento de recursos.
error error.
error correction corrección de error.
error term término de perturbación.
errors in inventory and balance
book errores en el libro de inventarios y
balances.
errors in the general ledger errores
en el mayor.
errors in the journal book errores en
el diario.
escapable cost costo evitable.
ESOP (employee stock ownership
plan) planes de venta de acciones a
empleados.
estate accounting contabilidad de
sucesiones, contabilidad de herencias y
legados.
estate administration administración
de la herencia.
estate agent agente inmobiliario.
estate planning planeamiento
impositivo sucesorio.
estate tax impuesto sucesorio.
estimated cost costo estimado.
estimated liability pasivo cierto
estimado.
estimated tax impuesto estimado.
estimation adjustment corrección de
estimación.
ET (earliest time) fecha temprana
(FT).
Ethics Committee Comité de Ética.
EU (European Union) Unión Europea
(UE)
Eurobond eurobono.
Eurodollars eurodólares.
European Bank for Reconstruction
and Development Banco Europeo
de Reconstrucción y Desarrollo
(BERD).
European Court of Auditors Tribunal
de Cuentas Europeo.
European Economic Area (EEA)
Área Económica Europea (AEE).

European Free Trade Association (EFTA) Asociación Europea de Libre Comercio (AELC).

European Investment Bank (EIB) Banco Europeo de Inversión (BEI).

EVA (economic value added) valor económico agregado.

European Union (EU) Unión Europea (UE)

evaluation of internal control evaluación del control interno.

event evento, suceso.

eviction evicción.

evidence evidencia.

ex ante ex-ante.

ex-dividend ex dividendo.

ex gratia graciable.

ex interest ex cupón.

ex post ex-post.

ex-rights shares acciones que se venden sin derechos recientemente declarados.

examination examen.

except for opinion dictamen del auditor con salvedades.

exception 1. dictamen del auditor con salvedades; 2. notificación del supervisor en desacuerdo con las acciones del subordinado; 3. respuesta negativa a una confirmación requerida; 4. variación entre valores estándar y reales.

exception report informe de variaciones.

exceptional items partidas excepcionales.

excess excedente.

excess capacity exceso de capacidad.

excess itemized deduction deducción impositiva.

excess present value index índice de rentabilidad.

exchange 1. intercambio comercial; 2. mercado bursátil.

exchange adjustment ajuste cambiario.

exchange check cheque de canje.

exchange contract contrato de cambio.

exchange controls controles de cambio.

exchange gain (loss) diferencia de cambio.

exchange parity paridad de cambio.

exchange rate tipo de cambio.

exchange rate band banda cambiaria.

excise tax impuesto específico sobre productos o servicios.

exclusive agent agente exclusivo.

exclusive agreement acuerdo de representación exclusiva.

executive action acción ejecutiva.

executive games juegos de simulación para entrenamiento gerencial.

executive perquisites beneficios adicionales a ejecutivos.

executor albacea, albacea testamentario.

executory cost gastos a cargo del arrendatario en un arrendamiento de capital.

exempt income rentas exentas.

exemption deducciones impositivas.

exemption organization organización exenta.

exercise price precio de ejercicio.

exhibit documento informativo, anexo.

existence verificación de la existencia y corrección de los registros contables.

exit value valor de salida.

expansion of the chart of accounts ampliación del manual de cuentas.

expected actual capacity capacidad real esperada.

expected annual activity actividad anual esperada.

expected monetary value valor monetario esperado.

expected time for an activity duración estimada para una actividad.

expected value valor esperado.

expected value of perfect information valor esperado de información perfecta.

expected volume volumen esperado.

expenditure egreso, erogación.

expenditure account cuenta de gastos.

expenditures analysis análisis de gastos.

expense gasto, desembolso.

expense account cuenta de gastos.

expense advances anticipos para gastos.

expense center centro de gastos.

expense control control de gastos.

expense management administración de gastos.

expert especialista, experto.

expert accountant perito contable, experto contable, perito comercial, perito mercantil, técnico contable.

expert systems sistemas expertos.

expiration conversión de un costo en gasto o pérdida ▪ *Mex.* expiración.
expiration notice aviso de caducidad, aviso de expiración.
expired cost costo expirado.
exploration exploración.
Exposure Draft propuesta de normativa contable del Consejo de Normas de Contabilidad Financiera.
extension of time for filing prórroga impositiva.
external account cuenta de no residente, cuenta con el exterior, cuenta externa.
external audit auditoría externa.
external auditor auditor externo.
external bonds bonos externos.
external documents documentos de terceros.
external failure costs costos de fallas en la calidad de productos vendidos.
extranet red privada de comunicaciones accesible a terceros.
extraordinary items partidas extraordinarias.
extraordinary repairs reparaciones activables.

face value valor nominal.
facility-level activities actividades de áreas de servicio.
facility-sustaining activities actividades de mantenimiento de servicios.
factor factor.
factorial analysis análisis factorial.
factoring descuento de factura, factoraje financiero, factoreo.
factors of production factores de producción.
factory fábrica.
factory burden gastos de fabricación.
factory ledger libro mayor de gastos de fabricación.
factory overhead gastos de fabricación.
factory overhead budget presupuesto de gastos de fabricación.
failure costs costos de fallas.

Fair Labor Standards Act (FLSA) Acta de Normativa Laboral.
fair market value valor de mercado.
fair trade price precio comercial justo.
fairness adecuación a la realidad.
fall bajar.
fall in price abaratarse.
false entry asiento falsificado.
family allowances deducciones familiares.
farm worker trabajador agrícola.
FAS (Financial Accounting Standard) Norma de Contabilidad Financiera.
FAS (free alongside) costo al costado del buque.
FASAC (Financial Accounting Standards Advisory Council) Consejo Asesor de Normas de Contabilidad Financiera.
FASB (Financial Accounting Standards Board) Consejo de Normas de Contabilidad Financiera.
favorable variance variación favorable.
fax facsímil, fax.
FE: The Magazine for Financial Executives publicación mensual del Instituto de Ejecutivos de Finanzas.
feasibility study estudio de factibilidad.
feasible region zona factible.
feasible solution solución factible.
federal agency agencia federal.
federal income taxes impuestos federales sobre la renta.
Federal Insurance Contribution Act (FICA) Acta Federal sobre Contribuciones Sociales.
Federal Reserve Bank Banco de la Reserva Federal.
Federal Reserve Board Comité de la Reserva Federal.
Federal Trade Commission Comisión Federal de Comercio.
Federal Unemployment Tax Act (FUTA) Acta Federal sobre Impuesto de Seguro de Desempleo.
federation federación.
fee comisión, honorario.
feedback realimentación.
feedback control control de realimentación.
feed-forward control control de previsión.

FEI (Financial Executives Institute) Instituto de Ejecutivos de Finanzas.
FICA (Federal Insurance Contribution Act) Acta Federal sobre Contribuciones Sociales.
fidelity bond seguro de fidelidad.
fiduciary fiduciario.
fiduciary accounting contabilidad fiduciaria.
fiduciary agent agente fiduciario.
fiduciary fund fondo fiduciario.
field campo.
field audit auditoría en el terreno, auditoría de campo.
field auditor auditor de campo.
FIFO (first-in, first-out) PEPS (primero entrado, primero salido).
FIFO costing costeo PEPS.
file *n.* expediente, archivo.
file *v.* archivar.
filing status estado civil a efectos impositivos.
final acceptance aceptación final.
finance *n.* finanzas.
finance *v.* financiar, aportar fondos.
finance company compañía financiera.
finance costs costos financieros.
financial financiero.
financial accounting contabilidad financiera, contabilidad general.
Financial Accounting Foundation (FAF) Fundación de Contabilidad Financiera.
Financial Accounting Standard (FAS) Normas de Contabilidad Financiera.
Financial Accounting Standards Advisory Council (FASAC) Consejo Asesor de Normas de Contabilidad Financiera.
Financial Accounting Standards Board (FASB) Consejo de Normas de Contabilidad Financiera.
financial activity actividad financiera.
financial adviser asesor financiero.
financial agent agente financiero.
financial analysis análisis contable, análisis financiero.
Financial Analysis Journal publicación quincenal de la Federación de Analistas Financieros.
financial analysis software programa de análisis financiero.

financial analyst analista financiero.
Financial Analysts Federation Federación de Analistas Financieros.
Financial and Management Accounting Committee (FMAC) Comité de Contabilidad Financiera y Gerencial.
financial arrangement arreglo financiero.
financial assets activo financiero.
financial budget presupuesto financiero.
financial capital capital financiero.
financial control control financiero.
financial counseling asesoramiento financiero.
financial decisions decisiones financieras.
financial engineering ingeniería financiera.
Financial Executives Institute (FEI) Instituto de Ejecutivos de Finanzas.
financial forecast proyección financiera.
financial futures futuros financieros.
financial highlight sección del reporte anual que presenta la información financiera más relevante.
financial information system sistema de información financiera.
financial lease contract contrato de arrendamiento financiero.
financial leasing arrendamiento financiero.
financial leverage apalancamiento financiero.
financial management función financiera, gestión financiera, administración financiera.
financial manager administrador financiero.
financial model modelo financiero.
financial planner planificador financiero.
financial planning models modelos de planificación financiera.
financial projection proyección financiera.
financial ratio analysis análisis de indicadores financieros, análisis de razones financieras.
financial ratios coeficientes financieros.

financial reporting reporte financiero.
Financial Reporting Council (UK)
Comité de Información Financiera.
Financial Reporting Releases (FRRs)
pronunciamientos contables de la SEC.
**Financial Reporting Review Panel
(UK)** Panel de Examen de la Información
Financiera.
**Financial Reporting Standard (FRS)
(UK)** Normas de Información Financiera.
financial risk riesgo por endeudamiento.
financial statement estado contable,
estado financiero, estado de situación
financiera, estado de situación patrimonial,
estados contables básicos ▪ *Sp.* estado de
activo y pasivo, estado de recursos y
obligaciones ▪ *Mex.* estados financieros
básicos.
financial statement analysis análisis
de balance, análisis de estados contables,
análisis de estados financieros.
**financial statement and
supplementary schedules** balance
y anexos.
financial statement audit auditoría de
estados contables.
financial statement translation
conversión de estados contables.
financial structure estructura
financiera.
financial year año financiero.
financing activities actividades de
financiación.
financing lease arrendamiento
financiero.
finished goods productos terminados,
artículos terminados ▪ *Sp.* productos
acabados.
finished goods inventory inventario
de productos terminados.
finished goods store almacén de
artículos terminados, almacén de productos
terminados.
firm *adj.* en firme.
firm *n.* firma, empresa, compañia.
first-in, first-out (FIFO) primero
entrado, primero salido (PEPS).
first-in, first-out costing costeo
según el criterio de primero entrado,
primero salido.
first-stage allocation asignación de
costos a actividades.

fiscal agency agencia fiscal.
fiscal agent agente fiscal.
fiscal management administración
fiscal.
fiscal tax year año contributivo fiscal,
año impositivo fiscal, año tributario fiscal.
fiscal warehouse depósito fiscal.
fiscal year año fiscal, ejercicio
económico, año social, año económico.
Fishbone diagrams diagramas de
causa-efecto, diagramas de Fishbone.
fixed annuity anualidad fija.
fixed asset unit unidad contable de
activo fijo.
fixed assets activo inmovilizado, activo
fijo, activo permanente ▪ *Sp.* inmovilizado.
fixed assets register registro de activo
fijo.
fixed assets to equity capital ratio
activos fijos a capital contable.
fixed assets turnover rotación del
activo fijo.
fixed budget presupuesto fijo.
fixed capital capital fijo.
fixed charge 1. cargos fijos de armado
del lote de producción; 2. gasto fijo.
fixed-charge-coverage ratio ratio de
cobertura de costos fijos.
fixed charges cargos fijos.
fixed cost costo fijo.
fixed depreciation depreciación fija.
fixed disk disco rígido.
fixed factory overhead gastos fijos de
fabricación.
fixed intangible assets activo fijo
intangible.
fixed overhead gastos fijos de
fabricación.
fixed overhead budget variance
variación presupuestaria de los gastos fijos
de fabricación.
fixed overhead capacity variación por
capacidad de gastos de producción.
fixed overhead efficiency variance
variación en la eficiencia de los gastos de
fabricación.
**fixed overhead expenditure
variance** variación en los gastos fijos de
fabricación.
fixed overhead spending variance
variación presupuestaria de los gastos fijos
de fabricación.

fixed overhead variance variación de los gastos fijos de fabricación aplicados.

fixed overhead volume variance variación por volumen de los gastos fijos de fabricación.

fixed price precio fijo.

fixtures instalaciones fijas, inmuebles por accesión.

flash report informe breve.

flat tax impuesto fijo.

flexibility flexibilidad.

flexible budget presupuesto flexible.

flexible budget formula fórmula de presupuesto flexible.

flexible budget variance variación presupuestaria.

flexible budgeting presupuestación flexible.

flexible exchange rate tasa de cambio flexible.

flexible factory producción flexible.

flexible manufacturing system (FMS) sistema flexible de producción.

flextime horario flexible.

float 1. cheques aún no debitados de la cuenta bancaria; 2. tiempo de acreditación de cheques; 3. emisión de títulos; 4. caja chica.

float time tiempo flotante.

floating capital capital corriente.

floating charge obligación flotante.

floating exchange rate tipo de cambio flotante.

floppy disk disquete.

flotation cost gastos de emisión.

flow of costs flujo de costos.

flow process chart diagrama de procesos.

flow statement estado de origen y aplicación de fondos.

flowchart cursograma, diagrama de flujo, flujograma, fluxograma.

FLSA (Fair Labor Standards Act) Acta de Normativa Laboral.

FMAC (Financial and Management Accounting Committee) Comité de Contabilidad Financiera y Gerencial.

FMS (flexible manufacturing system) sistema flexible de producción.

FOB (free on board) LAB (libre a bordo).

focused factory fábrica orientada a una gama limitada de productos.

folio folio.

folio number número de folio.

footing total en las columnas de mayor, sumatorias de las columnas de mayor.

footnotes notas al balance.

forced savings ahorros forzosos.

forcing allocation asignación forzosa.

forecast pronóstico.

foreign exterior, extranjero.

foreign agent agente extranjero.

foreign assets activo en el exterior, activo en divisas.

foreign branch sucursal en el extranjero.

foreign corporation sociedad anónima del exterior, sociedad anónima de otro estado.

Foreign Corrupt Practices Act Acta sobre Prácticas de Corrupción en el Exterior.

foreign currency divisas, moneda extranjera.

foreign currency allowance previsión para desvalorización de moneda extranjera, dotación para divisas.

foreign currency futures divisas a futuro.

foreign currency transaction gain ganancias por transacciones en moneda extranjera.

foreign currency transaction loss pérdidas por transacciones en moneda extranjera.

foreign currency transactions transacciones en moneda extranjera.

foreign currency translation conversión de montos de una moneda a otra.

Foreign Direct Investment Inversión Extranjera Directa (IED).

foreign exchange assets activo en divisas, activo en moneda extranjera.

foreign personal holding company empresa del exterior de propiedad de ciudadanos o residentes de los Estados Unidos de Norteamérica.

foreign sales corporation (FSC) empresa extranjera radicada en países con acuerdos impositivos con los Estados Unidos de Norteamérica.

foreign tax impuesto del exterior.

foreign tax credit crédito impositivo del exterior.

forensic accounting   contabilidad legal.
forest depletion   agotamiento de bosques.
forfeited stock   acciones confiscadas.
forfeiture   penalización, confiscación.
forgery   falsificación.
form   formulario, forma ▪ *Col.* formato ▪ *Mex.* machote.
form of balance sheet   fórmula de presentación del balance.
format   formato.
formula   fórmula.
forward   enviar, remitir.
forward accounting   contabilidad con proyecciones a futuro.
forward contract   contrato a plazo.
forward exchange contract   contrato de divisas a futuro.
forward financial statement   estados contables proyectados.
forward rate   tipo de cambio futuro.
forward transaction   operación a término.
forwarder   agente expedidor.
forwarding address   dirección de reenvío.
forwarding agent   agente de transporte.
founder's shares   acciones del fundador.
401-K plan   plan de inversión para empleados.
fractional shares   acciones fraccionadas.
franchise   1. concesión; 2. franquicia.
franchise fee revenue   ingresos por derechos de franquicia.
franchisee   franquiciado.
franchiser   franquiciante.
franked investment income   ingreso de inversión liberada.
franked payments   pagos liberados.
fraud   fraude.
fraudulent act   acto fraudulento.
free alongside (FAS)   costo al costado del buque.
free cash flow   flujo neto de fondos.
free on board (FOB)   franco a bordo, libre a bordo (LAB).
free stock   existencias libres.
Free Trade Agreement of the Americas   Asociación de Libre Comercio de las Américas (ALCA).
free-trade area   área de libre comercio.
freeze assets   bloquear fondos.

freight absorption   absorción del flete.
freight carrier   acarreador.
freight expenses   gastos de fletes.
freight-in   flete de compras.
freight-out   flete de ventas.
frequency distribution   distribución de frecuencia.
fringe benefits   beneficios adicionales, beneficios extrasalariales.
from (year)   a partir de (año).
front-end loading   cargos deducidos por adelantado.
front-line management   administración de primera línea.
frozen account   cuenta bloqueada.
frozen assets   activo congelado.
FRRs (Financial Reporting Releases)   pronunciamientos contables de la SEC.
FRS (Financial Reporting Standard) (UK)   Normas de Información Financiera.
FSC (foreign sales corporation)   empresa extranjera radicada en países con acuerdos impositivos con los Estados Unidos de Norteamérica.
full authority   amplios poderes.
full cost method   método de costeo total.
full cost-plus pricing   fijación del precio a partir del costo total.
full cost profit margin   contribución marginal total del costo objetivo.
full costing   costeo por absorción, costeo total.
full disclosure   información adicional a los estados contables.
full faith and credit   respaldo de deuda pública con todos los recursos de la entidad.
full product cost   costo total del producto.
full-time   a tiempo completo.
fully depreciated assets   activos totalmente depreciados, activos totalmente amortizados.
fully-paid capital stock   capital totalmente integrado.
fully vested   cumplimiento total de requisitos para ser acreedor a los beneficios jubilatorios.
function cost   costo por función, costos por función.
function key   tecla de función.
functional accounting   contabilidad por funciones.

functional analysis análisis funcional.
functional budget presupuesto funcional.
functional classification clasificación funcional.
functional cost analysis análisis funcional de costos.
functional currency moneda de reporte.
functional decomposition descomposición funcional.
functional games simulador de entrenamiento.
functional reporting of expenses reporte de gastos por funciones.
fund accounting contabilidad de fondos.
fund theory teoría de fondos.
fundamental accounting concepts principios fundamentales de contabilidad.
fundamental analysis análisis fundamental.
fundamental management accounting concepts principios fundamentales de contabilidad de gestión.
funded debt deuda consolidada.
funded pension plan plan de pensiones con fondos asignados.
funded scheme fondo de pensiones provisionado.
funding consolidación, financiación.
funds fondos.
funds application aplicación de fondos.
funds-flow-adequacy ratio coeficiente de suficiencia de fondos.
funds-flow-fixed-charge coverage coeficiente de cobertura de gastos fijos.
fungible fungible.
fungible assets bienes fungibles.
furniture and fixtures muebles e instalaciones.
FUTA (Federal Unemployment Tax Act) Acta Federal sobre Impuesto de Seguro de Desempleo.
future futuro.
future purchase compra a futuro.
future value valor futuro.
future value of an annuity valor futuro de una anualidad.
futures contract contrato de futuros.
futures exchange bolsa de futuros.
futuristic planning planificación futurística.

GAAP (Generally Accepted Accounting Principles) Principios de Contabilidad Generalmente Aceptados (PCGA).
GAAS (Generally Accepted Auditing Standards) Principios de Auditoría Generalmente Aceptados.
gain ganancia.
gain contingency contingencia de ganancia, contingencia favorable.
game theory teoría de juegos.
Gantt chart gráfica Gantt.
GAO (General Accounting Office) Oficina General de Contabilidad.
gap analysis análisis de diferencias.
GASAC (Governmental Accounting Standards Advisory Council) Consejo Asesor de Normas de Contabilidad Gubernamental.
GASB (Governmental Accounting Standards Board) Consejo de Normas de Contabilidad Gubernamental.
GASBCS (Governmental Accounting Standards Board Concepts Statement) Declaración de Conceptos de la Junta de Normas de Contabilidad Gubernamental.
GASBS (Governmental Accounting Standards Board Statement) Declaración de la Junta de Normas de Contabilidad Gubernamental.
GASTBT (Governmental Accounting Standards Board Technical Bulletin) Boletín Técnico de la Junta de Normas Contables Gubernamentales.
GATT (General Agreement on Tariffs and Trade) Acuerdo General sobre Aranceles y Comercio (GATT).
GDP (Gross Domestic Product) Producto Bruto Interno (PBI).
gearing (UK) apalancamiento.
general acceptance aceptación general.
general accountant contador general.
General Accounting Office (GAO) Oficina General de Contabilidad.
general agent apoderado general.

General Agreement on Tariffs and Trade (GATT)   Acuerdo General sobre Aranceles Advaneros y Comercio (GATT).

general and administrative expenses   gastos generales y de administración.

general audit   auditoría general.

general authority   autorización general.

general balance sheet   balance general.

general business credit   deducción fiscal para bajos ingresos.

general contingency reserve   reserva general para contingencias.

general controller   contralor general.

general creditor   acreedor ordinario, acreedor quirografario, acreedor simple, acreedor sin privilegio.

general expenses   gastos generales.

general fixed asset account group   grupo de cuentas de activo fijo.

general fund   fondo general.

general increase   aumento general.

general journal   diario general.

general ledger   libro mayor general.

general long-term debt account group   grupo de cuentas de la deuda general a largo plazo.

general management   administración general.

general manager   administrador general.

general meeting   asamblea general.

general meeting of shareholders   asamblea general de accionistas.

general obligation bonds   bonos de responsabilidad general.

general operating expense   gasto general de operación.

general overhead   gastos indirectos generales.

general partner   1. socio comanditado; 2. socio administrador.

general partnership   sociedad colectiva.

general price index (GPI)   índice general de precios (IGP).

general price level accounting   contabilidad ajustada por el índice general de precios.

general-purpose financial statement   estados contables de presentación.

general reserve   reserva general.

Generally Accepted Accounting Principles (GAAP)   Principios de Contabilidad Generalmente Aceptados (PCGA).

Generally Accepted Auditing Standards (GAAS)   Principios de Auditoría Generalmente Aceptados.

gentlemen's agreement   acuerdo de caballeros.

geometric mean   media geométrica.

geometric progression   progresión geométrica.

gift   donación.

gift tax   impuesto sobre transferencias a título gratuito.

GNP (Gross National Product)   Producto Nacional Bruto (PNB).

goal congruence   congruencia de objetivos.

goal programming   programación por objetivos.

goal seeking   búsqueda por objetivo.

going concern   continuidad, empresa en marcha ■ *Sp.* empresa en funcionamiento, ente vivo, gestión continuada ■ *Mex.* negocio en marcha.

going concern concept   principio de empresa en marcha.

going-concern value   valor de la empresa en marcha.

going public   entrar a cotizar en la bolsa de comercio.

golden parachute agreement   acuerdo de beneficios a la alta gerencia por contingencia de pérdida de empleo en acuerdos de fusión o adquisición empresaria.

goodness-of-fit   adecuación del ajuste.

goods   bienes, mercaderías, existencias.

goods and services   bienes y servicios, productos y servicios.

goods in process   artículos en proceso.

goods-in-process inventory   productos en proceso.

goods in transit   bienes de cambio en tránsito, bienes en tránsito, artículos en tránsito.

goods on consignment   bienes en poder de terceros.

goods received note   nota de bienes recibidos, nota de mercaderías recibidas.

goodwill guante, plusvalía mercantil, crédito mercantil, llave de negocio, buen nombre ■ *Arg.* valor llave ■ *Sp.* fondo de comercio.

Government Accountants Journal Publicación de Contadores del Sector Público.

government accounting contabilidad del sector público.

government bond bono del estado ■ *Sp.* fondos públicos.

Government Finance Officers Association Asociación de Funcionarios de Finanzas del Gobierno.

government fund fondos públicos.

government securities valores gubernamentales ■ *Mex.* efectos públicos.

Governmental Accounting Standards Advisory Council (GASAC) Consejo Asesor de Normas de Contabilidad Gubernamental.

Governmental Accounting Standards Board (GASB) Consejo de Normas de Contabilidad Gubernamental.

Governmental Accounting Standards Board Concepts Statement (GASBCS) Declaración de Conceptos de la Junta de Normas de Contabilidad Gubernamental.

Governmental Accounting Standards Board Statement (GASBS) Declaración de la Junta de Normas de Contabilidad Gubernamental.

Governmental Accounting Standards Board Technical Bulletin (GASTBT) Boletín Técnico de la Junta de Normas Contables Gubernamentales.

governmental budgeting presupuestación gubernamental.

grace period período de gracia.

graduated life table tabla de expectativa de vida.

grant *n.* concesión.

grant *v.* otorgar, conceder.

grant a patent conceder una patente.

grant-in-aid subsidio gubernamental.

granularity descomposición por actividades.

graph gráfico, gráfica.

graphical method método gráfico.

graphical method LP método gráfico de programación lineal.

greenmail payment pago de rescate.

gross bruto.

gross book value valor bruto en libros.

Gross Domestic Product (GDP) Producto Bruto Interno (PBI).

gross income ingresos brutos, utilidad bruta.

gross loss pérdida bruta de ventas, pérdida bruta.

gross margin margen bruto.

gross margin pricing determinación del precio como un porcentaje sobre el margen bruto de utilidad.

gross margin ratio utilidad bruta porcentual.

Gross National Product (GNP) Producto Nacional Bruto (PNB).

gross operating spread margen bruto de operación.

gross price method método de contabilización a precio bruto.

gross proceeds producto bruto.

gross profit ganancia bruta de ventas, ganancia bruta.

gross-profit analysis análisis de la utilidad bruta.

gross profit margin utilidad bruta porcentual.

gross profit method método de valuación de inventarios según el margen de utilidad bruta.

gross profit on sales beneficio bruto de ventas.

gross profit percentage porcentaje de utilidad bruta.

gross profit rate razón de la ganancia bruta.

gross-profit ratio utilidad bruta porcentual.

gross revenue entradas brutas.

gross sales ventas brutas.

gross savings ahorro bruto.

gross value valor bruto.

group accounts cuentas del grupo.

group depreciation depreciación grupal, amortización global.

group financial statement estado contable combinado.

growth curve curva de crecimiento.

growth formula fórmula de crecimiento.

growth rate tasa de crecimiento.

growth stocks acciones de crecimiento.

guarantee *n.* garantía, fianza.
guarantee *v.* garantizar, afianzar, avalar.
guaranteed afianzado, avalado, garantizado.
guaranteed bond bono garantizado.
guaranteed dividend dividendo garantizado.
guaranteed stock acciones con garantía de dividendos, acciones con dividendos garantizados, acciones garantizadas.
guarantor fiador, garante.
guaranty *n.* garantía.
guaranty *v.* garantizar.
guaranty deposit depósito en garantía.
guaranty stock acciones de garantía.

H.R. 10 Plan plan de retiro para trabajadores autónomos.
hacker pirata informático.
half-year convention norma de amortización semestral en el año de alta.
hand tool herramienta de mano.
handling cost costo de manejo.
hard copy copia dura.
hard disk disco duro.
hardware hardware, componentes físicos de una computadora.
harmonic mean media armónica.
harmonic progression progresión armónica.
harmonization armonización.
hash total total de control.
hashing técnica de búsqueda de registros informáticos contables.
head office casa matriz.
head of household titular a cargo de una unidad familiar.
heading encabezamiento.
headquarters casa matriz.
hedge cobertura.
heir heredero.
heterogeneity heterogeneidad.
heuristic heurístico.
hidden reserves reservas ocultas.
hierarchy of activities jerarquía de actividades.

hierarchy of costs jerarquía de costos.
HIFO (high in, first out) alto entrado, primero salido.
high finance altas finanzas.
high in, first out (HIFO) alto entrado, primero salido.
high-low method método alto/bajo, método de determinación de costos variables y fijos.
high-risk stocks acciones de alto riesgo.
highlight sección del reporte anual que presenta la información financiera más relevante.
hire purchase contract contrato de arrendamiento con opción de compra.
histogram histograma.
historical cost costo histórico.
historical cost accounting contabilidad a costos históricos.
historical pricing precio histórico.
historical summary reseña informativa.
hoarding of goods acaparamiento de mercaderías.
holder of a debenture debenturista.
holder of record tenedor registrado.
holding company compañía controlante.
holding costs costos de tenencia, costos por mantenimiento de inventarios.
holding gain ganancia por tenencia.
holding loss pérdida por tenencia.
holding period período de tenencia.
home address dirección particular, domicilio particular.
home office deduction deducción impositiva por oficina en el hogar.
homestead laws legislación sobre patrimonio familiar.
homogeneity homogeneidad.
homogeneous cost pool agrupación de costos homogéneos.
horizontal analysis análisis horizontal.
horizontal audit auditoría horizontal.
horizontal group grupo horizontal.
horizontal integration integración horizontal.
horizontal trend analysis análisis horizontal de tendencias.
human resource accounting contabilidad de los recursos humanos, contabilidad de recursos humanos.
human resources management administración de recursos humanos.

human resources manager   gerente de recursos humanos.
hurdle rate   tasa de corte.
hypertext   hipertexto.
hypothesis   hipótesis.
hypothesis testing   testeo de hipótesis.

IAAA (Inter-American Accounting Association)   Asociación Interamericana de Contabilidad (AIC).
IAG (International Auditing Guideline)   Guía Internacional de Auditoría.
IAPC (International Audit Practices Committee)   Comité de Prácticas Internacionales de Auditoría.
IAS (International Accounting Standard)   Norma Internacional de Contabilidad (NIC).
IASC (International Accounting Standards Committee)   Comité Internacional de Normas de Contabilidad.
IATA (International Air Transport Association)   Asociación de Transporte Aéreo Internacional.
IBRD (International Bank for Reconstruction and Development)   Banco Internacional de Reconstrucción y Desarrollo (BIRF).
ICA (International Congress of Accountants)   Congreso Internacional de Contadores.
ICFA (Institute of Chartered Financial Analysts)   Instituto de Analistas Financieros Matriculados.
IDB (industrial development bond)   bono de desarrollo industrial.
IDC (intangible drilling cost)   costos intangibles de perforación.
ideal capacity   capacidad ideal.
ideal standard cost   costo estándar ideal.
identifiable assets and liabilities   activos y pasivos identificables.
identification   identificación.
identity   identidad, identificabilidad.

idle capacity   capacidad ociosa.
idle capacity cost   costo de la capacidad ociosa.
idle capacity ratio   ratio de capacidad ociosa.
idle capacity variance   variación en la capacidad ociosa.
idle time   tiempo muerto, tiempo ocioso.
idle time variance   variación por tiempo ocioso.
if-converted method   método para determinar la dilución de títulos convertibles.
IFAC (International Federation of Accountants)   Federación Internacional de Contadores.
IFPS (interactive financial planning system)   sistema interactivo de planeamiento financiero.
IIA (Institute of Internal Auditors)   Instituto de Auditores Internos.
illegal act   acto ilegal.
illiquid   ilíquido.
illiquid assets   activo ilíquido.
IMA (Institute of Management Accounting)   Instituto de Contadores Gerenciales.
IMF (International Monetary Fund)   Fondo Monetario Internacional (FMI).
immaterial   inmaterial.
impact statement   informe de impacto.
impairment   disminución del valor.
impairment of capital   1. reducción de capital; 2. limitaciones legales a la distribución de resultados; 3. patrimonio neto negativo.
impairment of value   deterioro en el valor de un activo.
impartiality   imparcialidad.
imperfect market   mercado imperfecto.
impersonal account   cuenta no personal.
implementation, bottom up approach   implementación por el método ascendente.
implicit cost   costo implícito.
implied acceptance   aceptación implícita.
implied authority   autorización implícita.
implied contract   contrato tácito.
import   *n.* importación.
import   *v.* importar.

import duties arancel de importación.
import tariffs aranceles de importación.
import tax impuesto general de importación.
imposed budget presupuesto impuesto.
impound incautar, confiscar, embargar.
imprest fund fondo fijo, caja chica.
imprest system método del fondo fijo.
improvement mejora, mejoramiento.
impute imputar.
imputed cost costo implícito.
imputed interest interés implícito.
in addition to además de.
in advance por adelantado.
in arrears con atraso en el pago.
in bulk a granel.
in-charge accountant contador responsable.
in favor of a favor de.
in good faith de buena fe.
in kind en especie.
in-lieu en lugar de.
inactive asset activo inactivo.
inactive stocks acciones inactivas.
inadequacy insuficiencia.
incentive incentivo.
incentive plan plan de incentivos.
incentive stock option (ISO)
  incentivo de opción de compra de acciones.
incidence incidencia.
incidental expenses gastos imprevistos.
income ganancia del período, ganancia, ingreso.
income account cuenta de ganancias.
income analysis análisis de ganancias.
income basis base de ingresos, base de la renta.
income bond bono de renta.
income deduction deducción de gastos financieros e impuestos.
income exclusion rule ganancias no gravadas.
income (loss) from continuing operations resultado operativo.
income from discontinued operations resultados de operaciones discontinuadas.
income-generating unit unidad de generación de ingresos.
income realization realización de ganancia, realización del ingreso.

income sheet hoja de ingresos, cuadro de resultados.
income smoothing nivelación de resultados.
income splitting división de ingresos.
income statement estado de pérdidas y ganancias, estado de resultados ■ *Ch.* estado de rendimientos económicos ■ *Col.* estado de actividad financiera, económica y social ■ *Sp.* estado de explotación, estado de ingresos y pérdidas y ganancias, estado de operaciones ■ *Mex.* estado de productos, estado de rendimientos.
income summary cuenta de refundición de pérdidas y ganancias.
income tax impuesto a las ganancias, impuesto sobre la renta.
income tax return declaración del impuesto a las ganancias.
incomplete records registros incompletos.
incorporated company sociedad constituida legalmente.
incorporation fees gastos de constitución.
increase *n.* incremento, aumento.
increase *v.* aumentar.
increasing depreciation amortización creciente.
increment incremento.
incremental analysis análisis incremental.
incremental budgeting presupuestación incremental.
incremental cost costo incremental.
incremental cost-allocation method método de asignación de costos incrementales.
incremental revenue allocation asignación incremental de resultados.
incremental yield rendimiento incremental.
indebted adeudado.
indebtedness endeudamiento.
indebtedness certificate certificado de deuda.
indefinite reversal inversión por un período indefinido.
indenture contrato de emisión de bonos.
independence independencia.
independent independiente.

independent accountant contador independiente.

independent audit auditoría independiente.

independent auditor auditor independiente.

independent insurer asegurador independiente.

independent variable variable independiente.

index-number trend series índice de base de una serie.

index options opciones sobre índices accionarios.

indexation indexación.

indexed bond bono indexado.

indexing indexación.

indicator indicador.

indirect cost costo indirecto.

indirect labor mano de obra indirecta.

indirect liability pasivo contingente.

indirect manufacturing costs carga fabril.

indirect manufacturing expenses gastos indirectos de fabricación.

indirect materials materiales indirectos.

indirect tax impuesto indirecto.

individual retirement account (IRA) cuenta de retiro individual.

inducements alicientes.

industrial accident accidente industrial.

industrial accountant contador industrial.

industrial accounting contabilidad industrial.

industrial development bond (IDB) bono de desarrollo industrial.

industrial engineer ingeniero industrial.

industrial revenue bond bono de desarrollo industrial.

industry industria.

Industry Accounting Guides Normas Contables para Industrias.

Industry Audit Guides Normas de Auditoría para Industrias.

industry ratios indicadores industriales.

industry standards indicadores estándar de industria.

inflated profits utilidades infladas.

inflation inflación.

inflation accounting contabilidad ajustada por inflación.

inflationary spiral espiral inflacionaria.

information at source información en la fuente.

information processing procesamiento de información.

information retrieval recuperación de información.

information return declaración impositiva informativa.

information system sistema de información.

information technology tecnología informática.

inheritance tax impuesto sobre herencias, impuesto sucesorio.

initial public offering (IPO) oferta pública inicial.

initiation date fecha de inicio.

innovation innovación.

input entrada de datos en un sistema.

input cost costo de insumo.

input-output analysis análisis de insumo-producto.

inquiry investigación.

inside director director interno.

inside information información interna confidencial.

insider persona con acceso a información confidencial.

insolvency insolvencia.

insourcing generación de productos y servicios dentro de la compañía.

inspection time tiempo de control de calidad y reproceso.

inspector general inspector general.

instability index of earnings índice de inestabilidad de resultados.

installation expenses gastos de instalación.

installment sale venta a plazos.

installment sales method método de contabilización de ventas a plazos.

Institute of Chartered Accountants in England and Wales Instituto de Contadores Matriculados en Inglaterra y Gales.

Institute of Chartered Accountants in Scotland Instituto de Contadores Matriculados en Escocia.

Institute of Chartered Financial Analysts (ICFA) Instituto de Analistas Financieros Matriculados.

Institute of Internal Auditors (IIA) Instituto de Auditores Internos.

Institute of Management Accounting (IMA) Instituto de Contabilidad Gerencial.

institutional investor inversor institucional.

insurance seguro.

insurance actuary actuario de seguros.

insurance broker corredor de seguros, agente de seguros.

insurance company compañía aseguradora, compañía de seguros.

insurance consultant asesor de seguros.

insure asegurar.

insured asegurado.

insured property bienes asegurados.

insurer asegurador.

intangible intangible.

intangible asset activo inmaterial, activo intangible, bienes inmateriales, bienes intangibles.

intangible drilling cost (IDC) costos intangibles de perforación.

intangible value valor intangible, valor presente neto de la compañía.

integer programming programación por enteros.

integrated accounts cuentas integradas.

integrated software programa integrado.

integrated test facility prueba de integración.

intensity costo consumido por cada unidad de actividad.

Inter-American Accounting Association (IAAA) Asociación Interamericana de Contabilidad (AIC).

Inter-American Development Bank Banco Interamericano de Desarrollo (BID).

inter-firm comparison comparación entre empresas.

interactive financial planning system (IFPS) sistema interactivo de planeamiento financiero.

interception comienzo de un arrendamiento.

intercompany intercompañías, interempresas ∎ *Sp.* intragrupo.

intercompany accounts cuentas entre compañías afiliadas.

intercompany elimination eliminación de cuentas recíprocas.

intercompany profit utilidad intragrupo.

interdependency concept principio de interdependencia.

interest interés.

interest charged interés cargado.

interest coverage ratio razón de cobertura del interés.

interest deduction deducción de intereses.

interest expense gastos financieros.

interest method método de cálculo de intereses.

interest on investment rentabilidad de la inversión.

interest rate tasa de interés.

interest rate futures contrato de tasa de interés a futuro.

interest rate parity theory teoría de paridad de los tipos de interés.

interest rate risk riesgo por tasa de interés.

interest rate swap intercambio de tasas de interés.

interest-sensitive stocks acciones sensibles a las tasas de interés.

interest yield tasa de rendimiento.

interface interfase.

intergovernmental revenue ingresos intergubernamentales.

interim audit auditoría interina, auditoría intermedia.

interim closing cierre intermedio.

interim dividend dividendo parcial, dividendo provisorio.

interim financial statement estado contable intermedio.

interim report informe interino.

interindustry analysis análisis entre industrias.

interlocking accounts cuentas interrelacionadas.

intermediate term plazo intermedio.

internal audit auditoría interna.

internal auditor auditor interno, auditor de planta.

Internal Auditor, The publicación bimestral dirigida a auditores internos.

internal check chequeo interno, comprobación interna.

internal control control interno.

internal control system sistema de control interno.

internal document documentación interna.

internal failure costs costos internos de fallas.

internal financial control control interno financiero.

internal rate of return (IRR) tasa interna de retorno (TIR).

internal reporting reporte interno.

Internal Revenue Code ley de impuesto a las ganancias.

Internal Revenue Service (IRS) Servicio de Rentas Internas.

internal revenue taxes impuestos internos.

internal service fund fondo de servicio interno.

International Accounting Standard (IAS) Norma Internacional de Contabilidad.

International Accounting Standards Committee (IASC) Comité Internacional de Normas de Contabilidad.

International Air Transport Association (IATA) Asociación de Transporte Aéreo Internacional.

International Audit Practices Committee (IAPC) Comité de Prácticas Internacionales de Auditoría.

International Auditing Guideline (IAG) Guía Internacional de Auditoría.

International Bank for Reconstruction and Development (IBRD) Banco Internacional de Reconstrucción y Desarrollo (BIRF).

International Code of Ethics Código de Ética Internacional.

International Congress of Accountants (ICA) Congreso Internacional de Contadores.

International Education Guideline Guía Internacional de Educación.

International Federation of Accountants (IFAC) Federación Internacional de Contadores.

International Monetary Fund (IMF) Fondo Monetario Internacional (FMI).

International Organization for Standardization (ISO) Organización Internacional de Normalización.

International Public Sector Guideline Guía Internacional del Sector Público.

International Standard on Auditing (ISA) Norma Internacional de Auditoría.

International Standard on Auditing/Related Services Normas Internacionales de Auditoria/Servicios Relacionados (ISA/RS).

International Statement on Auditing Declaración Internacional de Auditoría.

Internet Internet.

interperiod income tax allocation distribución del impuesto entre períodos ■ *Sp.* método de aplazamiento.

interpolation interpolación.

interpretation interpretación.

intestate intestado.

intranet red interna.

intraperiod tax allocation asignación del impuesto dentro del ejercicio.

inventoriable cost costo de inventarios.

inventory existencias, inventario.

inventory account cuenta de inventario.

inventory accumulation acumulación de inventario.

inventory adjustment ajuste de inventario.

inventory analysis análisis de inventario.

inventory certificate certificado de inventario.

inventory control control de inventarios.

inventory models modelo de inventario.

inventory observation control de inventario.

inventory profit beneficio de inventario, ganancia por tenencia de inventarios.

inventory reserve cuenta regularizadora de inventarios.

inventory shortage faltante de inventario.

inventory status file ficha de inventario.

inventory turnover razón de rotación de existencias, razón de rotación de inventarios, índice de rotación de inventarios.

inventory valuation valuación de inventarios.

invested capital capital invertido.

investing activities actividades de inversión.

investment inversión.

investment adviser asesor de inversiones.

investment analysis análisis de inversiones.

investment analyst analista de inversiones.

investment bank banco de inversión.

investment banker institución negociadora de inversiones.

investment capital inversión de capital.

investment center centro de inversión.

investment credit crédito de inversión.

investment fund fondo común de inversión, fondo de inversión.

investment in securities inversiones en valores, inversiones en títulos.

investment software programa informático de inversión.

investment tax credit crédito fiscal de inversión.

investment turnover rotación de la inversión.

investor inversionista, inversor.

invitation to bid anuncio de oferta.

invoice factura.

invoice discounting descuento de factura.

invoice register registro de facturas.

involuntary bankruptcy quiebra involuntaria.

involuntary conversion pérdida de valor.

I owe you (IOU) pagaré.

IOU (I owe you) pagaré.

IPO (initial public offering) oferta pública inicial.

IRA (individual retirement account) cuenta de retiro individual.

IRR (internal rate of return) tasa interna de retorno (TIR).

irrelevant costs costos irrelevantes.

IRS (Internal Revenue Service) Servicio de Rentas Internas.

ISA (International Standard on Auditing) Norma Internacional de Auditoría.

ISA/RS (International Standard on Auditing/Related Services) Normas Internacionales de Auditoría / Servicios Relacionados.

ISO (incentive stock option) incentivo de opción de compra de acciones.

ISO (International Organization for Standardization) Organización Internacional de Normalización.

issue costs costos de emisión.

issued capital stock capital social emitido.

issued stock acciones emitidas.

issuer emisor.

issuing bank banco de emisión.

itemized account cuenta detallada, cuenta pormenorizada.

itemized deduction deducción detallada.

JIT (just-in-time) justo-a-tiempo.

job orden, tarea, trabajo.

job analysis análisis de puestos de trabajo.

job cost sheet hoja de costo por órdenes de trabajo.

job costing costeo por puestos de trabajo.

job order orden de trabajo.

job order costing costos por órdenes.

job project-performance cost variance variación en los resultados del proyecto.

job project-schedule cost variance variación en los plazos del proyecto.

job training adiestramiento en el trabajo.

joint account cuenta conjunta.

joint agreement acuerdo conjunto.

joint and several debtor deudor solidario.

joint and several liability deuda mancomunada y solidaria.

joint control control conjunto.

joint cost costo de producción conjunta.

joint creditor acreedor mancomunado.

joint debtor deudor mancomunado.

joint ownership propiedad conjunta, condominio.

joint products   productos conjuntos
■ *Mex.* coproductos.
joint return   declaración conjunta del
impuesto a las ganancias.
joint-stock association   asociación
informal por acciones.
joint tenancy   tenencia conjunta.
**joint tenancy with right of
survivorship**   tenencia conjunta.
joint variance   variación conjunta.
joint venture   entidad controlada
conjuntamente, asociación de empresas,
asociación en participación ■ *Sp.* empresa de
participación conjunta.
journal   diario.
journal entry   asiento de diario.
Journal of Accountancy   publicación
mensual del Instituto Americano de
Contadores Públicos.
Journal of Accounting Research
publicación semestral de la Escuela de
Graduados de Negocios de la Universidad
de Chicago.
journal voucher   comprobante de diario.
journalize   jornalizar.
judgment   1. sentencia judicial; 2. opinión
del contador.
judgment sample   muestreo de criterio.
junior accountant   contador auxiliar,
auxiliar de contabilidad.
junior auditor   ayudante de auditor.
junior bond   bono subordinado.
junior creditor   acreedor secundario.
junior stock   acciones subordinadas.
junk bond   bono basura.
jurisdiction   jurisdicción.
just in time (JIT)   justo-a-tiempo.
just-in-time (JIT) manufacturing
producción justo-a-tiempo.
just-in-time (JIT) production systems
sistema de producción justo-a-tiempo.
just-in-time purchase   compra de justo
a tiempo.

Kaizen   método de mejora permanente.
Kaizen budget   presupuesto Kaizen.

Kanban   sistema de coordinación de la
producción.
keep books   llevar los libros contables,
llevar las cuentas.
keep the accounts   llevar la
contabilidad, llevar las cuentas.
Keogh plan   plan de retiro para
trabajadores autónomos.
key factor   factor clave.
key management   alta gerencia.

L/C (letter of credit)   carta de crédito.
labor action   acción laboral.
labor agreement   acuerdo laboral.
labor efficiency variance   variación en
la eficiencia de la mano de obra.
labor force   fuerza laboral.
labor in process   mano de obra en
proceso.
labor-intensive   mano de obra intensiva.
labor law   derecho laboral.
labor organization   agrupación obrera.
labor price variance   variación del
costo de mano de obra.
labor rate variance   variación del costo
de mano de obra.
labor regulations   regulaciones
laborales.
labor standard   eficiencia estándar de
mano de obra.
labor time tickets   tarjetas de tiempo.
labor union   asociación sindical.
labor variance   variación de mano de
obra.
lagging indicators   indicadores
retrospectivos.
laissez-faire   dejar hacer.
land   terrenos, tierras.
land certificate   certificado de tierras.
land damages   compensación por
expropiación.
land improvements   mejoras en
terrenos.
land tax   impuesto territorial.
land trust   fideicomiso de tierras.
lapping   jineteo, traslapo.

lapse   caducidad.
lapsing schedule   tabla de activos fijos.
large-scale production   producción a gran escala.
last-in, first-out (LIFO)   último entrado, primero salido (UEPS).
last trading day   último día de transacciones.
late charge   cargo por pago atrasado.
late fee   cargo por pago atrasado.
late filing penalty   recargo por presentación de una declaración fuera de término.
late payment penalty   penalidad por pago tardío.
lateral integration   integración lateral.
latest finish time   última fecha de finalización.
latest start time   última fecha de comienzo.
latest time (LT)   fecha tardía.
laundering   lavado de dinero.
law of diminishing returns   ley de los rendimientos decrecientes.
law of large numbers   ley de los grandes números.
law of proportionality   ley de la proporcionalidad.
law of supply and demand   ley de la oferta y la demanda.
lawful   legal, lícito, permitido.
lawful business   negocio lícito.
layoff   despido de personal.
LBO (leveraged buyout)   adquisición apalancada.
LDC (less-developed countries)   países en vías de desarrollo.
lead time   tiempo de espera de entrega tras la orden, tiempo de espera.
leading indicators   indicadores anticipados.
lean production   producción justo-a-tiempo.
learning curve   curva de aprendizaje.
lease   *n.* arriendo, arrendamiento.
lease   *v.* arrendar.
lease term   plazo del arrendamiento.
leaseback   venta con alquiler posterior.
leasehold   derechos de arrendamiento.
leasehold improvements   mejoras en inmuebles alquilados.
leaseholder   arrendatario.

leasing   arrendamiento con opción de compra.
least-cost analysis   análisis de costo mínimo.
least-effort principle   ley del menor esfuerzo.
least-squares analysis   análisis de mínimos cuadrados.
least-squares method   método de los mínimos cuadrados.
least-squares regression   análisis de regresión.
leave of absence   permiso para ausentarse.
ledger   libro mayor.
ledger accounts   cuentas del mayor.
ledger assets   activo en libros.
ledger control   control de mayor auxiliar.
ledger entry   asiento del mayor.
ledger journal   diario mayor.
legacy   legado.
legacy tax   impuesto sucesorio.
legal address   domicilio legal.
legal advice   asesoramiento jurídico.
legal capital   capital legal.
legal entity   entidad legal.
Legal Exchange Information Service (LEXIS)   base de datos sobre temas legales.
legal holiday   feriado oficial.
legal lending limit   límite de préstamos legal.
legal liability   responsabilidad legal.
legal obligation   obligación legal.
legal reserve   reserva legal.
lend   prestar.
lending institution   institución crediticia.
lending rate   tasa de préstamos, tasa activa.
less-developed countries (LDC)   países en vías de desarrollo.
lessee   locatario.
lessor   locador, arrendador.
let   1. alquilar, arrendar; 2. permitir; 3. adjudicar un contrato.
letter of advice   carta con recomendaciones, carta de control interno.
letter of attorney   poder, carta de poder.
letter of authorization   carta de autorización.
letter of commitment   carta de compromiso.

letter of credit (L/C) carta de crédito.

letter of exchange letra de cambio.

letter of intent carta de intención.

letter of recommendation carta con recomendaciones del auditor a su cliente.

letter of representation carta de representación.

letter stock acciones que no se pueden enajenar.

letterhead encabezamiento, membrete.

level payments pagos iguales, pagos nivelados.

leverage efecto palanca, apalancamiento.

leveraged buyout (LBO) adquisición apalancada.

leveraged company compañía apalancada.

leveraged takeover adquisición apalancada.

levy n. impuesto, gravamen.

levy v. gravar.

LEXIS (Legal Exchange Information Service) base de datos sobre temas legales.

liability capital ajeno, pasivo.

liability certificate certificado de pasivo.

liability dividend dividendo en obligaciones.

liability management administración del pasivo.

liability method método del pasivo.

liability tax allocation method método de reconocimiento de la deuda impositiva.

liable responsable.

liable for tax sujeto a impuestos.

LIBOR (London Interbank Offered Rate) tasa de interés interbancaria de oferta de Londres.

license n. licencia.

license v. licenciar.

license to operate licencia para operar.

lien gravamen.

lien creditors acreedores privilegiados.

life annuitant pensionado vitalicio.

life annuity anualidad vitalicia.

life assurance seguro de vida.

life cycle ciclo de vida.

life-cycle analysis análisis del ciclo de vida de un producto.

life-cycle budget presupuesto del ciclo de vida de un producto.

life-cycle budgeting presupuestación del ciclo de vida de un producto.

life-cycle costing costeo del ciclo de vida de un producto.

life expectancy expectativa de vida.

life insurance seguro de vida.

life insurance cost costo del seguro de vida.

life insurance policy póliza de seguro de vida.

life insurance proceeds pagos al beneficiario de un seguro de vida.

LIFO (last-in, first-out) último entrado, primero salido (UEPS).

LIFO layers estratos de inventario valuados a LIFO.

LIFO reserve reserva que surge de la diferencia en valuación entre LIFO y FIFO.

like-kind exchange contributions aportes en especie.

limit n. límite.

limit v. limitar.

limit order orden con precio límite.

limitation limitación.

limitation of liability limitación de responsabilidad.

limited audit auditoría de revisión, auditoría limitada.

limited authority autorización limitada.

limited company compañía limitada.

limited-dividend corporation sociedad con dividendos limitados.

limited guaranty aval limitado.

limited liability responsabilidad limitada.

limited liability company (LLC) sociedad de responsabilidad limitada (SRL).

limited-life asset activo de vida limitada.

limited partner socio comanditario.

limited review revisión limitada.

limiting factor factor limitante.

line and staff línea y staff.

line authority línea de autoridad.

line item budget presupuesto de producción en línea.

line management gerencia de línea.

line of business línea de negocio.

line of business reporting reporte por línea de negocio.

line of credit línea de crédito.

linear-cost behavior comportamiento lineal del costo.
linear cost function función de costos lineales.
linear increase aumento lineal.
linear programming (LP) programación lineal.
linear regression regresión lineal.
linearity linealidad.
liquid líquido.
liquid assets activo líquido, activos de fácil realización, valores realizables, valores disponibles.
liquidating dividend dividendo de liquidación, dividendo de capital.
liquidation liquidación.
liquidation balance sheet balance de liquidación.
liquidation statement estado de liquidación.
liquidation value valor de liquidación.
liquidity liquidez.
liquidity index índice de liquidez en días.
liquidity ratio índice de liquidez.
list *n.* lista.
list *v.* inscribir.
listed securities valores bursátiles, títulos cotizantes en bolsa.
listed stock acciones con cotización, acciones cotizadas en bolsa.
LLC (limited liability company) sociedad de responsabilidad limitada (SRL).
loan préstamo.
loan capital préstamos a plazo.
loan fund fondo para préstamos.
loan interest intereses de préstamos.
loan policy política de préstamos.
local economy economía local.
local industry industria local.
lockbox buzón de cobranzas postales.
locked-in costs costos comprometidos.
lockout huelga patronal.
lodging alojamiento.
log *n.* cuaderno de registro.
log *v.* registrar.
logarithm logaritmo.
logbook libro de registro.
logistic information system sistema de información logístico.
logo logotipo.

London Interbank Offered Rate (LIBOR) tasa de interés interbancaria de oferta de Londres.
London Stock Exchange Bolsa de Valores de Londres.
long-form report informe de auditoría detallado.
long-lived asset activo de largo plazo, activo fijo.
long position posición cubierta.
long-range budget presupuesto a largo plazo.
long-range planning planeamiento a largo plazo.
long-term largo plazo.
long-term asset activo a largo plazo.
long-term contract contrato a largo plazo.
long-term creditors acreedores a largo plazo.
long-term debt deuda a largo plazo ▪ *Sp.* exigible consolidado.
long-term-debt-to-total-capital ratio coeficiente de deudas a largo plazo sobre patrimonio neto más pasivos no corrientes.
long-term investments inversiones permanentes.
long-term liability pasivo a largo plazo, pasivo fijo.
long-term receivables cuentas a cobrar a largo plazo.
long-term solvency solvencia de largo plazo.
loss déficit patrimonial, pérdida.
loss adjustments ajustes de pérdidas.
loss carryback quebrantos impositivos compensables con ganancias de años anteriores, retroaplicación.
loss carryforward quebrantos impositivos compensable contra ganancias imponibles futuras.
loss contingency contingencia de pérdida, contingencia desfavorable.
loss of utility pérdida de valor.
loss reserve reserva para pérdidas.
lost time record registro de tiempo improductivo.
lot lote.
lower of cost or market costo o mercado, el menor.
LP (linear programming) programación lineal.

LT (latest time) fecha tardía.
lucrative activity actividad lucrativa, actividad con fines de lucro.
lump-sum appropriation asignación de fondos globales.
lump-sum payment pago global.
lump-sum purchase compra a precio alzado.

machine-hour rate tarifa por horas-máquina.
machine-hours horas-máquina.
machine language lenguaje de máquina.
machine tool máquina-herramienta.
macro accounting contabilidad a nivel agregado nacional.
macroeconomics macroeconomía.
MACRS (modified accelerated cost recovery system) método de depreciación impositiva acelerada.
mainframe computadora central.
main office oficina principal.
maintenance mantenimiento.
maintenance reserve reserva para mantenimiento.
majority interest interés mayoritario.
majority stockholders accionistas mayoritarios.
make an entry asentar una partida, registrar un asiento.
make-or-buy decision decisión de producir o comprar.
malfeasance acto ilegal por parte de un oficial público.
malpractice insurance seguro por mala praxis.
man-days días-hombre.
manage administrar.
managed cost costos controlables.
managed fixed costs costos fijos controlables.
management dirección, gerencia, gestión.
management accountant contador de gestión.

management accounting contabilidad de gestión, contabilidad gerencial.
management advisory services (MAS) servicios de asesoramiento gerencial.
management agreement acuerdo administrativo.
management audit auditoría administrativa, auditoría de gestión.
management buyout (MBO) adquisición de una compañía por sus directivos.
management by exception gestión por excepción, administración por excepción.
management by objectives (MBO) administración por objetivos.
management consultant asesor de empresas.
management consulting service servicio de consultoría gerencial.
management control control de gestión.
management control system sistema de control gerencial.
management decision cycle proceso de decisión gerencial.
management game simulación para entrenamiento gerencial.
management information system (MIS) sistema de información gerencial.
management-investment company compañía de administración de inversiones.
management letter carta con recomendaciones del auditor a su cliente.
management performance desempeño gerencial.
management review revisión administrativa.
management science ciencias empresariales.
management's discussion and analysis of earnings informe de la dirección ■ *Arg.* memoria ■ *Sp.* informe de gestión.
manager gerente, jefe, administrador.
managerial administrativo.
managerial accounting contabilidad gerencial.
managerial effort esfuerzo gerencial.
managerial motivation motivación gerencial.
managing agent gerente.

manipulation manipulación.

manual manual.

manual of accounting manual de contabilidad.

manufacture manufactura.

manufactured articles artículos manufacturados.

manufacturer fabricante.

manufacturing accounting contabilidad industrial.

manufacturing and production system sistema de manufactura y producción.

manufacturing cells célula de producción.

manufacturing cost costo de producción.

manufacturing cost flow flujo del costo de producción.

manufacturing cost statement estado de costo de producción.

manufacturing cycle efficiency (MCE) eficiencia del ciclo de producción.

manufacturing cycle time tiempo de ciclo de producción.

manufacturing expenses gastos de producción.

manufacturing in process fabricación en proceso.

manufacturing lead time tiempo de ciclo de producción.

manufacturing overhead gastos generales de fabricación.

manufacturing overhead volume variance variación por volumen de los gastos generales de fabricación.

manufacturing resource planning (MRP) planificación de recursos de producción.

margin margen.

margin of safety margen de seguridad.

marginal activity actividad marginal.

marginal analysis análisis marginal.

marginal balance saldo marginal.

marginal benefit beneficio marginal.

marginal cost costo marginal.

marginal costing costeo marginal.

marginal income contribución marginal.

marginal income ratio porcentaje de contribución marginal, tasa de ingreso marginal.

marginal productivity productividad marginal.

marginal revenue ingreso marginal.

marginal tax rate tasa impositiva marginal.

marginal unit cost costo unitario marginal.

marginal utility utilidad marginal.

marital deduction deducción impositiva matrimonial.

markdown reducción sobre el precio establecido.

market mercado.

market analyst analista de mercado.

market audit auditoría de mercado.

market-based pricing precio en base al mercado.

market capitalization capitalización bursátil.

market cost costo de mercado.

market fit ajuste al mercado.

market index of stock prices índice de mercado del precio de las acciones.

market price precio de mercado.

market research investigación de mercado.

market research expenses gastos de investigación de mercado.

market risk riesgo de mercado.

market risk premium premio de mercado por riesgo.

market share variance variación en la participación de mercado.

market size variance variación en el tamaño del mercado.

market transfer price precio de mercado de transferencia.

market value valor de mercado.

market value added (MVA) valor agregado de mercado.

market value method método de valuación al valor de mercado.

marketable security valor negociable.

marketing comercialización, mercadotécnia, mercadeo.

marketing agreement acuerdo de comercialización.

marketing costs costos de comercialización.

marketing costs variance variación en los gastos de comercialización.

marketing expenses   gastos de comercialización ■ *Mex.* gastos de mercadotecnia.

markon   monto que se le suma al costo para llegar al precio.

Markov analysis   análisis de Markov.

markup   1. aumento sobre el precio establecido; 2. margen de ganancia.

MAS (management advisory services)   servicios de asesoramiento gerencial.

master agreement   contrato colectivo de trabajo.

master budget   presupuesto principal.

master comprehensive budget   presupuesto general.

master control account   cuenta maestra de control.

master plan   plan maestro.

matching   apareamiento de ingresos y gastos.

matching grant   donaciones contingentes a la obtención de fondos equivalentes por parte de la entidad subvencionada.

material   *adj.* material.

material   *n.* material.

material control   control de materiales.

material in process   material en proceso.

material mix   mezcla de materiales.

material mix variance   variación en la mezcla de materiales.

material requirement planning (MRP)   planificación de necesidades de material.

material requisitions   requerimiento de materiales.

materiality   materialidad, significación ■ *Sp.* principio de importancia relativa.

materials and services   materiales y servicios.

materials and supplies   materiales y suministros.

materials price variance   variación en el precio de materiales.

materials purchase price variance   variación del precio de materiales.

materials requisition   nota de requisición.

materials returned note   nota de devolución de materiales.

materials transfer note   nota de transferencia de materiales.

materials variance   variación de materiales.

maternity benefits   beneficios por maternidad.

mathematical model   modelo matemático.

mathematical programming   programación matemática.

matrix   matriz.

matured liability   pasivo vencido.

maturing liability   pasivo con vencimiento próximo.

maturity   madurez, cumplimiento del plazo.

maturity basis   base de vencimiento.

maturity value   valor al vencimiento.

maximax criterion   criterio maximax.

maximin criterion   criterio maximin.

maximization   maximización.

maximize profit   maximizar la utilidad.

maximum capacity   capacidad máxima.

maximum practical capacity   capacidad máxima práctica.

maximum stock   existencia máxima.

maximum tax   tasa impositiva máxima.

MBO (management buyout)   adquisición de una compañía por sus directivos.

MBO (management by objectives)   administración por objetivos.

MCE (manufacturing cycle efficiency)   eficiencia del ciclo de producción.

MDA (multiple discriminant analysis)   análisis de discriminantes múltiples.

meal expense deduction   deducciones por gastos de comidas.

mean   media.

measurement   medición.

measurement concept   concepto de medición.

median   mediana.

medical expense deduction   deducción por gastos médicos.

meet an obligation   atender el compromiso.

meeting of creditors   convocatoria de acreedores.

meeting of minds   acuerdo de voluntades.

member   afiliado, miembro.

memoranda account cuenta memorando, cuenta de orden, cuenta de registro.
memorandum memorándum.
memorandum of association escritura de constitución.
memory memoria de una computadora.
menu menú.
mercantile accounting contabilidad mercantil.
mercantile agent agente mercantil.
merchandise mercancías.
merchandise account cuenta de mercancías, cuenta de mercaderías.
merchandise cost costo de las mercancías.
merchandise inventory mercaderías de reventa ■ *Mex.* mercancías generales.
merchandise manager jefe de almacén.
merchandise procurement cost costo de compra de las mercancías.
merchant comerciante.
merchant's rule regla del comerciante.
merger fusión.
merger accounting método de fusión.
Metcalf report informe Metcalf.
MFOA (Municipal Finance Officer Association) Asociación de Funcionarios Fiscales Municipales.
micro accounting contabilidad de individuos, entes y subdivisiones.
microeconomics microeconomía.
middle management administración intermedia.
minimization minimización.
minimum cash balance saldo mínimo de caja.
minimum lease payment pago de arrendamiento mínimo.
minimum pension liability responsabilidad de pensión mínima.
minimum required rate of return tasa mínima de retorno requerida.
minimum stock existencia mínima.
minimum tax impuesto mínimo.
minimum wage jornal mínimo.
minority interest intereses minoritarios ■ *Sp.* capital de la minoría.
minority stockholders accionistas minoritarios, accionistas no controlantes.
minute *v.* anotar minuta.

minutes acta de sesión, acta de una reunión.
minutes book libro de actas.
MIS (management information system) sistema de información gerencial.
miscellaneous assets activos diversos.
miscellaneous expense gastos varios.
miscellaneous revenue ingresos diversos.
misleading engañoso.
missed discount descuento no utilizado.
mixed account cuenta mixta.
mixed cost costos semi-variables.
mixed inventory inventario mixto.
mixed reserve reserva mixta.
mixed surplus superávit mixto, combinación de surplus de resultados y de capital.
mixed variance variación en la mezcla.
mode moda.
model modelo.
modem módem.
modified accelerated cost recovery system (MACRS) método de depreciación impositiva acelerada.
modified accrual base de devengamiento modificada.
modular design diseño modular.
monetary adjustment corrección monetaria, ajuste monetario, actualización monetaria.
monetary agreement acuerdo monetario.
monetary assets activo monetario.
monetary authorities autoridades monetarias.
monetary base base monetaria.
monetary item ítem monetario.
money dinero, moneda.
money equivalent equivalente en dinero.
money laundering blanqueo de dinero, lavado de dinero.
money market mercado de dinero.
money order giro bancario.
money supply activo líquido en manos del público (ALP).
money wages jornales en dinero.
money's worth valor monetario.
monopolization acaparamiento.
monopolize monopolizar, abarrotar, acaparar.

monopoly monopolio.
monopsony monopsonio.
Monte Carlo method método Monte Carlo.
monthly installments abonos mensuales.
monthly payment mensualidad.
moral hazard riesgo moral.
moratorium moratoria.
mortality mortalidad.
mortality chart tabla de mortalidad.
mortality curve curva de mortalidad.
mortgage hipoteca.
mortgage bank banco de crédito inmobiliario, banco hipotecario.
mortgage bond bono con garantía hipotecaria.
mortgage creditor acreedor hipotecario.
mortgage debentures cédulas hipotecarias.
mortgage interest deduction deducción de intereses hipotecarios.
mortgagee acreedor hipotecario.
mortgagor deudor hipotecario.
most likely time tiempo más probable.
move time tiempo de traslado.
moving average promedio móvil, promedio variable.
moving average inventory method método de valuación por precios promedio ponderados.
moving expense deduction deducción por gastos de traslado.
moving projection proyección móvil.
moving target objetivo móvil.
moving time tiempo de traslado.
MRP (manufacturing resource planning) planificación de recursos de producción.
MRP (material requirement planning) planificación de necesidades de material.
multicollinearity multicolinealidad.
multilateral agreement acuerdo multilateral.
multiphase sampling muestreo multifásico.
multiple múltiplo, múltiple.
multiple discriminant analysis (MDA) análisis de discriminantes múltiples.
multiple overhead rates alícuotas múltiples de gastos indirectos.
multiple-product pricing fijación de precios de productos múltiples.

multiple recording of transactions registro múltiple de transacciones.
multiple regression regresión múltiple.
multiple regression analysis análisis de regresión múltiple.
multiple sampling muestreo múltiple.
multiple-step income statement estado de resultados de pasos múltiples.
multistage sampling muestreo de etapas múltiples.
multi-step cost reassignment reasignación de costos en pasos múltiples.
multitasking multitarea.
municipal bond bono municipal.
municipal corporation corporación municipal.
Municipal Finance Officer Association (MFOA) Asociación de Funcionarios Fiscales Municipales.
mutual agreement acuerdo mutuo.
mutual association asociación mutual.
mutual company compañía mutual.
mutual corporation corporación mutual.
mutual fund fondo común de inversión.
mutually exclusive investments inversiones mutuamente excluyentes.
MVA (market value added) valor agregado de mercado.

NAA (National Association of Accountants) Asociación Nacional de Contadores (Estados Unidos).
NAARS (National Automated Accounting Research System) sistema de consulta on-line sobre prácticas contables del Instituto Americano de Contadores Públicos.
NASD (National Association of Securities Dealers) Asociación Nacional de Agentes de Bolsa.
NASDAQ (National Association of Securities Dealers Automated Quotations) sistema automático de cotización de la Asociación Nacional de Agentes de Bolsa.

National Association of Accountants (NAA) Asociación Nacional de Contadores (Estados Unidos).

National Association of Securities Dealers (NASD) Asociación Nacional de Agentes de Bolsa.

National Association of Securities Dealers Automated Quotations (NASDAQ) Sistema automático de cotización de la Asociación Nacional de Agentes de Bolsa.

National Association of State Auditors, Comptrollers and Treasurers Asociación Nacional de Auditores, Contralores y Tesoreros Estatales.

National Automated Accounting Research System (NAARS) sistema de consulta on-line sobre prácticas contables del Instituto Americano de Contadores Públicos.

National Commission of Fraudulent Financial Reporting (Treadway Commission) Comisión Nacional de Control de Fraudes en los Reportes Financieros.

National Council on Governmental Accounting (NCGA) Consejo Nacional de Contabilidad Gubernamental.

National Council on Governmental Accounting Concepts Statement (NCGACS) Declaración de Conceptos del Consejo Nacional de Contabilidad Gubernamental.

National Council on Governmental Accounting Interpretation (NCGAI) Interpretación del Consejo Nacional de Contabilidad Gubernamental.

National Council on Governmental Accounting Statement (NCGAS) Declaración del Consejo Nacional de Contabilidad Gubernamental.

national income accounting contabilidad de los ingresos públicos.

National Public Accountant publicación mensual de la Sociedad Nacional de Contadores Públicos.

natural business year año comercial natural.

natural days días naturales.

natural year año natural.

NCGA (National Council on Governmental Accounting) Consejo Nacional de Contabilidad Gubernamental.

NCGACS (National Council on Governmental Accounting Concepts Statement) Declaración de Conceptos del Consejo Nacional de Contabilidad Gubernamental.

NCGAI (National Council on Governmental Accounting Interpretation) Interpretación del Consejo Nacional de Contabilidad Gubernamental.

NCGAS (National Council on Governmental Accounting Statement) Declaración del Consejo Nacional de Contabilidad Gubernamental.

necessary condition condición necesaria.

negative amortization amortización negativa.

negative asset activo negativo.

negative assurance afirmación negativa.

negative confirmation circularización negativa.

negative goodwill crédito mercantil negativo, llave de negocio negativa.

negative leverage apalancamiento negativo.

negligence negligencia.

negotiable negociable.

negotiable bond bono negociable.

negotiable instrument documento negociable.

negotiate negociar.

negotiated budget presupuesto negociado.

negotiated transfer price precio negociado de transferencia.

nepotism nepotismo.

net líquido, neto.

net assets patrimonio neto, activo aprobado, activo confirmado, activos netos, capital contable, patrimonio líquido, activo neto.

net book value valor neto contable.

net cash inflow ingreso neto de fondos.

net current assets activo circulante neto, activo corriente neto, capital corriente
■ *Sp.* fondo de maniobra, fondo de rotación
■ *Mex.* capital neto de trabajo.

net income ganancia líquida, ganancia neta.

net income per share beneficio neto por acción.

net increase aumento neto.

net investment inversión neta.

net liquid assets activo líquido neto.

net loss pérdida neta.

net of tax neto de impuestos.

net of tax method método del neto de impuestos.

net operating loss (NOL) pérdida operativa neta.

net present value (NPV) valor presente neto (VPN).

net present value method método del valor presente neto.

net price method método de contabilización a precio neto.

net proceeds 1. valor neto de realización; 2. ingresos netos de emisión.

net profit beneficios líquidos, ganancia neta, beneficio neto.

net purchases compras netas.

net realizable value valor neto de realización.

net rent alquiler neto.

net sales ventas netas ■ *Sp.* cifra de negocios, negocios.

net savings ahorros netos.

net tax base base contributiva neta, base impositiva neta.

net working capital capital de trabajo neto.

network sistema de redes.

network analysis análisis de redes.

net worth patrimonio, capital propio, cuentas de capital, patrimonio neto ■ *Sp.* capital líquido, neto patrimonial, neto no exigible, propiedad líquida, activo líquido, fondos propios, activo neto ■ *Mex.* capital contable, derecho patrimonial de los accionistas, capital social y superávit, capital neto.

neutrality neutralidad.

new basis accounting contabilidad con nueva base.

newsletter boletín informativo.

New York Stock Exchange (NYSE) Bolsa de Valores de Nueva York.

next-in, first-out (NIFO) próxima entrada, primera salida (PEPS).

NIFO (next-in, first-out) próxima entrada, primera salida (PEPS).

no-par-value capital stock acciones ordinarias sin valor nominal.

nodal cost flow method método del flujo de fondos nodal.

node nodo.

NOL (net operating loss) pérdida operativa neta.

nominal account cuenta de resultados, cuenta nominal.

nominal capital capital nominal.

nominal interest rate interés nominal.

nonadjusting events hechos no ajustables.

nonassessable capital stock acciones de capital no gravables, acciones no susceptibles a gravámenes, acciones no gravables, acciones no imponibles, acciones no susceptibles a impuestos.

nonbusiness expense deduction deducción por gastos no comerciales.

noncash expense gasto no erogable durante el período.

noncash investing and financing transactions operaciones de inversión y financiación que no requieren movimiento de fondos.

nonconformance costs costos de no conformidad.

noncontrollable costs costos no controlables.

noncontrollable risk riesgo no controlable, riesgo sistemático.

noncumulative preferred stock acciones privilegiadas no acumulativas.

noncurrent assets activo no circulante, activo no corriente.

nondeductible no deducible.

nondeductible expense gasto no deducible.

nondeductible tax impuesto no deducible.

nondiversifiable risk riesgo no diversificable.

nonequity shares capital en acciones no ordinarias.

nonfinancial performance measures indicadores no financieros de rendimiento.

nonintegrated accounts cuentas no integradas.

noninterest-bearing note   pagaré que no devenga intereses.

noninventoriable cost   costo no activable, costo del período.

nonledger assets   activo fuera de libros.

nonlinear programming   programación no lineal.

nonlinearity   no linealidad.

nonmanufacturing expenses   gastos no relacionados con la producción, gastos administrativos, comerciales y financieros.

nonmarketable investments   inversiones no negociables.

nonmonetary exchange   intercambio no monetario.

nonmonetary item   partida no monetaria.

nonnegotiable check   cheque nominativo.

nonoperating   ajeno a la operación.

nonoperating income   ganancia ajena a la explotación, ganancia no operativa, ingresos accesorios de la explotación, ingresos ajenos a la operación.

nonparametric statistics   estadística no paramétrica.

nonparticipating preferred stock   acciones preferidas sin participación, acciones privilegiadas sin participación estatal.

nonproductive capacity   capacidad no productiva.

nonprofit accounting   contabilidad de organizaciones sin fines de lucro.

nonprofit corporation   corporación no lucrativa.

nonprofit organization   ente sin fines de lucro, entidad sin fines de lucro ▪ *Arg.* fundación.

nonpublic company   compañía no cotizante.

nonreciprocal transfer   transferencia no recíproca.

nonrecurring   no recurrente.

nonroutine decision   decisión no rutinaria.

nontaxable   no imponible.

nontaxable gross income   utilidad bruta no imponible.

nontaxable investment income   ingresos por inversiones no imponibles.

nonvalue-added activity   actividad que no genera valor agregado.

nonvalue-adding cost   costo que no genera valor para el cliente.

nonvoting stock   acciones de participación, acciones sin derecho a voto.

normal absorption costing   costeo normal por absorción.

normal activity   actividad normal.

normal capacity   capacidad normal.

normal costing   costeo normal por absorción.

normal costs   costos normales.

normal curve   curva normal.

normal distribution   distribución normal.

normal equations   ecuaciones normales.

normal hours   horas normales.

normal loss   pérdida normal.

normal operating cycle   ciclo operativo normal ▪ *Sp.* período medio de maduración.

normal pension costs   costos normales jubilatorios.

normal spoilage   desperdicio normal.

normal standard cost   costo estándar normal.

normal stock method   método de existencias básicas.

not-for-profit organization   organización sin fines de lucro.

not-sufficient-funds check (NSF check)   cheque sin fondos.

note   1. nota; 2. documento.

note discounted   documentos endosados.

note payable   documento por pagar.

note receivable   documento a cobrar, pagaré a cobrar.

note receivable discounted   documento por cobrar descontado.

notice   aviso.

notice of arrears   aviso de morosidad.

notice of arrival   aviso de llegada.

notice of cancellation   aviso de cancelación.

notice of change   aviso de cambio.

notice of dishonor   aviso de rechazo.

notice of due date   aviso de vencimiento.

notice of renewal   aviso de renovación.

notice of shipment   aviso de embarque.

notice to creditors   aviso a acreedores.

notification   notificación.

notify notificar, avisar.
notional cost costo teórico.
novation novación.
NPV (net present value) valor presente neto (VPN).
NSF (not-sufficient-funds check) check cheque sin fondos.
nullification of agreement anulación de convenio.
nullification of contract anulación de contrato.
number número.
number of days inventory is held antigüedad promedio de las existencias.
number of days' stock número de días de existencias.
number of weeks' stock-external número de semanas de existencias externas.
number of weeks' stock-internal número de semanas de existencias internas.
NYSE (New York Stock Exchange) Bolsa de Valores de Nueva York.

object cost costo por concepto.
objective *adj.* objetivo.
objective *n.* objetivo.
objective function función objetivo.
objective probability probabilidad objetiva.
objective value valor objetivo.
objectives of financial statements objetivos de los estados contables.
objectivity objetividad.
obligating event hecho obligante, acontecimiento ineludible.
obligation obligación.
obligations incurred obligaciones contraídas.
obligations outstanding obligaciones pendientes.
observation test observación.
obsolescence obsolescencia.
obsolete obsoleto.
occupation oficio.

occupational accident accidente laboral, accidente ocupacional, accidente profesional, accidente de trabajo.
occupational disease enfermedad de trabajo.
occupational hazard riesgo de trabajo.
occupational risk riesgo de trabajo.
Occupational Safety and Health Act (OSHA) ley que regula la seguridad e higiene en el trabajo.
OCR (optical character recognition) reconocimiento óptico de caracteres.
odd lot unidad incompleta de transacción.
odd number número impar, non.
off-balance sheet asset activo que no figura en libros.
off-balance sheet financing financiamiento que no aparece en libros.
off-balance sheet liability pasivo que no figura en libros.
offer oferta.
offer for sale oferta pública de suscripción.
office despacho, oficina.
office equipment muebles y útiles de oficina ▪ *Mex.* equipo de oficina.
office expenses gastos de material de oficina, gastos de oficina.
Office of Management and Budget (OMB) Oficina de Administración y Presupuesto.
officer funcionario, oficial.
official oficial.
offset cancelación, compensación.
offset account cuenta regularizadora.
offsetting entry asiento de compensación.
offsetting error error compensatorio.
OK visto bueno.
oligopoly oligopolio.
OMB (Office of Management and Budget) Oficina de Administración y Presupuesto.
omission omisión.
omitted dividend dividendo omitido.
omitted entry asiento omitido.
on account en cuenta, a cuenta, a crédito.
on an annual basis en cifras anuales.
on an average en promedio, por término medio.

on average como promedio, por término medio, como media.
on call a la demanda.
on consignment en consignación.
on delivery contra entrega.
on hand en existencia.
on-line en línea.
on-line database base de datos en línea.
on-line processing procesamiento en línea.
on-line searching búsqueda en línea.
onerous oneroso.
onerous contract contrato oneroso.
open abierto.
open account cuenta abierta.
open a line of credit abrir una línea de crédito.
open a market abrir un mercado.
open an account abrir una cuenta.
open bid oferta abierta.
open bids abrir propuestas.
open book management gerenciamiento a libros abiertos.
open credit crédito abierto.
open-end mutual fund fondo de inversión de acciones ilimitadas.
open-market operations operaciones de mercado abierto.
opening apertura.
opening balance saldo de apertura.
opening balance sheet balance de constitución, balance inicial.
opening entry asiento de apertura, asiento de constitución, asiento inicial.
opening of account apertura de cuenta.
opening of negotiations apertura de negociaciones.
open-loop system sistema de circuito abierto.
open market mercado abierto.
open the books abrir los libros.
operating accounts cuentas de operación.
operating activities actividades de operación.
operating administration administración operativa.
operating budget presupuesto operativo.
operating budget sequence secuencia de armado del presupuesto operativo.

operating capacity capacidad operativa.
operating company compañía en actividad.
operating costs costos de operación, costos operativos, gastos de operación.
operating cycle ciclo operativo.
operating decisions decisiones operativas.
operating environment entorno operativo.
operating expenses gastos operativos ■ *Mex.* gastos comerciales y administrativos.
operating income ganancia neta de explotación, ganancia operativa ■ *Ch.* ingresos de gestión.
operating lease arrendamiento de explotación, arrendamiento operativo ■ *Sp.* leasing de explotación.
operating leverage apalancamiento operativo.
operating loss pérdida operativa.
operating performance ratio indicador de rentabilidad operativa.
operating profit beneficio de explotación, beneficio de operación, utilidad operativa.
operating report informe de operación.
operating results resultados operativos.
operating revenue ingresos operativos, entradas operativas.
operating risk riesgo operativo.
operating statement estado de control de operaciones.
operating system sistema operativo.
operating time tiempo de operación.
operation costing costeo por operación.
operational analysis análisis operacional.
operational audit auditoría de operaciones, auditoría operacional, auditoría operativa.
operational budget presupuesto operativo.
operational control control operativo.
operational cost driver factor de determinación del costo por operación.
operational gearing (UK) apalancamiento operativo.
operational variance variación operativa.
operations actividades operativas, actividades de producción.

operations management
administración de operaciones.
operations manager   gerente de
operaciones.
operations plan   plan de operaciones.
operations research (OR)
investigación operativa.
operations strategy   estrategia operativa.
operator   operador.
opinion   opinión.
opportunity cost   costo de oportunidad.
opportunity cost approach   método
del costo de oportunidad.
optical character recognition (OCR)
reconocimiento óptico de caracteres.
optimal allocation of resources
asignación óptima de recursos.
optimal capital structure   estructura
de capital óptima.
optimal price   precio óptimo.
optimal solution   solución óptima.
optimistic time   tiempo optimista.
optimization   optimización.
optimization model   modelo de
optimización.
option   opción.
OR (operations research)
investigación operativa.
order   _n._ 1. orden; 2. turno; 3. pedido.
order   _v._ ordenar.
order entry   ingreso de un pedido.
order receipt time   tiempo de armado de
una orden.
ordering costs   costos de pedidos de
compra.
ordinary activities   actividades
ordinarias.
ordinary annuity   anualidad ordinaria.
ordinary creditor   acreedor ordinario.
ordinary depreciation   depreciación
ordinaria.
ordinary dividend   dividendo ordinario.
ordinary income   ganancia ordinaria,
ingresos ordinarios.
ordinary stock   capital ordinario.
ordinate   ordenada.
organization   organización.
organization chart   carta de
organización, gráfica de organización,
organigrama.
organization costs   costos de
organización, costos preoperativos.

organizational analysis   análisis
organizacional.
organizational meeting   asamblea
constitutiva.
organizational structure   estructura
organizacional.
original cost   costo original.
original entry   asiento de diario.
original issue discount   descuento de
emisión.
**OSHA (Occupational Safety and
Health Act)**   ley que regula la seguridad
e higiene en el trabajo.
OTC (over-the-counter) market
mercado OTC, mercado extrabursátil.
other assets   otros activos.
other deductions   otras deducciones.
other income   otros ingresos ▪ _Mex._ otros
productos, productos varios.
other liabilities   otras deudas.
out-of-date check   cheque vencido.
out-of-pocket costs   costos erogados.
outgo   desembolso, erogación.
outlay   erogación.
outlay cost   costo desembolsado.
output   salida de un sistema.
outside director   miembro del directorio
externo a la compañía.
outsiders   terceros.
outsourcing   subcontratación externa.
outstanding   pendiente de pago.
outstanding capital stock   acciones en
circulación.
outstanding check   cheque pendiente de
débito.
over-the-counter (OTC) market
mercado OTC, mercado
extrabursátil.
over-the-counter sale   venta
extrabursátil.
overabsorption   sobreabsorción.
overage   diferencias en caja (faltante).
overapplied overhead   gastos de
fabricación sobreaplicados.
overcapitalization   sobrecapitalización.
overdraft   acuerdo de sobregiro,
descubierto en cuenta, descubierto.
overdrawn   en descubierto.
overdrawn account   cuenta sobregirada,
cuenta abierta, cuenta en descubierto, cuenta
en rojo, cuenta rebasada.
overdue   vencido.

overhead gastos de fabricación, gastos generales.
overhead absorption rate coeficiente de absorción de gastos generales, tasa de absorción de gastos generales.
overhead application distribución de gastos de fabricación.
overhead costs costos indirectos de fabricación.
overhead rate alícuota de gastos de fabricación.
overhead variance variación de los gastos de fabricación.
overtime horas extra, tiempo extra.
owe adeudar.
owner propietario.
owners' equity patrimonio de los accionistas.
ownership propiedad.

PA (public accountant) contador público.
package envase.
packaging embalajes y envases.
packing materials embalajes.
pact pacto.
paid pagado.
paid check cheque pagado.
paid-in capital capital pagado, capital integrado.
paid-in surplus prima de emisión.
paid-up capital capital integrado, capital exhibido.
paid-up stock acciones liberadas, acciones pagadas.
panel panel.
paper papel.
paper money papel moneda.
paper profit ganancia no realizada.
par par.
par bond bono a la par.
par value valor nominal.
par-value capital stock acciones con valor nominal.
parallel market mercado paralelo.

parallel processing procesamiento paralelo.
parameter parámetro.
parent company compañía controlante, compañía matriz.
Pareto 80/20 distribution distribución 80/20 de Pareto.
Pareto analysis principio de Pareto.
parity paridad.
parity check control de paridad.
parity price precio de paridad.
part payment pago parcial.
part-time a tiempo parcial.
partial acceptance aceptación parcial.
partial audit auditoría parcial.
partial payment pago parcial.
partial productivity productividad por factor de producción.
partially amortized loan préstamo parcialmente amortizado.
participating capital stock acciones participantes.
participating dividend derecho de participación.
participating preferred stock acciones preferentes con participación, acciones preferidas con participación, acciones privilegiadas con participación.
participating stock acciones con participación.
participation participación.
participative budgeting presupuestación participativa.
partner socio.
partners' capital contribution parte social de los socios.
partnership sociedad colectiva.
partnership agreement contrato de asociación.
passed dividend dividendo omitido.
password contraseña.
past costs costos hundidos.
past due vencido.
past due liabilities obligaciones vencidas.
past-due notes documentos vencidos ■ *Sp.*efectos comerciales impagados, efectos desatendidos, efectos impagados.
patent patente.
patented article artículo patentado.

patents and trademarks patentes y marcas.

patronage dividend reparto de remanentes en una sociedad cooperativa.

pay abonar, pagar.

pay in advance pagar por adelantado.

payable a pagar, pagadero.

payable bond bono por pagar.

payables obligaciones a pagar.

payback period período de recuperación de la inversión.

payback reciprocal recíproca del período de recuperación de la inversión.

paying agent agente pagador.

payment desembolso, pago, abono.

payment in advance pago por anticipado.

payment in arrears pago atrasado.

payment in installments pago en cuotas.

payment in kind pago en especie.

payment on account abono en cuenta, pago a cuenta.

payment under protest pago bajo protesto.

payment withheld pago retenido.

payoff 1. pago; 2. resultado de una decisión.

payoff table matriz de decisión.

payout ratio índice de dividendos a ganancias.

payroll nómina de personal, nómina salarial.

payroll analysis análisis de la nómina de personal.

payroll audit auditoría de nómina.

payroll costs costos salariales.

payroll distribution distribución contable de sueldos y jornales.

payroll register registro de sueldos y jornales.

payroll tax impuestos sobre sueldos.

PCPS (Private Companies Practice Section) división del AICPA orientada a firmas de contadores que asesoran a compañías no cotizantes.

PDCA (plan-do-check act cycle) planear-hacer-controlar-extender, plan de mejora continua.

peak pricing precio punta.

pecuniary benefit beneficio pecuniario.

peer review revisión de pares, revisión de iguales.

pegging vínculo a una moneda.

penal interest interés moratorio, interés punitorio.

penetration pricing precio de penetración.

penny stock acciones especulativas de muy bajo precio.

pension jubilación, pensión.

pension fund fondo de jubilaciones y pensiones.

pension plan plan de pensiones.

pension plan liability reserve reserva para plan de pensiones.

pension-plan vesting plan de pensiones con beneficios ganados.

pension reserve reserva para pensiones.

pensioner pensionado, pensionista, jubilado.

PER (price-earnings ratio) ratio precio-beneficio de una acción.

per annum por año, al año.

per capita per cápita.

per capita income ingresos per cápita.

per diem por día.

per diem basis base diaria.

percent por ciento.

percentage porcentaje.

percentage depletion agotamiento porcentual.

percentage-of-completion method método del avance de obra, método del porcentaje de completamiento, método de porcentaje de obra realizada, método del porcentaje de realización.

percentage statements estados contables en valores porcentuales.

percentile percentil.

perfect market mercado perfecto.

perfection standard cost costo estándar ideal.

performance desempeño, rendimiento.

performance analysis análisis de rendimiento.

performance audit auditoría de performance.

performance budget presupuesto de ejecución.

performance evaluation evaluación de desempeño.

performance measurement medición del desempeño, medida del rendimiento.

performance report informe de desempeño.

period período.
period cost costo del período.
period expense gasto del período.
period of benefit período en el que se devenga el beneficio.
periodic audit 1. auditoría periódica; 2. auditoría intermedia.
periodic income ganancia aplicada al período.
periodic inventory system método de diferencias de inventario, procedimiento de mercancías generales, procedimiento global.
periodic order systems sistemas de órdenes periódicas.
periodic payments pagos periódicos.
periodicity concept principio de periodicidad.
peripherals equipo periférico, periféricos.
perishable goods bienes perecederos.
permanent asset activo permanente.
permanent difference diferencia permanente.
permanent file archivo permanente, archivo continuo.
permanent investments inversiones permanentes.
permanent partial disability incapacidad permanente parcial.
permanent total disability incapacidad permanente total.
permanently restricted assets activos restringidos.
permutation permutación.
perpetual annuity anualidad vitalicia.
perpetual bond bono a perpetuidad.
perpetual budget presupuesto perpetuo.
perpetual debt deuda perpetua.
perpetual inventory inventario actualizado, inventario constante, inventario permanente, inventario perpetuo.
perpetual inventory system procedimiento de inventarios constantes, procedimiento de inventarios perpetuos.
perpetuity perpetuidad.
perquisites emolumentos.
person persona.
person in charge persona a cargo.
personal account cuenta personal.
personal allowances deducciones personales.
personal computer computador personal, ordenador personal.

personal exemption deducciones personales.
personal expenditures gastos personales.
personal expenses gastos particulares.
personal financial planning planificación financiera personal.
personal financial planning software programa para planificación financiera personal.
personal financial statement estado contable personal.
personal holding company compañía controlante personal.
personal income renta de personas físicas.
Personal Investment Authority (PIA) (UK) Entidad Reguladora de Instituciones Financieras.
personal liability deuda personal.
personal loan préstamo personal.
personal obligation obligación personal.
personal property efectos personales.
personal savings ahorros personales.
personality personalidad.
personnel personal ▪ *Sp.* plantilla.
personnel administration administración del personal.
personnel audit auditoría de personal.
personnel department departamento de personal.
personnel expenses gastos de personal.
personnel manager jefe de personal.
PERT (program evaluation and review technique) técnica de evaluación y revisión de programas.
pert/cost sistema de administración de proyectos y manejo de costos y recursos, pert-costo.
pessimistic time tiempo pesimista.
petitioning creditor acreedor solicitante.
petty cash caja chica, fondo fijo ▪ *Sp.* caja menuda.
petty-cash account cuenta de caja chica ▪ *Sp.*cuenta de caja menuda.
petty-cash fund caja chica, fondo fijo de caja, fondo fijo de rotación, fondo fijo revolvente, fondo fijo.

petty-cash voucher   vale de caja chica, vale de caja menuda.
phenomenon   fenómeno.
PHINet (Prentice-Hall's Information Network)   base de datos on-line de la editorial Prentice Hall.
phone banking   banca telefónica.
physical assets   activos físicos.
physical budget   presupuesto en unidades físicas.
physical depreciation   depreciación física, amortización física.
physical inventory   inventario extracontable, inventario físico, recuento físico, toma de inventario.
physical stocktaking (UK)   recuento de existencias.
physical variance   variación en la eficiencia.
physical verification   verificación física.
pi   pi.
PIA (Personal Investment Authority) (UK)   Entidad Reguladora de Instituciones Financieras.
piecemeal opinion   opinión parcial.
piecework   destajo.
pignoration   pignoración.
placing   colocación.
plan-do-check act cycle (PDCA)   planear-hacer-controlar-extender, plan de mejora continua.
planned capacity   capacidad real esperada.
planning   planeamiento, planificación ■ *Mex.* planeación.
planning horizon   horizonte de planificación.
planning period   período de planificación.
planning-programming-budgeting (PPB)   planeamiento y programación presupuestaria.
plant   fábrica, planta.
plant and equipment   planta y equipo.
plant asset   bien de uso de operación.
plant capacity   capacidad de planta.
plant fund   fondo para adquisición de activo fijo.
plant ledger   mayor de bienes de uso operativo.
plant management   administración de la planta.

plantwide overhead rate   alícuota de gastos de fabricación única.
pledge   *n.* pignoración, prenda.
pledge   *v.* pignorar, prendar.
pledged account   cuenta pignorada, cuenta comprometida, cuenta a cobrar pignorada.
pledged asset   bien prendado, activo pignorado.
pledged shares   acciones prendadas, acciones pignoradas.
pledgee   acreedor pignoraticio, acreedor prendario.
plenary meeting   asamblea plenaria.
POB (Public Oversight Board)   Junta de Supervisión Pública.
point-of-sale (POS)   1. punto de venta; 2. momento del perfeccionamiento de la venta.
policy   1. póliza; 2. política.
policyholder   asegurado.
pool   coalición de empresas.
pool rate   alícuota de costos homogéneos.
pooling-of-interests   fusión de intereses, unificación de intereses ■ *Mex.* mancomunidad de intereses.
pooling-of-interests method   método de la fusión de intereses, método de la mancomunidad de intereses.
population   población.
port   puerto.
portable computer   computador portátil.
Porter's five forces   modelo de las cinco fuerzas de Porter.
portfolio   portafolio.
portfolio administration   administración de cartera de valores.
portfolio management   administración de valores.
portfolio manager   administrador de cartera de valores.
portfolio theory   teoría de cartera de valores.
POS (point-of-sale)   1. punto de venta; 2. momento del perfeccionamiento de la venta.
position   posición.
position audit   auditoría de situación.
position bookkeeping   contabilidad de posición en moneda extranjera.
positive confirmation   circularización positiva.

positive leverage apalancamiento positivo.

possession posesión.

post mayorizar, pasar un asiento al libro mayor.

post balance-sheet events hechos relevantes tras el cierre del ejercicio.

post balance-sheet review revisión de los hechos posteriores al cierre de los estados contables.

post-completion audit auditoría de seguimiento de proyectos.

post-purchase costs costos de postcompra.

postal address dirección postal.

postaudit 1. control posterior de auditoría; 2. auditoría final.

postclosing balance sheet balance general posterior al cierre.

postclosing trial balance sheet balance de comprobación al cierre.

postdate postdatar, postfechar.

postdated check cheque diferido, cheque postdatado, cheque postfechado.

posting mayorización.

posting medium medio de registro.

posting the ledger pases al mayor.

postponable cost costo postergable.

postpone aplazar.

postponement aplazamiento.

postulate postulado.

potential ordinary shares acciones ordinarias potenciales.

poverty pobreza.

power of attorney mandato, poder.

PPB (planning-programming-budgeting) planeamiento y programación presupuestaria.

PPBS (program-planning-budgeting system) sistema de planeamiento del presupuesto programado.

Practical Account, The publicación mensual sobre temas contables.

practical capacity capacidad práctica.

practice set ejercicios de práctica contable.

pragmatic management administración empírica.

preacquisition losses pérdidas pre-adquisición.

preacquisition profits ganancias de pre-adquisición, utilidades anteriores a la adquisición.

preaudit control previo.

precious metals metales preciosos.

precision precisión.

preclosing trial balance balance de comprobación anterior al cierre.

predate predatar, antefechar.

predatory pricing fijación de precios predatorios.

predecessor auditor auditor precedente.

predecessor company compañía predecesora.

predetermined cost costo predeterminado.

predetermined overhead rate tasa predeterminada de costos indirectos.

prediction errors error de predicción.

preemptive right derecho de preferencia, derecho preferente de suscripción, derechos de preferencia, derechos de suscripción ■ *Mex.* derecho de tanto.

preference shares acciones preferidas.

preferred creditor acreedor preferente.

preferred dividend dividendo preferente.

preferred shareholder accionista preferido.

preferred stock capital preferido ■ *Sp.* capital preferente.

preliminary agreement contrato preliminar.

preliminary audit auditoría previa, auditoría preliminar.

preliminary balance sheet balance general preliminar.

preliminary expenses costos de organización ■ *Sp.* gastos de primer establecimiento.

premium 1. prima; 2. premio.

premium base base de prima.

premium on capital stock prima de emisión de acciones.

premium pricing precio con prima.

Prentice-Hall's Information Network (PHINet) base de datos on-line de la editorial Prentice Hall.

preoperating expenses costos preoperativos ■ *Mex.* erogaciones en períodos preoperativos.

prepaid assets activos pagados por adelantado.

prepaid expenses gastos pagados por anticipado ■ *Mex.* pagos anticipados.

prepaid income ingresos cobrados por anticipado.

prepaid interest interés pagado por anticipado.

prepaid rent alquiler pagado por anticipado.

prepaid taxes impuestos pagados por anticipado.

prepay pagar por adelantado.

prepayment gasto anticipado.

preproduction costs costos preliminares de producción.

prerequisite prerrequisito.

prescription prescripción.

present a bill for acceptance presentar una letra para su aceptación.

present fairly presentar razonablemente.

present value valor actual, valor presente.

presumption presunción.

pretax antes de contribuciones, antes de tributos, antes de impuestos.

pretax accounting income utilidad contable antes de impuestos.

pretax profit utilidad antes de impuestos.

preventive costs costos preventivos.

previous balance balance anterior, saldo anterior.

price precio.

price adjustment ajuste de precio.

price allowance rebaja en el precio.

price contract contrato de precio.

price discount descuento por volumen.

price-earnings ratio (PER) ratio precio-beneficio de una acción, razón de precio a utilidad, relación cotización-beneficios.

price fixed in advance precio fijado de antemano.

price fixing fijación de precios.

price fixing agreement acuerdo de fijación de precios.

price freeze congelamiento de precios.

price increase aumento del precio.

price index índice de precios.

price level accounting contabilidad ajustada por inflación.

price level adjustment ajuste por variación en el poder adquisitivo de la moneda.

price list lista de precios.

price maintenance mantenimiento de precio.

price margin margen de precio.

price skimming precio desnatado.

price system sistema de precios.

price variance variación en el precio.

pricing fijación de precios.

pricing decisions decisiones en la fijación de precios.

pricing policy política de precios.

primary earnings per share ganancias primarias por acción.

primary market mercado primario.

prime cost costo primo ■ *Sp.* coste primario.

prime rate tasa de interés para préstamos preferenciales.

primitive original.

principal capital de un préstamo, principal.

principal budget factor factor principal del presupuesto.

principal creditor acreedor principal.

principal stockholder accionista principal.

principle principio.

prior approval aprobación previa.

prior charge capital capital preferido.

prior period adjustment ajuste de ejercicios anteriores, ajuste de resultados de ejercicios anteriores ■ *Sp.* ajustes por periodificación.

prior service pension cost costos de pensión por servicios previos.

priority-based budgeting presupuestación basada en prioridades.

priority prioridad.

private accountant contador interno, contador privado.

Private Companies Practice Section (PCPS) división del AICPA orientada a firmas de contadores que asesoran a compañías no cotizantes.

private corporation corporación de capital cerrado.

private offering emisión privada.

private placement colocación privada.

private property propiedad privada.

privately held company compañía de capital cerrado.

privatization privatización.

privileged communication información confidencial.

privileged creditor acreedor privilegiado.

prizes and awards premios y reconocimientos pecuniarios.

pro forma pro forma.

pro forma balance sheet balance general pro forma.

pro forma income statement estado de resultados pro forma.

pro forma invoice factura pro forma.

pro forma statement estado pro forma.

pro forma statement of cash flows estado de origen y aplicación de fondos pro forma.

pro rata a prorrata.

probability probabilidad.

probability distribution distribución de probabilidad.

probability sample muestra aleatoria.

probable life vida probable.

probable-life curve curva de vida probable.

procedural audit auditoría de procedimientos.

procedure procedimiento.

proceedings 1. actuaciones; 2. acta.

proceeds ingresos provenientes de la venta de activos o de la emisión de títulos.

process proceso.

process analysis análisis de procesos.

process-based management administración por procesos.

process benchmarking comparación competitiva.

process control control de procesos.

process cost costo por proceso.

process cost report reporte de costeo por procesos.

process costing costeo por procesos, costos por procesos.

process management administración por procesos.

process reengineering reingeniería de procesos.

process time tiempo de proceso.

process value analysis (PVA) análisis de valor de los procesos.

processing cost costo primo.

processing time tiempo de procesamiento.

processor procesador.

producer's risk riesgo del productor.

product producto.

product bundling producto agrupado.

product cost costo de los productos.

product costing system sistema de costeo por productos.

product development time período de desarrollo de producto.

product family familia de productos.

product financing arrangement convenio de financiación de productos.

product level activities actividades de producción necesarias para mantener la mezcla de productos.

product life cycle ciclo de vida de un producto.

product line línea de productos.

product mix mezcla de productos.

product mix decisions decisiones sobre la mezcla de productos.

product-sustaining activities actividades para el mantenimiento del producto.

product unit cost costo unitario de producción.

production producción.

production budget presupuesto de producción.

production control control de producción.

production cost costo de producción.

production cycle time tiempo de ciclo de producción.

production department departamento de producción.

production function función de producción.

production management administración de la producción.

production manager gerente de producción.

production method método de producción.

production mix variance variación en la mezcla de producción.

production order orden de producción.

production run model sistema de lotes óptimos de producción.

production schedule programa de producción.

production supervisor jefe de producción.

production unit depreciation depreciación según unidades de producción.

production volume ratio ratio de volumen de producción.

production volume variance variación en el volumen de producción.

production yield variance variación en la eficiencia de producción.

productive activity actividad productiva.

productive labor mano de obra productiva.

productivity productividad ▪ *Sp.* economicidad.

productivity measures medidas de productividad.

profession profesión.

professional accountant contador profesional.

professional association asociación profesional.

professional ethics ética profesional.

professional fees honorarios profesionales, honorarios contables.

profit ganancia, utilidad.

profit after taxes utilidad después de impuestos.

profit and loss ganancias y pérdidas.

profit-and-loss account cuenta de resultados ▪ *Sp.* explotación, cuentas de pérdidas y ganancias, estado de resultados.

profit-and-loss statement estado de resultados.

profit before taxes utilidad antes de impuestos.

profit center centro de beneficios, centro de resultados.

profit graph gráfico de utilidad.

profit margin margen de beneficios, margen de utilidad.

profit maximization maximización de la ganancia.

profit motive afán de lucro.

profit planning planeamiento de resultados.

profit prior to consolidation utilidad previa a la consolidación.

profit sharing participación en las utilidades.

profit-sharing bond obligación con derecho a participación.

profit-sharing plan participación de los trabajadores en las utilidades.

profit-sharing reserve reserva para participación de utilidades.

profit variance variación de resultados.

profit-variance analysis análisis de la variancia en los resultados.

profit-volume chart gráfico de ganacias-volumen.

profitability rentabilidad.

profitability accounting contabilidad por centros de responsabilidad.

profitability index índice de rentabilidad.

profitability object unidad contable a la que se asignan costos y resultados para determinar rentabilidades.

program programa.

program budget presupuesto de programas.

program evaluation and review technique (PERT) técnica de evaluación y revisión de programas.

program-planning-budgeting system (PPBS) sistema de planeamiento del presupuesto programado.

programmed fixed cost costos fijos programados.

programming programación.

progress billing certificación por avance de obra.

progression progresión.

progressive average promedio progresivo.

progressive ledger mayor progresivo.

progressive tax impuesto progresivo.

progressive taxation garantía de proporcionalidad.

project proyecto, plan.

project analysis análisis de proyecto.

project appraisal method método para la evaluación de proyectos.

project costing costeo de proyectos.

project management administración de proyecto.

project manager gerente de proyecto.

project planning planeamiento de proyectos.

project selection selección de proyectos.

projected balance sheet balance general proyectado.

projected income statement estado de resultados proyectado.

projected statements estados prospectivos, estados proyectados.

projection proyección.

promise promesa.

promise to pay promesa de pago.

promissory note pagaré.

promoter promotor.

promotion promoción, ascenso.

promotion expenses gastos de promociones.

property propiedad.

property depreciation depreciación de propiedad.

property dividend dividendo en propiedades.

property ledger mayor de bienes de uso.

property, plant, and equipment propiedad, planta y equipo.

property reserved propiedad reservada.

property tax impuesto a la propiedad.

proportion proporción.

proportional allocation asignación proporcional.

proposal moción, propuesta.

proposed dividend dividendo propuesto.

proposition proposición.

proprietary accounts cuentas de los propietarios.

proprietary fund fondo propietario.

proprietary theory teoría del propietario.

proprietor propietario.

proprietorship 1. patrimonio; 2. empresa unipersonal.

proprietorship account cuenta de capital, cuenta de patrimonio, cuenta de propiedad.

prorate prorratear, adjudicar, asignar, distribuir, hacer reparto de.

proration prorrateo.

prorogation prórroga.

prospect prospecto.

prospectus prospecto ■ *Sp.* folleto bursátil, folleto de emisión.

protest protesto.

protocol protocolo.

provision 1. provisión; 2. previsión.

provision for bad debts previsión para cuentas incobrables, provisión para cuentas malas.

provision for income tax provisión para el impuesto a las ganancias.

provision of funds provisión de fondos.

provisional invoice factura provisoria.

provisions for liabilities and charges provisión por riesgos y gastos.

provisions to allowances cargo a provisiones, previsiones o depreciaciones ■ *Sp.* dotación.

proxy 1. poder de representación en asambleas; 2. informe para los accionistas.

proxy fight lucha por el control de la mayoría de votos.

proxy statement informe para los accionistas.

prudence concept principio de prudencia.

prudent investment inversión prudente.

PSC (Public Sector Committee) Comité del Sector Público.

public *adj.* público.

public *n.* asistentes.

public accountant (PA) contador público.

public accounting contaduría pública.

public activity actividad pública.

public audit auditoría pública.

public auditor auditor público.

public company empresa pública.

public corporation corporación pública.

public debt deuda pública.

public entity ente público.

public finance finanzas públicas.

public funds fondos públicos ■ *Arg.* recursos públicos ■ *Ven.* recursos.

public interest interés público.

public interest accounting contabilidad para las entidades de bien público.

public offering oferta pública.

Public Oversight Board (POB) Junta de Supervisión Pública.

public revenue ingresos públicos.

Public Sector Committee (PSC) Comité del Sector Público.

public servant empleado público.

Public Treasury Hacienda Pública, Erario Publico.

public works obras públicas.

publicly held company compañía cotizante.

pull-through production   sistema de producción por órdenes de pedido.

purchase   compra.

purchase agreement   promesa de compra-venta.

purchase book   libro de compras.

purchase commitment   compromiso de compra.

purchase contract   contrato de compra.

purchase discount   descuento sobre compra.

purchase for value   adquisición a título oneroso.

purchase group   agrupación temporaria de bancos para gestionar la venta de títulos.

purchase in good faith   adquisición de buena fe.

purchase method   método de la compra, método del nuevo ente.

purchase order   orden de compra.

purchase order lead time   tiempo de espera de la orden de compra.

purchase price variance   variación en el precio de compra.

purchase returns   devoluciones de compra.

purchased goodwill   fondo de comercio adquirido, llave de negocio adquirida.

purchases budget   presupuesto de compras.

purchases journal   diario de compras.

purchases manager   jefe de compras.

purchasing department   departamento de compras.

purchasing power   poder adquisitivo.

purchasing power gain   ganancia por exposición a la inflación.

purchasing power loss   pérdida por exposición a la inflación.

purchasing power parity   paridad del poder adquisitivo.

purchasing system   sistema de compras.

pure profit utilidad pura.

push down accounting   contabilidad de empuje hacia abajo.

push-through method   método de producción por lotes.

put   1. opción de venta; 2. derecho de redención de bonos anticipada.

put option   opción de venta.

putting off   aplazamiento.

pv chart   gráfico de ganancias-volumen.

PVA (process value analysis)   análisis de valor de los procesos.

qualification   1. excepción, salvedad, limitación en el alcance ■ *Sp.* reparo; 2. competencia técnica, calificación técnica; 3. condición necesaria en un acuerdo, habilitación.

qualified accountant   experto contable.

qualified opinion   opinión favorable con salvedades.

qualified report   dictamen con salvedades.

qualified stock option   opción calificada de compra de acciones.

qualifying shares   acciones habilitantes.

qualifying stock   acciones calificadas.

qualitative factors   factores cualitativos.

quality   calidad.

quality assurance   garantía de calidad.

quality at the source   calidad en la fuente.

quality control   control de calidad.

quality control chart   gráfico de control de calidad.

quality control management   administración del control de calidad.

quality costs   costos de calidad.

quality of earnings   calidad de los resultados.

quality review   revisión de calidad.

quality training   entrenamiento en calidad.

quantification   cuantificación.

quantitative factors   factores cuantitativos.

quantitative methods   métodos cuantitativos.

quantitative models   modelos cuantitativos.

quantity discount   descuento por volumen.

quantity discount model   modelo de descuento por cantidad.

quantity variance   variación en la cantidad.
quarterly   trimestralmente.
quarterly basis   base trimestral.
quarterly report   reporte trimestral.
quartile   cuartil.
quasi-contract   cuasicontrato.
quasi-public company   compañía cuasipública.
quasi-rent   cuasiproducto.
quasi-reorganization   cuasireorganización.
quasi-subsidiary   cuasifilial.
questionable payment   pago cuestionable.
queue   cola.
queue discipline   método de colas.
queuing problem   problema de turno de espera.
queuing theory   teoría de colas.
quick assets   activo de fácil realización, activos de realización inmediata.
quick ratio   coeficiente de liquidez inmediata, liquidez ácida, índice de la prueba de ácido.
quota   cuota.
quotation   cotización.
quotation request   solicitud de cotización.
quoted price   precio de cotización.

r (correlation coefficient)   coeficiente de correlación.
R&D (research and development)   investigación y desarrollo de tecnología, investigación y desarrollo ■ *Sp.* estudios y proyectos.
r-squared   r cuadrado.
RAM (random-access memory)   memoria de acceso al azar.
random access   acceso aleatorio.
random-access memory (RAM)   memoria de acceso al azar.
random sample   muestra aleatoria.
random sampling   muestreo al azar.
random variances   variaciones aleatorias.

random walk   movimiento de precios al azar.
range   1. amplitud, rango; 2. campo.
range pricing   precio de serie.
rate   alícuota, prorrata, tasa.
rate earned on common stockholders' equity   tasa devengada sobre acciones ordinarias.
rate earned on stockholders' equity   tasa devengada sobre el patrimonio.
rate earned on total assets   tasa de retorno sobre activos.
rate of exchange   tipo de cambio.
rate of return on investment   tasa de retorno sobre la inversión.
rate variance   variación del costo de mano de obra.
ratio   coeficiente, indicador, ratio, razón, tasa, índice.
ratio analysis   análisis de indicadores, análisis de razones.
ratio pyramid   pirámide de ratios.
raw in process inventory account   cuenta de inventario de materias primas y productos en proceso.
raw material   materia prima, primeras materias.
raw materials inventory   inventario de materias primas.
raw materials used   materias primas utilizadas.
reacquired stock   acciones de tesorería, acciones recompradas.
real account   cuenta de balance.
real estate   bienes raíces, inmuebles.
real estate investment trust (REIT)   fideicomiso de inversión en bienes inmuebles.
real estate property   bienes inmuebles.
real property   bienes inmuebles.
real-time system   sistema en tiempo real.
realization   realización.
realization account   cuenta de liquidación.
realization concept   principio de realización.
realized gain   ganancia realizada.
realized gain (loss)   resultado realizado.
realized loss   pérdida realizada.
reasonableness test   prueba de razonabilidad.

rebate 1. descuento, rebaja; 2. devolución, reembolso.
recapitalization recapitalización.
recapitulating entry asiento de concentración.
recapture of depreciation recuperación de la depreciación.
receipt recibo.
receivable turnover rotación de las cuentas por cobrar.
receivables cuentas a cobrar.
receivables from affiliates cuentas a cobrar de compañías afiliadas.
receiver's certificate certificado del síndico.
receivership liquidación.
receiving report informe de recepción, nota de recepción.
reciprocal recíproco.
reciprocal allocation method método de distribución recíproco.
reciprocal arrangement acuerdo recíproco.
reciprocal cost allocation asignación de costos recíprocos.
reclassification entry asiento de reclasificación.
recognition reconocimiento.
recognize reconocer.
reconciliation conciliación, reconciliación.
reconciliation of movements in shareholder's funds conciliación de movimientos en fondos propios.
record n. registro.
record v. registrar, contabilizar.
record date fecha de registración.
recover recobrar, recuperar.
recoverable amount valor recuperable.
redeemable stock acciones amortizables.
redeemed shares acciones amortizadas.
redemption 1. rescate ■ Sp. recogida; 2. amortización.
redemption yield rendimiento de un valor a la fecha de rescate.
red herring prospecto preliminar de una nueva emisión.
rediscount redescuento.
rediscount rate tasa de redescuento.
redistributed cost costo redistribuido.
reengineering reingeniería.

reference referencia.
refund reembolso, reintegro.
refunding bond bono de conversión.
register registro.
registered bond bono registrado, obligación nominativa.
registered capital capital autorizado.
registered securities valores registrados.
registered stock acciones nominales, acciones nominativas.
registration registración.
registration statement declaración de registro.
regression analysis análisis de regresión.
regression coefficient coeficiente de regresión.
regression equation ecuación de regresión.
regression equation model modelo de ecuaciones de regresión.
regressive tax impuesto regresivo.
regulation 1. regulación; 2. reglamento.
Regulation S-X reglamento de la SEC sobre formato y contenido de los estados contables de presentación.
regulations reglamentaciones.
regulatory framework marco regulador.
rehabilitation tax credit crédito impositivo para recuperación de inmuebles.
reimbursement reembolso, reintegro.
reinsurance reaseguro.
reinvested profits utilidades reinvertidas.
reinvestment reinversión.
REIT (real estate investment trust) fideicomiso de inversión en bienes inmuebles.
rejectable quality level nivel de calidad de rechazo.
rejects desechos.
related company compañía relacionada.
related cost costo relacionado.
related parties partes relacionadas.
related party transaction transacción con partes vinculadas.
relation relación.
relational database base de datos relacional.
relationship parentesco.

relative frequency of occurrence
frecuencia relativa de ocurrencia.
relative sales value method método
de asignación de costos proporcional a las
ventas.
release cancelación, liberación.
relevance importancia relativa, integridad,
pertinencia, relevancia.
relevance concept principio de
relevancia.
relevant cost approach enfoque de
costos relevantes.
relevant costs costos relevantes.
relevant influence influencia
significativa ▪ *Sp.* influencia notable.
relevant range intervalo de relevancia,
rango relevante de actividad.
reliability confiabilidad, fiabilidad.
reliability concept principio de
fiabilidad.
relief condonación.
remittance remesa.
remittance account cuenta de
remesas.
remittance slip nota de remesa.
remote job-entry system sistema de
entrada de tareas remota.
remuneration remuneración.
renegotiation renegociación.
renewal renovación.
renewal fund fondo de reposición, fondo
para renovación.
rent *n.* renta, alquiler.
rent *v.* alquilar, rentar.
rent expense gasto de alquiler.
rent of an annuity renta de una
anualidad.
rent roll registro de alquileres.
rents collected alquileres obtenidos.
rents paid in advance alquileres
pagados por adelantado.
rents payable alquileres a pagar.
reopening of the books reapertura de
cuentas.
reorder level nivel de reorden de pedido.
reorder point punto de pedido.
reorganization reorganización.
repair refacción, reparación.
repairs and maintenance
reparaciones y conservación.
repeal derogación.
repeating audit auditoría repetitiva.

repetitive manufacturing manufactura
en proceso repetitivo.
replacement reemplazo, reposición.
replacement cost costo de reemplazo,
costo de reposición ▪ *Mex.* valor de
reposición.
replacement cost accounting
contabilidad del costo de reposición ▪ *Sp.*
contabilidad a costes actuales.
**replacement method of
depreciation** método de depreciación
sobre el valor de reposición.
replacement price precio de reposición.
replacement unit unidad de reemplazo.
replication replicación, repetición.
report informe, memoria, reporte.
report form formato de informe.
report form balance sheet balance
general en forma de reporte, estado de
situación patrimonial en forma de relación.
reporting información, reporte.
reporting currency moneda de reporte.
reporting standards normas de
exposición.
representation 1. representación; 2.
declaración.
representation letter carta de
declaración.
representative sample muestra
representativa.
representative sampling muestreo
representativo.
reproduction cost costo de reposición,
costo de reproducción.
reproduction value valor de reposición.
repurchased stock acciones
recompradas.
requisition requisición.
research investigación.
research and development (R&D)
investigación y desarrollo de tecnología,
investigación y desarrollo ▪ *Sp.* estudios y
proyectos.
research and development costs
costos de investigación y desarrollo.
**research and development tax
credit** crédito fiscal sobre gastos
incrementales de investigación y desarrollo.
research cost costo de investigación.
reserve 1. ganancia reservada; 2. reserva;
3. provisión.
reserve account cuenta de reserva.

reserve for accidents reserva para accidentes.

reserve for bad debts previsión para cuentas incobrables, provisión para cuentas incobrables.

reserve for capital maintenance reserva para mantenimiento del capital.

reserve for contingencies reserva para contingencias.

reserve for depletion reserva para agotamiento ■ *Mex.* estimación para agotamiento.

reserve for depreciation reserva para depreciación.

reserve for discounts reserva para descuentos.

reserve for doubtful accounts previsión para cuentas dudosas, provisión para cuentas dudosas.

reserve for employees' profit sharing reserva para participación de los empleados en las ganancias.

reserve for encumbrances reserva para gravámenes.

reserve for indemnities reserva para indemnizaciones.

reserve for renewals and replacements reserva para renovaciones y reemplazos.

reserve for repairs reserva para reparaciones.

reserve for retirement of preferred stock reserva para rescate de acciones preferidas.

reserve for self-insurance reserva para autoseguro.

reserve for uncollectible accounts previsión para cuentas incobrables, provisión para cuentas incobrables.

reserve for wear, tear, obsolescence, or inadequacy reserva para usos, desgaste, obsolescencia o insuficiencia.

reserve fund fondo de reserva.

reserve increase aumento de reservas.

reserve recognition accounting (RRA) contabilidad de reconocimiento de reservas.

reserved surplus superávit reservado.

residual *n.* residuo.

residual *adj.* residual.

residual cost costo residual.

residual equity theory teoría del patrimonio residual.

residual income resultado atribuible a los administradores.

residual loss pérdida atribuible a los administradores.

residual net income utilidad neta.

residual term término residual.

residual value valor residual.

resign abandonar el trabajo.

resort recurso.

resource recurso.

resource cost assignment asignación de costos por impulsores de recursos.

resource cost driver indicadores del costo de recursos.

resource costs costos de recursos.

responsibility responsabilidad.

responsibility accounting contabilidad por áreas de responsabilidad.

responsibility center centro de responsabilidad.

responsibility center costing costo por áreas de responsabilidad.

responsibility costing costeo por áreas de responsabilidad.

responsibility reporting contabilidad por áreas de responsabilidad.

restatement reexpresión.

restatement of overhead rates reexpresión de los gastos de fabricación.

restricted fund fondo restringido.

restricted stock capital restringido.

restricted stock option opción restringida de compra de acciones.

restricted surplus ganancias restringidas.

restructuring reestructuración.

restructuring of debt reestructuración de la deuda.

result benchmarking comparación competitiva.

results from operations resultados de la operación.

retail accounting contabilidad de ventas al por menor.

retail cost costo de ventas al por menor.

retail inventory method menudeo, método de los minoristas, método del menudeo ■ *Sp.* método del detall ■ *Mex.* método de detallistas.

retained earnings beneficios no distribuidos, ganancias retenidas, resultados acumulados ■ *Mex.* capital ganado, superávit ganado, utilidades acumuladas, utilidades no distribuídas.

retained earnings statement cuenta de pérdidas y ganancias, estado de resultados.

retention money pagos retenidos.

retirement 1. jubilación, retiro; 2. cancelación de deuda.

retirement accounting contabilidad de retiros.

retirement allowance pensión jubilatoria.

retirement method of depreciation método de depreciación al momento de retiro del bien.

retirement of fixed asset retiro de activo fijo.

retirement of outstanding debt extinción de deuda, rescate anticipado de deuda.

retirement of stock retiro de acciones.

retirement plan plan de retiros.

retroactive adjustment 1. reexpresión de estados contables anteriores; 2. ajuste de ejercicios anteriores.

retrospective rating apreciación retrospectiva.

return 1. declaración; 2. devolución.

return on assets (ROA) devolución sobre activos totales, retorno sobre activos, razón de rentabilidad del activo, rendimiento del activo, rendimiento sobre los activos, índice de productividad del negocio ■ *Mex.* porcentaje de devolución sobre activos totales.

return on assets pricing determinación de precios en base al retorno sobre los activos.

return on capital employed (ROCE) rentabilidad del capital empleado.

return on equity (ROE) coeficiente de rentabilidad, devolución sobre el capital contable, razón de rentabilidad del capital propio, razón de rentabilidad del patrimonio, razón de rentabilidad, razón de retorno de la inversión, rentabilidad del capital propio, índice de la inversión del capital ■ *Mex.* porcentaje de devolución sobre el capital contable.

return on investment (ROI) rendimiento de la inversión, rendimiento sobre inversión, retorno de la inversión.

return on pension plan assets retorno sobre los activos de un plan de pensión.

return on sales rendimiento sobre las ventas, retorno sobre ventas.

revaluation increment aumento por revalúo.

revaluation reserve reserva por revalúo.

revaluation surplus reserva de revaluación, reserva por revalúo ■ *Sp.* reserva de revalorización.

revenue ingreso.

revenue anticipation note documento de anticipación de impuestos.

revenue bond bono de ingreso.

revenue center centro de ingresos, centro de resultados.

revenue deduction deducción de ingresos.

revenue expenditure desembolso del período, gastos de explotación.

revenue recognition reconocimiento de un ingreso.

revenue ruling reglamentación del impuesto a las ganancias.

reverse engineering ingeniería inversa.

reverse splitup disminución proporcional de acciones.

reversing entry asiento de reversión ■ *Sp.* asiento de retrocesión ■ *Mex.* asiento de inversión.

review *n.* revisión.

review *v.* revisar.

revolving credit crédito renovable.

revolving fund fondo revolvente.

right derecho.

right of return derecho de devolución.

right-hand side lado derecho.

rights offering oferta de preferencia.

risk riesgo.

risk adjusted discount rate tasa de descuento ajustada por riesgo.

risk analysis análisis del riesgo.

risk-averse investor inversor con aversión al riesgo.

risk premium prima de riesgo.

risk taker investor inversor que gusta del riesgo.

ROA (return on assets) devolución sobre activos totales, retorno sobre activos, razón de rentabilidad del activo, rendimiento del activo, rendimiento sobre los activos, índice de productividad del negocio ■ *Mex*. porcentaje de devolución sobre activos totales.

Robinson-Patman Act Ley Robinson-Patman.

robust quality calidad total.

ROCE (return on capital employed) rentabilidad del capital empleado.

ROE (return on equity) coeficiente de rentabilidad, devolución sobre el capital contable, razón de rentabilidad del capital propio, razón de rentabilidad del patrimonio, razón de rentabilidad, razón de retorno de la inversión, rentabilidad del capital propio, índice de la inversión del capital ■ *Mex*. porcentaje de devolución sobre el capital contable.

ROI (return on investment) rendimiento de la inversión, rendimiento sobre inversión, retorno de la inversión.

rolling forward budget presupuesto continuo.

rollover refinanciación.

root cause analysis análisis de causas subyacentes.

round-lot lote de transacción.

round off redondear.

round sum suma redonda.

routine *adj*. rutinario.

routine *n*. rutina.

royalty regalía ■ *Sp*. derecho de patente.

rule precepto, regla.

rule off rayado de cierre.

rulings reglamentaciones.

running form forma corrida.

SAB (Staff Accounting Bulletin) publicación sobre la reglamentación de los pronunciamientos de la SEC.

safeguarding of assets salvaguarda de activos.

Safe Harbor Rule norma que regula el tratamiento impositivo de los contratos de venta con posterior arrendamiento.

safety audit auditoría de seguridad.

safety margin margen de seguridad.

safety stock existencias de seguridad, stock de seguridad.

salary salario, sueldo.

salary reduction plan plan de inversión para empleados.

sale 1. saldo; 2. venta.

sale and leaseback contrato de venta con arrendamiento al vendedor.

sales account cuenta de ventas.

sales allowance descuento sobre ventas.

sales analysis análisis de ventas.

sales budget presupuesto de ventas.

sales commission comisión de venta.

sales discount rebaja sobre ventas.

sales forecasting pronóstico de ventas.

sales journal diario de ventas.

sales management administración de ventas.

sales mix mix de ventas, mezcla de ventas.

sales mix variance variación de la mezcla de ventas.

sales order orden de venta.

sales per employee ventas por empleado.

sales price variance variación en el precio de venta.

sales quantity variance variación en el volumen de ventas.

sales returns devoluciones de ventas, ventas anuladas.

sales tax impuesto sobre ventas.

sales type lease alquiler tipo venta.

sales volume variance variación del volumen de ventas.

salvage salvamento, bienes recuperados.

salvage value valor de recupero, valor recuperable final, valor residual ■ *Mex*. valor de desecho.

sample muestra.

sampling muestreo.

sampling distribution distribución de muestreo.

sampling error error de muestreo.

sampling risk riesgo de muestreo.

SAS (Statement on Auditing Standards) Declaración sobre Normas de Auditoría.

saturation point punto de saturación.
save ahorrar.
savings ahorros.
savings account caja de ahorro, cuenta de ahorro.
savings and investment ahorro e inversión.
savings and loan association sociedad de ahorro y préstamo ■ *Arg.* sociedad de ahorro y préstamo para la vivienda y otros inmuebles.
savings bank banco de ahorros.
savings bank account cuenta de caja de ahorros bancaria.
savings bond bono de ahorro.
scale escala.
scale of fees arancel de honorarios.
scan obtención de una imagen digital.
scattergraph method diagrama de dispersión.
schedule *n.* 1. programa; 2. tabla, anexo; 3. conjunto de papeles de trabajo.
schedule *v.* programar.
schedule of equivalent production tabla de producción equivalente.
scientific amortization amortización científica.
scientific management administración científica.
scope alcance.
scope limitation limitación en el alcance.
scrap residuos.
scrap value valor de rezago.
scrip dividend certificado de dividendo diferido, dividendo en acciones, dividendo en obligaciones.
scrip issue emisión de acciones liberadas.
scroll desplazamiento en una ventana.
search búsqueda.
seasonal adjustment ajuste estacional.
SEC (Securities and Exchange Commission) Comisión de Valores e Intercambio.
seasonality estacionalidad.
secondary distribution distribución secundaria.
secret reserve reserva oculta.
secure a tax liability garantía de interés fiscal.
secured account cuenta garantizada.

secured creditor acreedor con garantía, acreedor garantizado, acreedor real.
secured liability pasivo garantizado.
Securities Act of 1933 Acta sobre Valores de 1933.
securities analyst analista de valores.
Securities and Exchange Act of 1934 Acta de Valores y Cambio de 1933.
Securities and Exchange Commission (SEC) Comisión de Valores e Intercambio.
Securities and Futures Authority (SFA) (UK) Autoridad en Materia de Valores y Futuros.
Securities and Investment Board (SIB) (UK) Consejo del Mercado de Valores.
Securities Industry Association Asociación de Industriales de Inversiones.
security 1. título de participación; 2. garantía.
seed money capital semilla.
segment segmento.
segment margin margen del segmento.
segment reporting reporte por segmento.
segregation of duties segregación de deberes.
self-balancing movimientos balanceados.
self-employed autónomo, trabajador autónomo ■ *Arg.* cuentapropista.
self-employment income ingresos de trabajos por cuenta propia.
self-insurance autoseguro.
self-liquidating loan préstamo autoliquidable.
sell at best vender al mejor precio posible.
sell-or-process-further decision decisión sobre venta o procesamiento posterior.
selling and administrative expense budget presupuesto de gastos administrativos y de ventas.
selling costs gastos de venta.
selling expense gastos de venta.
selling expenses gastos comerciales.
selling group grupo para venta de títulos.
selling short venta de títulos que no se poseen, venta en descubierto.

selling syndicate sindicato para venta de títulos.

semi-fixed cost costo semi-fijo.

semivariable cost costo semivariable.

senior senior, de mayor categoría.

senior accountant contador senior.

senior auditor auditor principal, auditor en jefe.

senior security título con preferencia de liquidación.

sensitivity analysis análisis de sensibilidad.

separable costs costos separables.

separate return declaración de impuestos por separado.

separate valuation valoración separada, valuación separada.

sequential access acceso secuencial.

sequential method método secuencial.

sequentiality secuencialidad.

serial bonds bonos de vencimiento escalonado, bonos pagaderos en serie.

serial correlation correlación en serie.

server servidor.

service center centro de servicio.

service cost costo de servicio, costo por servicios.

service cost center centro de servicios.

service department departamento de servicios.

service department costs costo de los departamentos de servicio.

service level nivel de servicio.

service level agreement acuerdo a nivel de servicio.

service level pricing precio del nivel de servicio.

service life vida útil.

service potential potencial de servicio.

service rate tasa de servicio.

services servicios.

set of accounts plan de cuentas.

settled account cuenta cerrada, cuenta pagada, cuenta saldada.

settlement date fecha de liquidación.

settlement in pension plan fecha de cancelación de la obligación de un plan de pensiones.

setup cost costo de preparación del lote de producción.

setup time tiempo de preparación.

SFA (Securities and Futures Authority) (UK) Autoridad en Materia de Valores y Futuros.

SFAC (Statement of Financial Accounting Concepts) Declaración de Conceptos en Contabilidad Financiera.

SFAS (Statement of Financial Accounting Standards) Declaración de Normas de Contabilidad Financiera.

shadow price precio sombra.

share 1. acción; 2. cuota parte; 3. participación.

share allotment asignación de acciones, distribución de acciones.

share option scheme esquema de opciones sobre acciones.

share premium prima de emisión.

shared services servicios compartidos.

shareholder accionista.

shareholder value valor del accionista.

shareholder's equity patrimonio de los accionistas.

shareholders' fund patrimonio social.

Sherman Antitrust Law Ley Sherman Antimonopolio.

ship *n.* buque.

ship *v.* embarcar.

shipment remesa, despacho.

short al descubierto.

short account cuenta descubierta.

short covering cobertura de posición corta, posición al descubierto.

short-form report informe breve.

short position posición corta.

short-run decisions decisiones de corto plazo.

short-run performance margin margen de rendimiento de corto plazo.

short term corto plazo.

short-term assets activos de corto plazo.

short-term creditors acreedores de corto plazo.

short-term debt deuda de corto plazo.

short-term debtors deudores de corto plazo.

short-term debt ratio ratio de endeudamiento a corto plazo.

short-term debt to equity ratio razón de endeudamiento a corto plazo.

short-term decisions decisiones de corto plazo.

short-term investment colocación temporaria, inversiones temporales, inversiones financieras temporales.
short-term lease arriendo a corto plazo.
short-term liability pasivo a corto plazo.
short-term loan préstamo a corto plazo.
shortage faltante.
shortage costs costo de faltante de inventario.
shrinkage faltante de inventario.
SIB (Securities and Investment Board) (UK) Consejo del Mercado de Valores.
sick benefits beneficios por enfermedad, indemnización por enfermedad, resarcimiento por riesgo.
sick leave licencia por enfermedad.
sight draft giro a la vista.
sign *n.* signo.
sign *v.* firmar, signar.
sign an agreement firmar un acuerdo, firmar un convenio.
signature firma, rúbrica.
significant significativo, material.
significant testing testeo significativo.
simple average 1. avería simple; 2. promedio simple.
simple capital structure estructura de capital simple.
simple interest interés simple.
simple rate of return tasa de retorno simple.
simple regression regresión simple.
simple yield rendimiento simple.
simplex method método simplex.
simulation simulación.
simulation models modelos de simulación.
simultaneous engineering ingeniería simultánea.
simultaneous equation method método de ecuaciones simultáneas.
single entry partida simple.
single-entry bookkeeping contabilidad por partida simple.
single-step income statement estado de resultados de paso único.
sinking fund fondo de amortización.
sinking fund method of depreciation método de depreciación por fondos de amortización.

skimming pricing estrategia de descremado del mercado, determinación del precio en el límite superior.
slack período inactivo.
slack path camino con margen.
slack time tiempo de demora.
slack variables variables de holgura.
slide error en la colocación de decimales.
slip resguardo, comprobante.
slope pendiente.
slow assets activo congelado, activo fijo, activo improductivo.
slow payer moroso.
small and medium-sized enterprises (SMEs) pequeña y mediana empresa (PYME).
small business corporation pequeña empresa.
SMEs (small and medium-sized enterprises) pequeña y mediana empresa (PYME).
smuggled goods artículos de contrabando ▪ *Mex.* fayuca.
smuggling delito de contrabando.
social accounting contabilidad social.
social benefits obras sociales.
social cost costo social.
social responsibility accounting contabilidad de responsabilidad social.
social security beneficencia social, seguro social, seguridad social.
social security and tax liabilities deudas sociales y fiscales ▪ *Sp.* entidades públicas.
social security benefits beneficios del seguro social.
social security contributions cargas sociales.
social security tax contribuciones sociales.
soft loan préstamo blando.
software paquete informático.
software thinking programs programa informático que asiste en la confección de reportes a clientes.
sole proprietor empresa unipersonal.
sole trader comerciante individual.
solvency solvencia.
solvent solvente.
SOPs (Statements of Position) Declaración de Opinión.
source document documento fuente.

source of income   fuente de ingresos.
sources of evidence   fuentes de evidencia.
sources of funds   fuentes de financiación, orígenes de fondos.
span of control   campo de control.
special assessment fund   fondo de impuestos especiales.
special audit   auditoría especial.
special-order decision   decisión sobre órdenes especiales.
special-purpose financial statement   estados contables para fines específicos.
special journal   subdiarios.
special meeting   asamblea extraordinaria de accionistas, asamblea extraordinaria.
special partnership   compañía en comandita.
special power of attorney   poder especial.
special report   informe especial.
special revenue fund   fondo de ingresos especiales.
special situation   situación especial.
specialist   especialista.
specialized industry   industria especializada.
specific identification   identificación específica, identificación individual.
specific order costing   costeo por órdenes.
specific price index   índice de precios específicos.
specific price-level change   variación en el índice específico de precios.
speculation   especulación.
speech recognition software   programa de reconocimiento de voz.
spending variance   variación de los gastos de fabricación.
spinoff   escisión ■ *Mex.* reorganización divisiva.
split   cambio proporcional en la cantidad de acciones.
split-off point   punto de separación de productos.
spoilage   desperdicio.
spot   precio de contado.
spot rate   tipo de cambio al contado.
spreadsheet   hoja electrónica de cálculo.

SSAE (Statement of Standards for Attestation Engagements)   Declaración de Normas para Trabajos de Atestificación.
SSAP (Statement of Standard Accounting Practice)   Declaraciones de Normas de Contabilidad.
SSARS (Statement of Standards for Accounting and Review Services)   Declaración de Normas para Servicios Contables y de Revisión.
Staff Accounting Bulletin (SAB)   publicación sobre la reglamentación de los pronunciamientos de la SEC.
staff auditor   auditor staff.
staff authority   autoridad staff.
staff costs   costos de personal.
stakeholders   grupos de interés.
stale-dated check   cheque vencido.
stand-alone cost method   método de costeo independiente.
stand-alone revenue allocation   método de distribución independiente de ingresos.
stand-by underwriting   compromiso de suscripción de acciones.
standard   estándar, patrón.
standard bill of materials   lista de materiales estándar.
standard cost   costo estándar.
standard cost card   tarjeta de costos estándar.
standard cost system   sistema de costos estándar.
standard cost variance   variación del costo estándar.
standard deduction   deducción estándar.
standard deviation   desviación estándar.
standard direct labor cost   costo estándar de mano de obra directa.
standard direct materials cost   materia prima estándar.
standard error of the estimate   error estándar de estimación.
standard error of the regression coefficient   error estándar del coeficiente de regresión.
standard fixed manufacturing overhead rate   tasa de costos fijos de fabricación estándar.
standard hours allowed   tiempo estándar.

standard labor rate precio de mano de obra estándar.

standard manufacturing overhead costs gastos de fabricación estándar.

standard material price precio de materias primas estándar.

standard of comparison estándar de comparación.

standard opinion opinión sin salvedades.

standard performance labor rendimiento estándar de mano de obra.

standard product specification especificación de productos estándar.

standard quantity allowed cantidad total de materias primas estándar.

standard time tiempo estándar.

standard variable manufacturing overhead rate tasa estándar de gastos variables de fabricación.

standardization estandarización.

standing order giro bancario.

State Board of Accountancy Junta Estatal de Contabilidad.

state unemployment compensation compensación estatal por desempleo.

stated capital capital declarado.

stated liability pasivo declarado.

stated value valor nominal.

statement 1. estado; 2. afirmación.

statement of account estado de cuenta.

statement of affairs balance de liquidación, estado de situación.

statement of cash flows estado de origen y aplicación de fondos ■ Mex. estado de cambios en la situación financiera en base a efectivo, estado de flujo de efectivo, estado de inversiones y su financiamiento.

statement of cash receipts and disbursements estado de origen y aplicación de fondos.

statement of costs of goods manufactured estado del costo de producción.

Statement of Financial Accounting Concepts (SFAC) Declaración de Conceptos en Contabilidad Financiera.

Statement of Financial Accounting Standards (SFAS) Declaración de Normas de Contabilidad Financiera.

statement of financial position balance general.

Statement of Governmental Accounting Standards Board Pronunciamiento de la Junta de Normas de Contabilidad Gubernamental.

Statement of International Management Accounting Declaración de Contabilidad Gerencial Internacional.

statement of realization and liquidation estado de liquidación.

statement of retained earnings estado de resultados acumulados.

Statement of Standard Accounting Practice (SSAP) Declaraciones de Normas de Contabilidad.

Statement of Standards for Accounting and Review Services (SSARS) Declaración de Normas para Servicios Contables y de Revisión.

Statement of Standards for Attestation Engagements (SSAE) Declaración de Normas para Trabajos de Atestificación.

statement of stockholders' equity estado de evolución del patrimonio neto, estado de evolución del patrimonio ■ Mex. estado de variaciones en el capital contable.

Statement on Auditing Standards (SAS) Declaración sobre Normas de Auditoría.

Statements of Position (SOPs) Declaración de Opinión.

statements of revenues and expenditures estado de ingresos y egresos.

states of nature estados de la naturaleza.

static budget presupuesto estático.

statistical analysis análisis estadístico.

statistical cost control control estadístico de costos.

statistical curve fitting ajuste estadístico de curvas.

statistical quality control control estadístico de calidad.

statistical sampling muestreo estadístico.

statistical software programas informáticos de aplicaciones estadísticas.

statistics estadística.

statutory audit auditoría estatutaria.

statutory body   cuerpo estatutario.
step allocation method   método de distribución por pasos.
step costs   costos escalonados.
step-down method   método de distribución por pasos.
step-function costs   costos escalonados.
stewardship (UK)   tutela.
stock   1. acciones; 2. existencias, inventarios.
stock accumulation   acumulación de inventarios.
stock appreciation rights   derechos de revalorización de acciones.
stock at a discount   acciones con descuento.
stock at a premium   acciones con prima.
stock bonus plan   plan de compensaciones con acciones a empleados.
stock capital   paquete de acciones.
stock certificate   certificado de acciones.
stock company   compañía por acciones.
stock control   control de existencias.
stock dividend   dividendo en acciones, acciones por capitalización.
stock exchange   bolsa de valores.
stock index futures   contrato de futuro basado en índices bursátiles.
stock issue   emisión de acciones.
stock market index   índice bursátil.
stock option   opción de suscripción de acciones.
stock-out costs   costo de faltante de inventario.
stock outstanding   acciones en circulación.
stock register   libro de registro de acciones nominativas, registro de acciones.
stock right   derecho de preferencia.
stock split   subdivisión de acciones.
stock subscription   suscripción de acciones.
stock turnover   rotación de existencias.
stock warrant   opción de compra de acciones.
stockbroker   corredor de bolsa, agente bursátil, agente de bolsa.
stockholder   accionista.
stockholders' equity   patrimonio de los accionistas.

stockholders of record   accionistas registrados.
stop-loss order   orden de comprar o vender cuando se alcance un precio determinado.
stop-or-go sampling   muestreo de pararo-o-seguir.
stop payment   aviso de suspensión de pago.
storage   almacenamiento, almacenaje.
storage time   período de almacenamiento.
store   almacenar.
store cards   fichas de inventario.
stores   materias primas, materiales y repuestos.
stores requisitions   nota de requisición de almacenes.
straddle   combinación de opciones de compra y venta de un título al mismo precio y en la misma fecha.
straight-line depreciation   depreciación constante, depreciación en línea recta, amortización constante, amortización lineal.
straight-line method   método de depreciación constante, método de depreciación en línea recta, método de la línea recta.
strategic alliance   alianza estratégica.
strategic budgeting   presupuestación estratégica.
strategic business unit   unidad estratégica de negocio.
strategic cost management   administración estratégica de costos.
strategic financial management   administración financiera estratégica.
strategic investment appraisal   evaluación estratégica de inversiones.
strategic management accounting   contabilidad de gestión estratégica.
strategic plan   plan estratégico.
strategic planning   planeamiento estratégico.
stratified sampling   estratificación, muestreo estratificado.
street name   títulos pertenecientes a una persona y a nombre de un corredor.
strike   huelga.
strike price   precio de ejercicio.
studies   estudios.

Subchapter S Corporation sociedad por acciones cuyos accionistas tributan impuestos como si fueran socios.

subject to opinion sujeto a opinión.

subjective probability probabilidad subjetiva.

sublease subarrendamiento.

suboptimization suboptimización.

subordinated debt deuda subordinada.

subordinated security título subordinado.

subordination subordinación.

subrogation subrogación.

subscribe suscribir.

subscribed stock acciones suscriptas.

subscriber 1. abonado; 2. suscriptor.

subscription suscripción.

subsequent activity actividad que recibe servicios de otra anterior.

subsequent event hechos posteriores al cierre.

subsidiary account cuenta de movimiento, subcuenta, cuenta auxiliar.

subsidiary company compañía subsidiaria.

subsidiary company accounting contabilidad de la compañía subsidiaria.

subsidiary ledger mayor auxiliar.

subsidiary undertaking empresa filial.

subsidy subsidio.

substance over form principio de sustancia sobre forma.

substantial authoritative support base de pronunciamientos contables de organismos autorizados.

substitute *n.* 1. sucedáneo; 2. sustituto.

substitute *v.* sustituir.

subsystem subsistema.

subvention subvención.

successful efforts accounting método de los esfuerzos exitosos, método de los proyectos exitosos.

succession sucesión.

successor auditor auditor sucesor.

sufficient condition condición suficiente.

sum suma.

sum-of-the-years'-digits (SYD) method método de suma de dígitos de los años.

summary entry asiento de concentración, asiento resumen.

sumptuary suntuario.

sumptuary goods artículos suntuarios.

sundry varios.

sunk cost costo hundido, costo sumergido.

superabsorption costing costeo superabsorbente.

supervariable costing costeo supervariable.

supplementary supletorio.

supplementary benefit beneficio suplementario.

supplementary cost costo suplementario.

supplementary statement estado complementario.

suppliers' management administración de proveedores.

supply chain cadena de abastecimiento.

supply chain management administración de la cadena de suministros.

support cost costo de actividades de soporte.

surplus 1. exceso del patrimonio sobre el capital social ■ *Mex.* superávit; 2. ganancia.

surplus analysis análisis del superávit.

surrender value costo de cancelación, valor de rescate.

surrogate activity drivers impulsores de actividad sucedáneos.

surrogate cost driver factor sucedáneo de determinación del costo.

surtax recargo fiscal.

survey encuesta.

surviving company compañía superviviente.

surviving spouse cónyuge superviviente.

suspense account cuenta pendiente de aplicación, cuenta suspensiva.

suspension of payments suspensión de pagos.

sustaining activity cost costo de actividad de soporte.

swap pase, reporto.

swing loan préstamo puente.

SYD (sum-of-the years'-digits) method método de suma de dígitos de los años.

syndicate sindicato de bancos.

synergy sinergia.

system sistema.

system program sistema operativo.
systematic random selection
muestreo sistemático.
systematic risk riesgo sistemático.
systematic sampling muestreo
sistemático.
systems analysis análisis de sistemas.
systems analyst analista de sistemas.
system weakness debilidad del
sistema.

t-account cuenta t.
t-statistic estadística t.
t table tabla t.
t-test prueba t.
t-value valor t.
TAB (tax anticipation bill) obligación
de corto plazo del tesoro estadounidense.
tabulate tabular.
tactical plan plan táctico.
tag etiqueta, marbete.
Taguchi method of quality control
método Taguchi de control de calidad.
take an order tomar un pedido.
take-home pay salario neto.
take-or-pay tome-o-pague.
takeover toma de control.
takeover tax treatment tratamiento
impositivo de la adquisición.
TAN (tax anticipation note)
instrumento de deuda de corto plazo de
municipios.
tangible asset activo físico, activo
tangible.
tangible fixed assets statement
estado de activo fijo tangible.
target cost costo objetivo.
target costing costeo por objetivos.
target income ingreso objetivo.
target income sales ingresos por
ventas target.
target price precio target.
tariff 1. arancel; 2. tarifa.
TARR (time-adjusted rate of return)
tasa de retorno ajustada por tiempo.
tax impuesto, tributo.

Tax Act of 1993 Ley Impositiva de
1993.
tax adjustment ajuste fiscal, ajuste
impositivo.
Tax Advisor, The publicación mensual
del Instituto de Contadores Publicos sobre
temas impositivos.
tax allocation asignación del impuesto en
distintos períodos.
tax allowances desgravaciones fiscales,
exenciones fiscales.
tax anticipation bill (TAB) obligación
de corto plazo del tesoro estadounidense.
tax anticipation note (TAN)
instrumento de deuda de corto plazo de
municipios.
tax avoidance elusión impositiva,
elusión fiscal.
tax benefit rule regla sobre beneficios
impositivos.
tax bracket categoría impositiva, tramo,
clase.
tax court tribunal fiscal.
tax credit crédito fiscal.
tax deed escritura de un inmueble vendido
para cubrir deudas impositivas.
tax effect efecto impositivo.
tax election elección del tratamiento
impositivo.
**Tax Equity and Fiscal Responsibility
Act of 1982 (TEFRA)** Ley de Equidad
Impositiva y Responsabilidad Fiscal de 1982.
tax evasion defraudación fiscal, evasión
de impuestos, evasión fiscal.
tax-exempt bond bono exento de
impuesto.
tax exemption exención impositiva,
desgravación impositiva.
tax-free exchange transacciones no
imponibles.
tax haven paraíso fiscal.
tax indexing indexación impositiva.
tax lien gravamen impositivo.
tax on scholarships or fellowships
impuesto sobre becas de estudio.
tax planning planeamiento impositivo.
tax preference item ítems impositivos
de preferencia.
tax rate tasa impositiva, alícuota del
impuesto.
tax rate schedule tablas de tarifas
impositivas.

tax reform reforma impositiva.
tax return declaración jurada, declaración de impuestos ■ *Sp.* declaración fiscal ■ *Mex.* manifestación impositiva.
tax shelter amparo contributivo, amparo fiscal, amparo impositivo, amparo tributario.
tax shield escudo impositivo.
tax software programa informático impositivo.
tax year año contributivo, año impositivo, año tributario.
taxable assets activo imponible.
taxable income resultado fiscal, resultado gravado, resultado imponible, resultado impositivo.
taxable profit beneficio gravable, beneficio imponible, beneficio impositivo, beneficio tributable, ganancia gravada.
taxation imposición, tributación.
Taxation for Accountants publicación mensual sobre temas impositivos.
taxed property bien gravado.
taxes impuestos.
taxes paid in advance anticipos de impuestos.
taxes payable impuestos a pagar.
taylorism taylorismo.
TCO (total cost ownership) propiedad del costo total.
technical achievements logros técnicos.
technical adviser asesor técnico, consejero técnico.
technical analysis análisis técnico.
technical bulletin boletín técnico.
technical reserves reservas técnicas.
technology costs costos de tecnología.
teeming and lading hurto repetitivo.
TEFRA (Tax Equity and Fiscal Responsibility Act of 1982) Ley de Equidad Impositiva y Responsabilidad Fiscal de 1982.
telecommunications telecomunicaciones.
telemarketing telemárketing.
teleprocessing teleprocesamiento.
template plantilla.
temporarily restricted net assets activos netos restringidos temporariamente.
temporary account cuenta transitoria.

temporary difference diferencia temporal, diferencia temporaria ■ *Sp.* diferencia de periodificación.
temporary disability incapacidad temporal.
temporary investments inversiones transitorias.
ten-K (10-K) presentación anual de compañías cotizantes a la Comisión de Valores e Intercambio de los Estados Unidos.
ten-Q (10-Q) presentación trimestral de compañías cotizantes a la Comisión de Valores e Intercambio de los Estados Unidos.
tender offer oferta de compra de acciones.
tentative balance sheet balance general tentativo, balancete.
term bond bono a plazo fijo, bono con vencimiento establecido, obligación a plazo.
term loan préstamo a término.
terminal terminal.
termination benefits indemnización por cesación en el empleo.
termination in pension plan indemnización por cesación en el empleo en un plan de pensiones.
test examen, prueba.
test of transaction prueba de transacción.
testamentary testamentaria.
testator testador.
testcheck pruebas selectivas.
testdeck prueba de escritorio.
tests of control pruebas de control.
tests of controls through the computer pruebas de control a través de computadora.
text texto.
theoretical capacity capacidad teórica.
theoretical depreciation depreciación teórica.
theoretical substance teoría de la sustancia sobre la forma.
theory teoría.
theory of constraints (TOC) teoría de las restricciones, teoría de los factores limitantes.
three-sigma limits límites tres-sigma.
three-way analysis análisis de tres vías.

throughput   producción total, rendimiento total.

throughput accounting   contabilidad de rendimiento.

tick mark   marcas de auditoría.

time-adjusted rate of return (TARR)   tasa de retorno ajustada por tiempo.

time and billing software   programa de control y facturación de horas trabajadas.

time and materials pricing   fijación del precio con un recargo sobre tiempo y materiales, precio temporal y material.

time and motion study   estudio de tiempos y movimientos.

time-based management   administración basada en el tiempo.

time card   tarjeta de tiempo.

time deposit   depósito a término ▪ *Sp.* imposición a plazo.

time draft   giro a fecha fija.

time series   series de tiempo.

time-series analysis   análisis de series de tiempos.

time sharing   tiempo compartido.

time sheet   hoja de asistencia.

time standard   tiempo estándar.

time study   estudio de tiempos.

time value of money   valor-tiempo del dinero.

times-interest-earned ratio   razón de cobertura del interés.

timing difference   diferencia temporal.

title   título.

title deed   título de propiedad.

TOC (theory of constraints)   teoría de las restricciones, teoría de los factores limitantes.

tolerable   tolerable.

tolerance   tolerancia.

tools   herramientas.

top-down budget   presupuesto jerárquico.

total cost   costo total.

total cost ownership (TCO)   propiedad del costo total.

total direct labor cost variance   variación total del costo de mano de obra directa.

total direct labor variance   variación total de la mano de obra directa.

total direct materials cost variance   variación total del costo de materias primas.

total direct materials variance   variación total de la materia prima.

total factor productivity   productividad total.

total fixed costs   costos fijos totales.

total manufacturing costs   costos totales de producción.

total manufacturing overhead variance   variación total de los costos indirectos de producción.

total productivity   productividad total.

total profit variance   desviación del beneficio total, variación de la ganancia total.

total project approach   enfoque del total del proyecto.

total quality control (TQC)   control total de calidad.

total quality management (TQM)   gestión de calidad total.

total tolerance   tolerancia total.

total variable costs   costos variables totales.

total variable overhead variance   variación en el total de gastos de fabricación variables.

TQC (total quality control)   control total de calidad.

TQM (total quality management)   administración total de la calidad.

trace   seguir el rastro.

traceability   posibilidad de asignación de un costo a un costo objetivo.

traceable cost   costo identificable.

tracing   asignación de un costo a un costo objetivo.

track   referencia a la información de base.

trade acceptance   aceptación comercial.

trade association   asociación comercial, asociación de comerciantes, asociación mercantil, asociación gremial.

trade credit   crédito comercial.

trade creditors   proveedores.

trade date   fecha de transacción.

trade deficit   déficit de la balanza comercial.

trade discount   bonificaciones sobre ventas, descuento comercial, descuento por volumen.

trade discount allowed   descuento sobre ventas ▪ *Sp.* rappels sobre ventas.

trade discount earned   descuento por compra.

trade gap   brecha comercial.
trade receivables   deudores por ventas
■ *Sp.* deudores por operaciones de tráfico.
trade union   sindicato, asociación de
trabajadores, asociación obrera.
trademark   marca comercial.
trademark articles   artículos de marca.
trader   comerciante.
trading account   cuenta de explotación,
cuenta de compra-venta.
trading on equity   endeudamiento
financiero con apalancamiento positivo.
traditional cost allocation
distribución tradicional de costos indirectos.
traditional cost system   sistema de
costeo tradicional.
training   capacitación.
training program   programa de
capacitación.
transaction   1. operación; 2. transacción.
transaction cycle   ciclo operativo.
transaction exposure   riesgo de
transacción.
transaction risk   riesgo cambiario.
transaction-volume cost driver
impulsor de costo volumen-transacción.
transcribe   transcribir.
transfer   n. transferencia.
transfer   v. transferir.
transfer agent   agente de transferencias.
transfer agreement   acuerdo de cesión.
transfer fee   llave de local ■ *Sp.* derecho
de traspaso.
transfer price   precio de transferencia,
precio intersegmento.
transfer pricing   determinación de
precios de transferencia.
transfer tax   impuesto a las transferencias.
transferred-in costs   costos de
transferencia.
transit time   tiempo de tránsito.
transitory assets   activo transitorio.
translation exposure   riesgo de
traslación.
translation risk   riesgo de conversión.
transportation LP problem   problema
de transporte en programación lineal.
**travel and entertainment expense
deductions**   gastos de viajes y
entretenimiento.
traveling auditor   auditor viajero.
treasurer   tesorero.

Treasury bill   obligación del tesoro a corto
plazo.
Treasury bond   bono del tesoro.
Treasury certificate   certificado del
tesoro.
treasury management   gestión de
tesorería.
treasury stock method   método de
valuación de opciones y warrants.
treasury warrant   orden de pago del
tesoro.
trend analysis   análisis de tendencias.
trend equation   ecuación de tendencia.
trial balance   balance de comprobación,
balance de prueba, balance de saldos del
mayor general, balance de sumas y saldos
■ *Mex.* balanza de comprobación de
movimientos, balanza de comprobación.
troubled debt restructuring
reestructuración de deuda en mora.
trust   fideicomiso.
trust receipt   recibo fiduciario.
trustee   1. administrador fiduciario;
2. fideicomisario; 3. síndico.
turnover   rotación.
turnover ratio   razones de rotación, índice
de rotación.
turnover tax   impuesto sobre etapas o
procesos de producción.
two-bin inventory control   control de
inventarios de dos contenedores.
two-way analysis   análisis de costos de
dos dimensiones.
**two-way analysis of overhead
variance**   análisis de la variación de los
costos indirectos en dos dimensiones.
type I error   error tipo I.
type II error   error tipo II.

UCC (Uniform Commercial Code)
Código Comercial de Estandarización.
UITF (Urgent Issues Task Force)
Grupo de Operaciones de Asuntos Urgentes.
unadjusted basis   base no ajustada.
unadjusted rate of return   tasa de
retorno no ajustada.

unadjusted trial balance balance de comprobación de sumas y saldos antes de los asientos de ajuste.

unadmitted assets activo no aceptado, activo no computado.

unalloted appropriation apropiación no distribuida.

unallowable deductions deducciones no deducibles.

unamortized bond discount descuento de bono no amortizado.

unamortized bond premium prima de bono no amortizado.

unapplied cash efectivo no aplicado.

unappropriated budget surplus superávit del presupuesto no aplicado.

unappropriated earned surplus superávit ganado no aplicado.

unappropriated income ingresos no aplicados.

unappropriated profits utilidades por aplicar.

unappropriated retained earnings resultados acumulados no asignados.

unaudited statement estado no auditado.

unavoidable costs costos inevitables.

unbalanced addition adición no equilibrada.

unbalanced budget presupuesto desbalanceado.

uncalled capital capital suscripto.

uncertainty incertidumbre.

uncertified balance sheet balance general no certificado, balance general sin dictamen.

unclaimed dividend dividendo no reclamado.

unclassified no clasificado.

uncollectible account cuenta incobrable.

uncollectible debt crédito incobrable.

uncommitted surplus superávit disponible.

unconditional acceptance aceptación incondicional.

unconsolidated subsidiary subsidiaria que no consolida sus estados contables.

uncontrollable costs costos no controlables.

uncovered en descubierto.

under- and overapplied sub- y sobre aplicación.

under contract bajo contrato.

under protest bajo protesto.

underapplied overhead subaplicación de costos indirectos de fabricación.

underlying company compañía subordinada.

underlying security valor garantizado.

understandability comprensibilidad.

understanding with the client acuerdo con el cliente.

underwrite 1. suscribir; 2. garantizar la colocación de títulos; 3. asumir la responsabilidad financiera.

underwrite a risk asegurar un riesgo.

underwriter agente colocador de emisiones ■ *Mex.* corredor colocador.

underwriting operación en la cual bancos de inversión se comprometen a suscribir acciones o títulos emitidos por una sociedad.

underwriting contract contrato de suscripción.

underwriting syndicate sindicato de suscripción.

undetachable stock warrant certificado de derechos de compra de acciones no desprendibles.

undistributed expenses gastos no distribuídos.

undistributed profit resultados pendientes de aplicación, superávit por aplicar.

undivided profit resultados por aplicar.

unearned revenues ganancias a realizar.

unemployment compensation tax contribución al seguro de desempleo.

unemployment rate tasa de desempleo.

unencumbered libre de gravamen.

unencumbered allotment asignación no gravada.

unencumbered appropriation asignación no gravada.

unencumbered balance saldo libre de gravamen.

unencumbered property propiedad libre de gravamen.

unexpended appropriation asignación no ejercida.

unexpended balance saldo no utilizado.

unexpired costs   costos no expirados.

unexpired insurance premiums   primas de seguro no vencidas.

unfair competition   competencia desleal.

unfair trade practices   prácticas desleales de comercio.

unfavorable difference   diferencia desfavorable.

unfavorable variance   variación desfavorable.

unfunded   sin fondos.

uniform accounting   contabilidad uniforme.

uniform accounting system   sistema uniforme de contabilidad.

Uniform Commercial Code (UCC)   Código Comercial de Estandarización.

uniform costing   costeo uniforme.

Uniform Partnership Act   Ley de Estandarización de Sociedades de Personas.

uniformity   uniformidad.

uninsured   no asegurado.

union   gremio, asociación, unión.

union member   afiliado del gremio, afiliado del sindicato, agremiado.

unissued capital   capital no emitido.

unissued stock   acciones no emitidas, acciones pendientes de emisión, acciones por emitir.

unit   unidad.

unit contribution margin   contribución marginal unitaria.

unit cost   costo unitario.

unit costs analysis schedule   tabla de acumulación de costos unitarios.

unit level activities   actividades a nivel del producto.

unit-livestock-price method   método del precio unitario del ganado.

unit of account   unidad de cuenta.

unit of sampling   unidad de muestreo.

United States Rule   método de la Corte Suprema de los Estados Unidos.

units of production method   método de depreciación según unidades de producción.

universe   universo.

unlimited authority   autorización ilimitada.

unlimited liability   responsabilidad ilimitada.

unlimited vote capital stock   acciones de voto ilimitado.

unliquidated encumbrance   gravamen no liquidado.

unlisted shares   acciones sin cotización, acciones no cotizantes.

unpaid balance   saldo deudor, saldo insoluto.

unpaid dividend   dividendo impago.

unproductive wages   jornales improductivos.

unqualified certificate   certificado sin salvedades.

unqualified opinion   opinión estándar, opinión limpia, opinión sin salvedades.

unrealized   no realizado.

unrealized appreciation   apreciación no realizada.

unrealized gain   ganancia no realizada.

unrealized gain (loss)   resultado no realizado.

unrealized loss   pérdida no realizada.

unrecovered cost   costo no recuperado.

unregistered stock   acciones no registradas.

unrelated business income   ingresos no operativos.

unrestricted net assets   activo sin restricción.

unrestricted random sampling   muestreo aleatorio sin restricciones.

unsecured account   cuenta sin garantía.

unsecured credit   crédito quirografario.

unsecured creditor   acreedor común, acreedor quirografario, acreedor sin garantía.

unsecured liability   pasivo no garantizado.

unsecured loan   préstamo quirografario.

unsubscribed stock   acciones no suscriptas.

unsystematic risk   riesgo asistemático.

up to date   al día.

update   actualizar.

upper limit   límite superior.

upset price   precio mínimo de venta.

urban property   propiedad urbana ■ *Sp.* fincas urbanas.

Urgent Issues Task Force (UITF)   Grupo de Operaciones de Asuntos Urgentes.

usage variance   variación por cantidad.

use-and-occupancy insurance
seguro de uso y ocupación.
useful   útil.
useful economic life   vida útil.
useful life   vida útil.
user cost   costo del usuario.
user groups   grupos de usuarios.
usufruct   usufructo.
usurer   usurero.
usury   usura.
utility   1. empresa de servicios públicos;
2. utilidad.
utility fund   fondo de servicio público.
utility program   programa utilitario.

vacancy   vacante.
vacant lands   terrenos baldíos.
vacation pay   remuneración por
vacaciones; ▪ *Mex.* prima vacacional.
validate   validar.
validity   validez.
validity test   prueba de validez.
valuation   1. tasación; 2. valuación ▪ *Sp.*
valoración.
valuation account   cuenta regularizadora.
valuation basis   base de valuación.
valuation criterion   criterios de
valoración, criterios de valuación.
value   *n.* valor.
value   *v.* valuar.
value added   valor añadido, valor agregado.
value-added activity   actividad con
valor agregado.
value-added tax (VAT)   impuesto al
valor agregado (IVA) ▪ *Sp.* impuesto al
valor añadido (IVA).
value-added-tax law   ley del impuesto
al valor agregado.
value-adding cost   costo que genera
valor agregado.
value analysis   análisis de valor.
value-based management   gestión
del valor agregado.
value chain   cadena de valor.
value chain costing   costeo por cadena
de valor.

value driver   indicador de valor.
value engineering   ingeniería de valor,
ingeniería del valor.
value for money audit   auditoría de
valor.
value in use   valor de uso.
value management   gestión de valor.
variable   variable.
variable annuity   anualidad variable.
variable budget   presupuesto variable.
variable cost   costo variable.
variable cost of sales   costo variable
de ventas.
variable cost percentage   porcentaje
de costo variable.
variable-cost-plus pricing   modelo de
fijación de precios como un porcentaje sobre
los costos variables.
variable cost ratio   índice de costo
variable.
variable costing   costeo variable.
variable factory overhead   costos
variables de fabricación.
variable interest rate   tasa de interés
variable.
**variable overhead efficiency
variance**   variación en la eficiencia de
los costos variables de fabricación.
**variable overhead expenditure
variance**   variación en los gastos
variables de fabricación.
**variable overhead spending
variance**   variación en el precio de los
costos variables de fabricación.
variable pricing model   modelo de
fijación de precios para cubrir los costos
variables.
variables sampling   muestreo de
variables.
variance   1. varianza; 2. desviación;
3. variación.
variance accounting   contabilidad de
desviaciones, contabilidad de variaciones.
variance analysis   análisis de
desviaciones, análisis de la variación.
VAT (value-added tax)   IVA (impuesto
al valor agregado); *Sp.* impuesto al valor
añadido (IVA).
venture capital   capital de riesgo.
verbal agreement   acuerdo verbal,
acuerdo no escrito.
verifiability   imparcialidad, verificabilidad.

verifiable verificable.
verification comprobación, verificación.
verify verificar.
vertical analysis análisis vertical.
vertical management administración vertical.
vertical merger absorción ▪ *Mex.* fusión vertical.
vested adquirido.
videotext videotexto.
violation violación.
void *n.* nulo.
void *v.* anular.
volatility volatilidad.
volume volumen.
volume cost costo por volumen.
volume variance variación en volumen.
voluntary bankruptcy concurso preventivo, quiebra voluntaria.
voluntary health and welfare organization organización de servicios de salud sin fines de lucro.
voluntary hospital hospital sin fines de lucro.
voluntary reserve reserva especial, reserva facultativa.
vote *n.* voto.
vote *v.* sufragar, votar.
voting stock acciones con derecho a voto, acciones con derecho de voto, acciones con voto.
vouch comprobar.
voucher comprobante, resguardo, vale ▪ *Mex.* justificante ▪ *Mex., Ven.* póliza.
voucher audit auditoría de comprobantes.
voucher system sistema de comprobantes, sistema de fichas, sistema de pólizas, sistema de volantes, sistema de vouchers.
vouching reconocimiento y autorización de comprobantes.

W-2 form estado de salarios e impuestos.
W-4 form certificado de deducciones de empleados.

WACC (weighted average cost of capital) costo de capital promedir ponderado.
wage jornal, salario, paga.
wage adjustment ajuste salarial.
waiting period período de espera.
waiting time tiempo de espera.
walk movimiento de precios al azar.
warehouse receipt certificado de depósito.
warrant *n.* 1. opción de compra de acciones; 2. autorización de pago.
warrant *v.* garantizar.
warranty garantía.
wash sale venta ficticia de acciones.
waste desperdicio ▪ *Sp.* defectos.
wasting asset activo consumible, activo no renovable.
watered capital capital inflado, aguamiento de capital.
watered stock acciones de capital inflado.
wealth riqueza.
web page página web.
weight 1. peso; 2. peso relativo.
weighted average promedio ponderado.
weighted average contribution margin contribución marginal ponderada.
weighted average cost of capital (WACC) costo de capital promedio ponderado.
weighted average costing costeo promedio ponderado.
weighted average inventory method precio medio ponderado (PMP), precio promedio ponderado (PPP).
weighted average method método promedio ponderado.
weighted cost driver impulsor de costo ponderado.
weighted mean media ponderada.
what-if analysis análisis de simulación.
whole-life cost costeo de vida completa.
wholesale mayoreo, al por mayor ▪ *Mex.* ventas de mayoreo.
will testamento.
Willie Sutton rule regla de focalización en actividades de alto costo.
windfall profits ganancias inesperadas.
window ventana.

window dressing maquillaje contable, mejoramiento ficticio de un balance.

WIP (work-in-process) manufactura en proceso, producción en proceso, productos en proceso.

withdraw money from an account retirar dinero de la cuenta.

withdrawal retiro de fondos.

withholding retención.

withholding agent agente de retención.

withholding tax retención del impuesto.

work cell célula de trabajo.

work-in-process (WIP) manufactura en proceso, producción en proceso, productos en proceso.

work measurement medición de tiempos.

work papers papeles de trabajo del auditor.

work program programa de trabajo.

work ticket tarjeta de horas trabajadas.

workers' compensation compensación por accidentes de trabajo.

workflow flujo de actividades.

working asset activo de trabajo.

working capital capital circulante, capital en giro, activo operativo a corto plazo ■ *Sp.* fondo de maniobra ■ *Mex.* capital de trabajo.

working capital cycle ciclo del capital circulante.

working capital turnover rotación del capital de trabajo.

working-hours depreciation method método de depreciación según horas de trabajo.

worksheet hoja de trabajo, hojas de trabajo del auditor.

World Bank Banco Mundial.

world-class manufacturing producción de categoría internacional.

write down castigar el valor en libros, reducir el valor de un activo ■ *Sp.* saneamiento de activos.

write off dar de baja el valor en libros.

write off an asset realizar la baja definitiva de un activo.

write up aumentar el valor en libros.

written agreement acuerdo escrito.

yardstick medida de comparación.

year-end fin de año.

year-end adjustment ajuste de cierre de ejercicio.

year-end adjustments ajustes de fin de año.

year-end dividend dividendo de cierre.

year of account año contable.

yearly anual.

yield rendimiento.

yield curve curva de rendimiento.

yield rate tasa de rendimiento.

yield to maturity rendimiento al vencimiento.

Zaibatsu conglomerados financieros industriales japoneses.

zero balance saldo nulo.

zero-base budgeting presupuesto base cero.

zero-coupon bond título de deuda cupón cero, bono cupón cero.

zone zona.

Z score Z de Altman.

Spanish-English
Español-Inglés

a días vista at days sight.
a la par at par, at face value.
a partir de (año) from (year).
a plazos on credit, in installments, by installments.
a prorrata at pro-rata, pro rata, in proportion, proportionately, ratably.
A. en P. (asociación en participación) joint venture.
abajo de la línea below the line.
abanderar to register a ship.
abandonar el puesto de trabajo walk off the job.
abogado *m.* attorney-at-law, attorney, lawyer, advocate.
abogado de sociedad corporate attorney.
abogado especialista en derecho comercial commercial lawyer, company lawyer.
abogado especializado en impuestos tax attorney, tax lawyer.
abonar 1. pay; 2. credit.
abonar al contado pay cash.
abonar en cuenta credit into account, credit an account.
abonar una cuenta credit an account.
abonaré *m.* ■ *Sp.* deposit slip.
abono *m.* 1. payment, subscription; 2. credit.
abono de intereses en cuenta corriente interest payment in bank account.
abono en cuenta payment on account.
abrir los libros open the books.
abrir una carta de crédito issue a letter of credit.
abrir una cuenta open an account.
abrir una línea de crédito open a line of credit.
absorber absorb.
absorber costos absorb costs.
absorción *f.* 1. absorption; 2. acquisition, business combination, takeover, vertical merger.
absorción de costos cost absorption.
absorción de empresas corporate takeover.

abstención *f.* disclaimer.
abstención de opinión disclaimer of opinion.
acceso secuencial sequential access.
accesorio *adj.* accessory, additional, ancillary, auxiliary, supplementary.
accesorios *n. m.* appurtenances, accessories, implements, fittings.
accesorios de archivo filing supplies.
accidente *m.* accident.
accidente de trabajo occupational accident, accident at work, industrial accident, occupational injury, occupation accident, on-the-job accident, industrial injuries.
accidente laboral occupational accident.
acción *f.* 1. stock share, stock certificate, share of capital-stock; 2. action, case, suit, lawsuit.
acción cambiaria action for collection of a bill of exchange.
acción ejecutiva executive action.
acción legal legal action, lawsuit.
acciones acumulativas cumulative stock.
acciones al portador bearer stock.
acciones amortizables redeemable stock.
acciones amortizadas redeemed shares, amortized shares.
acciones autorizadas authorized stock.
acciones bajo la par shares below par.
acciones beneficiarias jouissance shares.
acciones calificadas qualifying stock.
acciones cartulares certificate stock, shares with physical representation.
acciones comunes common stock.
acciones con cotizació listed stock.
acciones con derecho a dividendo dividend stock, deferred shares, cum dividend shares.
acciones con derecho a voto voting stock.
acciones con garantía de dividendos guaranteed stock.
acciones con valor a la par par-value stock.
acciones con valor nominal par-value stock.
acciones con voto voting stock.

acciones convertibles   convertible stock.

acciones corporativas   corporate shares, corporate stock.

acciones de clase A   class A stock.

acciones de control   control stock, controlling stock, control shares.

acciones de fundador   founders' shares.

acciones de goce   common stock issued for preferred stock called in.

acciones de industria   stock given in exchange of services, stock issued for services.

acciones de oferta pública   public issue.

acciones de participación   nonvoting stock.

acciones de trabajo   stock issued for services, shares assigned to workers.

acciones de voto plural   unlimited vote capital stock, common stock.

acciones de voto simple   single voting stocks.

acciones desertas   shares in default of payment.

acciones diferidas   deferred stock.

acciones emitidas   issued stock, emitted stock, emitted shares, issued shares.

acciones en cartera   ■ *Sp.* treasury stock.

acciones en circulación   outstanding capital stock.

acciones en tesorería   treasury stock.

acciones escriturales   shares without physical representation.

acciones exhibidas   paid-up stock, paid-up shares, fully-paid shares.

acciones fraccionadas   fractional shares.

acciones garantizadas   guaranteed stock.

acciones integradas   paid-up stock, paid-up shares, fully paid shares.

acciones liberadas   paid-up stock, fully paid shares, stock dividend, bonus share.

acciones no cotizantes   unlisted shares.

acciones no emitidas   unissued stock.

acciones no liberadas   non-paid-up shares.

acciones no suscriptas   unsubscribed stock.

acciones nominativas   registered stock.

acciones ordinarias   common stock, ordinary shares, common capital stock, equities.

acciones ordinarias con valor nominal   par value common stock.

acciones ordinarias sin valor nominal   no-par-value capital stock, no-par shares, no-par value-stock.

acciones pagadas   paid-up stock, paid-up shares, fully paid shares.

acciones participantes   nonvoting stock.

acciones pendientes de emisión   unissued stock.

acciones pignoradas   pledged shares, pawned stock, pledged stock.

acciones por capitalización   stock dividend.

acciones por revalúo   revaluation stocks.

acciones preferentes   preferred stock, preference shares (UK).

acciones preferidas   preferred stock, preference shares.

acciones prendadas   pledged shares.

acciones privilegiadas   preferred stock.

acciones propias   treasury stock.

acciones propias en cartera   treasury stock.

acciones rescatables   callable stock, redeemable stock.

acciones rescatadas   treasury stock, reacquired stock.

acciones sin cotización   unlisted shares.

acciones sin derecho a voto   nonvoting stock.

acciones sobre la par   shares above par.

acciones suscriptas   subscribed stock.

accionista   *m./f.* stockholder, shareholder, stockowner.

accionista controlante   controlling stockholder.

accionista preferido   preferred shareholder.

accionista principal   principal stockholder.

accionista registrado   stockholder of record, shareholder of record.

accionistas   in financial statements, credits against shareholders for unpaid capital.

accionistas disidentes   dissenting stockholders.

accionistas mayoritarios majority stockholders.

accionistas minoritarios minority stockholders, minority shareholders.

accionistas no controlantes minority stockholders, minority shareholders.

aceptación *f.* acceptance, consent, approval, acknowledgment, admittance.

aceptación a... días vista accept at ... days sight.

aceptación a... días fecha accept at ... days date.

aceptación bancaria bank acceptance.

aceptación cambiaria acceptance of bill of exchange.

aceptación comercial trade acceptance.

aceptación de letra de cambio acceptance of a bill of exchange.

aceptación de letra de cambio bajo protesto acceptance supraprotest.

aceptación mercantil trade acceptance.

aceptaciones por cobrar acceptances receivable.

aceptante de una letra acceptor of a bill.

aceptar accept.

aceptar una letra accept a bill.

acontecimientos posteriores al cierre poststatement disclosures.

acontecimientos posteriores al final del ejercicio poststatement disclosures.

acrecentamiento *m.* accretion, grossing up.

acreditación *f.* accreditation, credit, credit note.

acreditar credit, authorize, guarantee.

acreditar una cuenta credit an account.

acreedor *m.* creditor.

acreedor comercial trade creditor.

acreedor común common creditor, general creditor, simple creditor, creditor at large, unsecured creditor.

acreedor concursal creditor in an insolvency proceeding.

acreedor con garantía secured creditor.

acreedor de dominio creditor of a bankrupt who claims title.

acreedor de quiebra bankruptcy creditor.

acreedor del concurso creditor in an insolvency proceeding.

acreedor del fallido creditor of a bankrupt.

acreedor fiduciario fiduciary creditor.

acreedor garantizado secured creditor.

acreedor hipotecario mortgage creditor, mortgagee.

acreedor mancomunado joint creditor.

acreedor ordinario ordinary creditor, general creditor.

acreedor pignoraticio pledgee.

acreedor preferente preferred creditor, preferential creditor.

acreedor prendario pledgee.

acreedor principal principal creditor.

acreedor privilegiado privileged creditor, preferred creditor, prior creditor, senior creditor, preferential creditor.

acreedor quirografario general creditor, unsecured creditor.

acreedor real secured creditor.

acreedor secundario junior creditor, sundry creditor, secondary creditor, judicial creditor.

acreedor simple general creditor.

acreedor sin garantía unsecured creditor.

acreedor social partnership creditor, corporate creditor.

acreedor solidario joint and several creditor.

acreedor subordinado junior creditor.

acreedores accounts payable, creditors

acreedores a largo plazo long-term creditors.

acreedores de corto plazo short-term creditors.

acreedores del exterior foreign creditors.

acreedores del quebrado creditors of a bankrupt.

acreedores diversos sundry creditors.

acreedores varios sundry creditors.

acreencia *f.* amount due, credit balance.

acta *m.* act, minutes, proceedings, document, memorandum, certificate.

acta administrativa administrative act.

acta constitutiva incorporation agreement, incorporation papers, articles of incorporation, memorandum of association, certificate of incorporation.

acta de asamblea minutes of a meeting.

acta de constitución articles of incorporation, charter, incorporation agreement, incorporation papers, certificate of incorporation, incorporation deed, memorandum of association.

acta de directorio board of directors' minutes.

activación *f.* capitalization.

activación de gastos financieros financial expenses capitalization.

activar capitalize.

actividad *f.* activity.

actividad con fines de lucro lucrative activity, profit-seeking activity, gainful activity.

actividad de explotación exploitation of natural resources.

actividad de la empresa purpose for which the corporation is being formed.

actividad financiera financial activity.

actividad gravable activity subject to taxation.

actividad principal main activity.

actividades de financiación financing activities.

actividades de inversión investing activities.

actividades de operación operating activities.

actividades ordinarias ordinary activities.

activo *adj.* active.

activo *n. m.* asset, assets.

activo = pasivo + cuentas de capital assets = liabilities + net worth.

activo a largo plazo long-term asset.

activo acumulado accrued assets, accrued revenues.

activo agotable depletable asset.

activo amortizable depreciable asset, wasting assets.

activo circulante current assets, working assets, floating assets.

activo circulante neto net current assets, working capital, net working capital.

activo contingente contingent assets.

activo corriente current assets, liquid assets, floating assets, active asset.

activo corriente neto net current assets, working capital, net working capital.

activo de fácil realización quick assets.

activo de la quiebra bankruptcy assets.

activo de liquidez inmediata liquid assets.

activo de trabajo working asset.

activo depreciable depreciable asset, wasting assets.

activo devengado accrued assets, accrued revenues.

activo disponible ▪ *Sp.* cash assets.

activo efectivo cash assets.

activo en circulación current assets, circulating assets (UK).

activo en libros book assets, ledger assets.

activo eventual contingent assets.

activo fijo fixed assets, assets side, fixed capital assets, fixed and other noncurrent assets, capital assets, fixed capital, permanent assets, slow assets, long-term operational assets.

activo fijo intangible fixed intangible assets.

activo fijo material tangible fixed assets.

activo fijo tangible tangible fixed assets.

activo financiero financial assets.

activo físico tangible asset, physical assets.

activo fuera de libros nonledger assets, assets not included in books.

activo hipotecado mortgaged assets, hypothecated assets.

activo ilíquido illiquid assets.

activo imponible taxable assets, taxed assets, tax-affected assets.

activo inactivo inactive assets.

activo inmaterial intangible assets.

activo inmobiliario real assets.

activo inmovilizado fixed assets.

activo intangible intangible asset.

activo líquido liquid assets, cash, net cash, liquidity, active assets ▪ *Col.* cash assets ▪ *Sp.* net worth.

activo líquido en manos del público (ALP) money supply.

activo monetario monetary assets.

activo neto ▪ *Sp.* net worth, net assets.

activo no corriente noncurrent assets, fixed assets, assets side, fixed capital assets, fixed and other, capital assets, fixed capital, permanent assets, slow assets, long-term assets.

activo no monetario nonmonetary assets.
activo no renovable wasting assets.
activo operativo a corto plazo working capital.
activo pagado por adelantado prepaid assets, prepaid expenses.
activo patrimonial assets, corporate assets.
activo permanente permanent assets, capital assets, fixed assets.
activo pignorado pledged assets, hypothecated assets.
activo productivo productive assets, yielding assets.
activo propio assets, corporate assets.
activo real actual assets, total assets less fictitious assets and memoranda accounts.
activo realizable a largo plazo fixed assets, assets side, fixed capital assets, fixed and other noncurrent assets, capital assets, fixed capital, permanent assets, slow assets, long-term assets.
activo revertible assets that after a time will have to be returned to the government.
activo social corporate assets, partnership assets, company's assets.
activo tangible tangible assets.
activo total total assets.
activo totalmente depreciado fully depreciated assets.
activos circulantes a pasivos circulantes current assets to current liabilities.
activos controlados conjuntamente joint venture.
activos de corto plazo short-term assets.
activos diversos miscellaneous assets.
activos en fideicomiso assets in trust.
activos en moneda extranjera foreign exchange assets.
activos fijos a capital contable fixed assets to equity capital ratio.
activos y pasivos assets and liabilities, assets and equities.
acto *m.* act, action.
acto comercial commercial transaction.
acto concursal bankruptcy proceedings.
acto de comercio act of commerce, commercial transaction.
acto gravable taxable act.
acto imponible taxable act.

actualización de bienes y operaciones monetary adjustment to assets and transactions.
actualización de depreciaciones depreciation adjustment.
actualización monetaria monetary adjustment, indexation.
actualizar update, bring something up to date.
actuario *m.* actuary.
acuerdo *m.* accord, agreement, understanding, settlement.
acuerdo comercial trade agreement.
acuerdo conjunto joint agreement.
acuerdo de caballeros gentlemen's agreement.
acuerdo de cesión transfer agreement.
acuerdo de compra-venta buy-sell agreement.
acuerdo de doble imposición double taxation agreement.
acuerdo de sobregiro overdraft.
acuerdo escrito written agreement.
acuerdo fiscal tax agreement.
Acuerdo General sobre Aranceles Aduaneros y Comercio (GATT) General Agreement on Tariffs and Trade (GATT).
acuerdo laboral labor agreement.
acuerdo preconcursal composition with creditors.
acuerdo preventivo scheme of arrangement, scheme of composition.
acuerdo verbal unwritten agreement, parol agreement, verbal agreement.
acumulación f. 1. accrual; 2. accumulation, aggregation.
acumulación de costos cost accumulation.
acumulación de dividendos dividend accumulation.
acumulaciones básicas en contabilidad accrual basis of accounting.
acumulaciones por pagar accruals payable.
acumular 1. accrue; 2. accumulate.
acusar accuse, charge, incriminate, press charges against.
acuse de recibo *m.* acknowledgment of receipt, acknowledgment.

adelanto   *m.* advance of money, retaining fee, cash advance, down payment.
adelanto al personal   advance to personnel, advance to employees.
adelanto bancario   bank advance.
adelanto de efectivo   cash advance.
adelanto impositivo   tax advance.
adelantos irrevocables para futura suscripción de acciones   irrevocable advance for future stock issue.
adeudar   owe ▪ *Sp.* debit.
adeudar una cuenta   debit an account.
adeudo   *m.* ▪ *Sp.* debit ▪ *Mex.* debt, obligation, indebtedness.
adición no equilibrada   unbalanced addition.
aditamento   *m.* addition, attachment.
adjudicación en pago   payment in lieu of that accorded.
administración   *f.* administration, management.
administración de datos   database management, data management.
administración de efectivo   cash management, corporate cash management, cash administration.
administración de empresas   business administration, business management.
administración de fondos   cash management, funds management.
administración de gastos   expense management.
administración de la producción   production management.
administración de la quiebra   administration of a bankruptcy estate.
administración de negocios   business administration.
administración de operaciones   operations management.
administración de proyecto   project management.
administración financiera   financial management.
administración por actividad   activity-based management (ABM).
administración por excepción   management by exception.
administración por objetivos   management by objectives (MBO), administration by objectives.

administración presupuestaria   budget administration.
administración tributaria   tax administration.
administrador   *m.* administrator, manager, supervisor.
administrador concursal   trustee in bankruptcy.
administrador de empresas   business administrator.
administrador de fondos   funds manager.
administrador de impuestos   tax collector.
administrador financiero   financial manager.
administrar   manage, administer.
administrativo   *adj.* managerial, administrative.
administrativo   *n. m.*/f. office worker, administrator, white-collar worker.
adquisición   *f.* acquisition, takeover, purchase, buy.
aduana   *f.* customs, customhouse, customs office.
adulterar   adulterate, falsify.
AEE (Área Económica Europea   European Economic Area (EEA).
AELC (Asociación Europea de Libre Comercio)   European Free Trade Association (EFTA).
afán de lucro   *m.* profit motive.
afectación de utilidades   distribution of profits.
afiliado   *m.* member.
afirmación negativa   *f.* negative assurance.
aforar   appraise, estimate.
aforo   *m.* appraisal, measurement.
agencia   *f.* agency, bureau, department, subsidiary.
agencia publicitaria   advertising agency.
agente   *m./f.* agent, representative, operator, factor, broker, middleman.
agente auxiliar del comercio   auxiliary commercial agent.
agente bursátil   stockbroker, broker, commission broker, stock market dealer, authorized clerk, customer's broker, transfer agent.

agente de bolsa stockbroker, broker, commission broker, stock market dealer, authorized clerk, customer's broker, transfer agent.

agente de comercio business agent, broker, dealer, commercial agent, mercantile agent.

agente de retención withholding agent.

agente fiscal fiscal agent, tax inspector, government attorney, revenue officer, treasury representative.

agotamiento *m.* depletion.

agravante *m.* aggravating circumstance, complication, added difficulty, aggravation.

agrupación de colaboración type of joint venture.

agrupación obrera labor organization, unionism.

agrupación profesional professional group.

agrupamiento por su naturaleza natural grouping.

aguamiento de capital watered capital.

aguinaldo *m.* bonus, end of year bonus.

ahorrar save.

ahorro *m.* saving.

AIC (Asociación Interamericana de Contabilidad) Inter-American Accounting Association (IAAA).

ajustado por inflación adjusted for inflation.

ajustar adjust, fine-tune, control, set.

ajustar cuentas settle accounts.

ajuste *m.* adjustment, settlement.

ajuste de adquisición acquisition adjustment.

ajuste de auditoría audit adjustment.

ajuste de cierre de ejercicio year-end adjustment.

ajuste de conversión translation adjustment.

ajuste de ejercicios anteriores prior period adjustment.

ajuste de inventario inventory adjustment.

ajuste de resultados de ejercicios anteriores prior period adjustment.

ajuste global del patrimonio net worth global adjustment.

ajuste global del resultado profit and losses global adjustment.

ajuste monetario monetary adjustment.

ajuste parcial por inflación partial inflation adjustment.

ajuste por inflación adjustment for inflation.

ajuste por riesgo risk adjustment.

ajuste por variación en el poder adquisitivo de la moneda price level adjustment.

ajustes de consolidación consolidation adjustments.

ajustes de fin de año year-end adjustments.

ajustes de fin del período contable end-of-period adjustments.

ajustes por apalancamiento gearing adjustments.

ajustes por endeudamiento gearing adjustments.

ajustes por periodificación ■ *Sp.* prior period adjustments.

ajustes posteriores al cierre off-period adjustments.

al (día) de (mes) de (año) as of (month) (day) (year).

al (fecha) as at, as of.

al año per annum.

al contado cash.

al costo at cost.

al descubierto short.

al detalle retail.

al portador bearer.

AECA (Asociación Española de Contabilidad y Administración) Spanish Association of Accounting and Management.

ALADI (Asociación Latinoamericana de Integración) Latin American Association of Integration.

ALALC (Asociación Latinoamericana de Libre Comercio) Latin American Free Trade Area.

albarán *m.* ■ *Sp.* bill of lading.

ALCA (Asociación de Libre Comercio de las Américas) Free Trade Agreement of the Americas.

alcance *m.* scope, reach.

alcance de la auditoría audit scope, scope of the examination.

alcance de la revisión scope of the examination.

alícuota *f.* aliquot, prorated, pro-rata.

alícuota del impuesto tax rate.

almacén de depósito bonded warehouse.

almacén de materiales raw materials warehouse.

almacén de productos terminados finished goods store.

ALP (activo líquido en manos del público) money supply.

alquiler *m.* rent.

alquiler con opción de compra capital lease.

alquileres a pagar rents payable.

alquileres cedidos rents paid.

alquileres cobrados rents collected.

alquileres cobrados por anticipado rents collected in advance.

alquileres ganados rents collected.

alquileres obtenidos rents collected.

alquileres pagados rents paid.

alquileres pagados por adelantado rents paid in advance.

alquileres vencidos a pagar matured rents payable.

alquileres vencidos por cobrar matured rents receivable.

alta gerencia key management.

alto entrado, primero salido high in, first out (HIFO).

amortización f. 1. amortization, paying-off, refunding, sinking, repayment, amortisation (UK); 2. depreciation.

amortización acelerada accelerated depreciation, early repayment.

amortización acumulada accumulated depreciation, accrued depreciation.

amortización anual annual depreciation, annual amortization.

amortización constante straight-line depreciation.

amortización contable book depreciation.

amortización creciente increasing depreciation.

amortización de capital 1. return of capital; 2. amortization of principal, debt service.

amortización de deuda debt redemption, debt amortization, amortization of debt.

amortización de llave del local amortization of goodwill.

amortización de patentes amortization of patents.

amortización de publicidad y promoción amortization of advertising and promotion.

amortización de un préstamo amortization of a loan.

amortización decreciente decreasing amortization.

amortización directa direct method of depreciation.

amortización económica economic depreciation.

amortización en libros book depreciation.

amortización financiera debt cancellation.

amortización lineal straight-line depreciation.

amortización residual residual amortization.

amortizar 1. amortize, pay up, pay in, pay in installments; 2. depreciate, write off.

amortizar una deuda amortize a debt.

ampliación del manual de cuentas expansion of the chart of accounts.

análisis *m.* analysis.

análisis ascendente bottom-up analysis.

análisis competitivo competitive benchmarking.

análisis contable financial analysis.

análisis costo-beneficio cost-benefit analysis.

análisis cuantitativo quantitative analysis.

análisis de antigüedad de las cuentas age analysis of accounts, aging of accounts.

análisis de balance financial statement analysis.

análisis de cobranzas collection analysis.

análisis de competencia competitor analysis.

análisis de costos cost analysis.

análisis de crédito credit analysis.

análisis de cuenta account analysis.

análisis de cuenta corriente bancaria bank reconciliation.

análisis de desviaciones variance analysis.

análisis de estados contables financial statement analysis, statement analysis.

análisis de indicadores ratio analysis.

análisis de indicadores financieros financial ratio analysis.

análisis de inventario inventory analysis.

análisis de inversiones investment analysis.

análisis de la variación analysis of variance.

análisis de procesos process analysis.

análisis de proyecto project analysis.

análisis de puestos de trabajo job analysis.

análisis de redes network analysis.

análisis de sistemas systems analysis.

análisis de tendencias trend analysis.

análisis del impacto medioambiental environmental impact assessment.

análisis del punto de equilibrio break-even analysis.

análisis del riesgo risk analysis.

análisis estadístico statistical analysis.

análisis financiero financial analysis.

análisis funcional functional analysis.

análisis fundamental fundamental analysis.

análisis horizontal horizontal analysis.

análisis horizontal de tendencias horizontal trend analysis.

análisis marginal marginal analysis.

análisis organizacional organizational analysis.

análisis por antigüedad aging of accounts.

análisis vertical vertical analysis.

analista *m./f.* analyst.

analista de costos cost analyst.

analista de crédito credit analyst.

analista de sistemas systems analyst.

analizar analyze, analyse (UK).

analizar una cuenta analyze an account.

anexo *adj.* attached, annexed.

anexo *n. m.* appendix, annex, attachment.

Anexo A Schedule A.

anexo a los estados contables supplementary schedules, supplementary statements.

anotación *f.* entry, record, annotation, note, filing, footnote, caption, remarks.

anotación contable accounting entry, tally, entry in the books.

anotación en cuenta account entry, annotation in the account.

anotar book, enter, record, minute, put down.

anotar en los libros enter in the books.

ANSEA (Asociación de Naciones del Sudeste Asiático) Association of Southeast Asian Nations (ASEAN).

antedatar antedate, backdate.

antefirma *f.* title of the person signing.

antes de impuestos pretax, before taxes.

anticipo *m.* advance, down payment.

anticipo a proveedores advance to suppliers.

anticipo de clientes advances from customers.

anticipo de fondos advance payment, advance, down payment, payment on account, advance of money, cash advance, prepayment.

anticipo irrevocable para futura emisión de acciones irrevocable advance for future stock issue.

anticipos a empleados advances to employees.

anticipos a proveedores advances to suppliers.

anticipos de impuestos taxes paid in advance.

anticipos recibidos por pedidos advances from customers.

anticipos varios sundry advances.

anticuación de las partidas aging of accounts.

antigüedad *f.* seniority.

antigüedad de las cuentas por cobrar age of receivables.

antigüedad de las cuentas por pagar age of accounts payable.

antigüedad de los saldos aging of accounts, age analysis of accounts.

antigüedad promedio del inventario average age of inventory.

anual yearly, annual.

anualidad *f.* annuity, annual charge, annual payment, annual rate, rent per annum.

anualizar annualize.

anunciante *m./f.* advertiser.

añadir add.
año *m.* year.
año base base year, base period.
año calendario calendar year.
año civil calendar year.
año comercial commercial year.
año comercial natural natural business year.
año contributivo fiscal fiscal tax year.
año económico fiscal year, financial year, accounting period, fiscal period.
año en curso current year.
año financiero financial year, fiscal year.
año fiscal fiscal year, tax year, natural business year.
año impositivo tax year.
año pasado last year.
año presupuestario budget year.
año social fiscal year.
año tributario fiscal fiscal tax year.
años de vida útil depreciable life.
años probables de vida útil useful life, depreciable life.
apalancamiento *m.* leverage, gearing.
apalancamiento financiero financial leverage, financial gearing.
apalancamiento operativo operating leverage, operational gearing (UK).
apantallar ■ *Mex., Col.* window dressing.
apareado matched.
aparear match up.
aparear ingresos y gastos matching revenue and expenses.
apertura *f.* opening, beginning, initiation.
apertura de crédito opening of a line of credit, granting of a loan.
apertura de cuenta opening of account.
apertura de libros opening of the books.
aplicación de costos cost allocation, cost application.
aplicación de fondos funds application.
aplicación de utilidades distribution of profits.
aporte *m.* contribution, payment, investment.
aporte de capital capital investment, investment, capital input, capital contribution.
aporte de capital social issuance of capital stock.

aportes a depositar contributions to be deposited.
aportes de los propietarios owners' contributions, investment, capital input, contribution of capital.
aportes en dinero contributions in cash.
aportes en especie in-kind contributions.
aportes jubilatorios payment to a retirement fund, dues to a pension fund.
aportes no capitalizados noncapitalized contributions.
apreciación *f.* appreciation, increase in value.
aprobación *f.* approval, ratification.
aprobación de créditos credit approval.
aprobar approve, ratify.
aprobar el presupuesto approve the budget.
apropiación *f.* 1. assignment, allowance, allocation, allotment; 2. appropriation, confiscation, usurpation.
apropiación de la mano de obra direct labor allocation.
aprovisionamiento *m.* supply.
aproximación a la realidad faithful representation.
apunte *m.* entry.
arancel *m.* tariff.
arancel aduanero customs tariff, customs duties.
arancel de importación import duties, import tariff.
arancel fiscal revenue tariff.
arbitraje de divisas currency arbitrage.
árbol de decisiones decision tree.
archivar file, classify, put on record.
archivo *m.* 1. file, register; 2. file cabinet, filing cabinet.
archivo alfabético alphabetical filing.
archivo cronológico chronological filing.
archivo definitivo definitive file.
archivo maestro master file.
archivo maestro de cuentas account master file.
archivo maestro de datos master file.
archivo permanente permanent file.
archivo transitorio temporary file.
área de responsabilidad area of responsibility, field of responsibility.

Área Económica Europea (AEE)
European Economic Area (EEA).

armonización *f.* harmonization.

armonización impositiva tax harmonization.

arquear cash-up, cash-balance, cash count.

arqueo *m.* cashing-up, checking, balance-check, cash audit, cash count.

arqueo de caja cash count, cash proof, cash gauging, checking of cash, cash audit.

arqueos sorpresivos surprise counts.

arras *f.* 1. pledge, warranty, bail; 2. advance payment, down payment.

arreglo *m.* 1. arrangement, agreement, settlement, contract, compromise, deal, understanding; 2. adjustment, repair, reparation, solution.

arreglo con acreedores arrangement with creditors.

arreglo financiero financial arrangement.

arrendador *m.* lessor, hirer.

arrendamiento *m.* lease, lease contract.

arrendamiento con opción de compra leasing, lease with option to purchase, hire purchase.

arrendamientos y cánones ▪ *Sp.* lease and rent expense account.

arrendar lease, hire.

arrendatario *m.* leaseholder, lessee, tenant, hirer.

artículo *m.* 1. product, article; 2. clause, article.

artículo del contrato contract clause.

artículos de oficina stationery supplies.

artículos en proceso goods in process.

artículos en tránsito goods in transit.

artículos terminados finished goods, finished products, goods completed.

asamblea *f.* assembly, meeting.

asamblea anual annual meeting.

asamblea anual de accionistas annual shareholders' meeting.

asamblea constitutiva organizational meeting, organization meeting.

asamblea de accionistas shareholders' meeting, stockholders' meeting, meeting of shareholders.

asamblea de acreedores creditors' meeting.

asamblea de socios shareholders' meeting, stockholders' meeting, meeting of shareholders.

asamblea extraordinaria special meeting.

asamblea general general meeting.

asamblea ordinaria regular meeting, formal meeting, stated meeting.

asamblea plenaria plenary meeting.

asamblea unánime unanimous meeting.

asegurado *adj.* insured, secured, assured.

asegurado *n. m.* policyholder, insured person, insurance policy owner.

asegurador *n. m.* insurer, underwriter, insurance agent.

asegurar 1. insure, underwrite; 2. assure, affirm, declare, tell, assert, maintain, vouch for.

asentado recorded.

asentar una partida make an entry.

asesor *m.* adviser, advisor, consultant.

asesor de empresas management consultant.

asesor de inversiones investment adviser.

asesor de seguros insurance consultant.

asesor financiero financial adviser.

asesor fiscal tax adviser, tax consultant.

asesor jurídico legal adviser.

asesor legal legal adviser.

asesor técnico technical adviser.

asesoramiento *m.* advising, counseling, consultation.

asesorar advise, counsel, act as a consultant.

asesoría *f.* consultancy, expert advice, counsel, consulting.

asiento *m.* entry.

asiento ciego blind entry.

asiento compensatorio offsetting entry.

asiento compuesto compound entry.

asiento confuso blind entry.

asiento contable accounting entry, book entry, entry.

asiento correlativo correlative entry.

asiento cruzado cross-entry.

asiento de abono credit entry.

asiento de ajuste adjusting journal entry (AJE).

asiento de apertura opening entry.

asiento de caja cash entry.
asiento de cancelación canceling entry.
asiento de cargo debit entry.
asiento de cierre closing entry.
asiento de compensación offsetting entry.
asiento de complemento complementing entry.
asiento de concentración recapitulating entry, summary entry.
asiento de constitución opening entry.
asiento de corrección correction entry.
asiento de crédito credit entry.
asiento de débito debit entry.
asiento de diario journal entry, original entry.
asiento de eliminación eliminating entry.
asiento de inversión ■ *Mex.* reversing entry.
asiento de reapertura reopening entry.
asiento de reclasificación reclassification entry.
asiento de rectificación rectification entry.
asiento de refundición de pérdidas y ganancias closing entry, profit and loss accounts closing entry.
asiento de regularización profit and loss accounts closing entry.
asiento de retrocesión ■ *Sp.* reversing entry.
asiento de reversión reversing entry.
asiento de transferencia transfer entry.
asiento de traspaso transfer entry.
asiento del mayor ledger entry.
asiento en números rojos red-ink entry.
asiento encubridor false entry, covering entry.
asiento final closing entry.
asiento global global entry, lump entry, concentration entry.
asiento inicial opening entry.
asiento múltiple compound entry.
asiento omitido omitted entry.
asiento resumen summary entry.
asientos de ajuste adjusting entries, adjustment entries.
asignación *f.* allocation, assignment, appropriation, apportionment, assignation, allotment.

asignación de costos cost allocation.
asignación de costos por actividad activity cost assignment.
asignación de recursos allocation of resources.
asignación de resultados allocation of profit.
asignar assign, give, distribute, allot, appropriate, apportion, allocate.
asociación *f.* association, collaboration.
asociación comercial trade association.
asociación de empleados employee association.
asociación de empresas joint venture.
Asociación de Libre Comercio de las Américas (ALCA) Free Trade Agreement of the Americas.
Asociación de Naciones del Sudeste Asiático (ANSEA) Association of Southeast Asian Nations (ASEAN).
asociación de trabajadores trade union, employee association.
Asociación de Transporte Aéreo Internacional (IATA) International Air Transport Association (IATA).
asociación en participación joint venture.
Asociación Española de Contabilidad y Administración (AECA) Spanish Association of Accounting and Management.
Asociación Europea de Libre Comercio (AELC) European Free Trade Association (EFTA).
asociación gremial trade association, labor union.
Asociación Interamericana de Contabilidad (AIC) Inter-American Accounting Association (IAAA).
Asociación Latinoamericana de Integración (ALADI) Latin American Association of Integration.
Asociación Latinoamericana de Libre Comercio (ALALC) Latin American Free Trade Area.
asociación mercantil trade association, business association.
asociación mutual mutual association.
asociación obrera trade union, labor union.

asociación patronal   employers' association.

asociación profesional   professional association, trade association.

asociación sindical   labor union.

asociada (compañía)   *f.* associated company, affiliated company, allied company, related company.

asociado   *adj.* associated.

asociado   *m.* associate, member, partner, insider, copartner, fellow partner.

atención a clientes   customer service.

atesoramiento   *m.* accumulation, hoarding, gathering, amassing, collecting.

atestar   attest, depose.

atestificación   *f.* attestation.

atingencia   *f.* relevance.

atrasado en el pago   in arrears, in default.

atraso   *m.* 1. delay; 2. arrears.

atraso de trabajo   backlog of work.

atraso en la cobranza   in arrears, in default.

atributo   *m.* attribute.

auditabilidad   *f.* auditability.

auditar   audit.

auditar una cuenta   audit an account.

auditor   *m.* auditor.

auditor autorizado   authorized auditor.

auditor de campo   field auditor.

auditor de planta   internal auditor, staff auditor.

auditor en jefe   senior auditor.

auditor externo   external auditor.

auditor fiscal   tax auditor, fiscal auditor.

auditor general   auditor-general.

auditor independiente   independent auditor, outside auditor.

auditor interno   internal auditor.

auditor principal   senior auditor.

auditor público   public auditor.

auditor viajero   traveling auditor.

auditoría   *f.* audit, auditing.

auditoría administrativa   administrative audit, management audit.

auditoría anual   annual audit.

auditoría completa   complete audit.

auditoría contable   accounting audit.

auditoría continua   continuous audit.

auditoría de acatamiento   compliance audit.

auditoría de balance   balance sheet audit.

auditoría de caja   cash audit.

auditoría de campo   field audit, on-site supervision, on-site inspection.

auditoría de comprobantes   voucher audit.

auditoría de costos   cost auditing.

auditoría de cuentas   auditing of accounts.

auditoría de cumplimiento   compliance audit.

auditoría de dividendos   dividend audit.

auditoría de estados contables   financial statement audit.

auditoría de gestión   management audit.

auditoría de impuestos   income tax audit.

auditoría de informes de gestión   audit of performance report.

auditoría de operaciones   operational audit.

auditoría de revisión   limited audit.

auditoría de seguimiento de proyectos   post-completion audit.

auditoría de situación   position audit.

auditoría de valor   value for money audit.

auditoría detallada   detailed audit.

auditoría domiciliaria   site audit.

auditoría en el terreno   field audit.

auditoría especial   special audit.

auditoría especial completa   complete special audit.

auditoría estatutaria   statutory audit.

auditoría externa   external audit.

auditoría final   postaudit.

auditoría financiera   financial statement audit.

auditoría fiscal   tax audit.

auditoría general   general audit.

auditoría horizontal   horizontal audit.

auditoría independiente   independent audit.

auditoría integral   integral audit.

auditoría interina   interim audit.

auditoría intermedia   interim audit.

auditoría interna   internal audit.

auditoría limitada   limited audit.

auditoría medioambiental   environmental audit.

auditoría operacional   operational audit.

auditoría operativa operational audit.
auditoría parcial partial audit.
auditoría periódica periodic audit.
auditoría posterior postaudit.
auditoría preliminar preliminary audit, pre-audit.
auditoría previa preliminary audit.
auditoría pública public audit.
auditoría repetitiva periodic audit, repeating audit.
aumentar increase, add, appreciate.
aumentar el valor en libros write-up.
aumento *m.* increase, raise, promotion, jump.
aumento de capital capital increase.
aumento de costos costs increase.
aumento de reservas reserve increase.
ausencia *f.* absence.
ausentismo *m.* absenteeism.
ausentismo laboral employee absenteeism.
autenticación de firma authentication of signature.
autenticar authenticate, attest.
autentificar authenticate.
auto de embargo garnishee order, garnishment, writ of attachment, writ of levy.
auto de quiebra declaration of bankruptcy.
autocartera *f.* ■ *Esp.* treasury stock.
autógrafo autographic.
autónomo autonomous, freelance, independent, self-employed.
autoridades aduaneras customs authorities.
autoridades fiscales tax authorities, fiscal authorities.
autorización para girar en descubierto authorization to overdraw.
autorizar authorize, empower, entitle.
auxiliar *adj.* ancillary, auxiliary, supplementary.
auxiliar *n. m./f.* assistant, helper, aide.
auxiliar administrativo office assistant, junior clerk.
auxiliar de contabilidad junior accountant.
auxiliar de mayor auxiliary ledger.
aval *m.* aval, guaranty, warranty, bail, backing, endorsement, countersignature, collateral, pledge.

avalar guarantee, warrant, support, endorse, certify, back up.
avalúo *m.* appraisal, valuation, assessment, appraisement.
avance en efectivo cash advance.
avances *m.* ■ *Col.* advance payments.
avisar 1. notify, inform; 2. announce, give notice of; 3. warn.
aviso *m.* 1. notice, announcement, warning, notification; 2. ad, advertisement.
aviso de pago payment notice.
aviso de vencimiento notice of due date, notice of deadline, notice of date of maturity, expiration notice.
ayudante de auditor junior auditor.
ayudante de contador assistant accountant.

BAI (beneficio antes de impuestos) earnings before taxes (EBT).
BAII (beneficio antes de intereses e impuestos) earnings before interest and taxes (EBIT).
baja de precio decrease in price, fall in price.
baja definitiva de un activo write-off of an asset.
bajar 1. decrease, drop; 2. fall, decline; 3. lose value.
bajo la línea below the line.
bajo la par below par.
bajo protesto under protest.
balance *m.* balance sheet, balance.
balance analítico analytical balance.
balance anterior previous balance.
balance anual annual balance.
balance certificado certified balance sheet.
balance comparativo comparative balance sheet.
balance condensado condensed financial statement.
balance consolidado consolidated balance sheet.
balance contable balance sheet.

balance de comprobación trial balance.

balance de comprobación ajustado adjusted trial balance.

balance de comprobación al cierre postclosing trial balance sheet.

balance de comprobación anterior al cierre preclosing trial balance.

balance de comprobación clasificado classified trial balance.

balance de comprobación de cierre closing trial balance.

balance de comprobación después del cierre after closing trial balance.

balance de comprobación posterior al cierre after closing trial balance, postclosing trial balance.

balance de fusión consolidated balance sheet.

balance de liquidación liquidation balance sheet.

balance de prueba trial balance.

balance de saldos del mayor general trial balance.

balance de situación ▪ *Sp.* balance sheet.

balance de sumas y saldos trial balance.

balance detallado itemized statement.

balance falso o incompleto false or incomplete balance.

balance general general balance sheet, financial statement.

balance general analítico analytical balance sheet.

balance general certificado certified balance sheet.

balance general comparativo comparative general balance sheet.

balance general condensado condensed general balance sheet.

balance general consolidado consolidated general balance sheet, amalgamated balance sheet.

balance general dictaminado certified balance sheet.

balance general en forma de cuenta account form balance sheet.

balance general en forma de reporte report form balance sheet.

balance general preliminar preliminary balance sheet.

balance general pro forma pro forma balance sheet.

balance general proyectado projected balance sheet.

balance general sin dictamen uncertified balance sheet.

balance general tentativo tentative balance sheet.

balance impositivo balance sheet for tax purposes.

balance inicial opening balance sheet.

balance intermedio interim balance sheet.

balance mensual monthly balance.

balance provisorio interim balance sheet.

balance y anexos financial statement and supplementary schedules.

balanceado balanced.

balancear balance.

balancete *m.* tentative balance sheet.

balanza *f.* balance, comparison.

balanza comercial trade balance.

balanza de comprobación ▪ *Mex.* trial balance.

balanza de comprobación de movimientos ▪ *Mex.* trial balance.

balanza de comprobación de saldos trial balance.

balanza de pagos balance of payments (BOP).

banca electrónica electronic banking.

banca mayorista wholesale banking.

banca telefónica phone banking.

bancarrota *f.* bankruptcy.

banco *m.* bank.

banco comercial commercial bank.

banco cooperativo cooperative bank.

banco corresponsal correspondent bank.

banco crédito concedido liability account for the amount of the extension of credit in banks.

banco cuenta corriente checking account balance, bank balance.

banco cuenta crédito disponible ▪ *Sp.* asset account for the amount of available credit in banks.

banco cuenta crédito dispuesto ▪ *Sp.* account that records liability with a bank.

banco de ahorros savings bank.

banco de fomento development bank.

banco de inversión investment bank.

Banco de la Reserva Federal Federal Reserve Bank.

Banco de Pagos Internacionales (BPI) Bank for International Settlements (BIS).

Banco Europeo de Inversión (BEI) European Investment Bank (EIB).

Banco Europeo de Reconstrucción y Desarrollo (BERD) European Bank for Reconstruction and Development.

banco hipotecario mortgage bank.

Banco Interamericano de Desarrollo (BID) Inter-American Development Bank.

Banco Internacional de Reconstrucción y Desarrollo (BIRF) International Bank for Reconstruction and Development (IBRD)

Banco Mundial World Bank.

banco oficial official bank.

banco plazo fijo bank fixed-term account.

bancos e instituciones de crédito cuenta corriente a la vista ◾ *Sp.* bank balance.

bancos e instituciones de crédito cuentas de ahorro ◾ *Sp.* savings account balance.

banda cambiaria exchange rate band.

banda salarial wage scale.

bandas de garantía, cápsulas y sellos ◾ *Ven.* in public accounting, income from the sale of stamp duties.

banquero *m.* banker.

barrera *f.* barrier.

barreras aduaneras tax barriers.

base *f.* 1. base; 2. basis; 3. headquarters.

base actuarial actuarial basis.

base acumulada accrual basis.

base ajustada adjusted basis.

base anual annual basis.

base contable account basis.

base de acumulación accrual basis.

base de amortización ◾ *Sp.* depreciable base.

base de contabilidad basis of accounting.

base de costo cost basis.

base de datos database.

base de depreciación depreciation base.

base de distribución activity base.

base de imposición basis of assessment.

base de la renta income basis.

base de prima premium base.

base de valuación valuation basis.

base del impuesto tax basis.

base fija permanent office.

base gravable tax base.

base imponible assessment base, tax base.

base impositiva assessment base, tax base.

base monetaria monetary base.

base no ajustada unadjusted basis.

base trimestral quarterly basis.

básico basic.

BEI (Banco Europeo de Inversión) European Investment Bank (EIB).

beneficiario *m.* beneficiary, recipient, payee.

beneficiario de una anualidad annuitant.

beneficiario de una póliza beneficiary of a policy, person named in the policy.

beneficiario de un subsidio recipient of an allowance.

beneficio *m.* 1. benefit, profit, return; 2. earning, gain; 3. pay-off.

beneficio antes de impuestos (BAI) earnings before taxes (EBT).

beneficio antes de intereses e impuestos (BAII) earnings before interest and taxes (EBIT).

beneficio contable accounting profits, book profit.

beneficio contingente contingent gain.

beneficio de capital capital gain.

beneficio de explotación operating profit.

beneficio de inventario inventory profit.

beneficio de operación operating profit.

beneficio económico economic benefit, economic profit.

beneficio en libros book profit, accounting profit.

beneficio eventual contingent profit.

beneficio fiscal tax benefit, taxable profit.

beneficio imponible taxable profit.

beneficio impositivo tax benefit, taxable profit.

beneficio marginal marginal benefit, marginal profit.

beneficio neto net profit, net income.

beneficio neto por acción net income per share.

beneficio pecuniario pecuniary benefit.

beneficio por acción (BPA) earnings per share (EPS).

beneficio por incapacidad disability benefit.

beneficio por muerte death benefit.

beneficios adquiridos vested benefits.

beneficios al personal posteriores a su retiro retirement benefits.

beneficios en operaciones cambiarias gains on foreign currency buy-sale operations.

beneficios en valores negociables gains on disposal of marketable securities.

beneficios procedentes del inmovilizado e ingresos excepcionales ■ *Sp.* gains from disposal of fixed assets and extraordinary items.

beneficios procedentes de participaciones en capital a largo plazo ■ *Sp.* extraordinary gains from disposal of equity investments.

BERD (Banco Europeo de Reconstrucción y Desarrollo) European Bank for Reconstruction and Development.

bibliorato *m.* folder.

BID (Banco Interamericano de Desarrollo) Inter-American Development Bank.

bien *m.* asset, property, estate, goods, commodities.

bien económico economic good.

bien gravado taxed property.

bien prendado pledged asset.

bienes adquiridos en arrendamiento asset account for the amount of the leasing contract.

bienes amortizables amortizable property.

bienes asegurados insured property.

bienes de cambio inventory, stock.

bienes de capital capital assets, capital goods.

bienes de capital fijo fixed capital goods.

bienes de consumo consumer goods.

bienes de intercambio ordinario o habitual inventories.

bienes de la masa property of the creditors' mass.

bienes de uso tangible fixed assets.

bienes de uso tangibles tangible fixed assets.

bienes de utilidad colectiva assets for the public benefit.

bienes embargables property subject of attachment.

bienes en tránsito goods in transit.

bienes exceptuados de embargo property exempted from attachment.

bienes financieros investments.

bienes fungibles fungible assets.

bienes gananciales community property, marital property.

bienes inembargables property exempted from attachment.

bienes inmateriales intangible asset, intangible property.

bienes inmuebles real estate property.

bienes intangibles intangible asset, intangible property.

bienes muebles chattels, goods and chattels, movables.

bienes no identificables nonalienable intangible assets.

bienes para uso de la explotación tangible assets.

bienes patrimoniales property.

bienes raíces real estate.

bienes recibidos de terceros property received from third parties.

bienes recibidos en custodia property received in custody.

bienes recibidos en dación de pago property received in payment.

bienes sociales corporate property, partnership property.

bienes sujetos a agotamiento depletable assets.

bienes sujetos a depreciación depreciable assets.

bienes tangibles tangible property, tangible goods.

bienes tomados en defensa de créditos ■ *Arg.* real estate attached by financial entities as cancellation of default credits.

bienes transables alienable property.

bienes y servicios goods and services.

billete *m.* bill, note, ticket, paper money.

billón *m.* trillion (US), billion (UK).

BIRF (Banco Internacional de Reconstrucción y Desarrollo) International Bank for Reconstruction and Development (IBRD)

blanqueo de dinero cash laundering, money laundering.

blanqueo impositivo ■ *Arg.* legal procedure that releases debtors from previous obligations.

bloquear block, freeze, obstruct.

bloquear fondos freeze assets.

boleta *f.* ticket, certificate, permit, invoice.

boleta de entrega delivery note.

boleta de impuestos tax receipt.

boleta de inventario inventory card.

boleta de venta al contado cash sale check.

boletín informativo newsletter.

boletín técnico technical bulletin.

boleto *m.* ticket.

bolsa de comercio stock exchange, stock market, securities market, commodities exchange.

bolsa de valores stock exchange, stock market, securities market.

bonificación *f.* 1. discount, rebate; 2. allowance, bonus.

bonificación fiscal tax abatement, tax allowance.

bonificación por consumo ■ *Sp.* discount quantity.

bonificaciones a empleados ■ *Ven.* additional remuneration to employees.

bonificaciones obtenidas discounts received.

bonificaciones otorgadas discounts allowed.

bonificaciones sobre ventas trade discount.

bono *m.* 1. bond; 2. bonus.

bono a plazo fijo term bond.

bono al portador bearer bond, nonregistered bond.

bono amortizable anticipadamente callable bond.

bono basura junk bond.

bono canjeable convertible bond.

bono con descuento discount bond.

bono con garantía hipotecaria mortgage bond.

bono convertible convertible bond.

bono corporativo corporate bond.

bono cupón cero zero coupon bond.

bono de ahorro savings bond.

bono de goce ■ *Arg.* bond given in exchange for redeemed shares.

bono de ingreso revenue bond.

bono de participación ■ *Arg.* participating bond.

bono de participación para el personal participating bond for employees.

bono de suscripción option warrant.

bono de vencimiento escalonado serial bond.

bono del tesoro treasury bonds.

bono garantizado guaranteed bond.

bono negociable negotiable bond.

bono nominativo registered bond.

bono pagadero en bienes commodity bond.

bono prendario collateral bond.

bono redimible redeemable bond, callable bond.

bono registrado registered bond.

bono rescatable redeemable bond, callable bond.

bono subordinado junior bond.

bono vacacional a empleados vacation pay to employees.

bonos de prenda notes issued against warehoused property.

borrador *m.* blotter book.

BPA (beneficio por acción) earnings per share (EPS).

BPI (Banco de Pagos Internacionales) Bank for International Settlements (BIS).

brecha comercial trade gap.

bruto gross.

buen nombre goodwill, good reputation.

buena fe good faith.

burocracia *f.* bureaucracy.

bursátil pertaining to a stock exchange market.

bursatilidad *f.* condition of a security to quote in the market.

búsqueda *f.* search.

buzón fiscal mailbox of tax authorities.

C&F (costo y flete) cost and freight (C&F).

caducidad *f.* caducity.

caducidad presupuestaria budget lapsing.

caja *f.* 1. cash, fund; 2. box, safe.

caja chica petty cash fund, petty cash.

caja de ahorro savings account.

caja de crédito ▪ *Arg.* a special kind of financial institution.

caja de valores custodian authority.

caja en moneda extranjera cash in foreign currency.

caja menuda ▪ *Sp.* petty cash.

caja y bancos cash and banks.

cajero *m.* cashier.

cajero automático automatic teller machine (ATM), automatic telling machine (UK), cash dispenser.

cajero de un banco teller, bank cashier.

cálculo actuarial del valor presente de los beneficios accumulated benefit obligation.

cálculo del costo cost finding.

cálculos actuariales actuarial calculations.

calidad promedio de salidas average outgoing quality.

calificación crediticia credit scoring.

calificación de bonos bond rating.

calificación de riesgo risk rating.

calificadora de riesgo rating agency.

cámara de compensación clearinghouse.

cambio *m.* change, exchange, rate of exchange.

cambio contable accounting change.

camino crítico critical path.

campo de control span of control.

cancelación *f.* 1. cancellation; 2. offset.

cancelación contra resultados charge off.

cancelación de deuda debt cancellation, cancellation of debt.

cancelar 1. cancel; 2. charge off.

candidato a un puesto de trabajo applicant for a job.

canon *m.* rent payment, royalty, lease rental.

cantera *f.* quarry.

capacidad *f.* capacity.

capacidad contributiva ability to pay taxes.

capacidad de endeudamiento debt capacity.

capacidad de planta plant capacity.

capacidad de servicio service capacity.

capacidad ociosa idle capacity.

capacidad operativa operating capacity.

capacidad operativa de la actividad activity capacity.

capacitación *f.* training.

capacitación a empleados staff training.

capital *m.* capital.

capital a integrar called-up capital stock.

capital a mantener capital maintenance concept.

capital activo ▪ *Sp.* assets.

capital ajeno liability.

capital amortizado paid-up stock.

capital aportado contributed capital.

capital autorizado authorized capital.

capital circulante working capital.

capital comanditado unlimited partner capital.

capital comanditario limited partner capital.

capital comprometido capital commitment.

capital contable ▪ *Mex.* net worth.

capital corriente net current assets, working capital, floating assets.

capital de la minoría ▪ *Sp.* minority interest.

capital de trabajo ▪ *Mex.* working capital.

capital de trabajo neto net working capital.

capital de trabajo operativo operating working capital.

capital de un préstamo principal.

capital declarado stated capital, declared capital.

capital defectible depletable asset.

capital disponible available capital.

capital en giro working capital.

capital establecido authorized capital, stated capital.

capital estático ▪ *Sp.* fixed assets.
capital exhibido   paid-up capital.
capital fijo   fixed capital.
capital financiero   financial capital.
capital físico   physical capital.
capital ganado ▪ *Mex.* retained earnings.
capital inflado   watered capital.
capital integrado   paid-in capital.
capital invertido   invested capital.
capital líquido ▪ *Sp.* net worth.
capital monetario   the difference between monetary assets and liabilities.
capital neto ▪ *Mex.* net worth, net capital.
capital neto de trabajo ▪ *Mex.* net current assets, net working capital.
capital no desembolsado ▪ *Sp.* in financial statements, credits against shareholders for the amount of the unpaid capital.
capital no emitido   unissued capital.
capital ordinario   ordinary stock, common stock.
capital pagado   paid-in capital.
capital pasivo ▪ *Sp.* liabilities.
capital pendiente de exhibir   assessable capital stock.
capital preferente ▪ *Sp.* preferred stock.
capital preferido   preferred stock.
capital propio   net worth, equity.
capital restringido   restricted stock.
capital revertible   assets that after a time will have to be returned to the government.
capital social   equity capital, corporate capital, share capital.
capital social autorizado   authorized capital stock.
capital social emitido   issued capital stock.
capital social y superávit ▪ *Mex.* net worth, equity.
capital suscripto   subscribed capital, uncalled capital.
capital totalmente integrado   fully paid capital stock.
capitalización *f.* capitalization, compounding.
capitalización bursátil   market capitalization.
capitalizar   1. capitalize; 2. compound.
características o atributos de las actividades   activity attributes.

carga departamental   departamental charge.
carga fabril   indirect manufacturing costs, manufacturing overhead costs, factory overhead costs.
carga impositiva   tax burden.
cargar   debit, impose, charge.
cargar en cuenta   debit.
cargas sociales   social security contributions.
cargo   *m.* 1. debit; 2. charge, fee; 3. post, job.
cargo contingente   contingent charge.
cargo por depreciación   depreciation charge.
cargos atrasados   back charges.
cargos devengados   accruals, accrual charges.
cargos diferidos   deferred charges.
cargos fijos   fixed charges.
cargos por servicios bancarios   activity charges.
carta compromiso   letter of undertaking, letter of commitment.
carta con recomendaciones   letter of advice.
carta de abogado   attorney's letter.
carta de alivio   comfort letter.
carta de aviso   advice note.
carta de control interno   letter of advice.
carta de crédito   bill of credit, letter of credit (L/C).
carta de crédito auxiliar   ancillary letter of credit.
carta de declaración   representation letter.
carta de gerencia   management letter answering audit requests.
carta de mandato ▪ *Sp.* letter of undertaking.
carta de objeciones   deficiency letter.
carta de organización   organization chart.
carta del auditor al abogado de su cliente para confirmar información sobre litigios   attorney's letter.
cártel   *m.* cartel.
cartera   *f.* portfolio
cartera de control ▪ *Sp.* control investments.
cartera de cuentas por cobrar   receivable portfolio account.

cartera de rentabilidad ■ *Sp.* trading securities.

casa matriz headquarters, head office.

caso fortuito act of God.

castigar el valor en libros write-down.

castigar una partida charge off.

castigo *m.* reduction of the accounting value of an asset.

castigo por cuentas incobrables ■ *Mex.* allowance for bad debts.

catálogo de cuentas chart of accounts.

categoría impositiva tax bracket.

caución bursátil *Arg.* swap

causación *f.* accrual accounting method.

CD (certificado de depósito) 1. certificate of deposit; 2. warehouse receipt

CDTE (certificado de deposito de títulos valores extranjeros) ■ *Arg.* depositary receipt..

cedente *m./f.* assigner, cedent, endorser, transferer, granter.

ceder un contrato assign a contract.

cédula de activo fijo fixed-assets schedule.

cédula de acumulación accumulation schedule.

cédula de cambio bill of exchange.

cédulas hipotecarias mortgage debentures.

cédulas sumarias ledger balance worksheets.

celeridad *f.* swiftness, opportunity.

censor de cuentas ■ *Sp.* auditor.

censura de cuentas ■ *Sp.* audit, auditing.

centralización *f.* centralization.

centro *m.* center.

centro comercial business center.

centro de actividad activity center.

centro de beneficios profit center.

centro de contribución contribution center.

centro de costos cost center.

centro de gastos expense center.

centro de ingresos revenue center.

centro de presupuestación budget center.

centro de responsabilidad responsibility center.

centro de servicios service cost center.

centro presupuestario budget center.

cerrar los libros close the books.

cerrar una cuenta close an account.

certificación *f.* certification.

certificación contable attest function.

certificación de firma signature certification.

certificado *m.*certificate.

certificado de acciones stock certificate.

certificado de aduana clearance certificate.

certificado de auditoría audit certificate.

certificado de cobertura covering warrant.

certificado de depósito 1. certificate of deposit (CD); 2. warehouse receipt.

certificado de depósito de títulos valores extranjeros (CDTE) ■ *Arg.* depositary receipt.

certificado de deuda indebtedness certificate.

certificado de dividendo diferido scrip dividend.

certificado de intención certificate of intention.

certificado de inventario inventory certificate.

certificado del contador accountant's certificate.

certificado del síndico receiver's certificate.

certificado de necesidad certificate of necessity.

certificado de opción option warrant.

certificado de pasivo liability certificate.

certificado notarial notarial certificate.

certificado para compra de acciones share warrant.

certificado para compra de valores stock-purchase certificate.

certificado provisional scrip.

certificado sin salvedades unqualified certificate.

certificados de avance de obra billings on long-term contracts.

certificados de depósito a término fixed deposit.

cesión *f.* assignment.

cesión de crédito assigment of claim, extension of credit.

cesión de cuentas por cobrar assignment of accounts receivable.

cheque *m.* check.
cheque adulterado altered check.
cheque al portador open check.
cheque antedatado antedated check.
cheque bancario bank check.
cheque certificado certified check.
cheque cruzado crossed check, check for deposit only.
cheque de canje exchange check.
cheque de mostrador cashier's check.
cheque de viajero traveler's check.
cheque diferido postdated check.
cheque en blanco blank check.
cheque nominativo nonnegotiable check.
cheque pagado canceled check, paid check.
cheque postdatado postdated check.
cheque postfechado postdated check.
cheque rebotado bounced check.
cheque rechazado bounced check.
cheque vencido out-of-date check, stale-dated check.
chequear check.
chequeo interno internal check.
ciclo *m.* cycle.
ciclo contable accounting cycle, bookkeeping cycle.
ciclo de auditoría audit cycle.
ciclo del activo circulante current-assets cycle.
ciclo económico business cycle.
ciclo operativo operating cycle.
ciclo operativo normal normal operating cycle.
cierre *m.* closing.
cierre anual annual closing.
cierre de consolidación consolidation closing account.
cierre de libros closing of the books.
cierre intermedio interim closing.
cifra de comprobación check figure.
cifra de negocios ▪ *Sp.* net sales.
circular *v.* circulate.
circular *n. f.* circular, notice.
circularización *f.* audit confirmation.
circularización negativa negative confirmation.
circularización positiva positive confirmation.
claridad *f.* clarity.
clase *f.* class.
clasificación *f.* classification.

clasificación alfabética alphabetical sorting.
clasificación de costos cost classification.
clasificación de cuentas accounting classification.
clasificación de los costos costs classification.
cláusula *m./f.* article, clause.
cláusula Bonex ▪ *Arg.* Bonex clause.
cláusula de abandono abandonment clause.
cláusula de aceleración acceleration clause.
cláusula de autoexclusión opt-out clause.
cláusula de vencimiento anticipado acceleration clause.
cláusulas de un contrato articles of agreement.
clave única de identificación laboral (CUIL) ▪ *Arg.* personal identification labor number.
clave única de identificación tributaria (CUIT) ▪ *Arg.* personal tax identification number.
cliente *m./f.* client, customer.
clientes de dudoso cobro ▪ *Sp.* doubtful debts.
clientes en moneda extranjera accounts receivable in foreign currency.
clientes fallidos ▪ *Sp.* bad debts.
clientes insolventes bad debts.
clientes morosos accounts receivable in arrears.
CNV (Comisión Nacional de Valores) *Arg.* National Security Exchange Commission.
cobertura *f.* 1. hedge; 2. coverage, cover.
cobertura de activos asset coverage.
cobertura de posición corta short covering.
cobro *m.* collection.
cobro de alquileres rents collection.
cobros anticipados advance collections.
cobros de clientes collections on accounts receivable.
cobros diferidos deferred income.
cobros por adelantado advance collections.
codificación *f.* codification.
codificar code.

código *m.* code.
código de comercio legal body that regulates trade activities.
código de ética code of ethics.
Código de Ética Internacional International Code of Ethics.
coeficiente *m.* coefficient, rate, ratio.
coeficiente beta beta factor.
coeficiente de absorción absorption rate.
coeficiente de absorción de gastos generales overhead absorption rate.
coeficiente de ajuste por inflación inflationary adjustment coefficient.
coeficiente de amortización depreciation rate.
coeficiente de autonomía financiera stockholder's equity to total debt ratio.
coeficiente de endeudamiento debt to equity ratio.
coeficiente de estabilidad stockholder's equity to fixed assets.
coeficiente de firmeza fixed assets to long-term debt ratio.
coeficiente de garantía actual assets to total debt ratio.
coeficiente de liquidez quick ratio.
coeficiente de liquidez inmediata quick ratio.
coeficiente de rentabilidad return on equity (ROE).
coeficiente de solvencia current ratio.
coeficiente de tesorería ∎ *Sp.* acid-test ratio.
coeficientes financieros financial ratios.
coherencia *f.* coherence.
colateral *m.* ∎ *Mex.* collateral.
Colegio de Abogados American Bar Association, Bar Council (UK).
colocación temporaria short-term investment.
columna de distribución distribution column.
colusión *f.* collusion.
comanditar float, finance.
combinación *f.* combination.
combinación comercial business combination.
combinación de empresas business combination.

combinación de negocios business combination.
combinación mercantil business combination.
combustibles *m.* fuels.
comerciante *m./f.* trader, merchant.
comercio electrónico e-commerce.
comisario *m./f. Mex.* commissioner, shareholders' representative.
comisión *f.* 1. committee, commission; 2. fee.
comisión asesora advisory committee.
comisión de agente agency fee, finder's fee.
comisión de corretaje brokerage commission, brokerage fee.
comisión de venta sales commission.
Comisión Nacional de Valores (CNV) ∎ *Arg.* National Security Exchange Commission.
comisiones entregadas commissions paid.
comisiones recibidas earned commissions.
comisionista commission agent, commission broker, factor.
comité de auditoría audit committee.
Comité de Educación Education Committee.
Comité de Ética Ethics Committee.
comité presupuestario budget committee.
comitente *m./f.* constituent.
comodato *m.* gratuitous loan, gratuitous payment.
compañía *f.* company.
compañía absorbida *f.* acquired company, combining company.
compañía afiliada affiliated company, associate company, affiliated corporation, related company, subsidiary.
compañía aseguradora insurance company.
compañía asociada associated company.
compañía controlada controlled company.
compañía controlante controlling company, holding company, parent company.
compañía dependiente ∎ *Sp.* controlling company.

compañía controlante ▪ *Sp.*
controlling company.
compañía en comandita special
partnership, limited partnership.
compañía filial affiliated company.
compañía financiera finance company.
**compañía integrante de un grupo
económico** constituent company.
compañía limitada limited company.
compañía matriz parent company.
compañía participada affiliated
company.
compañía por acciones stock company.
compañía subordinada underlying
company.
compañía subsidiaria subsidiary
company.
compañía superviviente surviving
company.
compañía tenedora holding company.
compañía vinculante holding company.
comparabilidad *f.* comparability.
comparación competitiva
benchmarking.
comparación entre empresas inter-
firm comparison.
compensación *f.* compensation, offset.
compensaciones a empleados
compensations to employees.
competencia desleal unfair competition.
compilación *f.* compilation.
complemento de gastos
supplementary salary for expenses.
complemento de sueldo
supplementary salary.
componente financiero implícito
implicit financial charges.
compra a futuro future purchase.
compra a plazos installment purchase.
compra a precio alzado lump-sum
purchase.
compra a término term purchase.
compra de conjunto basket purchase.
compra global basket purchase.
comprador *m.* buyer.
comprador de buena fe bona fide
purchaser.
comprar buy.
comprar a crédito buy on account.
comprar al contado buy for cash.
compras netas net purchases.
comprensibilidad *f.* comprehensibility.

comprobación *f.* verification.
comprobación interna internal
check.
comprobante *m.* 1. voucher;
2. supporting document.
comprobante auditado audited
voucher.
comprobante de caja cash voucher.
comprobante de diario journal
voucher.
comprobar vouch.
compromiso *m.* engagement.
compromiso contingente
commitment.
compromiso de compra purchase
commitment.
**compromiso de suscripción de
acciones** standby underwriting.
**compromisos irrevocables de
aportes de capital** irrevocable capital
contributions commitment.
cómputo *m.* computation.
comunicación *f.* communication.
comunidad de intereses community
of interests.
conceder un descuento allow a
discount.
conceder una patente grant a patent.
concentración de empresas business
combination.
concentrar la información contable
assembly accounting data.
concepto *m.* concept.
concertar un acuerdo make an
agreement.
concesión *f.* 1. concession; 2. grant;
3. franchise; 4. authorization.
conciliación *f.* reconciliation.
conciliación a cuatro columnas
four-column reconciliation.
conciliación bancaria bank
reconciliation.
conciliación cuadrada four-column
reconciliation.
conciliación de cuenta account
reconciliation.
conciliar cuentas reconcile accounts.
conclusión *f.* conclusion.
concordato *m.* composition.
concurso preventivo voluntary
bankruptcy.
condición *f.* condition.

condición necesaria   necessary condition.

condición suficiente   sufficient condition.

condominio   *m.* condominium, joint ownership.

condonación de deuda   debt cancellation.

conectarse al sistema   log on.

confiabilidad   *f.* dependability, reliability.

confirmación   *f.* confirmation.

confirmación bancaria   bank confirmation.

conflicto de intereses   conflict of interests.

confusión   *f.* confusion, commingling, intermingling.

congelamiento de precios   price freeze.

conglomerado   *m.* conglomerate.

conocimiento de embarque   bill of lading.

consecuencia   *f.* consequence, consistency.

consejo consultivo   advisory council.

consejo de administración   board of directors.

consejo de vigilancia   ■ *Arg.* trusteeship, receivership.

Consejo Profesional de Ciencias Económicas (CPCE)   ■ *Arg.* Professional Council of Economic Sciences.

conservaciones, ampliaciones y mejoras   ■ *Ven.* maintenance and improvement expenses.

conservadurismo   *m.* conservatism.

conservatismo   *m.* conservatism.

consignación   *f.* consignment, deposit.

consignatario   *m.* consignee, depositary, trustee.

consistencia   *f.* consistency.

consolidación   *f.* 1. consolidation; 2. funding.

consolidación global   consolidation.

consolidación proporcional   consolidation.

consolidación total   consolidation.

consorcio   *m.* consortium, joint venture.

constante   *f.* constant.

constar en actas   be recorded.

construcciones en curso   ■ *Sp.* construction in progress.

consultar   consult, take advice.

consultivo   advisory.

consultor jurídico   legal adviser.

consumo   *m.* consumption.

contabilidad   accounting, bookkeeping, accountancy (UK),

contabilidad a costes actuales   ■ *Sp.* replacement cost accounting.

contabilidad a costos corrientes   current cost accounting.

contabilidad a costos de reposición   current purchasing power accounting.

contabilidad a costos históricos   historical cost accounting.

contabilidad a nivel general de precios   accounting adjusted by cost of living.

contabilidad a valores constantes   constant dollar accounting.

contabilidad a valores corrientes   current cost accounting.

contabilidad administrativa   administrative accounting.

contabilidad ajustada por inflación   inflation accounting.

contabilidad analítica   cost accounting.

contabilidad analítica de explotación   cost accounting.

contabilidad bimonetaria   accounting in two currencies.

contabilidad central   central accounting.

contabilidad comercial   business accounting, general accounting, business accountancy (UK).

contabilidad conductista   behavioral accounting.

contabilidad con nueva base   new basis accounting.

contabilidad corporativa   corporation accounting.

contabilidad de costes   ■ *Sp.* cost accounting.

contabilidad de costos   cost accounting.

contabilidad de desviaciones   variance accounting.

contabilidad de empresas   business accounting, commercial accounting.

contabilidad de empuje hacia abajo   push down accounting.

contabilidad de gestión   management accounting.

contabilidad de la compañía controlante controlling-company accounting.

contabilidad de la compañía subsidiaria subsidiary-company accounting.

contabilidad de recursos humanos human resource accounting.

contabilidad de responsabilidad social social responsibility accounting.

contabilidad de sucesiones estate accounting.

contabilidad de variaciones variance accounting.

contabilidad del costo de reposición replacement cost accounting.

contabilidad en base a compromisos commitment accounting.

contabilidad en moneda constante accounting adjusted for inflation.

contabilidad en valores homogéneos accounting adjusted for inflation.

contabilidad fiduciaria fiduciary accounting.

contabilidad financiera financial accounting.

contabilidad general financial accounting.

contabilidad gerencial management accounting.

contabilidad gubernamental government accounting.

contabilidad industrial industrial accounting, factory accounting, manufacturing accounting.

contabilidad legal forensic accounting.

contabilidad marginal marginal accounting.

contabilidad matricial matrix accounting.

contabilidad mecanizada automatic accounting.

contabilidad mercantil mercantile accounting.

contabilidad plurimonetaria multicurrency accounting.

contabilidad por áreas de responsabilidad responsibility accounting.

contabilidad por centros de responsabilidad activity accounting.

contabilidad por funciones functional accounting.

contabilidad por lo devengado accrual accounting.

contabilidad por lo percibido ■ *Arg.* cash-basis accounting.

contabilidad por sucursales branch accounting.

contabilidad presupuestaria budgetary accounting.

contabilidad pública government accounting.

contabilidad seccional separate accounting.

contabilidad sobre la base de efectivo cash-basis accounting.

contabilidad sobre la base de erogaciones acumuladas accrual method of accounting.

contabilidad social corporate social accounting.

contabilidad subjetiva corporation accounting.

contabilidad uniforme uniform accounting.

contabilizable accountable.

contabilización *f.* accounting.

contabilización de la depreciación accounting for depreciation.

contabilización de ventas accounting for sales.

contabilizar enter in the books, record.

contable *adj.* pertaining to the accounting field.

contable *n. m./f.* accountant, bookkeeper.

contador *m.* accountant.

contador auxiliar junior accountant.

contador certificado chartered accountant.

contador certificante ■ *Arg.* auditor.

contador de costos cost accountant.

contador dictaminante ■ *Arg.* auditor.

contador encargado accountant in charge.

contador general general accountant.

contador independiente independent accountant.

contador industrial industrial accountant.

contador interno private accountant.

contador matriculado chartered accountant.

contador privado private accountant.
contador profesional professional accountant.
contador público public accountant (PA).
contador público autorizado licensed public accountant.
contador público certificado certified public accountant (CPA).
contador público nacional (CPN) ∎ *Arg.* certified public accountant (CPA).
contador público titulado certified public accountant (CPA).
contador responsable accountant in charge.
contaduría *f.* 1. accounting; 2. accountant's office.
contaduría pública public accounting.
conteo cíclico cycle count.
contexto *m.* context.
contexto de control control environment.
contingencia *f.* contingency.
contingencia cuantificable appraisable contingency.
contingencia de ganancia gain contingency.
contingencia de pérdida loss contingency.
contingencia desfavorable loss contingency.
contingencia favorable gain contingency.
contingencia probable probable contingency.
contingencia remota remote contingency.
continuidad *f.* going concern ∎ *Sp.* consistency, continuity.
contra contra.
contra entrega on delivery.
contra todo riesgo against all risks.
contraasiento *m.* offsetting entry.
contracuenta *f.* contra account.
contralor *m.* controller.
contralor general general controller.
contraloría *f.* controllership.
contrapartida *f.* balancing entry, balancing item.
contrasustancia *f.* ∎ *Sp.* financial structure.
contratistas *m./f.* contractors ∎ *Ven.* accounts payable to contractors.

contrato *m.* contract.
contrato a destajo agreement by the job.
contrato a largo plazo long-term contract.
contrato a plazo forward contract.
contrato colectivo de trabajo master agreement.
contrato de aceptación acceptance agreement.
contrato de adhesión adhesion contract.
contrato de aprendizaje apprentice's indenture.
contrato de arrendamiento financiero financial lease contract.
contrato de cambio exchange contract, commutative contract, foreign exchange contract.
contrato de colaboración empresaria ∎ *Arg.* type of joint venture contract.
contrato de compra buying agreement.
contrato de emisión de bonos bond indenture.
contrato de fideicomiso deed of trust.
contrato de fletamento charter agreement.
contrato de futuros futures contract.
contrato de representación agency agreement, agency contract.
contrato de servicio agreement of service.
contrato de venta con arrendamiento al vendedor sale and leaseback contract.
contrato de venta y arrendamiento con opción de recompra sell-and-leaseback agreement.
contrato en firme firm contract.
contrato mercantil commercial contract.
contrato tácito implied contract.
contribución *f.* contribution.
contribución marginal contribution margin (CM).
contribuciones comerciales business taxes.
contribuciones definidas defined contribution pension plan.
contribuciones sociales social security tax.
contribuyente *m./f.* contributor, taxpayer.
control *m.* control.
control conjunto joint control.
control contable accounting control.

control de calidad quality control.
control de costos cost control.
control de existencias stock control.
control de gastos expense control.
control de gastos en bienes de capital capital expenditure control.
control de gestión management control, operating control.
control de inventarios inventory control.
control de legalidad ▪ *Col.* auditing control.
control de mayor auxiliar ledger control.
control de procesos process control.
control de producción production control.
control de regularidad auditing control.
control del corte accounting period control.
control estadístico statistical control.
control externo external audit.
control financiero financial control.
control interno internal control.
control interno financiero internal financial control.
control normativo y administrativo ▪ Mex. auditing control.
control operativo operational control.
control posterior de auditoría postaudit.
control presupuestario budgetary control.
control previo preaudit.
controlada (compañía) *f.* controlled company.
controlante (compañía) *f.* controlling company.
controles administrativos administrative controls.
controles básicos accounting internal controls.
controles de cambio exchange controls.
controles disciplinarios discipline controls.
controles internos administrativos administrative internal controls.
controles internos contables accounting internal controls.
controles internos operacionales accounting internal controls.

controles internos operativos accounting internal controls.
convención contable accounting convention.
convenio *m.* 1. agreement; 2. deal.
convenio final closing agreement.
convenio salarial colectivo collective wage agreement.
conversión *f.* conversion, translation.
conversión de estados contables financial statement translation.
convertibilidad *f.* convertibility.
convertir-ajustar translate-adjust.
convocatoria a la asamblea de accionistas calling stockholders' meeting.
convocatoria de acreedores meeting of creditors.
cooperativa *f.* cooperative.
coordenada *f.* coordinate.
coordinar coordinate.
copia de resguardo backup copy.
copia de seguridad backup copy.
coproductos *m.* ▪ *Mex.* joint products.
corporación *f.* business corporation.
corporación de capital cerrado private corporation.
corporación financiera financial corporation.
corporación mercantil business corporation.
corporación no lucrativa nonprofit corporation.
corporación pública public corporation.
corrección de error error correction.
corrección de estimación estimation adjustment.
corrección monetaria monetary adjustment.
corredor *m.* broker.
corredor colocador *m.* ▪ *Mex.* underwriter.
corredor de bolsa stockbroker.
corredor de seguros insurance broker.
corresponsal *m./f.* correspondent.
corretaje *m.* brokerage.
corriente current.
corte *m.* closing of accounts, cutoff.
costas *f.* costs.
costas procesales costs of legal proceedings.
coste *m.* ▪ *Sp.* cost.

coste de trabajos realizados por la propia empresa para su inmovilizado ▪ *Sp.* cost of fixed assets internally developed.

coste medio ponderado ▪ *Sp.* average cost flow assumption.

coste primario ▪ *Sp.* prime cost.

costeo *m.* costing.

costeo absorbente ▪ *Mex.* absorption costing.

costeo del ciclo de vida life cycle costing.

costeo directo direct costing.

costeo marginal marginal costing.

costeo por absorción absorption costing.

costeo por actividad activity-based costing (ABC).

costeo por lote batch costing.

costeo por órdenes specific order costing.

costeo por órdenes de trabajo job-order costing.

costeo por procesos process costing.

costeo por puestos de trabajo job costing.

costeo total full costing.

costeo uniforme uniform costing.

costeo variable variable costing.

costo *m.* cost, price.

costo absorbido absorbed cost.

costo adicional after cost.

costo agotado depleted cost.

costo al costado del buque free alongside (FAS).

costo alternativo alternative cost.

costo amortizable depreciable cost.

costo amortizado amortized cost.

costo anticipado anticipated cost.

costo aplicado applied cost.

costo base base cost.

costo básico basic cost.

costo clasificado declassified cost.

costo comparativo comparative cost.

costo conjunto common cost.

costo constante constant cost.

costo contratado contract cost.

costo controlable controllable cost.

costo corriente current cost.

costo de adquisición acquisition cost.

costo de anualidad annuity cost.

costo de cancelación surrender value.

costo de conformidad cost of conformance.

costo de desarrollo development cost.

costo de emisión de bonos bond issue costs.

costo de ensamblaje assembly cost.

costo de investigación research cost.

costo de la calidad cost of quality.

costo de la capacidad ociosa idle-capacity cost.

costo de la mercadería vendida cost of goods sold.

costo de la mercancía vendida cost of goods sold.

costo de los productos product cost.

costo de mercaderías compradas cost of goods purchased.

costo de mercado market cost.

costo de no conformidad cost of nonconformance.

costo de oportunidad opportunity cost.

costo de producción manufacturing cost, production cost.

costo de producción conjunta joint cost.

costo de puesta en marcha starting-load cost.

costo de reemplazo replacement cost.

costo de reposición replacement cost.

costo de reposición de la capacidad de servicio production capacity replacement cost.

costo de reproducción reproduction cost.

costo de transporte transport cost.

costo de ventas cost of sales.

costo de ventas al por menor retail cost.

costo del pasivo cost of debt.

costo del período period cost.

costo descargado backflush cost.

costo desembolsado outlay cost.

costo diferencial differential cost.

costo directo direct cost.

costo-eficiencia cost-effectiveness.

costo estándar standard cost.

costo estándar actual current standard cost.

costo estándar básico basic standard cost.

costo estándar ideal ideal standard cost.

costo estándar normal normal standard cost.

costo estimado estimated cost.

costo evitable avoidable cost.

costo expirado expired cost.

costo fijo fixed cost.

costo histórico historical cost.

costo histórico ajustado adjusted historical cost.

costo hundido sunk cost.

costo identificable traceable cost.

costo incremental incremental cost.

costo incurrido historical cost.

costo indirecto indirect cost.

costo marginal marginal cost.

costo más dividendos cost plus dividends.

costo neto flat cost.

costo no recuperado unrecovered cost.

costo o mercado, el menor lower of cost or market, whichever lower.

costo objetivo target cost.

costo original original cost.

costo original depreciado depreciated original cost.

costo por áreas de responsabilidad responsibility center costing.

costo por concepto object cost.

costo por función function cost.

costo por servicios service cost.

costo por volumen volume cost.

costo predeterminado predetermined cost.

costo primario first cost.

costo primitivo original cost.

costo primo prime cost.

costo promedio average cost.

costo promedio de capital average cost of capital.

costo promedio ponderado (CPP) average cost flow assumption.

costo pronosticado predicted cost.

costo real actual cost.

costo recurrente recurring cost.

costo reexpresado adjusted cost.

costo relacionado related cost.

costo residual residual cost.

costo, seguro y flete cost, insurance, and freight (CIF).

costo semivariable semivariable cost.

costo social social cost.

costo sumergido sunk cost.

costo suplementario supplementary cost.

costo teórico notional cost.

costo total all-in cost.

costo unitario unit cost.

costo unitario marginal marginal unit cost.

costo variable variable cost.

costo variable de ventas variable cost of sales.

costo y flete (C&F) cost and freight (C&F).

costos administrativos administrative costs.

costos comunes joint costs.

costos de aceptación acceptance costs.

costos de administración administration costs.

costos de agencia agency costs.

costos de avalúo appraisal costs.

costos de capacidad capacity costs.

costos de comercialización marketing costs.

costos de emisión issue costs.

costos de operación operating costs.

costos de organización organization costs.

costos de personal staff costs.

costos de tenencia holding costs.

costos financieros finance costs.

costos indirectos de fabricación aplicados absorbed overhead, applied overhead.

costos mancomunados ▪ *Sp.* joint costs.

costos no expirados unexpired costs.

costos operativos operating costs.

costos por órdenes job order costing.

costos por procesos process costing.

costos preoperativos organization costs, preoperating expenses.

cotejar check, comparison.

cotización *f.* quotation.

cotización LAB (libre a bordo) FOB (free on board) pricing.

CPCE (Consejo Profesional de Ciencias Económicas) ▪ *Arg.* Professional Council of Economic Sciences.

CPN (contador público nacional) ▪ *Arg.* certified public accountant (CPA).

CPP (costo promedio ponderado) average cost flow assumption.

crecimiento anual annual growth.
crédito *m.* credit.
crédito abierto open credit.
crédito bancario bank credit.
crédito comercial business credit, trade credit.
crédito con garantía de otro crédito back to back credit.
crédito de inversión investment credit.
crédito documentario documentary credit.
crédito fallido uncollectible debt, bad debt.
crédito fiscal tax credit.
crédito fiscal de inversión investment tax credit.
crédito mercantil goodwill.
crédito mercantil adquirido acquired goodwill.
crédito mercantil negativo negative goodwill.
crédito por aceptación acceptance credit.
crédito renovable revolving credit.
créditos concedidos loans granted.
créditos dudosos doubtful debts.
créditos incobrables bad debts.
crías *f* ▪ *Ch.* paid-up shares.
cristalización *f.* crystallization.
criterio comercial business judgment.
criterios de valoración valuation criterion.
cuadrar balance out.
cuadro de cuentas ▪ *Sp.* chart of accounts.
cuadro de financiamiento ▪ *Sp.* cash-flow statement.
cuadro de mandos control panel.
cuantificación *f.* quantification.
cuartil *m.* quartile.
cuasi-contrato quasi-contract.
cuasi-filial quasi-subsidiary.
cuasi-producto quasi-rent.
cuasi-reorganización quasi-reorganization.
cubrimiento *m.* 1. covering; 2. hedging.
cubrir gastos break even.
cuello de botella bottleneck.
cuenta *f.* account.
cuenta abierta open account.
cuenta aceptada account stated.
cuenta activa active account.
cuenta auxiliar adjunct account.

cuenta bancaria bank account.
cuenta bancaria de cheques bank checking account.
cuenta bloqueada frozen account.
cuenta cerrada settled account.
cuenta colectiva control account.
cuenta compensadora ▪ *Sp.* regularization account.
cuenta complementaria regularization account.
cuenta conjunta joint account.
cuenta control control account.
cuenta corriente current account.
cuenta corriente bancaria checking account.
cuenta de absorción absorption account.
cuenta de actividad activity account.
cuenta de activo asset account.
cuenta de ahorro savings account.
cuenta de apropiación appropriation account.
cuenta de balance balance sheet account.
cuenta de caja cash account.
cuenta de caja chica petty cash account.
cuenta de caja de ahorros bancaria savings bank account.
cuenta de caja menuda ▪ *Sp.* petty cash account.
cuenta de capital proprietorship account, capital account.
cuenta de costo cost account.
cuenta de custodia custodian account.
cuenta de depósito deposit account.
cuenta de detalle detail account.
cuenta de devengamiento accrual account.
cuenta de gastos expenditure account, expense account.
cuenta de mercancías merchandise account.
cuenta de movimiento subsidiary account.
cuenta de orden memoranda account.
cuenta de pérdidas y ganancias retained earnings statement.
cuenta de periodificación ▪ *Sp.* accrual account.
cuenta de remesas remittance account.
cuenta de reserva reserve account.

cuenta de resultados income account, profit and loss account.

cuenta de ventas sales account.

cuenta del balance balance sheet account.

cuenta detallada itemized account.

cuenta embargada attached account.

cuenta en fideicomiso account in trust.

cuenta en regla clear account.

cuenta facturada por cobrar receivable-billed account.

cuenta garantizada secured account.

cuenta maestra de control master control account.

cuenta memorando memoranda account.

cuenta nominal nominal account.

cuenta nueva after account.

cuenta pendiente de aplicación suspense account.

cuenta personal personal account.

cuenta pignorada pledged account.

cuenta por cobrar account receivable.

cuenta por cobrar a clientes receivable-trade account.

cuenta por cobrar descontada account receivable discounted.

cuenta por cobrar neta receivable-net account.

cuenta por pagar account payable.

cuenta presupuestaria budget account.

cuenta puente clearing account.

cuenta regularizadora offset account, valuation account.

cuenta resumida bulk account.

cuenta saldada settled account, closed account.

cuenta sobregirada overdrawn account.

cuenta suspensiva suspense accounts.

cuenta t t-account.

cuentacorrentista account holder, checking account holder.

cuentapropista ■ *Arg.* self-employed person.

cuentas a cobrar receivables.

cuentas a cobrar a largo plazo long-term receivables.

cuentas a cobrar de compañías afiliadas receivables from affiliates.

cuentas a cobrar descontadas accounts receivable discounted.

cuentas a cobrar pendientes de facturación receivable-unbilled account.

cuentas anuales ■ *Sp.* annual financial statements.

cuentas anuales consolidadas consolidated financial statements.

cuentas de capital net worth, net assets, net estate, stockholder's equity.

cuentas de compensación del activo regularization accounts.

cuentas de costos cost accounts.

cuentas de neto ■ *Sp.* capital accounts.

cuentas de operación operating accounts.

cuentas de pasivo liability accounts.

cuentas de patrimonio neto capital accounts.

cuentas de pérdidas y ganancias ■ *Sp.* profit and loss accounts.

cuentas departamentales departamental accounts.

cuentas en participación joint accounts.

cuentas entre compañías afiliadas intercompany accounts.

cuentas incobrables uncollectible accounts.

cuentas incobrables dadas de baja bad debts charged off, bad debts written off.

cuentas integradas integrated accounts.

cuentas interrelacionadas interlocking accounts.

cuentas no integradas nonintegrated accounts.

cuentas por cobrar accounts receivable.

cuentas por pagar accounts payable.

cuentas por pagar al cierre del ejercicio accounts payable closing.

cuentas presupuestarias budgetary accounts.

cuentas provisionales clearing accounts.

cuentas transitorias clearing accounts.

cuentas vencidas accounts due, aged accounts.

cuerpo *m.* body.

cuerpo estatutario statutory body.

cuestionario de control interno internal control questionnaire.

CUIL (clave única de identificación laboral) ■ *Arg.* personal identification labor number.

CUIT (clave única de identificación tributaria) ■ *Arg.* personal tax identification number.

cuota *f.* quota, share.

cuota de amortización 1. depreciation rate; 2. amortization quota.

cuota impositiva a pagar ■ *Sp.* tax liability.

cuotas a la seguridad social ■ *Sp.* social security payable.

cuotas-parte de un fondo común de inversión mutual fund quota share.

cupón *m.* coupon.

cupones y dividendos coupons and dividends.

cursograma *m.* flowchart.

curva *f.* curve.

curva de crecimiento growth curve.

curva de mortalidad mortality curve.

curva de rendimiento yield curve.

curva normal normal curve.

dación en pago dation in payment.

daño *m.* damage.

daños y perjuicios damages.

dar de baja el valor en libros write off.

datar ■ *Sp.* credit.

datos *m.* data.

datos contables accounting data.

de buena fe in good faith.

de facto de facto.

de jure de jure.

debe *m.* debit side.

debenture *m.* debenture bond.

debenture subordinado subordinated debenture.

debenturista *m./f.* holder of a debenture.

debitar debit, charge on account of, charge.

débito *m.* debit.

débito directo direct debit.

débito fiscal tax liability.

decisión *f.* decision.

decisión administrativa administrative decision.

declaración *f.* declaration.

declaración anual yearly tax return.

declaración corregida amended return.

declaración de aduana customs declaration.

declaración de conceptos concepts statement.

declaración de entrada de mercaderías en aduana bill of entry.

declaración de impuestos tax return.

declaración de la administración management letter answering audit requests.

declaración fiscal ■ *Sp.* tax return.

declaración judicial de quiebra adjudication of bankruptcy.

declaración jurada tax return.

declaración jurada rectificativa tax adjustment return.

declaraciones de pago provisional interim tax return.

declaraciones informativas tax return for information purposes.

declaraciones periódicas interim tax return.

declararse en quiebra go bankrupt.

decodificación *f.* decryption.

decremento *m.* decrement.

decreto *m.* decree.

decreto de apropiación appropriation act.

deducción impositiva tax deduction.

deducción permitida allowed deduction.

deducción por gastos del negocio business expense deduction.

deducción *f.* deduction.

deducción adicional additional deduction.

deducciones autorizadas allowable deductions, authorized deductions.

deducciones de la ganancia deductions from income.

deducciones de la ganancia bruta deductions from gross income.

deducciones de la ganancia neta deductions from net income.

deducciones familiares family allowances.

deducciones no permitidas nondeductible expenses.

deducciones personales personal allowances.

deducciones por cargas de familia
dependent deductions.
deducciones por donación a entidades de bien público
charitable contribution deductions.
defectos *m.* ▪ *Sp.* waste, spoilage.
déficit *m.* deficit.
déficit fiscal fiscal deficit.
déficit patrimonial loss.
déficit presupuestario budget deficit, budgetary deficit.
definición *f.* definition.
deflación *f.* deflation.
defraudación fiscal tax evasion.
del credere del credere.
delegación de autoridad delegation of authority.
delegado fiduciario custodian trustee.
delito de contrabando smuggling.
delitos fiscales tax crime.
demanda *f.* demand.
demora *f.* delay.
denegación de opinión disclaimer of opinion.
denominación social corporate name.
departamentalización *f.* departamentalization.
departamento *m.* department.
departamento de compras purchasing department.
departamento de contabilidad accounting department.
departamento de costos cost department.
departamento de créditos y cobranzas credit and collection department.
departamento de facturación billing department.
departamento de personal personnel department.
departamento de prestaciones benefit department.
departamento de producción production department.
departamento de servicios service department.
departamento de ventas sales department.
departamento legal legal department.
dependiente *m./f.* agent, employee.

dependiente (compañía) *f.* ▪ *Sp.* controlled company.
depositante *m./f.* depositor.
depositario *m.* depositary, depository.
depósito *m.* 1. deposit; 2. bailment; 3. warehouse.
depósito a la vista demand deposit, sight deposit.
depósito a plazo fijo set deposit.
depósito a término time deposit.
depósito en garantía guaranty deposit.
depósito fiscal fiscal warehouse.
depósito irregular ▪ *Sp.* sight deposit.
depósito mercantil bailment.
depósitos bancarios bank deposits.
depósitos pendientes de acreditación deposits in transit.
depreciable depreciable.
depreciación *f.* depreciation.
depreciación acelerada accelerated depreciation.
depreciación actualizada adjusted depreciation.
depreciación acumulada accrued depreciation, accumulated depreciation.
depreciación anual annual depreciation.
depreciación autorizada allowed depreciation.
depreciación combinada composite depreciation.
depreciación constante straight-line depreciation.
depreciación contable accounting depreciation.
depreciación creciente increasing depreciation.
depreciación creciente por suma de dígitos sum-of-the-years' digit increasing depreciation.
depreciación de activos assets depreciation.
depreciación decreciente declining-balance depreciation.
depreciación decreciente por suma de dígitos sum-of-the-years' digit depreciation.
depreciación económica economic depreciation.
depreciación en anualidades annuity depreciation method.

depreciación en línea recta straight-line depreciation.
depreciación extraordinaria extraordinary depreciation.
depreciación fiscal depreciation for tax purposes.
depreciación física physical depreciation.
depreciación por el método de Ross-Heidecke Ross Heidecke depreciation method.
depreciación real actual depreciation.
depreciación según horas de trabajo depreciation based on hours of work.
depreciación según unidades de producción production unit depreciation.
depreciación teórica theoretical depreciation.
depreciaciones acumuladas allowance for depreciation.
depuración *f.* adjustment, elimination, correction.
depurar adjust, correct.
derecho a cobrar credit.
derecho de patente ∎ *Sp.* royalty.
derecho de preferencia preemptive right.
derecho de receso dissenter right.
derecho de tanto ∎ *Mex.* preemptive right.
derecho de traspaso ∎ *Sp.* transfer fee.
derecho de uso right of use, usufruct.
derecho mercantil commercial law.
derecho patrimonial de los accionistas ∎ *Mex.* net worth.
derecho preferente de suscripción preemptive right.
derechos aduanales customs duties.
derechos aduaneros customs duties.
derechos de autor copyright.
derechos de fundador founder's shares.
derechos de preferencia preemptive rights.
derechos de suscripción preemptive rights.
derechos reservados all rights reserved.
derogación *f.* repeal, annulment.
derrama *f.* apportionment.
desarrollo *m.* development.
descapitalización *f.* erosion of net worth.
descargar una cuenta credit an account.

descentralización *f.* decentralization.
descentralizar decentralize.
descontar discount.
descubierto *m.* overdraft.
descubierto bancario bank overdraft, overdraft.
descubierto en cuenta overdraft.
descubrimiento *m.* discovery of reserves in the extractive industry.
descuento *m.* discount.
descuento bancario bank discount.
descuento comercial trade discount.
descuento de caja cash discount.
descuento de documento discount of draft.
descuento de efectos draft discount.
descuento de emisión original issue discount.
descuento de factura factoring, invoice discounting.
descuento ganado earned discount.
descuento por compra trade discount earned.
descuento por pago contado cash discount.
descuento por pronto pago cash discount.
descuento sobre ventas trade discount allowed.
descuentos concedidos discounts allowed.
descuentos obtenidos earned discounts.
desechos *m.* rejects, waste.
desembolso *m.* disbursement, payment.
desfalco *m.* defalcation, misappropriation, fraud.
desglose de números breakdown of figures.
desgravación fiscal tax allowance.
desgravación impositiva sobre bienes del capital capital allowances.
desinversión *f.* disinvestment.
despacho *m.* 1. office; 2. shipment, dispatch.
despacho aduanero customs clearance, customhouse clearance.
desperdicio *m.* waste.
después de impuestos after-tax.
destajo *m.* piecework.
destinatario *m.* addressee.
destrucción de inventarios inventory destruction.

desviación *f.* deviation, variance.
desviación del beneficio total total profit variance.
desviación presupuestaria budgetary variance.
desviación promedio average deviation.
detallista *m./f.* retailer.
deterioro de activos depreciation.
deuda *f.* debt, liability.
deuda a largo plazo long-term debt.
deuda amortizable amortizable debt.
deuda consolidada bonded debt.
deuda convertible convertible debt.
deuda de corto plazo short-term debt.
deuda diferida deferred debt.
deuda en libros book debt.
deuda incobrable bad debt.
deuda perpetua perpetual debt.
deuda representada por bonos bond debt.
deudas sociales y fiscales social security and tax liabilities.
deudor *m.* debtor.
deudor común common debtor.
deudor mancomunado joint debtor.
deudor solidario joint and several debtor.
deudores de corto plazo short-term debtors.
deudores de dudoso cobro ■ *Sp.* delinquent debtors.
deudores diversos sundry debtors.
deudores fallidos ■ *Sp.* bad debtors.
deudores insolventes debtors.
deudores morosos delinquent debtors.
deudores por operaciones de tráfico ■ *Sp.* trade receivables.
deudores varios sundry debtors.
devaluación *f.* devaluation.
devengar accrue.
devengar interés bear interest.
devengo *m.* accrued amount ■ *Sp.* accrual.
devolución de derechos de importación sobre materias primas draw back (UK).
devolución sobre activos totales return on assets (ROA).
devolución sobre el capital contable return on equity (ROE).
devoluciones de compra purchase returns.
devoluciones de ventas sales returns.

DGI (Dirección General Impositiva) ■ *Arg.* Internal Revenue Service (IRS).
día de liquidación account day.
día hábil business day, working day.
diagrama de árbol decision tree.
diagrama de bloque block diagram.
diagrama de causa-efecto cause-and-effect diagram.
diagrama de flujo flowchart.
diagrama de procesos flow process chart.
diagrama de secuencia flowchart.
diagrama del punto de equilibrio break-even chart.
diario *m.* journal.
diario de caja cash journal.
diario de compras purchases journal.
diario de egresos cash disbursements journal.
diario de ingresos cash receipts journal.
diario de ventas sales journal.
diario general general journal.
diario tabular columnar journal.
diarios auxiliares auxiliary journal.
días a proveedores day purchases in accounts payable.
días de venta en inventarios days of sales in stock.
días de venta en la calle average collection period in days.
días naturales natural days.
diccionario de actividades activity dictionary.
dictamen de auditoría auditor's certificate.
dictamen del auditor audit certificate, audit opinion.
diferencia de cambio exchange gain (loss).
diferencia de conversión translation adjustment.
diferencia de inventario inventory shrinkage.
diferencia de periodificación ■ *Sp.* temporary difference.
diferencia permanente permanent difference.
diferencia temporal 1. temporary difference; 2. timing difference.
diferencia temporaria temporary difference.

diferencia temporaria deducible
deferred income tax credit.
diferencia temporaria gravable
deferred income tax liability.
diferencial *f.* differential.
diferencias de caja (faltante) cash shortage.
diferencias de caja (excedente) cash overage.
diferimiento *m.* deferral.
dígito *m.* digit.
dígito de control check digit.
diligencia *f.* diligence, task.
dilución *f.* dilution.
dinero *m.* money.
dinero a la vista broker call loan.
dirección *f.* 1. address; 2. management.
dirección de reenvío forwarding address.
Dirección General Impositiva (DGI)
■ *Arg.* Internal Revenue Service.
dirección particular home address.
dirección postal postal address.
directiva *f.* directive, guideline.
director *m.* director.
director comercial business manager.
director de banco bank manager.
directorio *m.* board of directors.
directriz *f.* directive.
dirigir address.
dirigirse a la asamblea address a meeting.
disciplina sobre controles básicos accounting internal control.
discrepancia *f.* discrepancy.
disminución *f.* abatement.
disolución de sociedad dissolution of corporation.
dispersión *f.* dispersion.
disponibilidades *f.* liquid assets, cash, net cash, liquidity, active assets.
disponibilidades de caja ready cash.
disponible *adj.* available.
disponible *n. m.* liquid assets.
disposición de cuenta corriente
■ *Sp.* withdrawal from bank account.
disposiciones fiscales tax laws.
distorsionar distort.
distribución *f.* allocation, funds allocation, appropriation, apportionment, distribution.
distribución beta beta distribution.

distribución de la mano de obra allocation of labor.
distribución de la utilidad neta apportionment of net income.
distribución de los resultados acumulados appropriation of retained earnings.
distribución de resultados distribution to owners.
distribución de resultados acumulados appropriation of retained income.
distribución del costo cost distribution.
distribuible distributable.
distribuidor *m.* dealer.
diversificación *f.* diversification.
dividendo *m.* dividend.
dividendo activo dividend.
dividendo acumulado accumulated dividend.
dividendo acumulativo accumulative dividend.
dividendo complementario equalizing dividend.
dividendo de liquidación capital dividend.
dividendo declarado declared dividend.
dividendo decretado declared dividend.
dividendo devengado accrued dividend.
dividendo diferido deferred dividend.
dividendo en acciones scrip dividend, stock dividend.
dividendo en bonos bond dividend.
dividendo en efectivo cash dividend.
dividendo en especie dividend in kind.
dividendo en obligaciones liability dividend, scrip dividend.
dividendo extraordinario additional dividend.
dividendo ganado dividend revenue.
dividendo implícito constructive dividend.
dividendo no reclamado unclaimed dividend.
dividendo omitido omitted dividend.
dividendo ordinario ordinary dividend.
dividendo parcial interim dividend.
dividendo pasivo capital call.
dividendo por cobrar dividend receivable.

dividendo por pagar dividend payable.
dividendo preferente preferred dividend.
dividendo provisorio interim dividend.
dividendos a pagar dividends account.
dividendos no imponibles dividend exclusion.
dividendos pendientes dividends in arrears.
divisas *f.* foreign currency.
división de auditoría audit division.
divorcio *m.* divorce.
doble tributación double taxation.
documentación *f.* documentation.
documental documentary.
documento *m.* commercial paper.
documento a la vista sight bill.
documento comercial de corto plazo commercial paper.
documento con opción de pago anticipado acceleration note.
documento de cobro aceptado accepted bill.
documento de cobro inmediato sight note.
documento de garantía accommodation note, accommodation paper.
documento fuente source document.
documento mercantil mercantile document.
documento negociable negotiable instrument.
documento original original document.
documento por cobrar descontado note receivable discounted.
documento por cobrar endosado endorsed bill.
documento por pagar note payable.
documento protestado bill supraprotest.
documentos a cobrar bills for collection.
documentos a pagar bills payable.
documentos desatendidos past-due notes.
documentos descontados bills discounted.
documentos endosados notes discounted.
documentos por cobrar bills receivable.

documentos vencidos past-due notes.
domicilio real actual address.
dominante (compañía) ▪ *Sp.* controlling company.
dominio *m.* ▪ *Sp.* control.
donación *f.* donation.
donativos *m.* donation.
dorso *m.* back.
dotación *f.* ▪ *Sp.* provisions to allowances.
dotación a la provisión para insolvencias ▪ *Sp.* allowance for uncollectible accounts.
dotación específica specific allowance method.
dotación global global allowance method.
dotación para amortizaciones ▪ *Sp.* allowance for depreciation.
dualidad económica double entry ▪ *Mex.* balance sheet equation.
dualismo *m.* dualism.
dumping *m.* dumping.
Du Pont fórmula Du Pont formula.

ECEX (empresa de comercio exterior) ▪ *Mex.* export-import company.
economía de escala economy of scale.
economicidad *f.* ▪ *Sp.* productivity.
económico economic, economical.
ecuación contable básica accounting equation, balance sheet equation.
ecuación del patrimonio balance sheet equation.
ecuación del punto de equilibrio break-even equation.
edad *f.* age.
edificaciones *f.* buildings.
edificios y otras construcciones buildings and construction.
edificios y otras construcciones en curso buildings and construction in progress.
efectivo *m.* cash.
efectivo disponible available cash.
efecto acumulativo cumulative effect.

efecto comercial ▪ *Sp.* commercial paper.

efecto de conversión de entidades extranjeras ▪ *Mex.* translation adjustment of foreign companies.

efecto palanca leverage.

efecto por posición monetaria ▪ *Mex.* gain (loss) due to monetary capital.

efectos *m.* ▪ *Sp.* commercial papers ▪ *Mex.* assets.

efectos a cobrar ▪ *Sp., Mex.* bills receivable.

efectos a pagar ▪ *Sp., Mex.* bills payable.

efectos al cobro ▪ *Sp.* bills for collection.

efectos comerciales a cobrar ▪ *Sp.* bills receivable.

efectos comerciales a pagar ▪ *Sp.* bills payable.

efectos comerciales activos ▪ *Sp.* bills receivable.

efectos comerciales impagados ▪ *Sp.* past-due notes.

efectos comerciales pasivos ▪ *Sp.* bills payable.

efectos de comercio ▪ *Sp.* commercial papers.

efectos desatendidos ▪ *Sp.* past-due notes.

efectos impagados ▪ *Sp.* past-due notes.

efectos públicos ▪ *Mex.* government securities.

eficacia *f.* effectiveness.

eficiencia *f.* efficiency.

egreso *m.* expenditure.

ejecución presupuestaria budget control.

ejecutar un programa run a program.

ejercicio *m.* year, period.

ejercicio actual present year.

ejercicio anterior previous year.

ejercicio contable accounting year.

ejercicio económico fiscal year.

ejercicio fiscal annual fiscal period.

elementos de transporte transportation equipment.

elementos del costo elements of cost.

elementos y conjuntos incorporables ▪ *Sp.* operating supplies.

eliminación de cuentas recíprocas eliminations, intercompany eliminations.

elusión impositiva tax avoidance.

embalajes *m.* packing materials.

embalajes y envases packaging.

embargo *m.* attachment, garnishment.

embargo al salario wage garnishment.

embargo de créditos attachment of credits.

embargo fuera de remate attachment without auction.

embargo precautorio preventive attachment

emisión *f.* issuance.

emisión de acciones stock issue.

emisión de acciones liberadas scrip issue.

emisión de bonos bond issue.

emisión de obligaciones debenture issue.

emisión de valores issuance of securities.

emisor *m.* issuer.

emolumentos *m.* perquisites.

emplazamiento a huelga strike call.

emplazar summon.

empleado de confianza confidential employee.

empleado público public servant.

empleo alternativo más rentable recovery value.

emprendedor *m.* entrepreneur.

empresa *f.* company.

empresa asociada associated company.

empresa controlada controlled company.

empresa controlante controlling company.

empresa de comercio exterior (ECEX) ▪ *Mex.* export-import company.

empresa de participación conjunta ▪ *Sp.* joint venture.

empresa de participación estatal state equity participating company.

empresa en desarrollo development stage enterprise.

empresa en funcionamiento ▪ *Sp.* going concern.

empresa en marcha going concern.

empresa exportadora export company.

empresa filial subsidiary, subsidiary undertaking.

empresa pública public company.

empresa regulada company restricted by special regulations.

empresario   *m.* entrepreneur.
empréstito   *m.* loan.
empréstitos   ▪ *Sp.* bonded debt.
empréstitos del estado   government borrowing.
empréstitos municipales   municipal borrowing.
en descubierto   1. overdrawn; 2. uncovered.
en firme   firm.
enajenación de bienes   disposition of assets.
enajenación de bienes embargados ▪ *Mex.* alienation of attached property.
encabezado del balance   balance sheet heading.
encabezamiento   *m.* letterhead.
encubrimiento   *m.* concealment.
encuesta   *f.* survey, study.
endeudamiento   *m.* 1. debt to equity ratio; 2. indebtedness.
endeudamiento a corto plazo   current debt to equity ratio.
endeudamiento en moneda extranjera   foreign debt to equity ratio.
endeudamiento total   total debt to equity ratio.
endosante   *m./f.* endorser, indorser.
endosatario   *m.* endorsee.
endoso   *m.* endorsement, indorsement.
endoso al cobro   endorsement granting power of attorney.
endoso en garantía   endorsement pledging as collateral.
endoso en prenda   endorsement pledging as collateral.
endoso en procuración   endorsement granting power of attorney.
endoso en propiedad   endorsement transferring title.
enfermedad de trabajo   occupational disease.
enganche   *m.* ▪ *Mex.* down payment.
enjugar deudas   wipe off a debt.
enjugar pérdidas   wipe out losses.
enseres   *m.* ▪ *Sp.* chattels, fixtures ▪ *Mex.* office supplies.
ente   *m.* entity.
ente público   public entity.
ente sin fines de lucro   nonprofit organization.
ente vivo   ▪ *Sp.* going concern.

entero   ▪ *Mex.* tax payment.
entidad   *f.* entity.
entidad controlada conjuntamente   joint venture.
entidad financiera   finance entity.
entidad sin fines de lucro   nonprofit organization.
entidades públicas   ▪ *Sp.* social security and tax liabilities.
entorno de control   control environment.
entrada   *f.* entry.
entrada de datos en un sistema   input.
entrada en funcionamiento   operation start up.
entrevista   *f.* audience, interview, hearing.
envases   *m.* packages.
equidad   *f.* accounting principle of equity.
equipo   *m.* equipment.
equipo de cómputo electrónico   computer system.
equipo de entrega   ▪ *Mex.* transportation equipment.
equipo de fábrica   ▪ *Mex.* capital equipment, plant.
equipo de oficina   ▪ *Mex.* office equipment.
equipo de reparto   ▪ *Mex.* transportation equipment.
equipo de trabajo   tax force.
equipo de transporte   transportation equipment.
equipo de ventas   sales team ▪ *Mex.* sales office equipment.
equipo periférico   peripherals.
equipos para procesos de información   computer system.
equivalente del capital ordinario   common stock equivalent.
equivalentes de caja   cash equivalents.
equivalentes de efectivo   cash equivalents.
erario   *m.* public treasury.
erogación   *f.* expenditure.
erogaciones en períodos preoperativos   ▪ *Mex.* preoperating expenses.
error   *m.* error.
error de rutina   routine error.
error tolerable   tolerable error.
errores en el diario   errors in the journal book.

errores en el libro de inventarios y balances errors in inventory and balance book.

errores en el mayor errors in the general ledger.

escalafón *m.* roll.

escisión *f.* spinoff.

escrito *m.* brief.

escritura *f.* deed.

escritura de constitución memorandum of association.

escritura pública legal instrument.

esencia sobre forma principle of essence over form.

especialista *m./f.* expert.

especulación *f.* speculation.

espiral inflacionaria inflationary spiral.

estabilidad *f.* stability.

establecimiento *m.* business establishment.

establecimiento permanente permanent establishment.

estadística *f.* statistics.

estado *m.* statement.

estado concentrado condensed statement.

estado condensado condensed statement.

estado consolidado consolidated statement.

estado consolidado de pérdidas y ganancias consolidated profit and loss statement.

estado de actividad financiera, económica y social ■ *Col.* income statement.

estado de activo fijo tangible tangible fixed assets statement.

estado de activo y pasivo ■ *Sp.* financial statement.

estado de cambios en la situación financiera ■ *Sp., Mex.* statement of working capital flows.

estado de cambios en la situación financiera en base a efectivo ■ *Mex.* statement of cash flows.

estado de costo de las mercaderías vendidas cost of goods sold statement.

estado de costo de los productos vendidos cost of goods manufactured and sold.

estado de costo de producción manufacturing cost statement.

estado de cuenta abstract of account.

estado de evolución del patrimonio statement of stockholders' equity.

estado de evolución del patrimonio neto statement of stockholders' equity.

estado de explotación ■ *Sp.* income statement.

estado de flujo de caja cash-flow statement.

estado de flujo de efectivo ■ *Mex.* statement of cash flows.

estado de flujos de caja statement of cash equivalents flows.

estado de fuentes y usos del capital de trabajo ■ *Mex.* sources and applications of working capital statement.

estado de gastos y recursos income statement in a nonprofit organization.

estado de ingresos y pérdidas y ganancias ■ *Sp.* income statement.

estado de inversiones y su financiamiento ■ *Mex.* statement of cash flows.

estado de liquidación liquidation statement.

estado de operaciones ■ *Sp.* income statement.

estado de origen y aplicación de fondos cash-flow statement.

estado de origen y aplicación de fondos por el método directo direct method cash-flow statement.

estado de origen y aplicación de fondos por el método indirecto indirect method cash-flow statement.

estado de origen y aplicación de recursos ■ *Mex.* cash-flow statement.

estado de pérdidas y ganancias income statement.

estado de productos ■ *Mex.* income statement.

estado de recursos y obligaciones ■ *Sp.* financial statement.

estado de rendimientos ■ *Mex.* income statement.

estado de rendimientos económicos ■ *Ch.* income statement.

estado de resultados income statement, profit and loss statement, profit and loss accounts (UK).

estado de resultados acumulados
balance of retained earnings.
estado de resultados de paso único
single-step income statement.
**estado de resultados de pasos
múltiples**   income statement with
subtotals.
estado de situación financiera
financial statement.
estado de situación patrimonial
financial statement.
**estado de situación patrimonial en
forma continental**   account form
balance sheet.
**estado de situación patrimonial en
forma de cuenta**   account form
balance sheet.
**estado de situación patrimonial en
forma de relación**   report form
balance sheet.
**estado de situación patrimonial en
forma inglesa**   account form balance
sheet.
estado de superávit   ■ *Sp.* balance of
retained earnings.
estado de trabajo   worksheet.
**estado de variaciones de los
recursos financieros**   flow of funds
statement.
**estado de variaciones en el capital
contable**   ■ *Mex.* statement of
stockholders' equity.
**estado de variaciones en el capital
corriente por el método directo**
direct method statement of cash flows.
**estado de variaciones en el capital
corriente por el método indirecto**
indirect method statement of cash flows.
**estado de variaciones en el capital
monetario**   statement of changes in
monetary assets and liabilities.
estado financiero   ■ *Sp.* financial
statement.
estado general de trabajo   worksheet.
estado pro forma   pro forma statement.
estados comparativos   comparative
statement.
estados contables   annual report.
estados contables auditados   audited
annual report.
estados contables básicos   financial
statements.

estados contables combinados
combined financial statements.
estados contables condensados
condensed financial statements.
estados contables de publicación
financial statements of publication.
estados contables resumidos
condensed financial statements.
estados financieros   ■ *Mex.* annual
accounts.
estados financieros básicos   ■ *Mex.*
financial statements.
estados financieros combinados
■ *Mex.* combined financial statements.
estados financieros consolidados
■ *Mex.* consolidated financial statements.
**estados financieros para uso
general**   all-purpose financial
statements.
estados prospectivos   projected
statements.
estados proyectados   projected
statements.
estándar   standard.
estatutos de una sociedad   articles of
a corporation.
estatutos sociales   articles of an
association.
estimación   *f.* appraisal.
estimación contable   accounting
appraisal.
estimación para agotamiento   ■ *Mex.*
reserve for depletion.
estimación para amortizaciones
■ *Mex.* accumulated amortizations.
**estimación para cuentas
incobrables**   ■ *Mex.* allowance for bad
debts.
estimación para depreciación
■ *Mex.* accumulated depreciation.
estimación para inventarios   ■ *Mex.*
allowance for decline in the value of
inventories.
**estimaciones complementarias de
activo**   ■ *Mex.* allowance for decline in
the value of assets.
estímulos fiscales   tax incentive.
estipular   stipulate.
estrategia   *f.* strategy.
estratificación   *f.* stratified sampling.
estrato   *m.* stratum.
estructura de capital   capital structure.

estructura de la cuenta de pérdidas y ganancias profit and loss account structure.

estructura del balance balance structure.

estructura económica economic structure.

estructura financiera financial structure.

estudio *m.* study.

estudio actuarial actuarial valuation.

estudio de factibilidad feasibility study.

estudio diligente de los fenómenos a representar diligent analysis of the transactions to represent.

estudio general audit general examination.

estudio y evaluación del control interno analysis and evaluation of internal control.

estudios y proyectos ■ *Sp.* research and development (R&D).

ética profesional professional ethics.

etiqueta *f.* tag.

etiqueta de inventario ■ *Mex.* inventory card.

eurobono Eurobond.

eurodólares Eurodollars.

evaluación de empresas corporate appraisal.

evasión de impuestos tax evasion.

evasión fiscal tax evasion.

eventos posteriores a la fecha del balance ■ *Mex.* poststatement disclosures.

eventos subsecuentes ■ *Mex.* poststatement disclosures.

evicción *f.* eviction, dispossession.

evidencia de auditoría auditing evidence.

ex-ante ex ante.

ex cupón ex interest.

ex dividendo ex-dividend.

ex-post ex post.

exacción *f.* 1. demand; 2. exaction.

examen de auditoría audit examination.

examen de los estados financieros financial examination.

excedente *m.* excess ■ *Arg.* annual income in a cooperative company.

excedente repartible ■ *Arg.* distributable income in a cooperative.

excedentes financieros financial surplus.

excepción *f.* qualification.

exceso del patrimonio sobre el capital social surplus.

exención *f.* exemption.

exención impositiva tax exemption.

exhibición *f.* ■ *Mex.* call.

exhibición de capital ■ *Mex.* capital call.

exhibición de libros book presentation.

exigibilidad *f.* liquidity, demandability.

exigible *m.* ■ *Sp.* commercial debt.

exigible a corto plazo ■ *Sp.* current liabilities.

exigible consolidado ■ *Sp.* long-term debt.

existencias *f.* goods, inventory, stock.

existencias comerciales ■ *Sp.* wares, goods for sale.

existencias de seguridad safety stock.

existencias libres free stock.

expediente *m.* file, record.

expediente continuo de auditoría ■ *Mex.* audit permanent file.

experto *m.* expert.

expiración *f.* ■ *Mex.* expiration.

exploración *f.* exploration.

explotación *f.* ■ *Sp.* profit and loss account.

explotación agrícola farm, agribusiness.

exportación *f.* export, exportation.

exportación de bienes goods exports.

exportación de servicios services export.

exportación definitiva permanent export.

exportación temporal temporary exportation.

exposición *f.* 1. disclosure; 2. exposure.

exposición a variaciones en el tipo de cambio accounting risk.

extensión de la auditoría audit scope.

exterior foreign.

extinción de deuda extinguishment of debt, retirement of outstanding debt.

extinción temprana de deuda early extinguishment of debt.
extracto bancario bank statement.
extracto de cuenta abstract of account.

fábrica *f.* factory, plant.
fabricación en proceso manufacturing in process.
fabricante *m./f.* manufacturer.
fabril manufacturing.
facilidad de prueba integrada computer system output audit control.
FACPCE (Federación Argentina de Consejos Profesionales de Ciencias Económicas) Argentine Federation of Graduate Colleges in Economic Sciences.
facsímil *m.* fax.
factor *m.* factor.
factor clave key factor.
factor crítico de éxito critical success factor.
factor de actualización adjustment for inflation factor.
factor de acumulación adjustment by factor.
factor de ajuste adjustment factor.
factor de conversión conversion factor.
factor limitante constraining factor.
factoraje financiero factoring.
factoreo *m.* factoring.
factores de producción factors of production.
factura *f.* bill of sale, invoice.
factura conformada document supporting the credit originated in a sale.
factura pro forma pro forma invoice.
factura provisoria provisional invoice.
facturación *f.* billing.
facturación por ciclos cycle billing.
facturar bill.
facultades de las autoridades fiscales power of fiscal authorities.

FAGCE (Federación Argentina de Graduados en Ciencias Económicas) Argentine Federation of Graduates in Economic Sciences.
fallo judicial sentence, judgment.
falsificación *f.* alteration.
falta de asistencia al trabajo absence from work.
faltante *m.* shortage.
faltante de caja cash shortage and coverage.
faltante de inventario inventory shortage.
familiar inmediato immediate family.
fase *f.* stage.
fax *m.* fax.
fayuca *f.* ▪ *Mex.* smuggled goods.
fe de erratas errata.
fe pública legal authority to authenticate documents.
fecha *f.* date.
fecha común de reporte a common reporting date.
fecha de aceptación acceptance date.
fecha de acumulación accrual date.
fecha de adquisición date of acquisition.
fecha de anuncio announcement date.
fecha de balance balance sheet date.
fecha de cierre del período accounting period closing date.
fecha de corte cutoff date.
fecha de declaración declaration date.
fecha de devengamiento accrual date.
fecha de emisión issuing date.
fecha de inicio de operaciones starting date of operations.
fecha de registro date of record.
fecha de vencimiento due date.
fecha de venta disposal date.
fecha límite deadline.
fecha temprana (FT) earliest time (ET)
fecha valor effective date.
fedatario *m.* notary.
federación *f.* federation.
Federación Americana de Trabajadores—Congreso de Organizaciones Industriales American Federation of Labor-Congress of Industrial Organizations (AFL-CIO).

Federación Argentina de Colegios de Graduados en Ciencias Económicas (FACGCE) Argentine Federation of Graduates in the Economic Sciences.

Federación Argentina de Consejos Profesionales de Ciencias Ecónomicas (FACPCE) Argentine Federation of Economic Sciences Boards.

Federación Argentina de Graduados en Ciencias Económicas (FAGCE) Argentine Federation of Graduates in Economic Sciences.

Federación de Analistas Financieros Financial Analysts Federation.

Federación Internacional de Contadores International Federation of Accountants (IFAC).

feriado bancario bank holiday.

fiabilidad *f.* reliability.

fiador *m.* guarantor.

fianza *f.* guarantee.

fianzas entregadas credits of money given as security.

fianzas recibidas liability for money received as security.

fiar sell on credit.

ficha *f.* file card.

ficha de almacén bin card.

ficha de depósito ■ *Mex.* deposit slip.

ficha de inventario inventory status file.

ficha de registro bill card.

fideicomisario *m.* trustee.

fideicomiso *m.* trust.

fiducia mercantil business trust.

fiduciario fiduciary.

fijación de precios pricing.

fijar daños y perjuicios award damages.

filial *f.* ■ *Sp.* controlled company, subsidiary.

fin de año year-end.

financiación *f.* funding.

financiación ajena debt financing.

financiación básica ■ *Sp.* equities.

financiación de la inversión inmovilizada quity to fixed assets ratio.

financiación propia equity financing.

financiamiento con capital propio equity financing.

financiamiento con pasivos debt financing.

financiar finance.

financiero financial.

finanzas *f.* finance.

finanzas públicas public finance.

fincas rústicas ■ *Sp.* rural property.

fincas urbanas ■ *Sp.* urban property.

fines de la contabilidad accounting purposes.

finiquito *m.* liberation, satisfaction.

firma *f.* firm, signature.

firma digital digital signature.

firma en blanco blank signature.

firmar un acuerdo sign an agreement.

fletes *m.* 1. freight; 2. freight expenses.

flexibilidad *f.* flexibility.

fluctuación temporaria temporary fluctuation.

flujo *m.* flow.

flujo de efectivo cash flow.

flujo de fondos cash flow.

flujo de fondos después de impuestos after-tax cash flow.

flujo futuro de fondos forward flow of funds.

flujograma *m.* flowchart.

fluxograma *m.* flowchart.

FMI (Fondo Monetario Internacional) International Monetary Fund (IMF).

foliar number pages.

folio *m.* folio.

folleto bursátil ■ *Sp.* prospectus.

folleto de emisión *Sp.* prospectus.

fondo *m.* fund.

fondo común de inversión investment fund.

fondo de accidentes accident fund.

fondo de amortización 1. sinking fund; 2. accumulated depreciation.

fondo de anticipo para gastos advance expense fund.

fondo de beneficencia endowment fund.

fondo de comercio ■ *Arg.* constituent elements of a commercial establishment ■ *Sp.* goodwill.

fondo de comercio adquirido purchased goodwill.

fondo de fideicomiso trust fund.

fondo de habilitación funds surrendered to branches.

fondo de huelga   strike fund.
fondo de inversión   investment fund.
fondo de jubilaciones y pensiones pension fund.
fondo de maniobra   ■ *Sp.* net current assets, working capital.
fondo de reposición   renewal fund.
fondo de reversión   restitution fund.
fondo de rotación   ■ *Sp.* net current assets.
fondo de seguro propio   self-insurance fund.
fondo extraordinario de reparaciones   extraordinary repair fund.
fondo fijo   petty cash fund, petty cash.
fondo fijo de caja   petty cash fund.
fondo fijo de caja chica   petty cash fund.
fondo fijo de rotación   petty cash fund.
fondo fijo revolvente   petty cash fund.
fondo general   general fund.
Fondo Monetario Internacional (FMI)   International Monetary Fund (IMF).
fondo para depreciación   depreciation fund.
fondo para el servicio de deuda debt service fund.
fondo para organismos   agency fund.
fondo para prestaciones al personal employee benefit fund.
fondo para proyectos de inversión capital projects fund.
fondo presupuestario   budgeting fund.
fondos ajenos   financial liabilities.
fondos de dotación   funds for nonprofit organizations.
fondos en tránsito   funds in transit.
fondos especiales   special-purpose funds.
fondos propios   equity financing ■ *Sp.* net worth, equity.
fondos públicos   public funds ■ *Sp.* government bond.
fondos sociales   ■ *Arg.* net worth in a nonprofit organization.
fondos variables de caja   petty cash fund.

formalidades legales de los libros contables   legal formalities required in the accounting books.
formas oficiales   tax return forms.
formato   *m.* format ■ *Col.* form.
formato de balance   account form.
fórmula   *f.* formula.
fórmula de Black y Scholes   Black and Scholes formula.
fórmula de Du Pont   Du Pont formula.
formulario   *m.* form.
formulario de impuestos   tax receipt.
formulario de solicitud   application form.
formulario en blanco   blank form.
franco a bordo   free on board (FOB).
franja fronteriza   frontier strip.
franquicia   *f.* 1. franchise; 2. exemption.
franquicia gubernamental government franchise.
franquiciado   *m.* franchisee.
franquiciante   *m./f.* franchiser.
fraude   *m.* fraud.
FT (fecha temprana)   earliest time (ET)
fuente de ingresos   source of income.
fuentes de financiación   sources of funds.
fuentes de financiamiento externo external sources of funds.
fuentes de financiamiento interno internal sources of funds.
función bancaria   banking advisory function.
función de auditoría   audit function.
función financiera   financial management.
funcionario   *m.* corporate officer.
funcionario de aduana   customs officer, customs official, revenue officer.
fundación   *f.* ■ *Arg.* nonprofit organization.
fundamentos legales   body of laws.
fungible   fungible.
fusión   *f.* merger.
fusión de conglomerados conglomerate merger.
fusión de intereses   pooling of interests.
fusión horizontal   ■ *Mex.* horizontal merger, merger.
fusión vertical   ■ *Mex.* vertical merger.
futuro   *m.* future.
futuros financieros   financial futures.

ganancia *f.* income, surplus profit, gain, earning, benefit.
ganancia ajena a la explotación nonoperating income.
ganancia atribuible a los administradores income after interest on invested capital.
ganancia atribuible a los propietarios interest on invested capital.
ganancia bruta gross profit.
ganancia bruta de ventas gross profit.
ganancia cambiaria ▪ *Mex.* exchange gain.
ganancia contingente contingent profit.
ganancia de cambio exchange gain.
ganancia del período income.
ganancia después de impuestos after-tax profit.
ganancia extraordinaria extraordinary profit.
ganancia fiscal tax profit.
ganancia gravada taxable profit.
ganancia imponible taxable profit.
ganancia impositiva tax profit.
ganancia inflacionaria acumulable monetary gain.
ganancia interna division income.
ganancia interprocesos division income.
ganancia líquida net income.
ganancia monetaria monetary gain.
ganancia neta net income.
ganancia neta de explotación operating income.
ganancia no operativa nonoperating income.
ganancia no realizada paper profit, unrealized gain.
ganancia operativa operating income.
ganancia ordinaria ordinary income.
ganancia por acción earnings per share.
ganancia por acción totalmente diluida fully diluted earnings per share.

ganancia por exposición a la inflación monetary gain.
ganancia por tenencia holding gain.
ganancia realizada realized gain.
ganancia reservada reserve.
ganancia secundaria nonoperating profit.
ganancias a realizar unearned revenues.
ganancias actuariales actuarial gains.
ganancias acumuladas accumulated profits.
ganancias contables accounting profits.
ganancias extraordinarias abnormal gain.
ganancias imputables attributable profit.
ganancias por acción diluidas diluted earnings per share.
ganancias por transacciones en moneda extranjera foreign currency transaction gain.
ganancias retenidas retained earnings.
ganancias y pérdidas profit and loss.
ganga *f.* bargain.
garantía *f.* guaranty, bail, collateral, pledge, security, warranty.
garantía bancaria banking warranty.
garantía de equidad tax equity.
garantía de proporcionalidad progressive taxation.
garantía flotante floating collateral.
garantía real real security.
garantía real hipotecaria mortgage security.
garantía real prendaria collateral security.
garantizar guarantee, warrant.
garantizar con colateral collateralize.
gasto *m.* expense, expenditure, charge.
gasto deducible deductible expense.
gasto diferido deferred expense.
gasto directo direct expense.
gasto no deducible nondeductible expense.
gastos a pagar accrued expenses.
gastos acumulados accrued expenses.
gastos administrativos administrative expenses.
gastos aduanales customs expenses.
gastos aduaneros customs expenses.

gastos amortizables ■ *Sp.* deferred
charges.

**gastos amortizables de ampliación
de capital** new equity issue deferred
charges.

gastos anticipados prepayments.

gastos bancarios bank charges, banking
charges.

gastos comerciales selling expenses.

**gastos comerciales y
administrativos** ■ *Mex.* operating
expenses.

gastos con financiación afectada
■ *Sp.* appropriated income.

gastos de administración
administrative expenses.

**gastos de adquisición de
inmovilizado** ■ *Sp.* deferred operating
expenses.

gastos de almacenaje storage costs.

gastos de amortización ■ *Sp.*
depreciation charges.

gastos de cobranza collection
expenses.

gastos de comercialización
marketing expenses.

gastos de compra purchase costs.

gastos de constitución incorporation
fees.

gastos de distribución distribution
expenses.

gastos de emisión flotation costs.

gastos de emisión de bonos bond
issue expenses.

gastos de emisión de obligaciones
debenture issue expenses.

gastos de explotación revenue
expenditure, running costs.

gastos de fabricación factory
overhead, overhead.

gastos de instalación installation
expenses.

gastos de material de oficina office
expenses.

gastos de mercadotecnia ■ *Mex.*
marketing expenses.

gastos de oficina office expenses.

gastos de operación operating costs.

gastos de organización organization
expenses.

gastos de personal personnel
expenses.

gastos de previsión social social
security costs.

gastos de primer establecimiento
■ *Sp.* preliminary expenses.

gastos de producción manufacturing
expenses.

gastos de propaganda advertising
expenses.

gastos de publicidad y propaganda
advertising expenses.

gastos de puesta en marcha start-up
costs.

gastos de relaciones públicas
public relations expenses.

gastos de representación
entertainment allowance.

gastos de transporte transport costs.

gastos de venta selling costs, selling
expenses.

gastos devengados accrued expenses.

gastos diferidos deferred charges,
deferred expenditures.

gastos directos direct costs.

gastos diversos sundry expenses.

gastos domésticos personal
expenditures.

gastos fijos fixed costs.

gastos fijos de fabricación fixed
factory overhead, fixed overhead.

gastos financieros financial expenses.

**gastos financieros de ampliación de
capital** deferred charges of new equity
issue.

gastos financieros diferidos deferred
financial expenses.

gastos generales general expenses,
overhead.

gastos generales absorbidos
absorbed overhead.

**gastos generales de fabricación
directos** direct overhead.

**gastos generales y de
administración** administrative and
general expenses.

gastos imprevistos incidental
expenses.

gastos indirectos de fabricación
factory overhead.

gastos indirectos departamentales
departamental overhead.

gastos inmovilizados ■ *Mex.*
capitalized expenditures.

gastos jurídicos contenciosos   legal expenses.
gastos legales   legal expenses.
gastos menores   petty expenditures.
gastos no distribuídos   undistributed expenses.
gastos operativos   operating expenses.
gastos pagados por anticipado   prepaid expenses, deferred charges.
gastos particulares   personal expenses.
gastos personales   personal expenditures.
gastos presupuestados   budgeted expense plan.
gastos reales   actual costs.
gastos sobre compras   purchasing expenses.
gastos variables   variable costs.
GATT (Acuerdo General sobre Aranceles Aduaneros y Comercio)   General Agreement on Tariffs and Trade (GATT).
gerencia   *f.* management.
gerencia administrativa   administrative management.
gerente   *m./f.* manager.
gerente de departamento   department manager.
gerente de operaciones   operations manager.
gerente de personal   personnel manager.
gerente de proyecto   project manager.
gerente de recursos humanos   human resources manager.
gerente financiero   chief financial officer (CFO).
gestión   *f.* management.
gestión continuada   ▪ *Sp.* going concern.
gestión de costos   cost management.
gestión de negocios   business agency.
gestión de tesorería   treasury management.
gestión financiera   financial management.
gestor   *m.* agent.
girado   *m.* drawee.
girador   *m.* drawer.
giro   *m.* 1. draft; 2. activity.
giro a días vista   at days sight draft.
giro a fecha fija   time draft.

giro a la vista   sight draft.
giro aceptado   accepted draft.
giro bancario   bank draft, bank money order, standing order.
giro comercial   commercial activity.
giro de servicios   service activity.
giro industrial   industrial activity.
glosar   explain, annotate.
graciable   ex gratia.
grado de riesgo de trabajo   occupational risk.
gráfica   *f.* chart, graph.
gráfica de flujo   flowchart.
gráfica de organización   organization chart.
gráfica Gantt   Gantt chart.
gráfico   *m.* chart, graph.
gráfico de barras   bar chart.
gráfico de margen de contribución   contribution graph.
granel   bulk.
gratificación   *f.* bonus.
gratificación anual   annual bonus.
gravamen   *m.* encumbrance.
gravamen sobre bienes muebles   chattel mortgage.
gremio   *m.* union.
grupo económico   group, combine.
grupo horizontal   horizontal group.
grupos de usuarios   user groups.
guante   *m.* goodwill.
guía contabilizadora   ▪ *Mex.* accounting manual.

haber   *m.* credit.
haberes   salaries and wages.
haberes sociales   assets of a partnership belonging to each partner.
hacienda pública   public treasury.
hardware   *m.* hardware.
hecho   *m.* event.
hecho contable   accounting event.
hecho mixto   combined transaction.
hecho modificativo   accounting transaction involving changes in profit or loss accounts.

hecho permutativo   accounting transaction without changes in profits or loss accounts.

hechos ajustables   adjusting events.

hechos no ajustables   nonadjusting events.

hechos posteriores al cierre   poststatement disclosures.

hechos relevantes tras el cierre del ejercicio   post balance sheet events.

hechos subsecuentes   poststatement disclosures.

heredero   *m.* heir.

herencia   *f.* estate.

herramienta   *f.* tool.

herramienta de mano   hand tool.

heurístico   heuristic.

hipoteca   *f.* mortgage.

hipotecas por pagar   mortgage payable.

hipótesis   *f.* hypothesis.

hipótesis de mercados eficientes   efficient market hypothesis.

histograma   *m.* histogram.

hoja   *f.* sheet.

hoja de asistencia   time sheet.

hoja de costos   cost sheet.

hoja de costos por órdenes   job cost sheet.

hoja de ingresos   income sheet.

hoja de recepción   goods reception report.

hoja de trabajo   worksheet.

hoja electrónica   worksheet.

hoja electrónica de cálculo   spreadsheet.

hoja explicativa   language sheet.

hoja general de trabajo   working trial balance.

hoja matriz   backing sheet.

hojas de trabajo del auditor   worksheet.

hojas guía   ledger balance worksheets.

honorario   *m.* fee.

honorario contingente   contingent fee.

honorario de agente   agent's fee.

honorarios de auditoría   audit fees.

honorarios del contador   accountant's fees.

honorarios por asistencia   attendance fees.

honorarios profesionales   professional fees.

hora   *f.* hour.

horario bancario   banking hours.

horario flexible   flextime.

horas disponibles   available hours.

horas estándar   standard hours.

horas extras   after-hours, overtime.

horas hábiles   business hours.

horas-hombre   man-hours.

horas-máquina   machine hours.

horas normales   normal hours.

horizonte de planificación   planning horizon.

huelga   *f.* strike.

IATA (Asociación de Transporte Aéreo Internacional)   International Air Transport Association (IATA).

identidad   *f.* identity.

identidad contable   accounting identity.

identificabilidad   *f.* identity.

identificación   *f.* identification.

identificación específica   specific identification.

identificación individual   specific identification.

IED (Inversión Extranjera Directa)   Foreign Direct Investment.

IGJ (Inspección General de Justicia)   ▪ *Arg.* Inspection Board of Legal Entities.

IGP (índice general de precios)   general price index (GPI).

igualdad del inventario   ▪ *Sp.* accounting equation.

iliquidez   *f.* illiquidity.

ilusión monetaria   money illusion.

imagen adecuada   ▪ *Sp.* reliable image.

imagen fiel   ▪ *Sp.* reliable image.

IMCP (Instituto Mexicano de Contadores Públicos)   Mexican Institute of Public Accountants.

impago de efectos   ▪ *Sp.* past-due notes.

imparcialidad   *f.* impartiality, verifiability.

imponible   taxable.

importación   *f.* import.

importación definitiva   definitive import.

importación temporal   temporary import.

importación temporaria   temporary import.

importancia   *f.* relevance.

importancia relativa   relevance.

importe   *m.* amount.

importe a pagar   amount due.

imposición   *f.* 1. taxation; 2. deposit.

imposición a plazo   ■ *Sp.* time deposit.

imposición a plazo fijo   ■ *Sp.* fixed-term deposit.

impuesto   *m.* tax.

impuesto a las ganancias   income tax.

impuesto ad valorem   ad valorem tax.

impuesto al activo   tax on assets.

impuesto al comercio exterior   export and import tax.

impuesto al consumo   consumption tax.

impuesto al valor agregado (IVA)   value-added tax (VAT).

impuesto al valor añadido (IVA)   ■ *Sp.* value-added tax (VAT).

impuesto anticipado   advance tax.

impuesto de sociedades   corporate tax, corporation tax.

impuesto diferido   deferred tax.

impuesto directo   direct tax.

impuesto específico sobre productos o servicios   excise tax.

impuesto estimado   estimated tax.

impuesto fijo   flat tax.

impuesto general de exportación   export tax.

impuesto general de importación   import tax.

impuesto indirecto   consumption tax, indirect tax.

impuesto sobre dividendos   dividend tax.

impuesto sobre herencias   inheritance tax.

impuesto sobre la renta   income tax.

impuesto sobre productos del trabajo   income tax.

impuesto sucesorio   death tax, estate tax, inheritance tax.

impuestos a pagar   taxes payable.

impuestos acumulados por pagar   accrued taxes.

impuestos internos   internal revenue taxes.

impuestos por pagar   accrued taxes.

impulsor del costo por actividad   activity cost driver.

imputación   *f.* allocation.

imputar   allocate, impute.

incapacidad permanente parcial   permanent partial disability.

incapacidad permanente total   permanent total disability.

incapacidad temporal   temporary disability.

incentivo   *m.* incentive.

incentivos a las exportaciones   export incentives.

incentivos fiscales   fiscal incentives.

incidencia   *f.* incidence.

incremento   *m.* increase, increment.

incremento de capital   capital increase.

incremento de pasivo   debt increase.

incumplimiento contractual   breach the contract.

incumplimiento de pago   default on payment.

INDEC (Instituto Nacional de Estadísticas y Censos)   National Institute of Statistics and Census.

indemnización   *f.* benefit payments.

indemnización por accidentes de trabajo   accident benefits.

indemnización por clientela   ■ *Arg.* clientele compensation.

indemnización por daños y perjuicios   damages and monetary loss indemnity.

indemnización por despido   dismissal compensation.

indemnización por enfermedad   sick benefits.

indemnización por riesgo de trabajo   occupational risk benefits.

independencia   *f.* independence.

independencia de criterio   auditor's independence.

independencia mental   ■ *Mex.* auditor's independence.

INDETEC (Instituto para el Desarrollo Técnico de las Haciendas Públicas)   *Mex.* Institute for the Technical Development of the Public Treasuries.

indexación   *f.* indexation.

indicador   *m.* indicator, ratio.

indicador de valor   value driver.

índice   *m.* coefficient, ratio, index.

índice bursátil   stock market index.

índice de cobranza   average collection period.

índice de cuentas   ▪ *Sp.* chart of accounts.

índice de la inversión del capital return on equity (ROE).

índice de la prueba de ácido   quick ratio.

índice de liquidez inmediata   quick ratio.

índice de precios   price index.

índice de precios al consumidor (IPC)   consumer price index (CPI).

índice de precios específicos specific price index.

índice de precios generales   general price index.

índice de precios mayoristas (IPM) wholesale price index (WPI).

índice de productividad del negocio return on assets (ROA).

índice de productividad para accionistas ordinarios   return on common stockholders' equity.

índice de protección al capital pagado   return on invested capital.

índice de protección al pasivo circulante   net tangible assets to current debt ratio.

índice de protección al pasivo total net tangible assets to total debt ratio.

índice de rotación de cuentas y documentos por cobrar a clientes accounts receivable turnover.

índice de rotación de cuentas y documentos por pagar a proveedores   accounts payable turnover.

índice de rotación de inventarios inventory turnover.

índice de solvencia inmediata   quick ratio.

índice del patrimonio inmovilizado fixed tangible assets to net tangible assets ratio.

índice general de precios (IGP) general price index (GPI).

individualización jurídica   registration of accounting books.

indivisibilidad   *f.* indivisibility.

industria   *f.* industry.

industria familiar   family shop.

inembargable   nonattachable.

inflación   *f.* inflation.

influencia   *f.* influence.

influencia dominante   dominant influence.

influencia notable   ▪ *Sp.* relevant influence.

influencia significativa   relevant influence.

información   *f.* information.

información adicional a los estados contables   disclosure.

información comparativa   comparative data.

información complementaria   ▪ *Mex.* disclosure.

información contable   accounting information.

información contable pública   public accounting information.

información en la fuente   information at source.

información en términos monetarios   monetary unit principle.

información interna confidencial inside information.

información pro forma   pro forma reports.

información prospectiva   projected information.

información suplementaria   ▪ *Sp.* disclosure.

informar   inform.

informática   *f.* information technology.

informe   *m.* report.

informe anual   annual report.

informe anual a los accionistas annual report to stockholders.

informe breve   flash report.

informe contable   financial statement.

informe de auditoría   audit report.

informe de costos   cost report.

informe de gestión   ▪ *Sp.* management's discussion and analysis of earnings.

informe de gestión consolidado ▪ *Sp.* management's discussion and analysis of earnings for consolidated financial statements.

informe de la dirección directors' report.

informe de pedidos no entregados backlog reporting.

informe de recepción receiving report.

informe de solvencia credit report.

informe de valuación appraisal report.

informe del auditor auditors' report.

informe del auditor de estados contables auditors' report.

informe del contador accountant's report.

informe especial special audit report.

informe extenso detailed report.

informe financiero anual annual financial report.

informe financiero anual global comprehensive annual financial report (CAFR).

informe largo detailed report.

informes complementarios complementary reports.

informes contables falsos false financial statements.

ingeniería financiera financial engineering.

ingreso *m.* 1. income; 2. revenue.

ingreso anual annual income.

ingreso bruto ajustado adjusted gross income (AGI).

ingreso corriente current revenue.

ingreso de capital capital revenue.

ingreso devengado accrued revenue.

ingreso en cuenta corriente bancaria checking deposit.

ingreso fiscal fiscal revenue.

ingreso global all-inclusive income concept, comprehensive income.

ingreso promedio average income.

ingreso subordinado but-for income.

ingresos accesorios de la explotación nonoperating income.

ingresos accesorios de la propiedad industrial cedida en explotación royalties.

ingresos accesorios por prestación de servicios diversos service revenues.

ingresos ajenos a la operación nonoperating income.

ingresos brutos gross income.

ingresos calculados de trabajos realizados por la propia empresa para su inmovilizado income generated by internal projects on the company's fixed asset.

ingresos de gestión ■ *Ch.* operating income.

ingresos de productos sales of products.

ingresos diferidos deferred credit, deferred income, deferred revenue.

ingresos extraordinarios extraordinary gain.

ingresos financieros financial income.

ingresos ordinarios ordinary income.

ingresos per cápita per capita income.

ingresos por regalías income from royalties.

ingresos predestinados appropriated income.

ingresos presupuestales ■ *Mex.* public funds.

ingresos presupuestarios public funds.

ingresos públicos public revenue.

ingresos totales total revenue.

inmaterial immaterial.

inmovilización *f.* fixed assets to total assets ratio.

inmovilización financiera investment in fixed assets and working capital.

inmovilización técnica investment in fixed assets.

inmovilizaciones ■ *Sp.* investments.

inmovilizaciones antifuncionales ■ *Sp.* investments in unproductive assets.

inmovilizaciones de ejercicio ■ *Sp.* investments in current assets.

inmovilizaciones de gestión ■ *Sp.* investments in fixed assets.

inmovilizaciones en curso ■ *Sp.* construction in progress.

inmovilizaciones extrafuncionales ■ *Sp.* nonoperating assets.

inmovilizaciones funcionales ■ *Sp.* investments in productive assets.

inmovilizado *m.* ■ *Sp.* fixed assets, fixed and other noncurrent assets.

inmovilizado financiero ■ *Sp.* noncurrent investments.

inmovilizado inmaterial ■ *Sp.* fixed intangible assets.

inmovilizado material ■ *Sp.* fixed tangible assets.

inmovilizado material ajeno a la explotación ■ *Sp.* nonoperating fixed tangible assets.

inmuebles *m.* real estate.

inmuebles, maquinaria y equipo ■ *Mex.* fixed tangible assets.

innovación *f.* innovation.

insolvencia *f.* insolvency.

insolvente bankrupt.

inspección *f.* examination.

inspección aduanera customs inspection, customs examination.

Inspección General de Justicia (IGJ) ■ *Arg.* Inspection Board of Legal Entities.

instalaciones fijas fixtures.

instituciones de crédito credit institutions.

instituciones de crédito privadas private credit institutions.

instituciones públicas public institutions.

Instituto Argentino de Racionalización de Materiales (IRAM) Argentine Institute of Material Standardization.

Instituto Mexicano de Contadores Públicos (IMCP) Mexican Institute of Public Accountants.

Instituto Nacional de Estadísticas y Censos (INDEC) ■ *Arg.* National Institute of Statistics and Census.

Instituto para el Desarrollo Técnico de las Haciendas Públicas (INDETEC) ■ *Mex.* Institute for the Technical Development of the Public Treasuries.

Instituto Técnico de Contadores Públicos (ITCP) ■ *Arg.* Technical Institute of Public Accountants.

instructivo de contabilidad accounting manual.

instrumento de patrimonio equity security.

instrumento financiero financial instrument.

instrumento financiero compuesto compound financial instrument.

instrumento financiero derivado derivative financial instrument, derivative instrument.

insuficiencia *f.* inadequacy.

insuficiencia de capital capital insufficiency.

insumo *m.* raw material.

intangible intangible.

integración de capital capital contribution.

integración global ■ *Sp.* consolidation.

integración horizontal horizontal integration.

integración proporcional ■ *Sp.* consolidation.

integridad *f.* relevance.

inteligencia artificial artificial intelligence (AI).

intercambio *m.* countertrade.

intercambio comercial exchange.

intercambio de tasas de interés interest rate swap.

intercambio electrónico de datos electronic data interchange (EDI).

intercompañías intercompany.

interempresas intercompany.

interés *m.* interest.

interés a devengar not accrued interest, unearned interest.

interés acumulable real interest accrued.

interés cargado interest charged.

interés compuesto compound interest rate.

interés de renta fija fixed interest rate.

interés deducible deductible interest.

interés fijo fixed interest rate.

interés legal legal interest rate.

interés mayoritario controlling interest.

interés moratorio penal interest.

interés nominal nominal interest rate.

interés punitorio penal interest.

interés real real interest.

interés simple simple interest.

interés sobre el capital propio interest on invested capital.

intereses a cargo interest expenses.

intereses a cobrar, no vencidos interest receivable.

intereses a favor earned interests.

intereses a pagar, no vencidos interest payable.

intereses cobrados por anticipado earned interests.

intereses de obligaciones y de bonos interests from bonds and equities.

intereses de préstamos loan interest.

intereses devengados a cobrar accrued interest income.

intereses devengados a pagar accrued interest expense.

intereses minoritarios minority interest.

intereses pagados por anticipado prepaid interests.

intereses recíprocos reciprocal interests.

intereses y descuentos interests and discounts.

intereses y dividendos interests and dividends.

intermediación bancaria bank intermediation.

intermediación financiera financial intermediation.

intermediario *m.* broker.

intermediarios financieros financial intermediary.

interpretación *f.* interpretation.

interpretación contable accounting interpretation.

intervalo de confianza confidence interval.

intervalo de relevancia relevant range.

interventor *m.* comptroller.

intestado intestate.

intragrupo ■ *Sp.* intercompany.

invención *f.* invention.

inventario *m.* inventory ■ *Arg.* inventory and balance book.

inventario actualizado perpetual inventory.

inventario base base stock.

inventario constante perpetual inventory.

inventario de bienes de cambio stock inventory.

inventario de bienes de uso inventory of fixed assets.

inventario de liquidación liquidation inventory.

inventario de productos terminados finished goods inventory.

inventario de seguridad buffer stock.

inventario en libros book inventory.

inventario extracontable physical inventory.

inventario final closing inventory.

inventario físico physical inventory.

inventario inicial beginning inventory.

inventario permanente perpetual inventory.

inventario perpetuo perpetual inventory.

inventario promedio average inventory.

inventarios y balances inventory and balance book.

invento *m.* invention.

inversión *f.* investment ■ *Sp.* net worth.

inversión amortizable amortizable investment.

inversión bruta gross investment.

inversión continua continuing investment.

Inversión Extranjera Directa (IED) Foreign Direct Investment.

inversión neta net investment.

inversiones acíclicas ■ *Sp.* investments in fixed assets.

inversiones de renta fija fixed-income investments.

inversiones de renta variable variable-income investments.

inversiones en valores investment in securities.

inversiones financieras de control ■ *Sp.* control investments.

inversiones financieras de rentabilidad ■ *Sp.* trading securities.

inversiones financieras en empresas del grupo intercorporate investments.

inversiones financieras temporales short-term investments.

inversiones negociables marketable investments.

inversiones no corrientes en títulos de deuda o acciones available-for-sale securities.

inversiones no negociables nonmarketable investments.

inversiones permanentes long-term investments.

inversiones permanentes en acciones long-term intercorporate investments.

inversiones tecnológicas   cyber investing.

inversiones temporales   short-term investments.

inversionista   *m./f.* investor.

inversor   *m.* investor.

investigación   *f.* research.

investigación operativa   operations research (OR).

investigación y desarrollo   research and development (R&D).

investigación y desarrollo de tecnología   research and development (R&D).

IPC (índice de precios al consumidor)   consumer price index (CPI).

IPM (índice de precios mayoristas) wholesale price index (WPI).

ir adelantado   be ahead of schedule.

IRAM (Instituto Argentino de Racionalización de Materiales) Argentine Institute of Material Standardization.

irreemplazabilidad   *f.* irreplaceability.

ITCP (Instituto Técnico de Contadores Públicos)   Technical Institute of Public Accountants.

IVA (impuesto al valor agregado) VAT (value-added tax).

IVA a pagar   VAT payable.

IVA crédito fiscal   VAT-fiscal credit.

IVA débito fiscal   VAT-fiscal debit.

IVA repercutido   ■ *Sp.* VAT-fiscal debit.

IVA soportado   ■ *Sp.* VAT-fiscal credit.

jefe   *m.* manager.

jefe de almacén   merchandise manager.

jefe de compras   purchasing manager.

jefe de créditos   credit manager.

jefe de cuadrilla   foreman.

jefe de departamento   department manager.

jefe de oficina   office manager.

jefe de personal   personnel manager.

jefe de producción   production supervisor.

jefe de ventas   sales manager.

jerarquía   *f.* hierarchy.

jerarquía de actividades   hierarchy of activities.

jineteo de fondos   kiting.

jornada de trabajo   work day.

jornal   *m.* day's wage.

jornalizar   journalize.

jubilación   *f.* pension.

jubilado   *m.* pensioner.

juez   *m.* judge.

juicio   *m.* 1. legal proceedings, trial; 2. judgment, verdict; 3. opinion.

juicio comercial   commercial law action.

juicio de amparo   proceedings for the protection of Constitutional guarantees.

juicio de nulidad   suit for nullity.

juicio pendiente   pending lawsuit.

junta anual   annual general meeting (AGM).

junta de acreedores   creditors' meeting.

junta de administración   board of administration.

Junta de Conciliación y Arbitraje ■ *Mex.* Conciliation and Arbitration Board.

junta de directores   directors' meeting.

junta directiva   board of directors.

jurado   *m.* jury.

jurisdicción   *f.* jurisdiction.

jurisprudencia   *f.* body of laws.

justicia   *f.* justice.

justificante   *m.* ■ *Mex.* voucher.

justificar   justify.

kilo   *m.* kilo.

kilobyte   *m.* kilobyte.

kilogramo   *m.* kilogram.

kilolitro   *m.* kiloliter.

kilómetro   *m.* kilometer.

kilovatio   *m.* kilowatt.

LAB (libre a bordo) FOB (free on board).

labores insalubres work under unsanitary conditions.

labores peligrosas dangerous work.

lanzador *m.* option seller.

lanzamiento *m.* launching.

largo plazo long-term.

latente latent.

laudo *m.* decision, finding.

lavado de dinero cash laundering, money laundering.

leasing de explotación ▪ *Sp.* operating lease.

leasing financiero financial leasing.

legado *m.* legacy, bequest.

legajo *m.* file.

legalidad *f.* legality.

legalización de los libros contables authentication of accounting books.

legalizar authenticate.

legalizar una firma authenticate a signature.

legar devise.

legítimo authentic.

leonino unfair, one-sided.

letra *f.* bill, draft.

letra aceptada due bill, accepted bill.

letra bancaria bank bill.

letra comercial trade bill.

letra de cambio bill of exchange, draft, money order.

letra de cambio a... días fecha bill at...days date.

letra de cambio a... días vista bill at...days sight.

letra de cambio a fecha fija time bill.

letra de cambio a la vista sight bill.

letra de cambio aceptada acceptance bill.

letra descontada bill discounted.

letra no aceptada dishonored bill.

letra pagadera a la vista bill payable at sight.

letra por cobrar bill receivable.

letra por pagar bill payable.

levantar la sesión adjourn the meeting.

levantar un acta take the minutes.

ley *f.* act, law.

ley aduanera customs code.

ley Clayton antimonopolio Clayton antitrust law.

ley de concursos ▪ *Arg.* bankruptcy law.

ley de concursos mercantiles ▪ *Mex.* bankruptcy law.

ley de impuesto a las ganancias internal revenue code.

ley de la oferta y la demanda law of supply and demand.

ley de la propiedad intelectual copyright act.

ley de sociedades corporate law.

ley de sociedades comerciales (LSC) corporate law.

ley del impuesto al activo assets tax law.

ley del impuesto al valor agregado value-added-tax law.

ley del impuesto sobre la renta ▪ *Mex.* income tax law.

ley del presupuesto finance act.

ley general de sociedades mercantiles ▪ *Mex.* corporate law.

ley orgánica ▪ *Mex.* act of incorporation.

ley penal tributaria criminal revenue act.

ley supletoria supplementary law.

leyes antimonopolio antitrust laws.

leyes estatales state laws.

leyes fiscales fiscal laws.

leyes monetarias monetary laws.

leyes municipales municipal laws.

liberación de hipoteca release of mortgage.

liberación de precios price release.

librado *m.* drawee.

librador *m.* drawer.

librar draw.

libre a bordo (LAB) free on board (FOB).

libre comercio free trade.

libre de derechos duty free.

libre de gravámenes unencumbered, clean.

libre de impuestos duty free.

libreta *f.* booklet.

libreta de depósitos bancaria bankbook.

libro *m.* book.

libro auxiliar de efectos a pagar
bills payable book.
libro auxiliar de ventas   auxiliary sales
ledger.
libro borrador   blotter.
libro de actas   minutes book.
libro de anotación original   book of
original entry.
libro de bancos   book of banks.
libro de caja   cash journal.
libro de compras   purchase book.
libro de contabilidad   account book.
libro de diario   journal book.
libro de egresos   cash disbursements
journal.
libro de entrada final   book of final
entry.
libro de entrada secundaria   book of
secondary entry.
libro de ingresos   cash receipts
journal.
libro de inventarios y balances
inventory and balance book.
**libro de inventarios y cuentas
anuales**   ■ *Sp.* inventory and balance
book.
libro de letras   bill book.
libro de múltiples columnas
columnar journal.
libro de notas de auditoría   audit
notebook.
libro de primer registro   book of
original entry.
libro de primera entrada   book of
original entry.
**libro de registro de acciones
nominativas**   stock register.
libro de registro inicial   book of
original entry.
libro de ventas   sales book.
libro diario   daybook.
libro diario borrador   blotter.
libro mayor   general ledger.
libro mayor auxiliar   auxiliary ledger.
libro mayor general   general ledger.
libros auxiliares   auxiliary books.
libros obligatorios   books required by
law.
libros principales   principal books.
libros secundarios   auxiliary books.
libros voluntarios   books not required by
law.

libros y registros contables
accounting books and records.
licencia   *f.* 1. license; 2. leave of absence.
licencia con goce de sueldo   leave
with pay.
licitación   *f.* bidding.
líder   *m./f.* leader.
limitación   *f.* constraint.
limitación de dividendos   dividend
restraint.
límite de crédito   credit ceiling.
límite de endeudamiento   debt limit.
límites de control   control limits.
límites de fluctuación   fluctuation
limits.
línea blanca   white goods.
línea de crédito   credit line.
línea de productos   product line.
línea de tendencia   trendline.
lingote   *m.* ingot.
liquidación   *f.* 1. acquittance, liquidation,
receivership; 2. sale.
liquidación de impuestos   tax
assessment.
liquidación de una sociedad
liquidation of a corporation.
liquidación final   final settlement.
liquidez   *f.* 1. liquidity; 2. liquidity ratio.
liquidez ácida   quick ratio.
líquido   *m.* 1. liquid; 2. net.
lista de precios   price list.
lista de raya   ■ *Mex.* payroll.
litigio   *m.* litigation, lawsuit.
llave de local   transfer fee.
llave de negocio   goodwill.
llave de negocio adquirida   acquired
goodwill, purchased goodwill.
llave de negocio desarrollada
internally developed goodwill.
llave de negocio negativa   negative
goodwill.
llave en mano   turnkey.
llegar a un acuerdo   reach an
agreement, come to an agreement.
**llegar a un acuerdo con los
acreedores**   reach an accommodation
with creditors.
llenado de libros   book entry.
llevar los libros contables   keep
books.
locación financiera   ■ *Arg.* financial
leasing.

locador *m.* lessor.
locales comerciales commercial premises.
locatario *m.* lessee.
logaritmo *m.* logarithm.
lonja *f.* market, exchange.
lote *m.* batch, lot.
LSC (ley de sociedades comerciales) corporate law.
lucro *m.* profit.
lucro cesante loss of profit.

machote *m.* ▪ *Mex.* form, blank.
macroeconomía *f.* macroeconomics.
madurez *f.* maturity.
mala fe bad faith.
malversación *f.* misappropriation.
mancomunar make jointly responsible.
mancomunidad *f.* joint responsibility.
mancomunidad de intereses ▪ *Mex.* pooling of interests.
mandante *m./f.* mandator.
mandar 1. bequeath; 2. order; 3. send.
mandatario *m.* agent.
mandato *m.* agency.
manifestación impositiva ▪ *Mex.* tax return.
manipulación *f.* manipulation.
mano de obra *f.* labor.
mano de obra barata cheap labor.
mano de obra directa direct labor.
mano de obra improductiva unproductive labor.
mano de obra indirecta indirect labor.
mano de obra productiva productive labor.
mantenimiento *m.* maintenance.
mantenimiento de capital capital maintenance.
manual *m.* manual.
manual de contabilidad accounting manual.
manual de cuentas accounting manual.
manual de procedimientos contables accounting manual.
manufactura *f.* manufacture.

manufactura en proceso work-in-process (WIP).
maquila *f.* fee for grinding grain at a mill ▪ *Mex.* manufacturing of export-oriented products.
maquiladora *f.* assembly plant of export-oriented products.
maquillaje contable window dressing.
maquillar datos massaging the numbers.
maquinaria *f.* machinery.
maquinaria y equipo machinery and equipment.
mar territorial territorial waters.
marbete *m.* tag.
marca *f.* brand.
marca registrada registered trademark.
marcas de auditoría tick mark.
marco conceptual de la contabilidad accounting conceptual framework.
marco regulador regulatory framework.
margen *m.* margin.
margen bruto gross margin.
margen comercial gross margin from retail operations.
margen de beneficio bruto gross margin.
margen de beneficios profit margin.
margen de intermediación financial intermediation gross earnings margin.
margen de seguridad margin of safety.
margen de utilidad profit margin.
margen financiero financial margin.
margen industrial gross margin from manufacturing operations.
más alto, primero salido high in, first out (HIFO).
masa *m.* bankrupt assets.
masas patrimoniales group of homogeneous accounts.
matemática financiera financial mathematics.
materia prima *f.* direct material, raw material.
materia prima directa direct materials.
materia prima indirecta indirect materials.
material *adj.* material, relevant.
material *n. m.* material.
material de oficina office furniture.
material directo indirect materials.
materiales diversos operating supplies.

materialidad *f.* materiality.
materias auxiliares supplies.
matrícula *f.* matriculation, register.
matriz *f.* ▪ *Sp.* controlling company.
mayor *m.* ledger.
mayor auxiliar subsidiary ledger.
mayor de fábrica factory ledger.
mayor general general ledger.
mayoreo *m.* wholesale.
mayorización *f.* entry in the ledger, posting.
mayorizar post.
media *f.* mean.
mediana *f.* median.
mediana empresa medium-size enterprise.
medicinas de patente patented drugs.
medición contable accounting measurement.
medida del rendimiento performance measurement.
medio circulante money in circulation.
medios de pago means of payment.
mejor año best year, peak year.
mejora *f.* betterment, improvement.
membrete *m.* letterhead.
memorándum *m.* memorandum.
memoria *f.* report ▪ *Arg.* management's discussion and analysis of earnings ▪ *Sp.* disclosure.
memoria consolidada consolidated disclosure.
memoria de una computadora memory.
menaje de casa household equipment.
mensualidad *f.* monthly payment.
menudeo *m.* 1. retail trade; 2. retail inventory method.
mercadería *f.* goods.
mercadería de fácil comercialización commodity.
mercadería de reventa merchandise inventory.
mercadería en consignación goods on consignment.
mercado *m.* market.
mercado abierto open market.
mercado alcista bull market.
mercado bajista bear market.
mercado bursátil exchange.
mercado de capitales capital market.
mercado de dinero money market.

mercado de divisas exchange market.
mercado de futuros futures market.
mercado de trabajo labor market.
mercado de valores securities market.
mercado emergente emerging market.
mercado financiero financial market.
mercado libre free market.
mercado negro black market.
mercado paralelo paralell market.
mercado primario primary market.
mercado secundario secondary market.
mercadotecnia *f.* marketing.
mercancía *f.* merchandise.
mercancía de comitentes 1. consignments-in; 2. memorandum account credited for the amount of consignments in.
mercancía obsoleta obsolete goods.
mercancías en camino goods in transit.
mercancías en comisión consignments-in.
mercancías en consignación consignments out.
mercancías en depósito fiscal goods in bond.
mercancías en tránsito goods in transit.
mercancías generales ▪ *Mex.* merchandise inventory.
merma *f.* leakage, shrinkage, wastage, loss.
método *m.* method, system, approach.
método ABC ABC method.
método algebraico algebraic method.
método de ajustar-convertir adjust-translate approach.
método de análisis financial statement analysis.
método de aplazamiento ▪ *Sp.* interperiod income tax allocation.
método de aumentos y disminuciones horizontal analysis.
método de convertir-ajustar translate-adjust approach.
método de depreciación a porcentaje fijo sobre el valor residual double-declining-balance depreciation method.
método de depreciación acelerada accelerated depreciation method.
método de depreciación constante straight-line method.

método de depreciación creciente increasing depreciation method.

método de depreciación creciente por suma de dígitos sum-of-the years'-digits increasing method.

método de depreciación de Ross-Heidecke Ross-Heidecke depreciation method.

método de depreciación decreciente accelerated depreciation method.

método de depreciación decreciente por suma de dígitos sum-of-the years'-digits depreciation method.

método de depreciación en línea recta straight-line method.

método de depreciación según horas de trabajo working-hours depreciation method.

método de depreciación según unidades de producción units of production method.

método de detallistas ■ *Mex.* retail inventory method.

método de diferencias de inventario periodic inventory system.

método de fusión merger accounting.

método de identificación específica specific identification method.

método de identificación individual specific identification method.

método de la compra acquisition accounting, purchase method.

método de la cuota a pagar ■ *Sp.* accrued income tax method.

método de la deuda comprehensive tax allocation.

método de la dotación específica ■ *Sp.* specific allowance method.

método de la dotación global ■ *Sp.* global allowance method.

método de la equivalencia ■ *Sp.* equity method.

método de la fusión de intereses pooling-of-interests method.

método de la línea recta straight-line method.

método de la mancomunidad de intereses pooling-of-interests method.

método de la puesta en equivalencia ■ *Sp.* equity method.

método de lo corriente y lo no corriente current and non-current translation method.

método de lo determinado accrued income tax method.

método de lo monetario y lo no monetario monetary and nonmonetary translation method.

método de los esfuerzos exitosos successful efforts accounting.

método de los minoristas retail inventory method.

método de los proyectos exitosos successful efforts accounting.

método de obligación ■ *Sp.* comprehensive tax allocation.

método de participación ■ *Mex.* equity method.

método de porcientos integrales common size financial statements.

método de previsión de créditos incobrables allowance method.

método de razones simples ratio analysis.

método de Ross-Heidecke Ross-Heidecke method.

método de tolerancia ■ *Sp.* method of recording the excess of cost of inventories over market in an allowance account.

método del avance de obra percentage-of-completion method.

método del contrato cumplido completed contract method.

método del contrato terminado completed contract method.

método del costeo completo full cost method.

método del costo market method.

método del costo más dividendos market method.

método del destino inmediato previsible recovery value method.

método del detall ■ *Sp.* retail inventory method.

método del diferimiento comprehensive allocation tax method.

método del efecto impositivo ■ *Sp.* comprehensive allocation tax method.

método del empleo alternativo más rentable recovery value method.

método del fondo fijo imprest system.

método del impuesto a pagar accrued income tax method.

método del impuesto diferido comprehensive tax allocation.

método del interés participante ▪ *Mex.* equity method.

método del menudeo retail inventory method.

método del neto de impuesto comprehensive tax allocation method under which deferred taxes are accounted as allowances.

método del nuevo ente purchase method.

método del pasivo liability method.

método del porcentaje de completamiento percentage-of-completion method.

método del porcentaje de obra realizada percentage-of-completion method.

método del porcentaje de realización percentage-of-completion method.

método del punto de equilibrio break-even point analysis.

método del tipo de cambio de cierre closing exchange rate method.

método del valor equivalente ▪ *Sp.* equity method.

método del valor patrimonial proporcional equity method.

método del valor presente neto net present value method.

método detallista inventory valuation at price cost less gross margin method.

método gráfico graphical method.

método Monte Carlo Monte Carlo method.

método para la evaluación de proyectos project appraisal method.

método para la valuación de inventarios inventory valuation method.

método PEPS (primero entrada, primero salido) FIFO (first-in, first-out) method.

método promedio ponderado weighted-average method.

métodos de valuación de las prestaciones devengadas accrued fringe benefits valuation method.

métodos de valuación de las prestaciones previstas expected fringe benefits valuation method.

método temporal temporal conversion method.

método tradicional accrued income tax method.

método UEPS (ultimo entrado, primero salido) LIFO (last-in, first-out) method.

microeconomía *f.* microeconomics.

microempresa *f.* micro-companies.

microindustria *f.* micro-industry.

mínimos cuadrados least squares.

minoración *f.* ▪ *Sp.* capital allowances.

minoría *f.* minority.

minorista *m./f.* retailer.

minusvalía *f.* capital loss.

minuta *f.* minute.

minuta de pérdidas y ganancias itemized profit and loss account.

miscelánea fiscal ▪ *Mex.* fiscal regulations.

mobiliario *m.* furniture.

mobiliario y enseres furniture and fixtures.

moción *f.* proposal.

modelo *m.* model.

modelo contable accounting framework.

moneda *f.* currency, money.

moneda constante constant value of money.

moneda de cierre closing value of money.

moneda extranjera foreign currency.

moneda funcional functional currency.

moneda homogénea constant value of money.

monismo *m.* method of accounting for external and internal purposes.

monismo moderado method of accounting which uses subsidiary accounts for internal report purposes.

monismo puro method of accounting applying the same accounting system for external and internal report purposes.

monismo radical method of accounting applying the same accounting system for external and internal report purposes.

monopolio *m.* monopoly.

monopsonio *m.* monopsony.

montante *m.* ■ *Sp.* amount.
monto *m.* amount.
monto original de la inversión original investment amount.
mora *f.* 1. delay; 2. default.
moratoria *f.* moratorium, delay.
moroso *m.* slow payer, defaulter.
morralla *f.* ■ *Mex.* copper money.
movimiento acreedor total of credit entries.
movimiento de cuentas account entries.
movimiento de fondos changes in cash accounts.
movimiento deudor total of debit entries.
muebles *m.* furniture.
muebles de oficina office furniture.
muestra *f.* sample.
muestra aleatoria random sample.
muestreo *m.* sampling.
muestreo al azar random sampling.
muestreo alto-o-siga ■ *Mex.* stop-or-go sampling.
muestreo de aceptación acceptance sampling.
muestreo de criterio judgment sample.
muestreo de descubrimiento discovery sampling.
muestreo de doble propósito double-purpose sampling.
muestreo de estimación de frecuencias frequency estimation sample.
muestreo de estimación de valores estimate of value sampling.
muestreo de parar-o-seguir stop-or-go sampling.
muestreo discrecional judgment sampling.
muestreo estadístico statistical sampling.
muestreo estratificado stratified sampling.
muestreo explorador discovery sampling.
muestreo sistemático systematic sampling.
muestreo sistemático de unidades monetarias monetary unit systematic sampling.

multa *f.* fine, penalty.
múltiple, múltiplo *m.* multiple.
múltiplos share-price multiples.
mutual *f.* mutual company.
mutuante *m./f.* mutuant, lender.
mutuario *m.* mutuary, borrower.
mutuo *m.* contract under which a person receives fungible goods.

nacencia *f.* account for livestock under a year.
nacionalidad *f.* nationality.
nacionalización *f.* 1. nationalization; 2. expropriation.
naves industriales ■ *Sp.* factory premises.
NC (normas contables) accounting standards.
NCL (normas contables legales) legal accounting standards.
NCP (normas contables profesionales) Generally Accepted Accounting Principles (GAAP).
negación de opinión disclaimer of opinion.
negativa ficta legal presumptiom of refusal.
negociable negotiable.
negociación *f.* business transaction, deal.
negociación de letras discounting of bills.
negociar 1. negotiate; 2. trade.
negocio *m.* 1. business; 2. business place.
negocio en marcha ■ *Mex.* going concern.
negocio lícito lawful business.
negocios ■ *Sp.* net sales.
negocios bancarios banking business.
negocios en participación joint accounts.
nepotismo *m.* nepotism.
neto net
neto patrimonial ■ *Sp.* equity, net worth.
neutralidad *f.* neutrality.
neutralidad fiscal fiscal neutrality.

NIC (Norma Internacional de Contabilidad) International Accounting Standard (IAS)

nivel *m.* level.

nivel de aceptación de un producto level of acceptability of a product, market acceptability of a product.

nivel de actividad activity level.

nivel de apalancamiento financiero degree of financial leverage (DFL).

nivel de apalancamiento operativo degree of operating leverage (DOL).

nivel de apalancamiento total degree of total leverage (DTL).

nivel de aprobación approval level.

nivel de calidad aceptable acceptable quality level (AQL).

nivel de liquidez relativa degree of relative liquidity (DRL).

nivel general de precios general price index (GPI).

no asegurado uninsured.

no deducible nondeductible.

no exigible ■ *Sp.* net worth.

no imponible nontaxable.

no realizado unrealized.

nombramiento *m.* appointment.

nombre comercial corporate name, trade name.

nómina de personal payroll.

nómina salarial payroll.

nominativo registered.

non odd number.

Norma Internacional de Contabilidad (NIC) International Accounting Standard (IAS)

normalización *f.* standardization.

normas *f.* standards, rules.

normas aceptadas accepted standards.

normas contables (NC) accounting standards.

normas contables de exposición reporting accounting standards.

normas contables de valoración ■ *Sp.* valuation accounting standards.

normas contables de valuación valuation accounting standards.

normas contables legales (NCL) legal accounting standards.

Normas Contables para Industrias Industry Accounting Guides.

normas contables profesionales (NCP) Generally Accepted Accounting Principles (GAAP).

normas de auditoría audit standards, auditing standards.

Normas de Auditoría para Industrias Industry Audit Guides.

normas de contabilidad accounting standards.

Normas de Contabilidad Financiera Financial Accounting Standard (FAS).

normas de ejecución del trabajo auditor's working standards.

normas de exposición reporting standards.

normas de valoración valuation standards.

normas de valuación valuation standards.

normas personales general standards.

normas profesionales professional standards.

normas relativas a la información standards of reporting.

nota *f.* note.

nota de abono credit note.

nota de bienes recibidos goods received note.

nota de cargo debit note.

nota de crédito credit memorandum, credit note.

nota de débito debit memorandum, debit note.

nota de devolución de materiales materials returned note.

nota de entrega delivery note.

nota de mercaderías recibidas goods received note.

nota de recepción receiving report.

nota de remisión delivery slip.

nota de requisición materials requisition.

nota de transferencia de materiales materials transfer note.

nota de venta bill.

notario público ■ *Mex.* notary public.

notas a los estados contables footnotes, disclosure.

notas a los estados financieros ■ *Mex.* footnotes, disclosure.

notas al balance footnotes, disclosure.

notas al pie footnotes, disclosure.

notificación *f.* notification.
notificar notify.
novación *f.* novation.
numerario *m.* 1. cash, money;
2. permanent, tenured.
número *m.* number.
número de cuenta account number.
número de folio folio number.
número de inventario inventory number.
número de lote batch number.
número índice index number.
números rojos 1. red figures; 2. method
of correction of errors made in the
accounting books, to avoid reversing
entries.

objetividad *f.* objectivity.
objetivos de la contabilidad
objectives of accounting.
objeto *m.* object ■ *Mex.* object, cause, or
act that creates a tax liability.
objeto de la emisión issuing object.
obligación *f.* 1. obligation; 2. liability,
debt; 3. bond.
obligación a la vista demand
obligation.
obligación a plazo term bond.
obligación al portador bearer
instrument.
obligación amortizada redeemed
security.
**obligación con derecho a
participación** profit sharing bond.
obligación condicional conditional
obligation.
obligación con garantía secured bond.
obligación convertible convertible
bond.
obligación del retenedor withholding
agent liability.
obligación fiscal tax liability.
obligación hipotecaria mortgaged
liability.
obligación indexada debt nominated in
a foreign currency and payable in the local
currency.

obligación mancomunada joint bond.
obligación negociable marketable
bond.
obligación negociable canjeable
convertible bond.
obligación negociable convertible
convertible bond.
obligación negociable rescatable
callable bond.
obligación nominativa registered bond.
obligación personal personal
obligation.
obligación prendaria secured liability.
obligación primaria primary obligation.
obligación quirografaria debenture
bond.
obligación secundaria secondary
obligation.
obligación solidaria joint and several
bond.
obligaciones a pagar bills payable,
payables.
obligaciones contingentes contingent
liabilities.
obligaciones emitidas memoranda
account to register bonds.
obligaciones en circulación
memoranda account to register outstanding
bonds.
obligaciones en tesorería bonds
issued and held in treasury.
obligaciones fijas ■ *Sp.* long-term
financing debt.
obligaciones laborales labor
liabilities.
obligaciones rescatadas redeemed
securities.
obligaciones vencidas past due
liabilities.
obligacionista *m./f.* bondholder.
obra *f.* work.
obra de mano ■ *Mex.* labor cost.
obras en curso construction in progress.
obras en proceso construction in
progress.
obras públicas public works.
obras sociales social benefits ■ *Arg.*
social security organizations.
observación *f.* observation test.
obsolescencia *f.* obsolescence.
obsoleto obsolete.
oferta *f.* bid.

oferta abierta   open bid.
oferta agregada   aggregate supply.
oferta de adquisición disputada
   contested takeover.
oferta de mercado   market supply.
oferta excedente   excess supply.
oferta monetaria   money supply.
oferta pública de acciones (OPA)
   takeover bid.
oferta y demanda   supply and demand.
oficial   *adj.* official, formal.
oficial   *n. m./f.* officer.
oficina   *f.* office.
oficina matriz   head office.
oficio   *m.* occupation, profession.
oligopolio   *m.* oligopoly.
omisión   *f.* omission.
oneroso   onerous, burdensome.
OPA (oferta pública de acciones)
   takeover bid.
opción   *f.* option.
opción compuesta   compound option.
opción de compra   call option.
opción de permuta   barter option.
opción de suscripción de acciones
   stock option.
opción de trueque   barter option.
opción de venta   put option.
operación   *f.* transaction.
operación a futuro   forward transaction.
operación a plazo   forward transaction.
operación a prima de compra   ∎ *Arg.*
   call option.
operación a prima de venta   ∎ *Arg.*
   put option.
operación a término   forward
   transaction.
operación al contado   cash operation.
operación continua   continuous
   operation.
operación de caja   cash transaction.
operación de inventario   inventory
   transaction.
operación financiera   financial
   operation.
operación triangular   trilateral deal.
operaciones abandonadas   ∎ *Sp.*
   discontinued operations.
operaciones activas   banking loan
   operations.
operaciones bancarias   banking
   transactions.

operaciones comerciales normales
   standard commercial transactions.
operaciones contingentes   contingent
   transactions.
operaciones controladas
   conjuntamente   joint venture.
operaciones de bolsa   stock exchange
   transaction.
operaciones de consolidación
   consolidation of debts.
operaciones de crédito   credit
   transactions.
operaciones de diario   noncash
   transactions.
operaciones de mercado abierto
   open-market operations.
operaciones de servicios   banking
   services transactions.
operaciones de tráfico   ∎ *Sp.*
   commercial transactions.
operaciones discontinuadas
   discontinued operations.
operaciones fiduciarias   fiduciary
   transactions.
operaciones financieras   financial
   transactions.
operaciones financieras derivadas
   derivative financial transaction.
operaciones mercantiles   commercial
   transactions.
operaciones pasivas   deposit operations.
operaciones pendientes   unsettled
   transactions.
operador   *m.* operator.
opinión adversa   adverse opinion.
opinión estándar   unqualified opinion.
opinión favorable con salvedades
   qualified opinion.
opinión limpia   unqualified opinion.
opinión negativa   adverse opinion.
opinión parcial   partial opinion.
opinión principal   core opinion.
opinión profesional   professional opinion.
opinión sin salvedades   unqualified
   opinion.
opinión sobre uniformidad   opinion
   on uniformity.
oportunidad   *f.* 1. timeliness;
   2. opportunity.
óptimo   optimum.
orden   *m./f.* job, order.
orden de compra   purchase order.

orden de entrega   delivery order.
orden de fabricación   manufacturing order.
orden de mercado   market order.
orden de pago   money order.
orden de producción   production order.
orden de venta   sales order.
orden de visita domiciliaria   house call order.
ordenada   *f.* ordinate.
ordenar   order.
organigrama   *m.* organization chart.
organismos de la seguridad social social security agencies.
organismos internacionales international organizations.
organización   *f.* organization.
organización de contabilidades accounting system structuring.
organización de sistemas contables accounting system structuring.
organización sin fines de lucro   not-for-profit organization.
origen y aplicación de recursos sources and uses of funds.
orígenes de fondos   sources of funds.
otras deducciones   other deductions.
otros acreedores   sundry creditors.
otros activos   other assets.
otros créditos   sundry debtors.
otros deudores   sundry debtors.
otros egresos   nonoperating expenses.
otros gastos   nonoperating expenses.
otros ingresos   other income.
otros ingresos accesorios   other income.
otros ingresos financieros   other financial income.
otros ingresos y egresos nonoperating income and expenses.
otros ingresos y gastos   nonoperating income and expenses.
otros productos   ▪ *Mex.* other income.

pacto   *m.* pact, agreement.
pagadero   payable, due.

pagador oficial   disbursing officer.
pagar   pay.
pagar por adelantado   pay in advance.
pagaré   *m.* IOU (I owe you), promissory note.
pagaré a corto plazo   short-term note.
pagaré a la vista   demand note.
pagaré a largo plazo   long-term note.
pagaré a mediano plazo   medium-term note.
pagaré comercial   trade note.
pagaré corporativo   corporate note.
pagaré de ventanilla   bank note.
pagaré descontado   note discounted.
pagaré hipotecario   mortgage note.
pago   *m.* payment.
pago a cuenta   payment on account, part payment, partial payment.
pago anticipado   advance payment.
pago anual   yearly payment.
pago bajo protesto   payment under protest.
pago contra entrega   cash on delivery (COD).
pago de contribuciones   tax payment.
pago de impuestos   tax payment.
pago en cuotas   payment in installments.
pago en especie   payment in kind.
pago en parcialidades   ▪ *Mex.* allowance to pay in installments the outstanding tax liability.
pago global   lump-sum payment.
pago inicial   down payment.
pago parcial   partial payment.
pago por adelantado   money paid in advance, down payment.
pago por anticipado   payment in advance.
pagos anticipados   ▪ *Mex.* prepaid expenses.
pagos menores   petty cash payments.
pagos periódicos   periodic payments.
pagos provisionales   ▪ *Mex.* advance tax payments.
país   *m.* country.
Países de África, Caribe y Pacífico African, Caribbean and Pacific (ACP).
países desarrollados   developed countries.
países en desarrollo   developing countries.

países en vías de desarrollo   less developed countries (LDC).

palanca   *f.* leverage.

palanca de capital   capital leverage.

palanca financiera   financial leverage.

palanca operativa   operating leverage.

palanqueo   *m.* leverage.

panel   *m.* panel.

papel   *m.* paper.

papel comercial   commercial paper.

papel comercial indexado   ■ *Mex.* commercial paper denominated in dollars and callable in local currency.

papelería y artículos de escritorio   stationery.

papeles de trabajo de auditoría   audit working papers.

papeles de trabajo del auditor   work papers.

papeles líderes   bellwether securities.

papel moneda   paper money.

paquete de acciones   block of shares.

paquete informático   software.

paquete informático contable   accounting software.

paquetes de auditoría   audit software.

par   par.

paraestatal   ■ *Mex.* state-owned.

parámetro   *m.* parameter.

parche   *m.* ■ *Arg.* partial inflation adjustment.

parentesco   *m.* relationship, kinship.

parentesco civil   kinship by law.

parentesco por afinidad   kinship by marriage.

parentesco por consanguinidad   blood kinship.

paridad   *f.* parity.

paridad de cambio   exchange parity.

paridad de equilibrio   equilibrium exchange rate.

paridad de mercado   market parity.

paridad oficial   official exchange rate.

parte alícuota   equal portion of a whole.

partes no relacionadas   unrelated parties.

partes relacionadas   related parties.

partes sociales   portions of the equity capital in a partnership.

partes vinculadas   ■ *Sp.* related parties.

participación   *f.* participation, share.

participación de accionistas minoritarios   minority interest.

participación de accionistas no controlantes   minority interest.

participación de los trabajadores en las utilidades   profit-sharing plan.

participación en el mercado   market share.

participación en las utilidades   profit sharing.

participada (compañía)   *f.* affiliated company.

partida   *f.* accounting item.

partida de resultados   income account.

partida del balance   balance sheet account.

partida doble   double entry.

partida monetaria   monetary item.

partida no deducible   nondeductible item.

partida no monetaria   nonmonetary item.

partida simple   single entry.

partidas de un balance   items on a balance sheet.

partidas excepcionales   exceptional items.

partidas extraordinarias   extraordinary items.

pasar un asiento al libro mayor   post.

pase   *m.* swap.

pase de fondos   funds transfer.

pases al mayor   posting the ledger.

pasivo   *m.* liability.

pasivo a corto plazo   short-term liability.

pasivo a largo plazo   long-term liability.

pasivo asumido   assumed liability.

pasivo circulante   ■ *Sp., Mex.* current liability.

pasivo comercial   trade liability.

pasivo contingente   contingent liability, indirect liability.

pasivo corriente   current liability.

pasivo de contingencia   contingent liability.

pasivo devengado   accrued liability.

pasivo diferido   deferred liability.

pasivo directo   direct liability.

pasivo eventual   contingent liability.

pasivo fijo   long-term liability.

pasivo financiero financial liability.
pasivo garantizado secured liability.
pasivo mancomunado joint liability.
pasivo monetario monetary liability.
pasivo no corriente noncurrent
liability.
pasivo no garantizado unsecured
liability.
pasivo operativo a corto plazo
short-term operating liability.
pasivo permanente ■ *Sp.* noncurrent
liability.
pasivo que no figura en libros
off-balance-sheet liability.
pasivo real actual liability.
pasivo total creditors' equity.
pasivo vencido matured liability.
pasivos acumulados ■ *Sp.* accrued
liabilities.
patente *f.* patent.
patentes y marcas patents and
trademarks.
patria potestad paternal authority.
patrimonio *m.* net worth, stockholders'
equity, shareholders' equity.
patrimonio de los accionistas
owners' equity, shareholders' equity,
stockholders' equity.
patrimonio líquido ■ *Sp.* net worth.
patrimonio neto net assets, net worth,
stockholder's equity, capital, equity.
patrimonio neto negativo impairment
of capital.
patrimonio social shareholder's fund.
patrón *m.* 1. employer, patron; 2. standard.
patrón de excelencia benchmark.
PBI (producto bruto interno) gross
domestic product (GDP).
**PCGA (Principios de Contabilidad
Generalmente Aceptados)**
Generally Accepted Accounting Principles
(GAAP).
**PED (procesamiento electrónico de
datos)** electronic data processing (EDP).
pedido *m.* order, request.
pedimento aduanal ■ *Mex.* customs
declaration.
pedir prestado borrow.
pena convencional contractual penalty.
penalidad por pago tardío late
payment penalty.
penalización *f.* forfeiture.

pendiente *adj.* outstanding, unpaid.
pendiente *n. f.* slope.
pendiente de pago outstanding.
pensión *f.* benefit payments, pension.
pensión alimenticia alimony payment.
peón *m.* unskilled workman.
**PEPS (primero entrado, primero
salido)** FIFO (first-in, first-out).
pequeña empresa small business
corporation.
**pequeña y mediana empresa
(PYME)** small and medium-sized
enterprises (SMEs).
per cápita per capita.
percentil *m.* percentile.
percepción *f.* collection.
pérdida *f.* loss.
pérdida ajena a la explotación
nonoperating loss.
**pérdida atribuible a los
administradores** residual loss.
pérdida bruta gross loss.
pérdida bruta de ventas gross loss.
pérdida cambiaria exchange loss.
pérdida contingente contingent loss.
pérdida de cambio exchange loss.
pérdida de ejercicios anteriores
loss from prior years.
pérdida de operación operating loss.
pérdida de tenencia holding loss.
pérdida de valor loss of utility.
**pérdida del descuento por pronto
pago** discount loss.
pérdida del ejercicio fiscal period loss.
pérdida del período fiscal period loss.
pérdida en cambios exchange loss.
pérdida extraordinaria extraordinary
loss.
pérdida fiscal tax loss.
pérdida impositiva tax loss.
pérdida inflacionaria deducible
■ *Mex.* deductible inflationary loss.
pérdida interna internal loss.
pérdida interprocesos interprocess
loss.
pérdida monetaria monetary loss.
pérdida neta net loss.
pérdida neta de explotación
operating loss.
pérdida no operativa nonoperating loss.
pérdida no realizada unrealized loss.
pérdida operativa operating loss.

pérdida operativa neta   net operating loss (NOL).

pérdida ordinaria   ordinary loss.

pérdida por acción   loss per common share.

pérdida por acción totalmente diluida   fully diluted loss per common share.

pérdida por exposición a la inflación   inflationary loss.

pérdida por incobrabilidad   bad debt expense.

pérdida por obsolescencia   capital decay.

pérdida por tenencia   holding loss.

pérdida real   actual loss.

pérdida realizada   realized loss.

pérdida secundaria   nonoperating loss.

pérdida total efectiva   absolute total loss.

pérdidas actuariales   actuarial losses.

pérdidas extraordinarias   abnormal loss.

pérdidas normales   normal loss.

pérdidas por amortizar   accumulated losses.

pérdidas por transacciones en moneda extranjera   foreign currency transaction loss.

periféricos   *m.* peripherals.

periodificación contable   ■ *Sp.* accrual.

periodificar   ■ *Sp.* accrue.

período   *m.* period.

período base   base period.

período contable   accounting period.

período de apropiación   appropriation period.

período de auditoría   audit period.

período de capitalización   compounding period.

período de cobranzas   collection period.

período de depreciación de bienes   asset depreciation range (ADR).

período de espera   waiting period.

período de gracia   grace period.

período de maduración   cycle time.

período de planificación   planning period.

período de protección   discovery period.

período de recuperación de la inversión   payback period.

período de referencia contable   accounting reference period.

período de repago descontado   discounted payback period.

período de tenencia   holding period.

período fiscal   fiscal period.

período medio de maduración   ■ *Sp.* normal operating cycle.

período posterior   poststatement accounting period.

período presupuestario   budget period.

período promedio de cobranzas   average collection period.

peritaje   *m.* specialist's report.

perito   *m.* expert.

perito contable   expert accountant.

perjuicio económico   financial loss.

permiso de importación   import license.

permiso para ausentarse   leave of absence.

permitir   allow, let.

permuta   *f.* barter.

permutación   *f.* permutation.

persona a cargo   person in charge.

persona física   natural person.

persona jurídica   legal entity.

persona moral   legal entity.

personal   *m.* personnel.

personal administrativo   administrative staff.

personalidad   *f.* personality.

personas morales no contribuyentes   ■ *Mex.* nontaxable legal entities.

pertinencia   *f.* relevance.

pesas y medidas   weights and measures.

peso   *m.* weight.

peso bruto   gross weight.

peso muerto   dead weight.

peso neto   net weight.

PGC (plan general de contabilidad)   ■ *Sp.* general accounting plan.

pi   *f.* pi.

PIB (producto interno bruto)   Gross National Product (GNP).

piezas de recambio   ■ *Sp.* spare parts.

pignoración   *f.* pledge.

pignorar   pledge.

pilotaje   *m.* piloting duty.

piso de remates   trading floor.
PITEX (programa de importación temporal para producir artículos de exportación)   ■ *Mex.* temporary import to manufacture export products.
plan contable   chart of accounts.
plan de aportes definidos   defined-contribution plan.
plan de beneficios definidos   defined-benefit plan.
plan de contingencia   contingency plan.
plan de contribuciones definidas   defined-contribution plan.
plan de cuentas   chart of accounts.
plan de incentivos   incentive plan.
plan de operaciones   operations plan.
plan de pensiones   pension plan.
plan de pensiones sobre las últimas remuneraciones   final-pay plan.
plan de pensiones sobre un valor fijo   flat-benefit plan.
plan de prestaciones definidas   defined-benefit plan.
plan de retiros   retirement plan.
plan de venta de acciones a empleados   employee stock ownership plan (ESOP).
plan estratégico   strategic plan.
plan general de contabilidad (PGC)   ■ *Sp.* general accounting plan.
plan general de contabilidad pública   general public accounting plan.
plan maestro   master plan.
plan táctico   tactical plan.
planeación   *f.* ■ *Mex.* planning.
planeamiento   *m.* planning.
planeamiento corporativo   corporate planning.
planeamiento de recursos   enterprise resource planning (ERP).
planeamiento estratégico   strategic planning.
planeamiento financiero   financial planning.
planeamiento táctico   tactical planning.
planeamiento y programación presupuestaria   planning-programming-budgeting (PPB).
planificación   *f.* planning.
planificador anual   year planner.
planificador financiero   financial planner.

planificador financiero certificado   certified financial planner (CFP).
planilla de depreciaciones   depreciation sheet.
planilla electrónica   electronic spreadsheet.
planillas llave   ledger balance worksheets.
planta   *f.* plant.
plantilla   *f.* ■ *Sp.* personnel, workforce.
plataforma continental   continental platform.
plazo   *m.* period, term.
plazo de depreciación de activos   asset depreciation range (ADR).
plazo de entrega   delivery time.
plazo intermedio   intermediate term.
plazo medio   average due date.
plazo perentorio   deadline.
plazos impagados   ■ *Sp.* past-due receivables.
plazos legales   legal terms.
plusvalía   *f.* increase in value.
plusvalía mercantil   goodwill.
plusvalía por revalorización de activos   ■ *Sp.* reassessment surplus.
PMP (precio medio ponderado)   weighted average inventory method.
PNB (producto nacional bruto)   gross national product (GNP).
población   *f.* population.
población rural   rural population.
población urbana   urban population.
pobreza   *f.* poverty.
poder   *m.* 1. letter of attorney; 2. power.
poder adquisitivo   purchasing power, buying power, spending power.
poder de negociación   bargaining power.
poder de representación en asambleas   proxy.
poder especial   special power of attorney.
poderdante   *m./f.* grantor of power.
política   *f.* policy.
política de contabilidad   accounting policy.
política de precios   pricing policy.
política económica   economic policy.
política fiscal   fiscal policy.
política monetaria   monetary policy.
política publicitaria   advertising policy.
políticas contables   accounting policies.

póliza *f.* policy ▪ *Mex., Ven.* voucher.

póliza contra todo riesgo all-in policy, all-risk policy.

póliza de caja ▪ *Mex.* supporting document of a cash entry.

póliza de crédito credit policy.

póliza de diario ▪ *Mex.* accounting document of a noncash entry.

póliza de egreso ▪ *Mex.* accounting document of a cash disbursement.

póliza de ingreso ▪ *Mex.* accounting document of a cash receipt.

póliza de operaciones diversas ▪ *Mex.* accounting document of noncash transactions.

póliza de seguro de vida life insurance policy.

póliza de seguros assurance policy.

por adelantado in advance.

por ciento percent.

por poder by proxy.

porcentaje *m.* percentage.

porcentaje de contribución marginal contribution margin ratio, marginal income ratio.

porcentaje de devolución sobre activos totales ▪ *Mex.* return on assets (ROA).

porcentaje de devolución sobre el capital contable ▪ *Mex.* return on equity (ROE).

portafolio *m.* portfolio.

portafolio de inversión investment portfolio.

porte *m.* 1. transport charges; 2. transport.

posesión *f.* possession.

posición *f.* position.

posición al descubierto short covering.

posición corta short position.

posición cubierta long position.

posición financiera financial position.

posición larga long position.

posición monetaria monetary position.

postdatar post date.

postor *m.* bidder.

postulados contables accounting postulates.

potestad *f.* authority.

PPP (precio promedio ponderado) weighted average inventory method.

práctica comercial business practice.

práctica contable accounting practice.

practicante *m./f.* practitioner.

prácticas desleales de comercio unfair trade practices.

prebenda *f.* sinecure.

precepto *m.* rule.

precinto *m.* revenue stamp.

precio *m.* price.

precio al contado cash price.

precio al mejor postor auction price.

precio alzado lump-sum price.

precio C&F (costo y flete) C&F (cost and freight) price.

precio comercial justo fair trade price.

precio competitivo competitive pricing.

precio con margen sobre el costo cost plus pricing.

precio con prima premium pricing.

precio de adquisición original cost.

precio de compra buying price.

precio de contado spot.

precio de coste ▪ *Sp.* cost price.

precio de costo cost price.

precio de ejercicio exercise price.

precio de entrega delivery price.

precio de mercado market price.

precio de oferta bid price, asked price.

precio de oferta de un valor asking price.

precio de reposición replacement price.

precio de serie range pricing.

precio de transferencia transfer price.

precio de venta sales price.

precio desleal predatory pricing.

precio en abonos ▪ *Mex.* price in installments.

precio en base al mercado market-based pricing.

precio en cuotas price in installments.

precio FAS FAS (free alongside) price.

precio fijo fixed price.

precio histórico historical pricing.

precio intersegmento transfer price.

precio LAB (libre abordo) FOB (free on board) price.

precio medio ponderado (PMP) weighted average inventory method.

precio negociado de transferencia negotiated transfer price.

precio neto net price.

precio por categorías category pricing.

precio por grupo de clientes customer group pricing.
precio promedio average price.
precio promedio ponderado (PPP) weighted average inventory method.
precisión *f.* accuracy.
predatar predate.
predio *m.* property, estate.
premio *m.* 1. reward; 2. premium.
premio de mercado por riesgo market risk premium.
premio de un seguro insurance premium.
prenda *f.* pledge.
prenda agraria chattel mortgage on farm machinery and livestock.
prenda con registro chattel mortgage.
prescripción *f.* prescription.
prescripción del crédito fiscal tax credit prescription.
presentación adecuada adequate disclosure.
presentar razonablemente present fairly.
presentar una letra para su aceptación present a bill for acceptance.
prestación de servicios sale of services.
prestaciones adicionales fringe benefits.
prestaciones definidas defined-benefit plan.
prestaciones laborales fringe benefits.
prestamista *m.* lender.
préstamo *m.* loan.
préstamo a corto plazo short-term loan.
préstamo a la vista call loan.
préstamo a largo plazo long-term loan.
préstamo bancario bank loan, bank advance, bank borrowing.
préstamo blando soft loan.
préstamo con garantía colateral collateral loan.
préstamo convertible convertible loan stock.
préstamo de amortización anticipada call loan.
préstamo de avío ■ *Mex.* secured working capital loan.

préstamo de corredor broker's loan.
préstamo de habilitación ■ *Mex.* secured working capital loan.
préstamo de tasa ajustable adjustable rate loan.
préstamo hipotecario mortgage loan.
préstamo mercantil commercial loan.
préstamo personal personal loan.
préstamo prendario pledged loan.
préstamo puente bridge loan.
préstamo quirografario unsecured loan.
préstamo refaccionario ■ *Mex.* plant and equipment loan.
prestar lend.
prestatario *m.* borrower.
presunción *f.* presumption.
presupuestación ascendente bottom-up budgeting.
presupuestación de inversiones capital budgeting.
presupuestación del ciclo de vida de un producto life-cycle budgeting.
presupuestación flexible flexible budgeting.
presupuestación gubernamental governmental budgeting.
presupuestación incremental incremental budgeting.
presupuestar budget.
presupuesto *m.* budget.
presupuesto a largo plazo long-range budget.
presupuesto administrativo administrative budget.
presupuesto anual annual budget.
presupuesto aprobado approved budget.
presupuesto base cero zero-base budgeting.
presupuesto continuo continuous budget, rolling forward budget.
presupuesto de apropiaciones appropriation budget.
presupuesto de caja cash budget.
presupuesto de capital capital budget.
presupuesto de compras purchases budget.
presupuesto de costos cost budget.
presupuesto de efectivo cash budget.
presupuesto de egresos ■ *Mex.* expense budget.

presupuesto de gastos   expense budget.

presupuesto de gastos de fabricación   factory overhead budget.

presupuesto de ingresos   revenue budget.

presupuesto de inversiones de capital   capital expenditure budget.

presupuesto de inversiones en activo fijo   capital budget.

presupuesto de mano de obra directa   direct labor budget.

presupuesto de materias primas   direct materials budget.

presupuesto del ciclo de vida de un producto   life-cycle budget.

presupuesto departamental   departmental budget.

presupuesto equilibrado   balanced budget.

presupuesto fijo   fixed budget.

presupuesto financiero   cash budget, financial budget.

presupuesto flexible   flexible budget.

presupuesto funcional   functional budget.

presupuesto general   master comprehensive budget.

presupuesto global   comprehensive budget.

presupuesto impuesto   imposed budget.

presupuesto jerárquico   top-down budget.

presupuesto Kaizen   Kaizen budget.

presupuesto móvil   moving budget.

presupuesto negociado   negotiated budget.

presupuesto operativo   operating budget, operational budget.

presupuesto perpetuo   perpetual budget.

presupuesto por actividades   activity-based budgeting (ABB).

presupuesto por programas y actividades   activity-based budget.

presupuesto principal   master budget.

previsión   *f.* allowance.

previsión para cuentas incobrables   allowance for uncollectible accounts.

previsión para descuentos en las ventas   allowance for billing adjustments.

previsión para desvalorización de inversiones   allowance for decline in stock market value.

previsión para desvalorización de mercaderías   allowance for decline in the value of inventory.

previsión para desvalorización de moneda extranjera   foreign currency allowance.

previsión para deudas incobrables   allowance for bad debts.

previsión para deudores incobrables   allowance for bad debts.

previsión por desvalorización de moneda extranjera   allowance for exchange loss.

prima de antigüedad por retiro   ■ *Mex.* seniority premium.

prima de emisión   share premium.

prima de emisión de acciones   additional paid-in capital, capital surplus, contribute capital in excess of par.

prima de emisión de títulos de deuda   bond premium.

prima de emisión por fusión   acquired surplus.

prima de rescate   call premium.

prima de seguro   insurance premium.

prima en venta de acciones   ■ *Mex.* additional paid-in capital.

prima sobre bonos   bond premium.

prima vacacional   ■ *Mex.* vacation pay.

primer gravamen   first lien.

primeras materias   raw material.

primero entrado, primero salido (PEPS)   first-in, first-out (FIFO).

principal   *adj.* principal, main.

principal   *m.* principal, capital.

principio   *m.* principle.

principio de compensación   compensation principle.

principio de continuidad   ■ *Sp.* consistency.

principio de control   controllability concept.

principio de empresa en funcionamiento   ■ *Sp.* continuity.

principio de empresa en marcha   continuity, going concern concept.

principio de fiabilidad   reliability concept.

principio de gestión continuada
■ *Sp.* continuity.
principio de importancia relativa
■ *Sp.* materiality.
principio de interdependencia
interdependency concept.
principio de la entidad del negocio
business entity concept.
principio de Pareto Pareto analysis.
principio de periodicidad periodicity
concept.
principio de prudencia prudence
concept.
principio de realización realization
concept.
principio de relevancia relevance
concept.
principio de responsabilidad
accountability concept.
principio de sustancia sobre forma
substance over form.
principio de uniformidad consistency
concept.
principio del costo cost concept.
principio del devengado accrual
concept.
principio del devengo ■ *Sp.* accrual
concept.
principios contables accounting
principles.
Principios de Auditoría
Generalmente Aceptados
Generally Accepted Auditing Standards
(GAAS).
principios de contabilidad accounting
principles.
Principios de Contabilidad
Generalmente Aceptados (PCGA)
Generally Accepted Accounting Principles
(GAAP).
principios fundamentales de
contabilidad fundamental accounting
concepts.
principios fundamentales de
contabilidad de gestión
fundamental management accounting
concepts.
principios presupuestarios budgeting
principles.
prioridad *f.* priority.
prioridad del fondo sobre la forma
■ *Sp.* principle of essence over form.

privatización *f.* privatization.
probabilidad *f.* probability.
probabilidad bayesiana Bayesian
probability.
probabilidad clásica classical
probability.
probabilidad objetiva objective
probability.
procedimiento *m.* procedure.
procedimiento administrativo de
ejecución ■ *Mex.* enforced tax
collection action.
procedimiento administrativo en
materia aduanera ■ *Mex.* customs
procedures.
procedimiento analítico specific
identification method.
procedimiento contable accounting
procedures.
procedimiento de contabilidad
accounting procedures.
procedimiento de inventarios
constantes perpetual inventory system.
procedimiento de inventarios
perpetuos perpetual inventory system.
procedimiento de mercancías
generales periodic inventory system.
procedimiento global periodic
inventory system.
procedimiento pormenorizado
specific identification method.
procedimientos de auditoría
auditing procedures.
procedimientos de control control
procedures.
procedimientos de producción
manufacturing procedures.
procesamiento automático de datos
automatic data processing (ADP).
procesamiento de datos data
processing.
procesamiento de información
information processing.
procesamiento electrónico de datos
(PED) electronic data processing (EDP).
procesamiento en línea on-line
processing.
procesamiento paralelo parallel
processing.
procesamiento por lotes batch
processing.
proceso *m.* process.

proceso continuo   continuous process.
proceso de auditoría   auditing process.
proceso de decisión gerencial
management decision cycle.
proceso de fabricación   manufacturing
process.
procesos del negocio   business
process.
producción   *f.* production.
producción a gran escala   large-scale
production.
producción anual   annual production.
producción en proceso   work-in-
process (WIP).
producción equivalente   equivalent
production.
producción justo-a-tiempo   just-in-
time (JIT) manufacturing, lean production.
producción nacional   domestic
production.
producción por lotes   batch production.
producción promedio   average output.
productividad   *f.* productivity.
productividad marginal   marginal
productivity.
producto   *m.* 1. income, yield, return;
2. article, item, good, commodity, product.
producto bruto   gross proceeds.
producto bruto interno (PBI)   gross
domestic product (GDP).
producto final   end product, final product.
producto interno bruto (PIB)   gross
national product (GNP).
producto nacional   national product.
producto nacional bruto (PNB)   gross
national product (GNP).
producto nacional neto   net national
product.
productos   *m.* ■ *Mex.* government
revenues.
productos acabados   ■ *Sp.* finished
goods.
productos anticipados   ■ *Sp.* deferred
revenue.
productos básicos   consumer goods.
productos conjuntos   joint products.
productos de capital   ■ *Mex.* capital
investment income.
productos de inversiones   ■ *Mex.*
financial income.
productos de trabajo   ■ *Mex.* income
from labor activities.

productos elaborados   manufactured
products.
productos en proceso   goods-in-
process inventory, work-in-process (WIP).
productos financieros   ■ *Mex.* financial
gains.
productos semielaborados
intermediate goods.
productos semiterminados
intermediate goods.
productos terminados   finished goods.
productos varios   ■ *Mex.* other income.
productos y servicios   goods and
services.
profesión   *f.* profession.
pro forma   pro forma.
programa   *m.* 1. program; 2. schedule;
3. software.
programa de actividades   schedule of
events.
programa de aplicación   application
programs.
programa de auditoría   audit program.
programa de capacitación   training
program.
**programa de importación temporal
para producir artículos de
exportación (PITEX)**   ■ *Mex.* temporary
import to manufacture export products.
programa de propiedad participada
■ *Arg.* ownership participation program.
programa de trabajo   work program.
programa informático   software
programación dinámica   dynamic
programming.
programación lineal   linear
programming (LP).
programación matemática
mathematical programming.
programación no lineal   nonlinear
programming.
programación por enteros   integer
programming.
programación por objetivos   goal
programming.
progresión   progression.
progresión aritmética   arithmetic
progression.
progresión armónica   harmonic
progression.
progresión geométrica   geometric
progression.

promedio *m.* average, mean.
promedio anual annual mean.
promedio aritmético arithmetic average.
promedio de ventas average of sales.
promedio móvil moving average.
promedio ponderado weighted average.
promedio progresivo progressive average.
promedio simple simple average.
promesa *f.* promise.
promesa de compra-venta purchase agreement.
promesa de pago promise to pay.
promoción comercial trade promotion.
promoción fiscal fiscal incentives.
promotor *m.* promoter.
promulgación de ley enactment.
pronóstico *m.* forecast.
pronóstico de ventas sales forecast.
propaganda *f.* advertising.
propiedad *f.* ownership, property.
propiedad abandonada abandoned property.
propiedad conjunta joint ownership.
propiedad conyugal community property.
propiedad en común co-owned property.
propiedad industrial industrial property rights.
propiedad líquida ▪ *Sp.* net worth.
propiedad literaria copyright.
propiedad, planta y equipo ▪ *Mex.* property, plant, and equipment.
propiedad privada private property.
propiedad reservada property reserved.
propietario *m.* owner.
propietarios principales majority owners.
proporción *f.* proportion.
proposición *f.* proposition.
prorrata *f.* rate.
prorratear prorate.
prorrateo *m.* proration.
prórroga *f.* extension of the term.
prórroga impositiva extension of time for filing.
prospecto *m.* prospectus.
protesto *m.* protest.

protocolo *m.* protocol.
proveedores *m.* suppliers, trade creditors.
proveer 1. provide; 2. record a provision.
provisión *f.* provision, accrued liabilities ▪ *Sp.* allowance.
provisión de fondos provision of funds.
provisión para cuentas dudosas allowance for doubtful accounts.
provisión para depreciación ▪ *Sp.*, *Mex.* accumulated depreciation.
provisión para impuestos tax provision.
provisión para insolvencias doubtful debts provision ▪ *Sp.* allowance for bad debts.
provisión por riesgos y gastos provisions for liabilities and charges.
próxima entrada, primera salida (PEPS) next-in, first-out (NIFO).
proyección *f.* projection.
proyección del flujo de fondos cash flow forecasting.
proyección financiera financial forecast, financial projection.
proyección móvil moving projection.
proyecto *m.* project.
proyecto de inversión investment project.
prudencia *f.* sound judgment in practicing accounting appraisals.
prudencia valorativa ▪ *Sp.* conservatism.
prueba *f.* test.
prueba ácida acid test ratio.
prueba analítica analytical test.
prueba de auditoría audit trail.
prueba de caja four-column reconciliation.
prueba de integración integrated test facility.
prueba de solvencia liquidity ratio.
prueba de validez validity test.
prueba del ácido acid test ratio.
prueba severa acid test ratio.
pruebas de auditoría auditing evidence.
pruebas de control tests of control.
pruebas de controles compliance audit.
pruebas de cumplimiento compliance audit.

pruebas de doble propósito double-purpose test.
pruebas de validación de saldos balance-check test.
pruebas selectivas testcheck.
pruebas sustantivas balance-check test.
publicidad *f.* advertising.
publicidad y promoción advertising and promotion.
puerto *m.* port.
puesta en marcha start-up.
puja *f.* bid.
pujar bid up.
puntear tick off.
punto base basing point.
punto crítico break-even point.
punto de corte cut-off point.
punto de empate break-even point.
punto de equilibrio break-even point.
punto de equilibrio de ventas break-even sales.
punto de equilibrio económico break-even point.
punto de equilibrio multiproducto composite break-even point.
punto de nivelación equalization point.
punto de saturación saturation point.
punto muerto ■ *Sp.* break-even point.
PYME (pequeña y mediana empresa) small and medium-sized enterprises (SMEs).

quebranto *m.* loss, damage.
quebranto impositivo tax loss.
quebrantos impositivos compensables con ganancias de años anteriores loss carryback.
quebrantos impositivos compensables contra ganancias imponibles futuras loss carryforward.
queja *f.* complaint, claim.
querella *f.* 1. accusation, charge; 2. suit, case; 3. dispute, controversy.
quiebra *f.* bankruptcy.

quiebra involuntaria involuntary bankruptcy.
quiebra voluntaria voluntary bankruptcy.
quilate *m.* carat.
quirografario unsecured credit.
quita *f.* partial or total debt cancellation.
quitanza *f.* acknowledgment of payment.
quórum *m.* quorum.
quórum de presencia minimum number of shares needed to open a meeting.
quórum de votación minimum number of votes needed to take decisions.

racionalidad *f.* rationality.
rama de actividad line of business.
rappel *m.* ■ *Sp.* discount quantity.
rappels por compras ■ *Sp.* purchase discount.
rappels sobre ventas ■ *Sp.* trade discount allowed.
RAPU (Registro de Asociaciones de Profesionales Universitarios) ■ *Arg.* Professional Associations Register.
ratio *m.* ratio.
ratio de cobertura de costos fijos fixed-charge-coverage ratio.
ratio de tesorería ■ *Sp.* acid test ratio.
ratio precio-beneficio de una acción price-earnings ratio (PER).
raya *f.* ■ *Mex.* salary.
rayar ■ *Mex.* pay salaries.
razón *f.* 1. ratio; 2. reason.
razón de cobertura del interés interest coverage ratio.
razón de días de venta en existencias days to sell inventory.
razón de días de venta en la calle average collection period.
razón de endeudamiento debt to equity ratio.
razón de endeudamiento a corto plazo short-term debt to equity ratio.
razón de endeudamiento en moneda extranjera foreign-currency debt to total debt ratio.

razón de endeudamiento total   debt to equity ratio.

razón de financiación de la inversión inmovilizada   equity to fixed assets ratio.

razón de inmovilización   fixed to total assets ratio.

razón de inmovilización de la inversión   fixed to total assets ratio.

razón de inmovilización del activo   fixed to total assets ratio.

razón de la ganancia bruta   gross profit rate.

razón de la prueba ácida   acid test ratio.

razón de liquidez   current ratio ■ *Mex.* quick ratio.

razón de liquidez corriente   current ratio.

razón de liquidez total   current assets to total debt ratio.

razón de precio a utilidad   price-earnings ratio (PER).

razón de protección al capital pagado   return on invested capital.

razón de rentabilidad   return on equity (ROE).

razón de rentabilidad del activo   return on assets (ROA).

razón de rentabilidad del capital propio   return on equity (ROE).

razón de rentabilidad del patrimonio   return on equity (ROE).

razón de retorno de la inversión   return on equity (ROE).

razón de rotación de cuentas por cobrar   accounts receivable turnover.

razón de rotación de existencias   inventory turnover.

razón de rotación de inventarios   inventory turnover.

razón de rotación del activo fijo   fixed assets turnover.

razón de rotación del capital   equity turnover.

razón de solvencia   equity to total debt ratio.

razón del capital de trabajo   ■ *Mex.* current ratio.

razón del circulante   ■ *Mex.* current ratio.

razón del costo variable   price to unit variable cost ratio.

razón del ingreso marginal   marginal income, contribution margin.

razón del margen de seguridad   working capital to current liabilities ratio.

razón del patrimonio inmóvil   fixed assets to equity ratio.

razón severa   acid test ratio.

razón social   business name.

razonabilidad   *f.* ■ *Mex.* approximation to reality.

razonablemente   fairly.

razones cronológicas   chronological ratios.

razones de actividad   activity ratios.

razones de liquidez   liquidity ratios.

razones de rentabilidad   profitability ratios.

razones de rotación   turnover ratios.

razones dinámicas   dynamic ratios.

razones estándar   standard ratios.

razones estáticas   static ratios.

razones financieras   financial ratios.

reactivación económica   economic recovery.

realimentación   *f.* feedback.

realizable   realizable.

realizable   *m.* ■ *Sp.* liquid assets.

realizable cierto   cash assets.

realizable condicionado   current assets that will convert into cash through operating activities.

realizable contingente   current assets that will convert into cash through operating activities.

realizable incierto   current assets that will convert into cash through operating activities.

realización   *f.* realization.

realización de ganancia   income realization.

realizado   realized.

reapertura   *f.* reopening.

reapertura de cuentas   reopening of the books.

reaseguradora   *f.* reinsurer.

reaseguro   *m.* reinsurance, reassurance.

rebaja   *f.* 1. reduction; 2. discount.

rebaja de impuestos   abatement of taxes.

rebaja en el precio   price allowance.

rebaja sobre compras   purchase discount.

rebaja sobre ventas sales discount.
rebajar abate.
recargo *m.* extra charge.
recargo fiscal surtax.
recargo por presentación de una declaración fuera de término late filing penalty.
recaudación fiscal tax collection.
recepción de herencia legacy admission.
recepcionista *m./f.* receptionist.
recesión *f.* recession.
recibir en firme ■ *Mex.* sight bill.
recibir por cuenta de accept for the account of.
recibo *m.* receipt.
reclamación *f.* claim, demand.
reclasificación *f.* reclassification.
recobrar recover.
recogida *f.* ■ *Sp.* redemption.
recompra *f.* buy back.
recómputo *m.* recomputation.
reconciliación *f.* reconciliation.
reconocer recognize.
reconocimiento aduanero customs inspection.
reconocimiento contable accounting recognition.
reconocimiento de los efectos de la inflación en la información financiera ■ *Mex.* adjustment for inflation.
reconocimiento de marca brand recognition.
reconocimiento de un gasto expense recognition.
reconocimiento de un ingreso revenue recognition.
reconocimiento general de libros ■ *Sp.* legal requirement to submit accounting books.
reconocimiento óptico de caracteres optical character recognition (OCR).
recortar gastos ax expenditures.
recorte presupuestario budget cuts.
recuento *m.* count, inventory.
recuento de existencias physical inventory, physical stocktaking (UK).
recuento físico physical inventory.
recuperación *f.* recovery.
recuperación de amortización depreciation recapture.

recuperación de información information retrieval.
recupero de incobrables bad debt recovery.
recurso *m.* 1. resource; 2. resort; 3. asset; 4. appeal.
recurso de inconformidad ■ *Mex.* disagreement appeal.
recursos ■ *Ven.* public funds.
recursos ajenos liabilities.
recursos de capital ■ *Col.,Ven.* capital resources.
recursos financieros financial resources.
recursos naturales natural resources.
recursos no renovables depletable resources.
recursos propios ■ *Sp.* equity.
recursos públicos ■ *Arg.* public funds.
recursos renovables renewable resources.
red de actividades flow of activities.
red interna intranet.
redactar un contrato draft an agreement.
redención de acciones retirement of stock.
redescuento *m.* rediscount.
redistribución *f.* redistribution.
rédito *m.* yield, interest.
redondeo de cifras round up.
reducción de capital impairment of capital.
reducción de impuesto tax abatement.
reducción de personal downsizing.
reducción del tiempo de ciclo cycle time compression.
reducción sobre el precio establecido markdown.
reembolso *m.* reimbursement.
reembolso del capital capital reimbursement.
reembolso fiscal tax refund.
reemplazo *m.* replacement.
reestructuración *f.* restructuring.
reestructuración de deuda debt restructuring.
reexpresión de estados financieros restatement of financial statements for inflation.
reexpresión monetaria monetary restatement.

refacción *f.* repair ■ 1. *Mex.* spare parts
■ 2. *Mex.* loan.
referencia *f.* reference.
referencia de auditoría audit trail.
refinanciamiento *m.* refinancing.
refrendo *m.* authentication.
refugio financiero financial shelter.
regalía *f.* royalty.
regalías devengadas accrued royalties.
régimen cambiario exchange system.
régimen fiscal fiscal legislation.
región fronteriza frontier zone.
registración contable accounting
record.
registración descentralizada
subsidiary accounting record.
registración diferida deferred
registration.
registración directa centralized
accounting record.
registración inmediata individual
transaction recording.
registrar un asiento make an entry,
record, post.
registro *m.* 1. record; 2. register.
registro auxiliar auxiliary accounting
book.
**registro auxiliar de cuentas por
pagar** accounts payable subsidiary ledger.
registro contable 1. accounting record;
2. book account.
registro de acciones stock register.
registro de accionistas register of
stockholders.
registro de aceptaciones acceptance
register.
registro de activo fijo fixed assets
register.
**Registro de Asociaciones de
Profesionales Universitarios
(RAPU)** *Arg.* Professional Associations
Register.
registro de bonos bond register.
registro de cheques check register.
registro de diferimientos accruals
spreadsheet.
registro de documentos register of
documents.
registro de efectos a cobrar ■ *Sp.*
register of bills receivable.
registro de efectos a pagar ■ *Sp.*
register of bills payable.

registro de facturas invoice register.
registro de patentes y marcas
1. register of patents; 2. patent office.
registro de sueldos y jornales
payroll register.
registro de tiempo improductivo
lost time record.
**registro del archivo maestro de
cuentas** account master record.
registro informal informal register.
Registro Mercantil ■ *Sp.* Registration
Office of Commerce.
registro múltiple de transacciones
multiple recording of transactions.
Registro Público de Comercio
Public Registration Office of Commerce.
Registro Público de la Propiedad
Property Registration Office.
registros contables accounting
records.
registros de contabilidad accounting
books.
registros de primera entrada
journals.
registros de segunda entrada
ledgers.
registros incompletos incomplete
records.
regla *f.* rule, standard.
reglamento *m.* regulations.
reglas de presentación disclosure
standards.
reglas de valuación valuation
standards.
reglas particulares accounting
criterion.
regresión lineal linear regression.
regresión múltiple multiple regression.
regulación *f.* regulation.
regulaciones laborales labor
regulations.
regularización *f.* valuation adjustment.
**regularización de cuentas de
resultados** ■ *Sp.* closing entry.
regularización de valores ■ *Sp.* partial
inflation adjustment.
rehabilitación de quiebra bankruptcy
discharge.
**REI (resultado por exposición
a la inflación)** inflationary gain
(loss).
reincidencia *f.* second offense.

reingeniería de procesos business process reengineering (BPR), process reengineering.

reintegro *m.* refund, reimbursement.

reintegro de derechos aduaneros duty drawback.

reinversión *f.* reinvestment.

relación *f.* 1. relation, ratio; 2. report, detail.

relación cotización-beneficios price-earnings ratio (PER).

relación de cuentas por cobrar ■ *Mex.* accounts receivable detail.

relación de gastos ■ *Mex.* expense listing.

relación de trabajo work relationship.

relación precio utilidad price-earnings ratio (PER).

relaciones analíticas analytical detail.

relaciones industriales industrial relations.

relaciones públicas public relations.

relevancia *f.* relevance.

remanente *m.* ■ *Sp.* accumulated income from previous year.

remanente de ejercicio balance after income distribution.

remate *m.* public auction.

remesa *f.* shipment.

remesa de fondos remittance of funds.

remisión *f.* ■ *Mex.* dispatch note.

remisión de una deuda partial or total debt cancellation.

remitente *m./f.* addresser.

remito *m.* dispatch note.

remuneración *f.* payment, remuneration.

remuneraciones basadas en acciones equity-based compensations.

rendimiento *m.* 1. performance; 2. yield, return.

rendimiento al vencimiento yield to maturity.

rendimiento anual promedio average annual yield.

rendimiento anualizado annualized return.

rendimiento de la inversión return on investment (ROI).

rendimiento del activo return on assets (ROA).

rendimiento estándar de mano de obra standard performance-labor.

rendimiento fijo fixed yield.

rendimiento imponible equivalente equivalent taxable yield.

rendimiento nominal nominal yield.

rendimiento sobre inversión return on investment (ROI).

rendimiento sobre las ventas return on sales.

rendimiento sobre los activos return on assets (ROA).

renovación automática automatic reinstatement, automatic renewal.

renta *f.* rent, income.

renta bruta gross profit.

renta de personas físicas personal income.

renta disponible disposable income.

renta fija fixed income.

renta mínima no imponible earned income credit.

renta personal earned income.

rentabilidad *f.* profitability, return.

rentabilidad anual annual return.

rentabilidad de la inversión interest on investment.

rentabilidad del capital propio return on equity (ROE).

rentas de destinación específica ■ *Col.* appropriated income.

rentas exentas exempt income.

reorganización *f.* reorganization.

reorganización de deuda debt restructuring.

reorganización divisiva ■ *Mex.* spinoff.

reparación *f.* 1. repairing, reparation, satisfaction; 2. repair.

reparaciones activables extraordinary repairs.

reparaciones y conservación repairs and maintenance.

reparo *m.* ■ *Sp.* qualification.

reparto *m.* 1. distribution; 2. delivery.

reparto de utilidades distribution of profits.

repatriación *f.* repatriation.

reporte de actividades de agentes de bolsa clearing house statement.

reporte de costeo por procesos process cost report.

reporte de gastos por funciones functional reporting of expenses.

reporte financiero financial reporting.

reporte interno   internal reporting.
reporte por línea de negocio   line of business reporting.
reporte trimestral   quarterly report.
reporto   *m.* swap.
reposición   *f.* replacement.
representación fiel   faithful representation.
representatividad   *f.* faithful representation.
reproceso   *m.* parallel processing.
repuestos   *m.* spare parts.
repunte   *m.* recovery.
requerimiento de materiales   material requisitions.
requisición   *f.* requisition.
requisición de almacén   material requisitions.
requisición de compra   purchase requisitions.
requisición de materiales   material requisitions.
requisitos   *m.* requirements.
requisitos de la información   accounting information requirements.
resarcir   repay, indemnify.
rescate   *m.* redemption.
rescate anticipado de deuda   retirement of outstanding debt.
rescate financiero   bailout.
rescindir   annul, rescind.
rescisión de las relaciones de trabajo   labor agreement cancellation.
reseña informativa   historical summary.
reserva   *f.* reserve ■ *Sp.* any equity account except for capital and retained income.
reserva actuarial   actuarial reserve.
reserva contingente   contingent reserve.
reserva de capital amortizable   capital redemption reserve.
reserva de revalorización   ■ *Sp.* revaluation surplus.
reserva de revaluación   revaluation surplus.
reserva de valuación   ■ *Sp.* contra account to the gross of an asset.
reserva especial   voluntary reserve.
reserva estabilizadora de dividendos   dividend-equalization reserve.
reserva estatutaria   statutory reserve.

reserva expresa   reserves presented in financial statements.
reserva extraordinaria   extraordinary reserve.
reserva facultativa   voluntary reserve.
reserva general   general reserve.
reserva general para contingencias   general contingency reserve.
reserva latente   ■ *Sp.* hidden reserve.
reserva legal   legal reserve.
reserva mixta   mixed reserve.
reserva obligatoria   legal reserve.
reserva para accidentes   reserve for accidents.
reserva para agotamiento   depletion allowance.
reserva para amortización de acciones   stock repurchase reserve.
reserva para bonificaciones   allowance reserve.
reserva para contingencias   reserve for contingencies.
reserva para cuentas malas   ■ *Mex.* allowance for doubtful accounts.
reserva para depreciación   ■ *Mex.* allowance for depreciation.
reserva para fluctuación de valores   allowance for decline in the value of marketable securities.
reserva para impuestos   tax provision.
reserva para incobrables   allowance for bad debts.
reserva para inventario   allowance for decline in the value of inventory.
reserva para investigación   reserve for research.
reserva para mantenimiento   maintenance reserve.
reserva para mantenimiento del capital   reserve for capital maintenance.
reserva para participación de utilidades   profit-sharing reserve.
reserva para pensiones   pension reserve.
reserva para pérdidas   loss reserve.
reserva para plan de pensiones   pension plan liability reserve.
reserva para reinversión   reinvestment reserve.
reserva para seguro   insurance reserve.
reserva por revalúo   revaluation surplus.

reserva reglamentaria ■ *Ch.* legal reserve.

reserva secreta hidden reserve.

reserva social ■ *Ch.* statutory or voluntary reserve.

reservación de ganancias appropriation of retained earnings.

reservas comprobadas verified reserves.

reservas de capital capital reserves.

reservas de pasivo reserve liabilities ■ *Mex.* provisions for accrued expenses.

reservas demostradas verified reserves.

reservas ocultas hidden reserves.

reservas probables estimated reserves.

reservas probadas verified reserves.

reservas tácitas hidden reserves.

reservas técnicas technical reserves.

reservas voluntarias voluntary reserves.

resguardo *f.* 1. defense, protection; 2. voucher; 3. guarantee, slip.

resguardo de depósito ■ *Sp.* deposit slip of securities.

residencia *f.* residence.

residuos *m.* scrap.

resolución técnica (RT) ■ *Arg.* statement of the FACPCE on accounting standards.

resoluciones fiscales fiscal decisions.

responsabilidad *f.* accountability.

responsabilidad civil del auditor auditor's civil liability.

responsabilidad del contador accountant's liability.

responsabilidad directa direct liability.

responsabilidad ilimitada unlimited liability.

responsabilidad legal legal liability.

responsabilidad limitada limited liability.

responsabilidad penal del auditor auditor's penal responsibility.

responsabilidad profesional del auditor auditor's professional liability.

responsabilidad solidaria joint liability.

responsable *m./f.* person in charge.

responsable *adj.* in charge, responsible.

responsable de rendir cuentas accountable party.

resultado ajeno a la explotación nonoperating income (loss).

resultado atribuible a los administradores residual income.

resultado atribuible a los propietarios interest on invested capital.

resultado bruto gross income.

resultado bruto de ventas gross income.

resultado contable accounting profit (loss).

resultado contingente contingent gain (loss).

resultado de ejercicios anteriores prior years accumulated income.

resultado de tenencia holding gain (loss).

resultado del ejercicio fiscal year profit (loss).

resultado del período fiscal year profit (loss).

resultado extraordinario extraordinary gain (loss).

resultado fiscal taxable income.

resultado fiscal del ejercicio fiscal year taxable income.

resultado gravado taxable income.

resultado imponible taxable income.

resultado impositivo taxable income.

resultado interno division gain (loss).

resultado interprocesos division gain (loss).

resultado monetario monetary gain (loss).

resultado neto de explotación net operating income (loss).

resultado neto después de impuestos bottom line.

resultado no operativo nonoperating income (loss).

resultado no realizado unrealized gain (loss).

resultado operativo income (loss) from continuing operations.

resultado ordinario ordinary income (loss).

resultado por acción net income (loss) per share.

resultado por acción totalmente diluido fully diluted earnings per share.

resultado por exposición a la inflación (REI)   inflationary gain (loss).

resultado por posición monetaria   ▪ *Mex.* inflationary gain (loss).

resultado principal   operating income (loss).

resultado realizado   realized gain (loss).

resultado total   comprehensive income.

resultados acumulados   accumulated income, earned surplus, retained earnings.

resultados acumulados asignados   appropriated retained earnings.

resultados de la cartera de valores   gain (loss) on marketable securities.

resultados de liquidación   liquidation income (loss).

resultados de operaciones discontinuadas   income from discontinued operations.

resultados en operaciones de valores   gain (loss) on disposal of securities.

resultados financieros   interest income (expense).

resultados no asignados   balance of undistributed profits.

resultados operativos   operating results.

resultados pendientes de aplicación   undistributed profits.

resultados secundarios   other revenues and expenses.

resumen de cuenta   abstract of account.

retasación   *f.* ▪ *Sp.* appraisal capital.

retención   *f.* 1. withholding; 2. retention.

retención de clientes   customer retention.

retención de impuestos   tax withholding.

retención de impuestos en la fuente   backup withholding.

retenciones al personal   employee's withholding.

retirar dinero de la cuenta   withdraw money from the account.

retirar una oferta de adquisición   withdraw a takeover bid.

retiro de fondos   withdrawal.

retiro de fondos en cuenta corriente   withdrawal from bank account.

retiro de un bien de uso   fixed asset write-off.

retorno de la inversión   return on investment (ROI).

retorno sobre ventas   return on sales.

retornos   *m.* distribution of retained income in cooperative companies.

retraso   *m.* delay.

retribución   *f.* payment.

retroactividad   *f.* retroactivity.

retroaplicación   *f.* loss carryback.

reunión de directorio   board meeting.

revaluación   *f.* appraisal capital.

revalúo   *m.* appraisal capital.

revalúo técnico   ▪ *Arg.* capital appraisal made by an expert.

revalúos de efectos transitorios   ▪ *Arg.* partial inflation adjustment.

revelación   *f.* ▪ *Mex.* disclosure.

reversión   *f.* restitution.

revisar   audit, check.

revisión   *f.* limited audit, review.

revisión administrativa   management review.

revisión analítica   analytical review.

revisión de calidad   quality review.

revisión de contabilidades   accounting audit.

revisión de dictámenes   auditor's opinion review.

revisión de escritorio   power of fiscal authorities to audit tax returns.

revisión de los hechos posteriores al cierre de los estados contables   post balance-sheet review.

revisión de pares   peer review.

revisión limitada   limited review.

revisión limitada de estados contables   limited audit.

revisión por pares   control by equals.

revisor de cuentas   comptroller in a nonprofit organization.

revocación   *f.* revocation.

riesgo   *m.* risk.

riesgo alfa   alpha risk.

riesgo beta   beta risk, central beta risk.

riesgo cero   zero risk.

riesgo de auditoría   audit risk.

riesgo de control   control risk.

riesgo de crédito   credit risk.

riesgo de detección   lack of detection risk.

riesgo de falta de control   lack of control risk.

riesgo de falta de detección   lack of detection risk.

riesgo de mercado   market risk.

riesgo de muestreo   sampling risk.

riesgo de trabajo   occupational hazard.

riesgo de transacción   transaction exposure.

riesgo de traslación   translation exposure.

riesgo diversificable   diversifiable risk.

riesgo inherente   inherent risk.

riesgo moral   moral hazard.

riesgo no controlable   noncontrollable risk.

riesgo no diversificable nondiversifiable risk.

riesgo operativo   operating risk.

riesgo por endeudamiento   financial risk.

riesgos en curso   ■ *Arg.* liability from nonaccrued premiums in insurance companies.

riqueza   *f.* wealth.

romper el contrato   breach a contract.

rotación   *f.* turnover.

rotación de capital   capital turnover.

rotación de créditos   accounts receivable turnover.

rotación de existencias   inventory turnover.

rotación de la inversión   investment turnover.

rotación del activo   asset turnover.

rotación del activo fijo   fixed assets turnover.

rotación del capital   equity turnover.

RT (resolución técnica)   ■ *Arg.* statement of the FACPCE on accounting standards.

rúbrica   *f.* 1. registration of accounting books; 2. signature.

rubricación   *f.* registration of accounting books.

rubro   *m.* heading, title.

ruta crítica   ■ *Mex.* critical path.

rutina   *f.* routine.

S.A. (sociedad anónima)   corporation, incorporated.

S.C.A. (sociedad en comandita por acciones)   limited partnership by shares.

S.E.U.O. (salvo error u omisión) errors and omissions excepted.

S.R.L. (sociedad de responsabilidad limitada)   limited liability company.

salario   *m.* salary.

salario a destajo   piece wage.

salario de mercado   market price salary.

salario en especie   salary in kind.

salario mínimo   minimum salary.

salario por tiempo   wages specified according to the worked time.

saldar una cuenta   settle an account.

saldo   *m.* 1. balance; 2. sale; 3. leftover.

saldo acreedor   credit balance.

saldo anterior   previous balance.

saldo compensatorio   compensating balance.

saldo de apertura   opening balance.

saldo de ejercicios anteriores previous periods' retained earnings.

saldo de libros   books balance.

saldo deudor   debit balance.

saldo en banco   bank balance.

saldo en efectivo   cash balance.

saldo final   ending balance.

saldo insoluto   unpaid balance.

saldo líquido   net balance.

saldo neto   net balance.

saldo nulo   zero balance.

saldo por revalúo   appraisal capital.

saldo por revalúo otras sociedades appraisal capital from controlled companies.

saldo por revalúo técnico   ■ *Arg.* appraisal capital.

saldo por revalúo técnico otras sociedades   ■ *Arg.* appraisal capital from controlled companies.

saldo vencido   due balance.

saldos actualización contable Ley 19742   ■ *Arg.* stockholders' equity account generated by the adjustment in the valuation of assets.

saldos revalúo Ley 19742 ■ *Arg.* stockholders' equity account generated by the adjustment in the valuation of assets.

salida *f.* 1. exit; 2. disbursement; 3. credit on asset accounts.

salida de caja cash outflow.

salida de mercancías exit of goods.

salida de un sistema output.

salón de remates trading floor.

salvamento *m.* salvage.

salvedad *f.* qualification.

salvedad determinada specific qualification.

salvedad indeterminada undetermined qualification.

salvo buen cobro except for good collection.

salvo error u omisión (S.E.U.O.) errors and omissions excepted.

sanción *f.* sanction.

sanción administrativa administrative sanction.

sanción disciplinaria disciplinary sanction.

sanción fiscal fiscal sanction.

saneamiento de activos ■ *Sp.* write-down.

sector *m.* division, sector.

sector económico economic sector.

sector primario primary sector.

sector privado private sector.

sector público public sector.

sector secundario secondary sector.

sector terciario tertiary sector.

secuestro judicial judicial attachment.

securitización *f.* securitization.

segmento *m.* segment.

segmentos geográficos geographic areas.

segmentos industriales industrial segments.

seguridad *f.* ■ *Mex.* reliability.

seguridad e higiene occupational safety and health.

seguridad negativa negative affirmation.

seguridad social social security.

seguro *m.* insurance.

seguro de cambio exchange risk insurance.

seguro de caución ■ *Arg.* guaranty insurance.

seguro de vida life assurance, life insurance.

seguro social social security.

seguro social obligatorio compulsory social security.

seguro social voluntario voluntary social security.

seguros pagados por anticipado prepaid insurance expense.

seguros reclamados indemnity receivable.

seguros sociales a pagar social security payable.

semáforo fiscal electronic aleatory selection device for customs inspection of merchandise.

seminario *m.* seminar.

semovientes *m.* livestock.

senior *m./f.* senior.

sensor *m.* set of accounting standards.

seña *f.* ■ *Arg.* advance payment, down payment.

señal *f.* advance payment, down payment.

separación de bienes division of property.

series de tiempo time series.

Servicio de Administración Tributaria ■ *Mex.* Service of Tax Administration.

servicio social social services, welfare work.

servicios compartidos shared services.

servicios de recaudación tax revenue services.

servicios relacionados a la auditoría auditing services.

servidumbre *f.* easement.

SIEFORES (sociedades de inversión especializadas en fondos para el retiro) ■ *Mex.* investment companies specialized in the administration of pension plan funds.

SIGEN (Sindicatura General de la Nación) ■ *Arg.* National Audit Office.

SIGEP (Sindicatura General de Empresas Públicas) ■ *Arg.* Public Companies' Audit Office.

sigla *f.* abbreviation, acronym.

signar sign.

significación *f.* materiality.

significativo material.

simposio *m.* symposium.

simulación *f.* simulation.
simulación paralela ■ *Mex.* parallel processing.
simultaneidad contable accounting simultaneity.
sin aval without guarantee.
sindicato *m.* board of trustees, labor union, trade union.
sindicato de patrones company union.
sindicato de suscripción underwriting syndicate.
sindicato de trabajadores labor union.
sindicatura *f.* receivership, trusteeship.
Sindicatura General de Empresas Públicas (SIGEP) *Arg.* Public Companies' Audit Office.
Sindicatura General de la Nación (SIGEN) *Arg.* National Audit Office.
síndico *m.* receiver, trustee.
síndico concursal *m.* trustee in bankruptcy.
sinergia *f.* synergy.
siniestro *m.* loss.
siniestros pendientes liability from pending payments on losses.
sistema *m.* system.
sistema administrativo administrative system.
sistema centralizador centralizing system.
sistema contable accounting system.
Sistema de Administración Tributaria ■ *Mex.* Tax Administration System.
sistema de amortización directa direct method of depreciation.
sistema de amortización indirecta method of depreciation with valuation allowance accounts.
sistema de capitalización individual personal capitalization pension plan.
sistema de comprobantes voucher system.
sistema de contabilidad accounting system.
sistema de control interno internal control system.
sistema de costos cost system.
sistema de costos por órdenes job-order costing system.
sistema de costos por procesos process-costing system.

sistema de cuenta doble double-account system.
sistema de diario mayor único sole general journal system.
sistema de diario y caja accounting system using a journal for cash operations and other journal for other type of transactions.
sistema de fichas voucher system.
sistema de información contable Accounting Information Systems (AIS).
sistema de información por actividades activity-based system.
sistema de permanencia de inventario ■ *Sp.* perpetual inventory.
sistema de pólizas voucher system.
sistema de reparto sharing system.
sistema de volantes voucher system.
sistema de vouchers voucher system.
sistema digráfico double-entry system.
sistema financiero financial system.
sistema tabular columnar system.
sistemas de validación validation systems.
sistematicidad *f.* systematic nature.
situación financiera financial position.
situaciones transitorias de financiación ■ *Sp.* receivables from shareholders and partners.
soborno *m.* bribe.
sobrecapitalización *f.* overcapitalization.
sobrecarga *f.* overload.
sobregiro *m.* bank overdraft.
sobre la par above par, at a premium.
sobreprecio *m.* surcharge.
sobreprecio de inflación increase in the interest rate to cover inflation.
sobreseimiento *m.* supersession.
sobrestimación en la provisión de gastos accounting cushion.
sobresueldo *m.* extra pay.
sobretasa *f.* surcharge.
sociedad *f.* partnership.
sociedad abierta public company.
sociedad accidental joint venture.
sociedad anónima (S.A.) corporation, incorporated.
sociedad anónima con participación estatal mayoritaria ■ *Arg.* corporation controlled by the government.
sociedad artículo 33 Ley 19550 ■ *Arg.* related company.

sociedad cerrada closely held corporation.

sociedad civil civil partnership.

sociedad colectiva general partnership, partnership.

sociedad comanditaria ▪ *Sp.* limited partnership.

sociedad comanditaria por acciones ▪ *Sp.* joint-stock company.

sociedad comanditaria simple ▪ *Sp.* limited liability partnership.

sociedad controlada controlled company.

sociedad controlada conjuntamente joint venture.

sociedad controladora controlling company.

sociedad controlante controlling company.

sociedad conyugal conjugal partnership.

sociedad cooperativa cooperative association.

sociedad de ahorro y préstamo savings and loan association.

sociedad de ahorro y préstamo para la vivienda y otros inmuebles ▪ *Arg.* savings and loan association.

sociedad de bolsa stock exchange broker company.

sociedad de capital e industria partnership with capitalist and working partners.

sociedad de capital fijo corporation requiring a special shareholders' meeting to increase its capital.

sociedad de capital variable corporation with varying amount of capital.

sociedad de capitalización company for capitalization of savings.

sociedad de economía mixta ▪ *Arg.* corporation partly public and partly private.

sociedad de inversión investment company.

sociedad de responsabilidad limitada (S.R.L.) limited liability company (LLC).

sociedad del estado ▪ *Arg.* government corporation.

sociedad en comandita limited liability partnership.

sociedad en comandita por acciones (S.C.A.) limited partnership by shares.

sociedad en comandita simple limited liability partnership.

sociedad en nombre colectivo general partnership.

sociedad en participación joint venture.

sociedad financiera de objeto limitado financial company with limited corporate purposes.

sociedad gerente investment company.

sociedad mercantil trading company.

sociedad participada related company.

sociedad regular colectiva ▪ *Sp.* partnership.

sociedad vinculada a company where decisions are influenced by another company owning less than 20% of voting stock.

sociedad vinculante a company owning less than 20% of voting shares of other company but with influence in the decisions.

sociedades de inversión comunes investment funds operating with fixed-income as well as equity securities.

sociedades de inversión de capitales investment funds operating with equity securities.

sociedades de inversión en instrumentos de deuda investment funds operating with debt securities.

sociedades extranjeras foreign companies.

sociedades fiduciarias trust companies.

sociedades financieras financial companies.

sociedades que no pueden tener el carácter de controladoras o controladas companies that cannot be controlling or controlled.

socio *m.* partner.

socio capitalista capitalist partner.

socio comanditado active partner, general partner.

socio comanditario limited partner.

socio gestor managing partner.

socio industrial working partner.

solares *m.* land in urban areas.

solicitud *f.* 1. application; 2. request.

solvencia *f.* solvency.

solventar pay, settle.

solvente free of debt, solvent.

sorteo *m.* drawing.
S.R.L. (sociedad de responsabilidad limitada) limited liability company (LLC).
SSN (Superintendencia de Seguros de la Nación) ■ *Arg.* National Superintendence of Insurance Companies.
stock de seguridad safety stock.
subarrendamiento *m.* sublease.
subasta *f.* auction.
subcuenta *f.* subsidiary account.
subdesarrollo *m.* underdevelopment.
subdiario *m.* auxiliary journal.
subdivisión de acciones stock split.
subliminal subliminal.
submayor *m.* auxiliary ledger.
subordinación *f.* subordination.
subordinada (compañía) *f.* ■ *Sp.* controlled company.
subproducto *m.* by-product.
subrogación *f.* subrogation.
subrogar subrogate.
subsidiaria *f.* subsidiary.
subsidio *m.* benefit.
subsidio de explotación operations subsidy.
subsidio relacionado con activos subsidy conditioned to investment in specific assets.
subsistema *m.* subsystem.
subvención *f.* subvention.
subvención de capital ■ *Sp.* investment tax credit.
subvenciones a la explotación ■ *Sp.* subsidy for operations.
sucedáneo *m.* substitute.
sucesión *f.* succession.
suceso *m.* event.
suceso crítico critical event.
sucesos acaecidos tras el cierre poststatement disclosures.
sucursal *f.* branch establishment, branch.
sucursal en el extranjero foreign branch.
sueldo *m.* salary.
sueldos y salarios wages and salaries.
suerte principal ■ *Mex.* principal.
suficiencia *f.* adequacy.
sufragar defray, meet, vote.
sui generis idiosyncratic, individual.
sujeto a subject to.
sujeto contable accounting subject.

sujeto económico economic subject.
sujetos del impuesto legal entities and natural persons subject to tax.
suma *f.* sum.
suma anterior carry-over.
suma y sigue carryforward.
suministro *m.* supply.
suntuario sumptuary.
superávit *m.* income ■ *Arg.* income in not-for-profit organizations ■ *Mex.* surplus.
superávit de capital capital surplus.
superávit donado ■ *Mex.* donated surplus.
superávit ganado ■ *Mex.* retained earnings.
superávit pagado ■ *Mex.* paid-in surplus.
superávit por aplicar undistributed profits.
superávit por incrementos de bienes agotables ■ *Sp.* appraisal capital of depletable assets.
superávit por revaluación appraisal surplus.
superfluo superfluous.
Superintendencia de Administradoras de Fondos de Jubilaciones y Pensiones ■ *Arg.* Superintendence of Pension Funds Administration.
Superintendencia de Seguros de la Nación (SSN) ■ *Arg.* National Superintendence of Insurance Companies.
superintendente person in charge of construction work, production supervisor.
suplementos por costes-oportunidad de los centros ■ *Sp.* supplementary opportunity cost to be applied to an activity center.
suplementos por costes-oportunidad de los productos y trabajos supplementary opportunity cost to be applied to products and process.
supletorio supplementary.
supuesto *m.* assumption.
supuesto contable accounting drill.
supuestos actuariales actuarial assumptions.
suscribir acciones underwrite shares.
suscripción *f.* subscription.
suscripción de acciones stock subscription, share subscription, application of shares.

suscripción de valores mobiliarios
subscription of securities.
suspensión de actividades
suspension of activities.
suspensión de pagos   suspension of
payments.
sustancia sobre forma   substance over
form.
sustitución patronal   substitution of
employer.
sustituto   *m/f.* substitute.

**TAAC (técnicas de auditoría con
ayuda del computador)**   ■ *Mex.*
computer-assisted audit techniques.
tabla analítica   analytic schedule.
tabla de amortización   amortization
schedule.
tabla de amortización de bonos
bond table.
tabla de contingencias   contingency
table.
tabla de correlación   correlation table.
tabla de costos   cost table.
tabla de mortalidad   mortality chart.
tabla de retiros   retirement table.
tabla de vida   life table.
tabla de vida observada   observed life
table.
tablas actuariales   actuarial tables.
tabulador de sueldos   scale of wages.
tabular   tabulate.
taller   *m.* shop.
talleres familiares   family shops.
talón de un cheque   check stub.
talón financiero   counterfoil.
tamaño de lote económico   economic
lot size.
tangible   tangible.
tanto por ciento   percentage.
tara   *f.* tare.
tarea   *f.* job, task, work.
tarifa   *f.* 1. rate; 2. price list; 3. fare; 4. tariff.
tarifa estándar de mano de obra
standard labor rate.
tarifa por clase   class rate.

tarifa por hora-máquina   machine-
hour rate.
tarjeta de almacén   inventory record.
tarjeta de asistencia   clock card.
tarjeta de crédito   credit card.
tarjeta de inventario   inventory card.
tarjeta de tiempo   clock card, time card.
tasa   *f.* rate, ratio.
tasa a corto plazo   short-term rate.
tasa activa   lending rate.
tasa anual   annual rate.
tasa anualizada   annualized rate.
tasa bancaria   bank rate.
tasa base   base rate.
**tasa de absorción de gastos
generales**   overhead absorption rate.
tasa de actividad   activity rate.
tasa de ausentismo   absenteeism rate.
tasa de cambio flexible   flexible
exchange rate.
tasa de conversión   conversion ratio,
conversion rate.
tasa de corte   cutoff rate, hurdle rate.
tasa de crecimiento   growth rate.
tasa de depreciación   depreciation rate.
tasa de descuento   discount rate.
**tasa de descuento ajustada por
riesgo**   risk adjusted discount rate.
tasa de error tolerable   tolerable error
rate.
tasa de financiamiento   financing rate.
**tasa de horas de mano de obra
directa**   direct labor hour rate.
tasa de horas-máquina   machine-hour
rate.
tasa de inflación   inflation rate.
tasa de interés   interest rate.
tasa de interés activa   lending rate.
tasa de interés efectiva   effective
interest rate.
tasa de interés fija   fixed interest rate.
tasa de interés flotante   floating
interest rate.
tasa de interés interbancaria
overnight rate.
**tasa de interés interbancaria de
oferta de Londres**   London interbank
offered rate (LIBOR).
tasa de interés nominal   nominal
interest rate.
tasa de interés pasiva   borrowing rate.
tasa de interés real   real interest rate.

tasa de interés variable variable interest rate.

tasa de mortalidad mortality rate.

tasa de préstamos lending rate.

tasa de redescuento rediscount rate.

tasa de rendimiento interest yield, yield rate.

tasa de retorno rate of return.

tasa de retorno contable accounting rate of return, accrual accounting rate of return (AARR).

tasa de retorno después de impuestos after-tax rate of return.

tasa de retorno promedio average rate of return.

tasa de retorno simple simple rate of return.

tasa de retorno sobre activos rate earned on total assets.

tasa de retorno sobre la inversión rate of return on investment.

tasa del cupón coupon rate.

tasa impositiva efectiva effective tax rate.

tasa impositiva marginal marginal tax rate.

tasa impositiva máxima maximum tax.

tasa interna de retorno (TIR) internal rate of return (IRR).

tasa LIBO London Interbank Offered Rate (LIBOR).

tasa LIBOR London Interbank Offered Rate (LIBOR).

tasa líder reference rate.

tasa nominal nominal rate.

tasa preferencial prime rate.

tasa real real rate.

tasa reducida reduced rate.

tasación *f.* 1. valuation; 2. appraisal.

tasación fiscal assessed valuation.

tasador *m.* appraiser.

tasas internacionales de interés international interest rates.

técnica *f.* technique.

técnica de contabilidad accountancy.

técnica de evaluación y revisión de programas program evaluation and review technique (PERT).

técnica de los datos de prueba check data technique.

técnicas de auditoría audit techniques.

técnicas de auditoría con ayuda del computador (TAAC) ■ *Mex.* computer-assisted audit techniques.

tecnología *f.* technology.

tecnología de punta leading-edge technology.

telecomunicaciones *f.* telecommunications.

tendencia *f.* tendency.

tendencia alcista upward trend.

tendencia central central tendency.

tendencia lineal linear tendency.

tendencia secular secular trend.

tenedor *m.* bearer, holder.

tenedor de acciones holder of stock, holder of shares.

tenedor de bonos bondholder.

tenedor de buena fe bona fide holder.

tenedor de libros bookkeeper.

tenedor de obligaciones holder of debentures.

tenedor de una letra bill holder.

tenedor registrado holder of record.

tenedora (compañía) *f.* holding company.

teneduría de libros account keeping, bookkeeping.

teneduría de libros por partida doble double-entry bookkeeping.

teneduría de libros por partida simple single-entry bookkeeping.

tenencia accionaria share holding.

tenencia conjunta joint tenancy with right of survivorship.

tenencia en común tenancy in common.

teoría *f.* theory.

teoría de agencia agency theory.

teoría de cartera de valores portfolio theory.

teoría de colas queuing theory.

teoría de decisiones decision theory.

teoría de juegos game theory.

teoría de la contingencia contingency theory.

teoría de la contribución contribution theory.

teoría de la entidad contable entity theory.

teoría de las restricciones theory of constraints (TOC).

teoría de precios pricing theory.

teoría del propietario   proprietary theory.

tercera persona   third party.

tercería   *f.* arbitration, mediation.

terceros   *m.* outsiders.

terceros vinculados   ■ *Sp.* related parties.

término de perturbación   error term.

término legal de la prescripción   statute of limitations.

término residual   residual term.

terrenos   *m.* land.

territorio nacional   national territory.

tesorería   *f.* treasury ■ *Sp.* liquid assets.

test de auditoría   audit test.

test de razonabilidad   reasonableness test.

testador   *m.* testator.

testamentaria   testamentary.

testamento   *m.* testament, will.

testeo de hipótesis   hypothesis testing.

testeo significativo   significant testing.

testigo   *m./f.* witness.

texto   *m.* text.

tiempo compartido   time sharing.

tiempo de acceso   access time.

tiempo de ciclo   cycle time.

tiempo de ciclo de entregas   delivery cycle time.

tiempo de ciclo de producción   manufacturing cycle time, manufacturing lead time, production cycle time.

tiempo de compensación   compensatory time.

tiempo de demora   slack time.

tiempo de espera   lead time, waiting time.

tiempo de inactividad   downtime.

tiempo de operación   operating time.

tiempo de preparación   setup time.

tiempo de procesamiento   processing time.

tiempo de proceso   process time.

tiempo de respuesta   customer response time.

tiempo de traslado   move time, moving time.

tiempo estándar   standard time.

tiempo estándar de mano de obra   standard labor time.

tiempo estándar de mano de obra directa   direct labor time standard.

tiempo estándar de máquina   standard machine hour.

tiempo extra   overtime.

tiempo muerto   dead time, idle time.

tiempo neto de ciclo   net cycle time.

tiempo ocioso   idle time.

tiempo optimista   optimistic time.

tiempo perdido   downtime.

tiempo pesimista   pessimistic time.

tiempo promedio de espera   average waiting time.

tierra   *f.* land.

tierras ejidales   common land.

tipo   *m.* 1. type; 2. rate.

tipo básico de pago   base rate of pay.

tipo de cambio   exchange rate, rate of exchange.

tipo de cambio a plazo   forward rate.

tipo de cambio al contado   spot rate.

tipo de cambio asegurado   fixed forward rate.

tipo de cambio comprador   buying exchange rate.

tipo de cambio contractual   agreed exchange rate.

tipo de cambio de cierre   closing balance exchange rate.

tipo de cambio de equilibrio   equilibrium exchange rate.

tipo de cambio de mercado libre   free market rate of exchange.

tipo de cambio flotante   floating exchange rate.

tipo de cambio futuro   forward rate.

tipo de cambio histórico   trade date exchange rate.

tipo de cambio oficial   official exchange rate.

tipo de cambio preferente   preference exchange rate.

tipo de cambio teórico   theoretical exchange rate.

tipo de cambio vendedor   selling exchange rate.

tipo de cierre   closing rate.

tipo de descuento   discount rate.

tipo de interés   interest rate.

tipo de negocio   business type.

TIR (tasa interna de retorno)   IRR (internal rate of return).

tira de auditoría   auditing strip.

titularización   *f.* securitization.

título absoluto absolute title.
título de crédito credit instrument.
título de deuda debt instrument.
título de deuda canjeable interchangeable security with shares of companies other than the debtor.
título de deuda convertible convertible security.
título de deuda cupón cero zero-coupon bond.
título de deuda rescatable redeemable bond.
título de participación security.
título de propiedad title deed, title.
título de una cuenta account name.
título nominativo registered security.
título subordinado subordinated security.
títulos opcionales warrants.
títulos públicos government bonds.
títulos valores bearer securities.
todo incluido all-in.
todo riesgo all risks.
tolerancia *f.* tolerance.
tolerancia natural natural tolerance.
tolerancia total total tolerance.
toma de control takeover.
toma de decisiones decision making.
toma de decisiones bajo condiciones de certidumbre decision making under certainty.
toma de decisiones bajo condiciones de incertidumbre decision making under uncertainty.
toma de inventario physical inventory.
tomador de tiempos timekeeper.
tomador de una letra bill holder.
tomar un inventario take an inventory.
tomar un pedido take an order.
tome-o-pague take-or-pay.
tope *m.* ceiling.
tópico *m.* topic.
total *m.* total.
total de control hash total.
totalizar add up, totalize.
trabajador *m.* laborer, worker.
trabajador a domicilio work at home.
trabajador académico academic worker.
trabajador agrícola farm worker.
trabajador calificado qualified worker.
trabajador eventual temporary worker.
trabajador permanente employee.

trabajador social social worker.
trabajadores domésticos domestic workers.
trabajo *m.* job, work.
trabajo a destajo piecework.
trabajo a domicilio work at home.
trabajo calificado qualified work, skilled work.
trabajo directo direct labor.
trabajo en proceso work-in-progress.
trabajo indirecto indirect labor.
traficante *m./f.* dealer.
trámite *m.* 1. procedure; 2. stage, step.
transacción *f.* transaction.
transacción comercial business transaction.
transacción completa complete transaction.
transacción contable accounting transaction.
transacción contingente contingent transaction.
transacción de cobertura hedge.
transacción de libre competencia arm's-length transaction.
transacción externa external transaction.
transacción ficticia wash transaction.
transacción incompleta incomplete transaction.
transacción interna internal transaction.
transacción no monetaria nonmonetary transaction.
transacción patrimonial equity transaction.
transacciones con los propietarios equity transactions.
transacciones en moneda extranjera foreign currency transactions.
transferencia *f.* transfer.
transferencia bancaria bank transfer, bank giro transfer.
transferencia de mayor ledger transfer.
transferencia no recíproca nonreciprocal transfer.
transición *f.* transition.
transigir compromise, make concessions.
traslación *f.* translation.
traslapo *m.* lapping.

traspaso de propiedad transfer of property.
traspaso de un subtotal carryforward.
tratado *m.* agreement.
Tratado de Libre Comercio de América del Norte North American Free Trade Agreement (NAFTA).
Tratado de Libre Comercio entre México, Colombia y Venezuela Mexico, Colombia, and Venezuela Free Trade Agreement.
Tratado de Libre Comercio entre México y Chile Mexico and Chile Free Trade Agreement.
tratados internacionales international agreements.
trato *m.* deal.
tribunal *m.* court, tribunal.
Tribunal de Cuentas Europeo European Court of Auditors.
tribunal de disciplina disciplinary board.
tribunal fiscal tax court.
tributación *f.* taxation.
tributo *m.* contribution, tax.
trimestralmente quarterly.
trueque *m.* barter.
turista *m./f.* tourist.
turno *m.* 1. turn; 2. order.
turno de trabajo shift.
tutela *f.* tutelage, stewardship (UK).
tutor *m.* guardian.

UE (Unión Europea) European Union (EU).
UEPS (último entrado, primero salido) LIFO (last-in, first-out (LIFO).
última línea *f.* bottom line.
últimas entradas, primeras salidas ▪ *Sp., Mex.* last-in, first-out (LIFO).
último entrado, primero salido (UEPS) last-in, first-out (LIFO).
umbral de rentabilidad ▪ *Sp.* break-even point.
unidad *f.* 1. unity; 2. unit.
unidad de costo cost unit.

unidad de cuenta unit of account.
unidad de distribución basis of apportionment.
unidad de medida unit of measurement.
unidad de reparto basis of apportionment.
unidad de tiempo unit of time.
unidad económica economic unit.
unidad económica de producción economic entity.
unidad estratégica de negocio strategic business unit.
unidades físicas physical units.
unidades monetarias monetary units.
unificación de intereses pooling of interests.
uniformidad *f.* 1. uniformity; 2. consistency.
unión de crédito *Mex.* credit union.
Unión Europea (UE) European Union (EU).
unión transitoria de empresas (UTE) *Arg.* type of joint venture contract.
universo *m.* universe.
usanza *f.* custom ▪ *Mex.* grace period to pay an external debt.
uso o goce temporal de bienes temporary use and enjoyment of property.
usufructo *m.* usufruct, use.
usura *f.* usury.
UTE (unión transitoria de empresas) ▪ *Arg.* type of joint venture contract.
útil useful.
útiles de oficina stationery.
útiles y herramientas tools and implements.
utilidad *f.* 1. profit, earnings, income; 2. usefulness.
utilidad aplicada appropriated profit.
utilidad atribuible stockholders' profit.
utilidad básica por acción ordinaria net earnings per common share.
utilidad básica por acción preferente net earnings per preferred share.
utilidad bruta gross income.
utilidad contable accounting profit.
utilidad de ejercicios anteriores prior period retained earnings.
utilidad de operación operating income.
utilidad del ejercicio fiscal year profit.

utilidad fiscal del ejercicio tax profit.
utilidad fiscal empresarial tax profit
for partners in a partnership.
utilidad gravable taxable income.
utilidad líquida net profit.
utilidad neta residual net income.
utilidad por acción diluida diluted
earnings per share.
utilidad por aplicar undistributed
profits.
utilidad por revaluación gain on
appraised assets.
utilidades acumuladas ■ *Mex.* retained
earnings.
utilidades capitalizadas capitalized
profits.
utilidades extraordinarias
extraordinary gains.
utilidades no distribuídas ■ *Mex.*
retained earnings.
utilidades realizadas realized gain.
utilidades repartibles distributable
profits.
utillaje *m.* tools.

vacaciones *f.* holiday, vacation.
vacante *f.* vacancy.
vaciar empty.
vale *m.* 1. IOU (I owe you), promissory
note; 2. voucher.
vale de almacén store requisition.
vale de caja cash voucher.
vale de caja chica petty cash voucher.
vale de caja menuda petty cash
voucher.
vale de consumo store requisition.
validar validate.
validez *f.* validity.
valor *m.* value.
valor absoluto absolute value.
valor a cobrar receivable.
valor a la par par value.
valor actual present value.
valor agregado added value.
valor al cobro document deposited in a
bank for its collection.

valor amortizable depreciable base.
valor añadido value added.
valor catastral assessed valuation,
cadastral value.
valor contable book value.
valor corriente current value.
valor de abandono deprival value.
valor de cambio exchange value.
valor de cancelación surrender value.
valor de coste ■ *Sp.* cost value.
valor de costo cost value.
valor de desecho ■ *Mex.* salvage value.
valor de libros book value.
valor de libros de una acción book
value per share.
valor de liquidación liquidation value.
valor de mercado fair market value,
market value.
valor de realización realization value.
valor de recuperación the higher
between the net realizable and the usage
value.
valor de recupero salvage value.
valor de reposición reproduction value
■ *Mex.* replacement cost.
valor de rescate cash surrender value,
surrender value.
valor de uso value in use ■ *Mex.* net
economic value.
**valor de utilización económica
(VUE)** net economic value.
valor de venta sale value.
valor depreciado depreciated value.
valor descontado discounted value.
valor efectivo effective value, actual
value.
valor en aduana customs value.
valor en cambio exchange value.
valor en libros book value.
valor equitativo fair value.
valor ex cupón ex interest value.
valor ex dividendo ex dividend value.
valor histórico original historical cost.
valor inicial cost value.
valor intrínseco intrinsic value.
valor llave ■ *Arg.* goodwill.
valor neto contable net book value.
valor neto de realización (VNR)
1. net proceeds; 2. net realizable value.
valor neto de reposición ■ *Mex.*
reproduction value less accumulated
depreciation.

valor neto realizable net realizable value.

valor nominal face value, par value, stated value.

valor para el negocio current value.

valor patrimonial equity method.

valor patrimonial proporcional (VPP) equity method.

valor presente (VP) discounted present value.

valor presente actuarial actuarial present value.

valor presente neto (VPN) net present value (NPV)

valor probatorio de los libros contables probative value of the books.

valor razonable fair value.

valor realizable neto net realizable value.

valor recuperable (VR) 1. the higher between net realizable and usage value; 2. recoverable amount.

valor recuperable final salvage value.

valor relativo relative value.

valor residual residual value, salvage value.

valor según libros book value.

valor subjetivo subjective value.

valor-tiempo del dinero time value of money.

valor venal fair value.

valoración *f.* ∎ *Sp.* appraisal, valuation.

valoración del patrimonio accounting valuation.

valoración separada separate valuation.

valores *m.* securities.

valores al portador bearer securities.

valores bursátiles listed securities.

valores de renta fija fixed-income securities.

valores de renta variable common stock, equity securities.

valores depositados deposited securities.

valores entregados en garantía securities given in guarantee.

valores gubernamentales government securities.

valores mobiliarios securities.

valores negociables negotiable securities.

valores realizables liquid assets.

valores recibidos en garantía securities received in guarantee.

valuación *f.* appraisal, valuation.

valuación al costo ∎ *Arg.* valuation at cost.

valuación contable accounting valuation.

valuación de inventarios inventory valuation.

valuación separada separate valuation.

valuador *m.* appraiser.

variable *f.* variable.

variable dependiente dependent variable.

variable económica economic indicator.

variable independiente independent variable.

variación *f.* variance.

variación de la ganancia total total profit variance.

variación en el rendimiento de las materias primas direct material yield.

variación en el tamaño del mercado market size variance.

variación en el total de gastos de fabricación variables total variable overhead variance.

variación en la eficiencia de la mano de obra direct labor yield variance.

variación en la eficiencia de la materia prima direct materials usage variance.

variación en la eficiencia de los gastos de fabricación fixed overhead efficiency variance.

variación en la mezcla de mano de obra direct labor mix variance.

variación en la mezcla de materia prima direct material mix variance.

variación en los gastos de administración administrative cost variance.

variación en los gastos de comercialización marketing costs variance.

variación en los gastos fijos de fabricación fixed overhead expenditure variance.

variación en los gastos variables de fabricación   variable overhead expenditure variance.

variación operativa   operational variance.

variación patrimonial   change in equity.

variación patrimonial cualitativa   qualitative change in equity.

variación patrimonial cuantitativa   quantitative change in equity.

variación por tiempo ocioso   idle time variance.

variación total de la mano de obra directa   total direct labor variance.

variación total de la materia prima   total direct materials variance.

variante   *f.* variant.

varianza   *f.* variance.

varios   sundry.

VC (valor contable)   accounting value.

veda   *f.* prohibition.

vehículo   *m.* vehicle.

vencido   overdue, behind schedule, behind-time, in arrears, due, passed due.

vencimiento   *m.* maturity.

vendedor   *m.* seller.

venta   *f.* sale.

venta a crédito   credit sale.

venta a futuro   forward sale.

venta a plazos   installment sale.

venta a término   forward sale.

venta al contado   cash sale.

venta de inmovilizado   ■ *Sp.* sale of tangible assets.

venta de mercaderías   sales.

venta de mercancías   ■ *Sp.* sales.

venta en corto   short sale.

venta en descubierto   short sale.

venta y leaseback   sale and leaseback.

ventaja fiscal   tax benefit.

ventas anuladas   sales returns.

ventas brutas   gross sales.

ventas de mayoreo   ■ *Mex.* wholesale.

ventas netas   net sales.

verificabilidad   *f.* verifiability.

verificación   *f.* verification.

verificación del balance y de la cuenta de resultados   ■ *Sp.* annual audit.

verificar   verify.

veto   *m.* veto.

viáticos   *m.* travel expenses.

vida económica   economic life.

vida física   physical life.

vida óptima   economic life.

vida probable   probable life.

vida promedio   average life.

vida útil   service life, useful economic life.

vigencia   *f.* 1. life, term; 2. effect, force.

vinculada (compañía)   *f.* company with relevant influence on or from other company ■ *Arg.* a company where decisions are influenced by another company owning less than 10% of voting stock.

vinculante (compañia)   *f.* holding company.

vínculo   *m.* link, relationship.

violación   *f.* infringement, transgression, violation.

vista   *m./f.* customs inspector.

visto bueno   OK.

vitalicio   lifelong, lifetime.

VNR (valor neto de realización)   net realizable value.

volantes   *m.* voucher system.

volatilidad   *f.* volatility.

volumen   *m.* volume.

voto   *m.* vote.

voto de calidad   casting vote, deciding vote.

VP (valor presente)   discounted present value.

VPN (valor presente neto)   net present value (NPV)

VPP (valor patrimonial proporcional)   equity method.

VR (valor recuperable)   the higher between net realizable and usage value.

VUE (valor de utilización económica)   net economic value.

Z de Altman   Z score.

zona   *f.* zone.

zona de desarrollo   development zone.

zona de influencia   influence zone.

zona de libre comercio   free-trade zone.

zona fronteriza   border area.

Spanish-Spanish
Español-Español

a horas extraordinarias (Méx.) en horas extras.

abonaré (Esp.) boleta de depósito bancaria.

abono ■ *Arg.* crédito.

absorción ■ *Méx.* fusión vertical.

acciones emitidas (Esp.) crédito por acciones suscriptas y aún no integradas.

acciones en cartera (Esp.) crédito por acciones suscriptas y aún no integradas.

acciones liberadas ■ *Ch.* crías

acciones propias en cartera ■ *Esp.* autocartera.

accionistas ■ *Esp.* accionistas por desembolsos no exigidos.

accionistas por desembolsos no exigidos (Esp.) accionistas.

activar ■ *Esp.* capitalizar.

activo ■ *Esp.* capital activo.

activo agotable ■ *Ch.* bienes sujetos a agotamiento ■ *Col.* recursos no renovables ■ *Esp.* activo defectible ■ *Méx.* activo consumible.

activo circulante (Ch., Esp., Méx., Ven.) activo corriente.

activo circulante neto (Esp.) capital corriente.

activo consumible (Méx.) activo agotable.

activo corriente ■ *Ch., Esp., Méx., Ven.* activo circulante.

activo defectible (Esp.) activo agotable.

activo disponible (Esp.) disponibilidades.

activo fijo (Méx.,Ven.) activo fijo tangible.

activo fijo ■ *Arg.* activo no corriente ■ *Esp.* activo inmovilizado, activo permanente, inmovilizaciones de gestión, inversiones acíclicas, inmovilizado ■ *Ven.* activo no circulante.

activo fijo intangible ■ *Ch.* cargos diferidos ■ *Esp.* inmovilizado inmaterial.

activo fijo material (Esp.) bienes de uso tangibles.

activo fijo tangible (Esp.) bienes de uso.

activo fijo tangible ■ *Esp.* inmovilizado material ■ *Col., Méx.* propiedad, planta y equipo ■ *Méx., Ven.* activo fijo.

activo inmaterial (Esp.) bienes intangibles.

activo inmovilizado (Esp.) activo fijo.

activo líquido (Esp.) patrimonio.

activo neto (Esp.) patrimonio.

activo no circulante (Ven.) activo fijo.

activo no corriente (Arg.) activo fijo.

activo permanente (Esp.) activo fijo.

activos líquidos ■ *Arg.* disponibilidades ■ *Esp.* realizable.

acumulado (Méx.) devengado.

adelantos ■ *Col.* avances.

adeudar (Esp.) debitar.

adeudo (Esp.) débito.

adeudo (Méx.) deuda.

agente colocador de emisiones ■ *Méx.* corredor colocador.

agrupación de colaboración (Arg.) asociación de empresas, asociación en participación, entidad controlada conjuntamente.

ajuste parcial por inflación ■ *Arg.* parche, revalúo de efectos transitorios; ■ *Esp.* regularización de valores.

ajuste por inflación ■ *Méx.* reconocimiento de los efectos de la inflación en la información financiera.

ajustes por apalancamiento ■ *Esp.* ajustes por endeudamiento.

ajustes por endeudamiento (Esp.) ajustes por apalancamiento.

ajustes por periodificación (Esp.) créditos y deudas pendientes de devengamiento, créditos y pasivos originados en gastos pagados por adelantado e ingresos cobrados por anticipado.

albarán (Esp.) remito.

alquilar ■ *Esp., Méx.* arrendar.

alquiler (Esp.) arrendamiento.

amortizaciones acumuladas de activos intangibles ■ *Méx.* estimación para amortizaciones.

análisis de cargos (Méx.) análisis de débitos.

análisis de débitos ■ *Méx.* análisis de cargos.

anticipos de clientes ■ *Esp.* anticipos recibidos por pedidos.

anticipos recibidos por pedidos (Esp.) anticipos de clientes.

apantallar (Col., Méx) mejoramiento ficticio de un balance.

aportes de los propietarios ■ *Méx.* capital contribuido.

aproximación a la realidad (Arg.) representación fiel.

aproximación a la realidad ■ *Méx.* razonabilidad.

archivo permanente ■ *Méx.* expediente continuo de auditoría.

arrendamiento ■ *Esp.* alquiler.

arrendamiento financiero ■ *Arg.* locación financiera.

arrendamiento operativo ■ *Esp.* leasing de explotación.

arrendar (Esp., Méx.) alquilar.

artículo (Méx.) producto.

artículos terminados (Méx.) productos terminados.

asiento de abono (Esp., Méx.) asiento de crédito.

asiento de cargo (Esp., Méx.) asiento de débito.

asiento de concentración (Méx.) asiento resumen.

asiento de crédito ■ *Esp., Méx.* asiento de abono.

asiento de débito ■ *Esp., Méx.* asiento de cargo.

asiento de inversión (Méx.) asiento de reversión.

asiento de retrocesión (Esp.) asiento de reversión.

asiento de reversión ■ *Esp.* asiento de retrocesión ■ *Méx.* asiento de inversión.

asiento resumen ■ *Méx.* asiento de concentración.

asociación de empresas ■ *Esp.* asociación en participación, entidad controlada conjuntamente.

auditor ■ *Arg.* contador dictaminante ■ *Esp.* censor de cuentas.

auditoría ■ *Esp.* censura de cuentas.

auditoría anual ■ *Esp.* verificación del balance y de la cuenta de resultados.

autocartera (Esp.) acciones propias en cartera.

autónomo ■ *Arg.* cuentapropista.

avances (Col.) adelantos.

balance de saldos del mayor general ■ *Méx.* balanza de comprobación.

balance de situación (Esp.) estado de situación patrimonial.

balanza de comprobación (Méx.) balance de saldos del mayor general.

base contable (Méx.) bases de contabilidad.

base de acumulaciones (Méx.) método del devengado.

base de amortización (Esp.) valor amortizable.

base de efectivo (Méx.) método de lo percibido.

base de valor devengado (Méx.) método del devengado.

bases contables de registro (Ch.) bases de contabilidad.

bases de contabilidad ■ *Ch.* bases contables de registro ■ *Méx.* base contable.

beneficio (Esp.) ganancia.

bienes de cambio ■ *Méx.* inventarios ■ *Esp., Méx.* mercancías.

bienes de uso ■ *Esp.* activo fijo tangible ■ *Méx.* inmuebles, maquinaria y equipo.

bienes de uso no operativos ■ *Esp.* inmovilizado material ajeno a la explotación.

bienes de uso tangibles ■ *Esp.* activo fijo material.

bienes financieros (Col., Méx.) derechos a cobrar.

bienes inmateriales (Esp.) bienes intangibles.

bienes intangibles ■ *Esp.* activo inmaterial, bienes inmateriales.

bienes sujetos a agotamiento (Ch.) activo agotable.

bienes y derechos ■ *Méx.* efectos.

boleta de depósito bancaria ▪ *Esp.*
abonaré ▪ *Méx.* ficha de depósito.
boleta de inventario (Arg.) tarjeta de
inventario.
boleta de inventario ▪ *Méx.* etiqueta de
inventario.
bonificación por consumo *Esp.*
rappel.

caja chica ▪ *Esp.* caja menuda.
caja menuda (Esp.) caja chica.
camino crítico ▪ *Méx.* ruta crítica.
canon ▪ *Esp.* regalía.
capital ▪ *Esp.* inversión.
capital activo (Esp.) activo.
capital circulante (Esp.) capital
corriente.
capital contable (Méx.) patrimonio.
capital contribuido (Méx.) aportes de
los propietarios.
capital corriente ▪ *Esp.* activo
circulante neto, capital circulante, capital de
explotación, fondo de maniobra ▪ *Méx.*
capital de trabajo, capital neto de trabajo.
capital de explotación (Esp.) capital
corriente.
capital de la minoría (Esp.) intereses
minoritarios.
capital de trabajo (Méx.) capital
corriente.
capital de trabajo ▪ *Esp.* fondo de
rotación.
capital ganado (Méx.) resultados
acumulados.
capital líquido (Esp.) patrimonio.
capital neto (Méx.) patrimonio.
capital neto de trabajo (Méx.) capital
corriente.
capital no desembolsado (Esp.)
accionistas.
capital pasivo (Esp.) pasivo.
capital preferente (Esp.) capital
preferido.
capital preferido ▪ *Esp.* capital
preferente.

capital social y superávit (Méx.)
patrimonio.
capitalizar (Esp.) activar.
**cargas sociales y aportes
patronales** ▪ *Esp.* cotizaciones a la
seguridad social, cuotas a la seguridad
social.
cargo por amortización ▪ *Esp.*
dotación para amortizaciones, gastos de
amortización.
cargos diferidos (Ch.) activo fijo
intangible.
cargos diferidos ▪ *Esp.* gastos
amortizables.
carta de compromiso ▪ *Esp.* carta de
mandato.
carta de declaraciones (Méx.) carta
de gerencia.
carta de gerencia ▪ *Méx.* carta de
declaraciones, declaración de la
administración.
carta de mandato (Esp.) carta de
compromiso.
carta orgánica ▪ *Méx.* ley orgánica.
cartera de control (Esp.) inversiones
financieras de control.
cartera de rentabilidad (Esp.)
inversiones financieras de rentabilidad.
**castigo por cuentas incobrables
(Méx.)** previsión para cuentas de dudoso
cobro.
catálogo de cuentas (Col., Méx.)
plan de cuentas.
causación (Col.) principio de
devengado.
censor de cuentas (Esp.) auditor.
censura de cuentas (Esp.) auditoría.
certificados de depósito a plazo fijo
▪ *Col.* certificados de depósito a término.
**certificados de depósito a término
(Col.)** certificados de depósito a plazo
fijo.
ciclo operativo normal ▪ *Esp.* período
medio de maduración.
cifra de negocios (Esp.) ventas netas.
clientes de dudoso cobro (Esp.)
deudores morosos.
clientes fallidos (Esp.) deudores
incobrables.
cobros diferidos (Esp.) ingresos
diferidos.

coeficiente de liquidez ácida ■ *Esp.* coeficiente de tesorería.

coeficiente de tesorería (Esp.) coeficiente de liquidez ácida.

colateral (Méx.) propiedad entregada en garantía.

comisario (Méx.) sindicatura, funcionario de una sociedad anónima con funciones de vigilancia.

compañía financiera (Arg.) entidad financiera.

comprobante ■ *Méx.* justificante.

confiabilidad ■ *Méx.* seguridad.

consejo de vigilancia (Arg.) sindicatura.

consolidación ■ *Esp.* integración global.

consolidación proporcional ■ *Esp.* integración proporcional.

construcciones en curso (Esp.) obras en curso.

contabilidad a costes actuales (Esp.) contabilidad del costo de reposición.

contabilidad de costes (Esp.) contabilidad de costos.

contabilidad de costos ■ *Esp.* contabilidad de costes, contabilidad industrial.

contabilidad del costo de reposición ■ *Esp.* contabilidad a costes actuales.

contabilidad industrial (Esp.) contabilidad de costos.

contador dictaminante (Arg.) auditor.

contador público ■ *Arg.* contador público nacional.

contador público nacional (Arg.) contador público.

continuidad (Esp.) uniformidad contable entre períodos.

contrato de colaboración empresaria (Arg.) joint venture.

control ■ *Esp.* dominio.

control de legalidad (Col.) control de regularidad.

control de regularidad ■ *Col.* control de legalidad ■ *Méx.* control normativo y administrativo.

control normativo y administrativo (Méx.) control de regularidad.

controlada ■ *Esp.* dependiente, filial, subordinada.

controlante ■ *Esp.* dominante, matriz.

coproductos (Méx.) productos conjuntos.

corredor colocador (Méx.) agente colocador de inversiones

coste (Esp.) costo.

coste de trabajos realizados por la propia empresa para su inmovilizado (Esp.) costo de activos fijos desarrollados por la propia empresa.

coste medio ponderado (Esp.) costo promedio ponderado.

costeo absorbente (Méx.) costeo por absorción.

costeo por absorción ■ *Méx.* costeo absorbente.

costo ■ *Esp.* coste.

costo de mano de obra ■ *Méx.* obra de mano.

costo de reposición ■ *Méx.* valor de reposición.

costo primario (Esp.) costo primo.

costo primo ■ *Esp.* costo primario.

costo promedio ponderado ■ *Esp.* coste medio ponderado.

costos comunes ■ *Esp.* costos mancomunados.

costos mancomunados (Esp.) costos comunes, costos conjuntos.

cotizaciones a la seguridad social (Esp.) cargas sociales y aportes patronales.

crédito (Arg.) abono.

crédito mercantil (Méx.) llave de negocio.

créditos (Arg.) derechos a cobrar.

crías (Ch.) acciones liberadas, acciones gratuitas.

criterio de prudencia (Arg.) principio de prudencia.

criterio prudencial (Ch.) principio de prudencia.

criterios de valuación ■ *Esp.*reglas de valoración.

cuadro de cuentas (Esp.) plan de cuentas.

cuenta compensadora (Esp.) cuenta regularizadora.

cuenta complementaria (Méx.) cuenta regularizadora.

cuenta regularizadora ■ *Esp.* cuenta
compensadora ■ *Méx.* cuenta
complementaria.

cuentapropista (Arg.) autónomo.

cuentas anuales (Esp.) estados
contables anuales.

cuentas de capital (Méx.) patrimonio
neto.

cuentas de devengamiento ■ *Esp.*
cuentas de periodificación.

cuentas de neto (Esp.) cuentas de
patrimonio neto, cuentas de capital.

cuentas de patrimonio neto ■ *Esp.*
cuentas de neto.

cuentas de periodificación (Esp.)
cuentas de devengamiento.

cuota impositiva a pagar (Esp.)
impuesto a pagar.

**cuotas a la seguridad social
(Esp.)** cargas sociales y aportes
patronales.

debitar ■ *Esp.* adeudar.

débito ■ *Esp.* adeudo.

**declaración de la administración
(Méx.)** carta de gerencia.

declaración impositiva ■ *Méx.*
manifestación impositiva.

defectos (Esp.) desperdicios.

dependiente (Esp.) controlada.

depósito a la vista ■ *Esp.* depósito
irregular.

depósito a plazo fijo ■ *Esp.* imposición
a plazo fijo.

depósito irregular (Esp.) depósito a la
vista.

depreciación acumulada ■ *Esp., Méx.*
provisión para depreciación.

**depreciaciones acumuladas de
activo fijo** ■ *Méx.* estimación para
depreciación.

derecho de tanto (Méx.) derecho
preferente de suscripción de acciones.

**derecho preferente de suscripción
de acciones** ■ *Méx.* derecho de tanto.

derechos (Méx.) derechos a cobrar.

derechos a cobrar ■ *Arg.* créditos
■ *Méx.* derechos.

descuento sobre compras ■ *Esp.*
rappels por compras.

descuento sobre ventas ■ *Esp.*
rappels sobre ventas.

desgravación impositiva ■ *Esp.*
minoración.

desperdicios ■ *Esp.* defectos.

deuda (Ch.) pasivo.

deuda ■ *Méx.* adeudo.

deudas financieras de largo plazo
■ *Esp.* obligaciones fijas.

deudas fiscales y sociales ■ *Esp.*
entidades públicas.

deudores de dudoso cobro (Esp.)
deudores en mora.

deudores en mora ■ *Esp.* deudores de
dudoso cobro.

deudores fallidos (Esp.) deudores
incobrables.

deudores incobrables ■ *Esp.* clientes
fallidos, deudores fallidos.

deudores morosos ■ *Esp.* clientes de
dudoso cobro.

**deudores por operaciones de
tráfico (Esp.)** deudores por ventas.

deudores por ventas ■ *Esp.* deudores
por operaciones de tráfico.

devengado ■ *Méx.* acumulado.

devengamiento ■ *Esp.* devengo.

devengamiento de resultados ■ *Esp.*
periodificación.

devengo (Esp.) devengamiento.

diferencia de cambio positiva
■ *Méx.* ganancia cambiaria.

disponibilidades (Arg.) activos
líquidos.

disponibilidades ■ *Esp.* activo
disponible, tesorería.

**disposición de cuenta corriente
(Esp.)** retiro de fondos en cuenta
corriente.

dividendos declarados ■ *Méx.*
dividendos decretados.

dividendos decretados (Méx.)
dividendos declarados.

documento ■ *Esp.* efecto.

documentos a cobrar ■ *Esp.*
efectos comerciales activos ■ *Esp., Méx.*
efectos a cobrar, efectos comerciales a
cobrar.

documentos a cobrar vencidos
■ *Esp.* efectos comerciales impagados.
documentos a pagar ■ *Esp.* efectos
comerciales pasivos ■ *Esp., Méx.* efectos
comerciales a pagar.
documentos desatendidos (Esp.)
documentos vencidos.
documentos en gestión de cobro
■ *Esp.* efectos al cobro.
documentos impagados (Esp.)
documentos vencidos.
documentos vencidos ■ *Esp.*
documentos desatendidos, documentos
impagados, efectos desatendidos, efectos
impagados, impago de efectos.
dominante (Esp.) controlante.
dominio (Esp.) control.
dotación (Esp.) incremento de provisión.
**dotación a la provisión para
insolvencias (Esp.)** cargo a la
previsión para deudores incobrables.
dotación para amortizaciones (Esp.)
cargo por amortización.
dualidad económica (Méx.) ecuación
contable básica.

economicidad (Esp.) productividad.
ecuación contable ■ *Esp.* igualdad del
inventario.
ecuación contable básica ■ *Méx.*
dualidad económica.
efecto (Esp.) documento.
efecto comercial (Esp.) papel
comercial.
**efecto por posición monetaria
(Méx.)** resultado por exposición a la
inflación.
efectos (Méx.) bienes y derechos.
efectos a cobrar (Esp., Méx.)
documentos a cobrar.
efectos al cobro (Esp.) documentos en
gestión de cobro.
**efectos comerciales a cobrar (Esp.,
Méx.)** documentos a cobrar.
**efectos comerciales a pagar (Esp.,
Méx.)** documentos a pagar.

efectos comerciales activos (Esp.)
documentos a cobrar.
**efectos comerciales impagados
(Esp.)** documentos a cobrar vencidos.
efectos comerciales pasivos (Esp.)
documentos a pagar.
efectos de comercio (Esp.) títulos de
crédito.
efectos desatendidos (Esp.)
documentos vencidos.
efectos impagados (Esp.) documentos
vencidos.
efectos públicos (Méx.) títulos
públicos.
**elementos y conjuntos
incorporables (Esp.)** materiales.
**empresa de participación conjunta
(Esp.)** joint venture.
empresa en funcionamiento (Esp.)
empresa en marcha.
empresa en marcha ■ *Esp.* empresa en
funcionamiento, ente vivo, gestión
continuada ■ *Méx.* negocio en marcha.
empréstitos (Esp.) obligaciones y bonos
a pagar.
en horas extras ■ *Méx.* a horas
extraordinarias.
enganche (Méx.) seña.
enseres (Méx.) útiles y herramientas.
enseres (Esp.) muebles y útiles.
ente vivo (Esp.) empresa en marcha.
entero (Méx.) pago impositivo.
entidad financiera ■ *Arg.* compañía
financiera.
entidades financieras ■ *Méx.*
instituciones de crédito.
entidades públicas (Esp.) deudas
fiscales y sociales.
equipo de entrega (Méx.) rodados.
equipo de fábrica (Méx.) maquinarias
y herramientas.
equipo de oficina (Méx.) muebles y
útiles de oficina.
equipo de reparto (Méx.) rodados.
equipo de ventas (Arg.) fuerza de
ventas.
equipo de ventas (Méx.) muebles y
útiles del departamento de ventas.
erogaciones (Méx.) gastos.
**erogaciones en períodos
preoperativos (Méx.)** gastos
preoperativos.

escisión ■ *Méx.* reorganización divisiva.

escribano público ■ *Méx.* notario público.

esencialidad ■ *Esp.* prioridad del fondo sobre la forma.

estado de actividad financiera, económica y social (Col.) estado de resultados.

estado de activo y pasivo (Esp.) estado de situación patrimonial.

estado de cambios en la situación financiera (Méx.) estado de variaciones del capital corriente.

estado de cambios en la situación financiera en base a efectivo (Méx.) estado de origen y aplicación de fondos.

estado de evolución del patrimonio ■ *Méx.* estado de variaciones del capital contable.

estado de explotación (Esp.) estado de resultados.

estado de flujo de efectivo (Méx.) estado de origen y aplicación de fondos.

estado de fuentes y usos del capital de trabajo (Méx.) estado de variaciones del capital corriente.

estado de ingresos y pérdidas y ganancias (Esp.) estado de resultados.

estado de inversiones y su financiamiento (Méx.) estado de origen y aplicación de fondos.

estado de operaciones (Esp.) estado de resultados.

estado de origen y aplicación de fondos ■ *Méx.* estado de cambios en la situación financiera en base a efectivo, estado de flujo de efectivo, estado de inversiones y su financiamiento, estado de origen y aplicación de recursos.

estado de origen y aplicación de recursos (Méx.) estado de origen y aplicación de fondos.

estado de productos (Méx.) estado de resultados.

estado de recursos y obligaciones (Esp.) estado de situación patrimonial.

estado de rendimientos (Méx.) estado de resultados.

estado de rendimientos económicos (Ch.) estado de resultados.

estado de resultados ■ *Ch.* estado de rendimientos económicos ■ *Col.* estado de actividad financiera, económica y social ■ *Esp.* estado de explotación, estado de ingresos y pérdidas y ganancias, estado de operaciones ■ *Méx.* estado de productos, estado de rendimientos.

estado de resultados acumulados ■ *Esp.* estado de superávit.

estado de situación patrimonial ■ *Esp.* balance de situación, estado de activo y pasivo, estado de recursos y obligaciones.

estado de superávit (Esp.) estado de resultados acumulados.

estado de variaciones del capital contable (Méx.) estado de evolución del patrimonio.

estado de variaciones del capital corriente ■ *Méx.* estado de cambios en la situación financiera, estado de fuentes y usos del capital de trabajo.

estados contables ■ *Méx.* estados financieros.

estados contables anuales ■ *Esp.* cuentas anuales.

estados contables básicos ■ *Méx.* estados financieros básicos.

estados contables combinados ■ *Méx.* estados financieros combinados.

estados contables consolidados ■ *Méx.* estados financieros consolidados.

estados de situación patrimonial ■ *Esp., Méx.* estados financieros.

estados financieros (Esp., Méx.) estados de situación patrimonial.

estados financieros (Méx.) estados contables.

estados financieros básicos (Méx.) estados contables básicos.

estados financieros combinados (Méx.) estados contables combinados.

estados financieros consolidados (Méx.) estados contables consolidados.

estimación para agotamiento (Méx.) reserva por agotamiento.

estimación para amortizaciones (Méx.) amortizaciones acumuladas de activos intangibles.

estimación para cuentas incobrables (Méx.) previsión para deudores incobrables.

estimación para depreciación (Méx.) depreciaciones acumuladas de activo fijo.

estimación para inventarios (Méx.) previsión por desvalorización de bienes de cambio.

estimaciones complementarias de activo (Méx.) previsiones por desvalorización de activos.

estudios y proyectos (Esp.) inversión y desarrollo.

etiqueta de inventario (Méx.) boleta de inventario.

eventos posteriores a la fecha del balance (Méx.) hechos posteriores al cierre.

eventos subsecuentes (Méx.) hechos posteriores al cierre.

exhibición (Méx.) cancelación total o parcial de pasivo.

exhibición de capital (Méx.) integración de capital.

exhibiciones decretadas (Méx.) integraciones pendientes de capital.

exigible (Esp.) pasivos exigibles.

exigible a corto plazo (Esp.) pasivo corriente.

exigible consolidado (Esp.) pasivos a largo plazo.

expediente continuo de auditoría (Méx.) archivo permanente.

expiración (Méx.) conversión en pérdida de un costo.

explotación (Esp.) cuenta del resultado operativo.

exposición ■ *Méx.* revelación.

fábricas ■ *Esp.* naves industriales.

ficha de depósito (Méx.) boleta de depósito bancaria.

fiel reflejo (Esp.) imagen fiel.

filial (Esp.) controlada.

financiación básica (Esp.) pasivo y patrimonio.

fincas rústicas (Esp.) inmuebles rurales.

fincas urbanas (Esp.) inmuebles urbanos.

folleto bursátil (Esp.) prospecto.

folleto de emisión (Esp.) prospecto.

fondo de comercio (Arg.) conjunto constitutivo de un comercio.

fondo de comercio (Esp.) llave de negocio.

fondo de maniobra (Esp.) capital corriente.

fondo de rotación (Esp.) capital de trabajo.

fondos propios (Esp.) patrimonio.

fondos públicos (Esp.) títulos públicos.

fondos sociales (Arg.) patrimonio de entidades sin fines de lucro.

formato (Col.) formulario.

formulario ■ *Col.* formato.

formulario en blanco ■ *Méx.* machote.

fuerza de ventas ■ *Arg.* equipo de ventas.

fundación (Arg.) organización sin fines de lucro.

fusión ■ *Méx.* fusión horizontal.

fusión horizontal (Méx.) fusión.

fusión vertical (Méx.) absorción.

ganancia ■ *Esp.* beneficio ■ *Méx.* ingreso.

ganancia cambiaria (Méx.) diferencia de cambio positiva.

gastos ■ *Méx.* erogaciones.

gastos amortizables (Esp.) cargos diferidos.

gastos comerciales (Méx.) gastos operativos del negocio.

gastos con financiación afectada (Esp.) ingresos predestinados.

gastos de adquisición de inmovilizado (Esp.) gastos de operación diferidos.

gastos de amortización (Esp.) cargo por amortización.

gastos de mercadotecnia (Méx.) activo intangible por gastos de desarrollo comercial.

gastos de primer establecimiento (Esp.)   gastos preoperativos.

gastos inmovilizados (Méx.)   gastos y costos activados.

gastos operativos del negocio ▪ *Méx.* gastos comerciales.

gastos pagados por adelantado ▪ *Méx.* pagos anticipados.

gastos preoperativos ▪ *Esp.* gastos de primer establecimiento ▪ *Méx.* erogaciones en períodos preoperativos.

gestión continuada (Esp.)   empresa en marcha.

guía contabilizadora (Méx.)   manual de contabilidad.

hechos posteriores al cierre ▪ *Méx.* eventos posteriores a la fecha del balance, eventos subsecuentes.

igualdad del inventario (Esp.) ecuación contable.

imagen adecuada (Esp.)   imagen fiel.

imagen fiel ▪ *Esp.* fiel reflejo, imagen adecuada.

impago de efectos (Esp.)   documentos vencidos.

imposición a plazo fijo (Esp.) depósito a plazo fijo.

impuesto a pagar ▪ *Esp.* cuota impositiva a pagar.

independencia de criterio ▪ *Méx.* independencia mental.

independencia mental (Méx.) independencia de criterio.

índice de cuentas (Esp.)   plan de cuentas.

influencia notable (Esp.)   influencia significativa.

influencia significativa ▪ *Esp.* influencia notable.

información adicional a los estados contables ▪ *Esp.* información suplementaria ▪ *Méx.* información complementaria.

información complementaria (Méx.) información adicional a los estados contables.

información suplementaria (Esp.) información adicional a los estados contables.

informe de gestión (Esp.)   memoria anual.

informe de gestión consolidado (Esp.)   memoria anual consolidada.

ingreso (Méx.)   ganancia.

ingreso de capital ▪ *Col., Ven.* recursos de capital.

ingresos ▪ *Ch.* ingresos de gestión.

ingresos de gestión (Ch.)   ingresos.

ingresos de productos (Esp.)   venta de productos.

ingresos diferidos ▪ *Esp.* cobros diferidos.

ingresos no devengados ▪ *Esp.* productos anticipados.

ingresos predestinados ▪ *Col.* rentas de destinación específica ▪ *Esp.* gastos con financiación afectada.

ingresos presupuestales (Méx.) ingresos presupuestarios.

ingresos presupuestarios ▪ *Arg.* recursos públicos ▪ *Méx.* ingresos presupuestales ▪ *Ven.* recursos.

inmovilizaciones (Esp.)   inversiones en activo fijo operativo.

inmovilizaciones antifuncionales (Esp.)   inversiones improductivas.

inmovilizaciones de ejercicio (Esp.)   inversión en activo corriente.

inmovilizaciones de gestión (Esp.) activo fijo.

inmovilizaciones en curso (Esp.) obras en curso.

inmovilizaciones extrafuncionales (Esp.)   inversiones no operativas.

inmovilizaciones funcionales (Esp.) inversión en activos productivos.

inmovilizado (Esp.)   activo fijo, activo no corriente.

inmovilizado financiero (Esp.)
inversiones no corrientes.
inmovilizado inmaterial (Esp.)   activo
fijo intangible.
inmovilizado material (Esp.)   activo
fijo tangible.
inmovilizado material ajeno a la
explotación (Esp.)   bienes de uso no
operativos.
inmuebles, maquinaria y equipo
(Méx.)   bienes de uso.
inmuebles rurales   ■ *Esp.* fincas
rústicas.
inmuebles urbanos   ■ *Esp.* fincas
urbanas.
instituciones de crédito (Méx.)
entidades financieras.
integración de capital   ■ *Méx.*
exhibición de capital.
integración global (Esp.)
consolidación.
integración proporcional (Esp.)
consolidación proporcional.
integraciones pendientes de capital
■ *Méx.* exhibiciones decretadas.
ínter empresas   ■ *Esp.* intra grupo.
intereses minoritarios   ■ *Esp.* capital
de la minoría.
intra grupo (Esp.)   ínter empresas.
inventario (Arg.)   libro de inventarios y
balances.
inventarios (Méx.)   bienes de cambio.
inversión (Esp.)   capital.
inversión en activo corriente   ■ *Esp.*
inmovilizaciones de ejercicio.
inversión y desarrollo   ■ *Esp.* estudios
y proyectos.
inversiones acíclicas (Esp.)   activo
fijo.
inversiones financieras de control
■ *Esp.* cartera de control.
inversiones financieras de
rentabilidad   ■ *Esp.* cartera de
rentabilidad.
inversiones no corrientes   ■ *Esp.*
inmovilizado financiero.
inversiones no operativas   ■ *Esp.*
inmovilizaciones extrafuncionales.
IVA crédito fiscal   ■ *Esp.* IVA soportado.
IVA débito fiscal   ■ *Esp.* IVA
repercutido.

IVA repercutido (Esp.)   IVA débito
fiscal.
IVA soportado (Esp.)   IVA crédito
fiscal.

joint venture (Esp.)   asociación de
empresas.
joint venture   ■ *Arg.* agrupación de
colaboración, contrato de colaboración
empresaria, unión transitoria de empresas
(UTE) ■ *Esp.* empresa de participación
conjunta.
justificante (Méx.)   comprobante.

leasing de explotación (Esp.)
arrendamiento operativo.
Ley de Concursos (Arg.)   Ley de
Concursos y Quiebras.
Ley de Concursos Mercantiles
(Méx.)   Ley de Concursos y Quiebras.
Ley de Concursos y Quiebras   ■ *Arg.*
Ley de Concursos ■ *Méx.* Ley de Concursos
Mercantiles.
Ley de Sociedades Comerciales
■ *Méx.* Ley General de Sociedades
Mercantiles.
Ley General de Sociedades
Mercantiles (Méx.)   Ley de
Sociedades Comerciales.
ley orgánica (Méx.)   carta orgánica.
libro de inventarios y balances
■ *Arg.* inventario ■ *Esp.* libro de inventarios
y cuentas anuales.
libro de inventarios y cuentas
anuales (Esp.)   libro de inventarios y
balances.
liquidez ácida   ■ *Méx.* razón de liquidez.
lista de raya (Méx.)   nómina de sueldos
y jornales.

listado ▪ *Méx.* relación.
listado de cuentas por cobrar
▪ *Méx.* relación de cuentas por cobrar.
listado de gastos ▪ *Méx.* relación de gastos.
llave de negocio ▪ *Arg.* valor llave ▪ *Esp.* fondo de comercio ▪ *Méx.* crédito mercantil.
locación financiera (Arg.) arrendamiento financiero.

machote (Méx.) formulario en blanco.
mancomunidad de intereses (Méx.) unificación de intereses.
manifestación impositiva (Méx.) declaración impositiva.
mano de obra directa ▪ *Esp.* trabajo directo.
manual de contabilidad ▪ *Méx.* guía contabilizadora.
maquinarias y herramientas ▪ *Méx.* equipo de fábrica.
materia prima ▪ *Esp.* material directo.
material directo (Esp.) materia prima.
materiales ▪ *Esp.* elementos y conjuntos incorporables.
matriz (Esp.) controlante.
memoria (Esp.) información complementaria.
memoria (Méx.) detalle de gastos.
memoria anual ▪ *Esp.* informe de gestión.
memoria anual consolidada ▪ *Esp.* informe de gestión consolidado.
mercadería de reventa ▪ *Méx.* mercancías generales.
mercancías (Esp., Méx.) bienes de cambio.
mercancías generales (Méx.) mercadería de reventa.
método de aplazamiento (Esp.) método del diferimiento.
método de detallistas (Méx.) método de minoristas.
método de la cuota a pagar (Esp.) método del impuesto a pagar.

método de la deuda ▪ *Esp.* método de obligación.
método de la dotación específica (Esp.) cálculo específico de la previsión para cuentas de dudoso cobro.
método de la dotación global (Esp.) cálculo global de la previsión para cuentas de dudoso cobro.
método de la equivalencia (Esp.) método del valor patrimonial proporcional.
método de la puesta en equivalencia (Esp.) método del valor patrimonial proporcional.
método de lo percibido ▪ *Méx.* base de efectivo.
método de los minoristas ▪ *Esp.* método del detall.
método de minoristas ▪ *Méx.* método de detallistas.
método de obligación (Esp.) método de la deuda.
método de participación (Méx.) método de valor patrimonial.
método de tolerancia (Esp.) método de registración en una cuenta regularizadora de la diferencia entre el costo de los bienes de cambio y su valor de mercado.
método de valor patrimonial ▪ *Méx.* método de participación.
método del detall (Esp.) método de los minoristas.
método del devengado ▪ *Méx.* base de acumulaciones, base de valor devengado.
método del diferimiento ▪ *Esp.* método de aplazamiento.
método del efecto impositivo (Esp.) método del impuesto diferido.
método del impuesto a pagar ▪ *Esp.* método de la cuota a pagar.
método del impuesto diferido ▪ *Esp.* método del efecto impositivo.
método del interés participante (Méx.) método del valor patrimonial proporcional.
método del valor equivalente (Esp.) método del valor patrimonial proporcional.
método del valor patrimonial proporcional ▪ *Esp.* método de la equivalencia, método de la puesta en equivalencia, método del valor equivalente ▪ *Méx.* método del interés participante.

mezcla de ventas ■ *Esp.* surtido de productos.
minoración (Esp.) desgravación impositiva.
miscelánea fiscal (Méx.) reglamentación fiscal.
montante (Esp.) monto.
monto ■ *Esp.* montante.
muebles y útiles ■ *Esp.* enseres.
muebles y útiles de oficina ■ *Méx.* equipo de oficina.
muebles y útiles del departamento de ventas ■ *Méx.* equipo de ventas.
muestreo alto-o-siga (Méx.) muestreo de parar o seguir.
muestreo de parar o seguir ■ *Méx.* muestreo alto-o-siga.

naves industriales (Esp.) fábricas.
negocio en marcha (Méx.) empresa en marcha.
negocios (Esp.) ventas netas.
neto (Esp.) patrimonio.
neto patrimonial (Esp.) patrimonio.
no exigible (Esp.) patrimonio.
normas contables de valoración (Esp.) normas contables de valuación.
normas contables de valuación ■ *Esp.* normas contables de valoración.
notario público (Méx.) escribano público.
notas a los estados contables ■ *Méx.* notas a los estados financieros.
notas a los estados financieros (Méx.) notas a los estados contables.

obligación a pagar (Esp.) pasivo.
obligaciones fijas (Esp.) deudas financieras de largo plazo.

obligaciones y bonos a pagar ■ *Esp.* empréstitos.
obra de mano (Méx.) costo de mano de obra.
obras en curso ■ *Esp.* construcciones en curso, inmovilizaciones en curso.
opción de compra ■ *Arg.* operación a prima de compra.
opción de venta ■ *Arg.* operación a prima de venta.
operación a prima de compra (Arg.) opción de compra.
operación a prima de venta (Arg.) opción de venta.
operaciones abandonadas (Esp.) operaciones discontinuadas.
operaciones de tráfico (Esp.) operaciones comerciales.
operaciones discontinuadas ■ *Esp.* operaciones abandonadas.
organización sin fines de lucro ■ *Arg.* fundación.
otros ingresos ■ *Méx.* otros productos, productos varios.
otros productos (Méx.) otros ingresos.

pago impositivo ■ *Méx.* entero.
pagos a cuenta de impuestos ■ *Méx.* pagos provisionales.
pagos anticipados (Méx.) gastos pagados por adelantado.
pagos provisionales (Méx.) pagos a cuenta de impuestos.
papel comercial ■ *Esp.* efecto comercial.
papel comercial indexado (Méx.) título de crédito en dólares.
paraestatal (Méx.) institución o empresa del Estado.
parche (Arg.) ajuste parcial por inflación.
partes relacionadas ■ *Esp.* partes vinculadas.
partes vinculadas ■ *Esp.* terceros vinculados.
pasivo ■ *Ch.* deuda ■ *Esp.* capital pasivo, obligación a pagar.

pasivo a corto plazo ■ *Esp., Méx.* pasivo circulante.

pasivo circulante (Esp., Méx.) pasivo a corto plazo.

pasivo corriente ■ *Esp.* exigible a corto plazo.

pasivo no corriente ■ *Esp.* pasivo permanente.

pasivo permanente (Esp.) pasivo no corriente.

pasivo y patrimonio ■ *Esp.* financiación básica.

pasivos a largo plazo ■ *Esp.* exigible consolidado.

pasivos acumulados (Esp.) provisiones.

pasivos exigibles ■ *Esp.* exigible.

patrimonio ■ *Esp.* activo líquido, activo neto, capital líquido, fondos propios, neto patrimonial, neto, no exigible, patrimonio líquido, propiedad líquida, recursos propios ■ *Méx.* capital contable, capital neto, capital social y superávit.

patrimonio del ente público ■ *Col.* patrimonio público.

patrimonio líquido (Esp.) patrimonio.

patrimonio neto ■ *Méx.* cuentas de capital.

patrimonio público (Col.) patrimonio del ente público.

pérdida inflacionaria deducible (Méx.) pérdida por exposición a la inflación deducible.

periodificación (Esp.) devengamiento de resultados.

periodificar (Esp.) cargar a resultados de períodos contables, en función de su devengamiento.

período medio de maduración (Esp.) ciclo operativo normal.

personal ■ *Esp.* plantilla.

pieza de repuesto ■ *Méx.* refacción.

piezas de recambio (Esp.) repuestos.

plan de cuentas ■ *Esp.* cuadro de cuentas, índice de cuentas ■ *Col., Méx.* catálogo de cuentas.

planeación (Méx.) planeamiento.

planeamiento *Méx.* planeación.

plantilla (Esp.) personal.

plazos impagados (Esp.) cuentas a cobrar vencidas.

plusvalía por revalorización de activos (Esp.) saldo por revalúo.

póliza (Méx.) documento donde constan los datos de un asiento contable.

póliza de caja (Méx.) documento contable respaldatorio de una operación de efectivo.

póliza de diario (Méx.) documento respaldatorio de una registración distinta de efectivo.

póliza de egreso (Méx.) documento respaldatorio de una registración de salida de efectivo.

póliza de ingreso (Méx.) documento respaldatorio de una operación de entrada de dinero.

póliza de operaciones diversas (Méx.) documento respaldatorio de operaciones que no involucran efectivo.

porcentaje de devolución sobre activos totales (Méx.) razón de rentabilidad del activo.

porcentaje de devolución sobre el capital contable (Méx.) razón de rentabilidad del patrimonio.

precio de coste (Esp.) precio de costo.

precio de costo ■ *Esp.* precio de coste.

precio en abonos (Méx.) precio en cuotas.

precio en cuotas ■ *Méx.* precio en abonos.

préstamo ■ *Méx.* refacción.

préstamo de avío (Méx.) préstamo de capital de trabajo.

préstamo de habilitación (Méx.) préstamo de capital de trabajo.

préstamo refaccionario (Méx.) préstamo de largo plazo para financiar activos fijos.

presupuesto de egresos (Méx.) presupuesto de gastos.

presupuesto de gastos ■ *Méx.* presupuesto de egresos.

previsión ■ *Col., Esp.* provisión.

previsión para cuentas de dudoso cobro ■ *Méx.* castigo por cuentas incobrables.

previsión para deudores incobrables ■ *Méx.* estimación para cuentas incobrables, provisión para cuentas dudosas, reserva para cuentas malas.

previsión para incobrabilidades
■ *Esp.* provisión para insolvencias.
previsión por desvalorización de bienes de cambio ■ *Méx.* estimación para inventarios.
previsiones por desvalorización de activos ■ *Méx.* estimaciones complementarias de activo.
prima de emisión ■ *Méx.* superávit pagado.
prima de emisión de acciones
■ *Méx.* prima en venta de acciones.
prima de emisión por fusión ■ *Méx.* superávit adquirido.
prima en venta de acciones (Méx.) prima de emisión de acciones.
prima vacacional (Méx.) remuneración por vacaciones.
principio de continuidad (Esp.) principio de uniformidad.
principio de devengado ■ *Col.* causación ■ *Esp.* principio del devengo.
principio de empresa en funcionamiento (Esp.) principio de empresa en marcha.
principio de empresa en marcha
■ *Esp.* principio de empresa en funcionamiento, principio de gestión continuada.
principio de gestión continuada (Esp.) principio de empresa en marcha.
principio de importancia relativa (Esp.) principio de materialidad.
principio de materialidad ■ *Esp.* principio de importancia relativa.
principio de prudencia ■ *Arg.* criterio de prudencia ■ *Ch.* criterio prudencial ■ *Esp.* prudencia valorativa.
principio de uniformidad ■ *Esp.* principio de continuidad.
principio del devengo (Esp.) principio de devengado.
prioridad del fondo sobre la forma (Esp.) esencialidad.
productividad ■ *Esp.* economicidad.
producto ■ *Méx.* artículo.
productos (Méx.) ingresos del estado por bienes y servicios.
productos acabados (Esp.) productos terminados.
productos anticipados (Esp.) ingresos no devengados.

productos conjuntos ■ *Méx.* coproductos.
productos de capital (Méx.) beneficios producidos por bienes patrimoniales.
productos de inversiones (Méx.) utilidades provenientes de la inversión en títulos y valores.
productos de trabajo (Méx.) beneficios obtenidos por la prestación de servicios personales.
productos financieros (Méx.) utilidades provenientes de operaciones financieras.
productos terminados ■ *Esp.* productos acabados ■ *Méx.* artículos terminados.
productos varios (Méx.) otros ingresos.
propiedad líquida (Esp.) patrimonio.
propiedad, planta y equipo (Col., Méx.) activo fijo tangible.
prospecto ■ *Esp.* folleto bursátil, folleto de emisión.
provisión (Col., Esp.) previsión.
provisión (Esp.) depreciaciones acumuladas.
provisión para cuentas dudosas (Méx.) previsión para deudores incobrables.
provisión para depreciación (Esp., Méx.) depreciación acumulada.
provisión para insolvencias (Esp.) previsión para incobrabilidades.
provisiones ■ *Esp.* pasivos acumulados.
prudencia valorativa (Esp.) principio de prudencia.
punto de equilibrio ■ *Esp.* punto muerto, umbral de rentabilidad.
punto muerto (Esp.) punto de equilibrio.

rappel (Esp.) bonificación por consumo.
rappels por compras (Esp.) descuento sobre compras.
rappels sobre ventas (Esp.) descuento sobre ventas.

ratio de tesorería (Esp.) razón de la prueba ácida.

rayar (Méx.) pagar salarios.

razón de capital de trabajo (Méx.) razón de liquidez.

razón de la prueba ácida ▪ *Esp.* ratio de tesorería.

razón de liquidez (Méx.) liquidez ácida.

razón de liquidez ▪ *Méx.* razón de capital de trabajo, razón del circulante.

razón de rentabilidad del activo ▪ *Méx.* porcentaje de devolución sobre activos totales.

razón de rentabilidad del patrimonio ▪ *Méx.* porcentaje de devolución sobre el capital contable.

razón del circulante (Méx.) razón de liquidez.

razonabilidad (Méx.) aproximación a la realidad.

realizable (Esp.) activos líquidos.

realizable cierto (Esp.) activos cuya transformación en disponibilidades no requiere de la actividad normal de la compañía.

realizable condicionado (Esp.) activos líquidos cuya transformación en disponibilidades depende de la actividad normal de la compañía.

realizable contingente (Esp.) activos líquidos cuya transformación en disponibilidades depende de la actividad normal de la compañía.

realizable incierto (Esp.) activos líquidos cuya transformación en disponibilidades depende de la actividad normal de la compañía.

recogida (Esp.) rescate.

reconocimiento de los efectos de la inflación en la información financiera (Méx.) ajuste por inflación.

reconocimiento general de libros (Esp.) presentación legal de libros.

recursos (Ven.) ingresos presupuestarios.

recursos de capital (Col., Ven.) ingreso de capital.

recursos no renovables (Col.) activo agotable.

recursos propios (Esp.) patrimonio.

recursos públicos (Arg.) ingresos presupuestarios.

refacción (Méx.) pieza de repuesto, préstamo.

refundición de cuentas de resultado ▪ *Esp.* regularización cuentas de resultado.

regalía (Esp.) canon.

reglamentación fiscal ▪ *Méx.* miscelánea fiscal.

reglas de valoración (Esp.) criterios de valuación.

regularización de cuentas de resultado (Esp.) refundición de cuentas de resultado.

regularización de valores (Esp.) ajuste parcial por inflación.

relación (Méx.) listado.

relación de cuentas por cobrar (Méx.) listado de cuentas por cobrar.

relación de gastos (Méx.) listado de gastos.

remanente (Esp.) saldo de resultados acumulados provenientes del ejercicio anterior.

remisión (Méx.) remito.

remito ▪ *Esp.* albarán ▪ *Méx.* remisión.

remuneración por vacaciones ▪ *Méx.* prima vacacional.

rentas de destinación específica (Col.) ingresos predestinados.

reorganización divisiva (Méx.) escisión.

reparo (Esp.) salvedad.

representación fiel ▪ *Arg.* aproximación a la realidad.

reproceso ▪ *Méx.* simulación paralela.

repuestos ▪ *Esp.* piezas de recambio.

rescate ▪ *Esp.* recogida.

reserva (Esp.) cuenta patrimonial excepto por las de capital y de resultados acumulados.

reserva de pasivo (Méx.) previsión de pasivo, provisión.

reserva de revalorización (Esp.) saldo por revalúo.

reserva de valuación (Esp.) cuenta regularizadora del valor de activos.

reserva latente (Esp.) reserva oculta.

reserva legal ▪ *Ch.* reserva reglamentaria.

reserva oculta ▪ *Esp.* reserva latente.

reserva para cuentas malas (Méx.) previsión para deudores incobrables.

reserva para depreciación (Méx.) cargo por depreciación adicional.

reserva por agotamiento ▪ *Méx.* estimación para agotamiento.

reserva reglamentaria (Ch.) reserva legal.

reserva social (Ch.) reserva estatutaria o voluntaria.

resultado por exposición a la inflación ▪ *Méx.* efecto por posición monetaria, resultado por posición monetaria.

resultado por posición monetaria (Méx.) resultado por exposición a la inflación.

resultados acumulados ▪ *Méx.* capital ganado, superávit ganado, utilidades acumuladas, utilidades no distribuidas.

retasación (Esp.) revalúo.

retiro de fondos en cuenta corriente ▪ *Esp.* disposición de cuenta corriente.

revalúo ▪ *Arg.* revalúo técnico ▪ *Esp.* retasación.

revalúo de efectos transitorios (Arg.) ajuste parcial por inflación.

revalúo técnico (Arg.) revalúo.

revelación (Méx.) exposición.

riesgos en curso (Arg.) pasivos por primas de seguro no devengadas.

rodados ▪ *Méx.* equipo de entrega, equipo de reparto.

ruta crítica (Méx.) camino crítico.

saldo por revalúo ▪ *Arg.* saldo por revalúo técnico ▪ *Esp.* plusvalía por revalorización de activos, reserva de revalorización.

saldo por revalúo otras sociedades ▪ *Arg.* saldo por revalúo técnico otras sociedades.

saldo por revalúo técnico (Arg.) saldo por revalúo.

saldo por revalúo técnico otras sociedades (Arg.) saldo por revalúo otras sociedades.

saldos actualización contable Ley 19742 (Arg.) cuenta de reserva por actualización del valor de algunos activos.

saldos revalúo Ley 19742 (Arg.) cuenta de reserva por actualización del valor de algunos activos.

salvedad ▪ *Esp.* reparo.

saneamiento (Esp.) reducción del valor de activos fijos para llevarlos a su valor recuperable.

seguridad (Méx.) confiabilidad.

seguro de caución (Arg.) fianza otorgada por una compañía de seguros que garantiza el cumplimiento de ciertas obligaciones contraídas por el asegurado.

seña (Arg.) señal, parte del precio que se adelanta en algunos contratos.

señal ▪ *Méx.* enganche.

simulación paralela (Méx.) reproceso.

sindicatura ▪ *Arg.* consejo de vigilancia ▪ *Méx.* comisario.

sistema de inventario permanente ▪ *Esp.* sistema de permanencia de inventario.

sistema de permanencia de inventario (Esp.) sistema de inventario permanente.

situaciones transitorias de financiación (Esp.) créditos por deudas que los socios o accionistas mantienen con la sociedad.

sociedad Artículo 33 Ley 19550 (Arg.) sociedad controlante, controlada o vinculada.

sociedad colectiva ▪ *Esp.* sociedad regular colectiva.

sociedad comanditaria (Esp.) sociedad en comandita.

sociedad comanditaria por acciones (Esp.) sociedad en comandita por acciones.

sociedad comanditaria simple (Esp.) sociedad en comandita simple.

sociedad controlada ▪ *Esp.* sociedad dependiente.

sociedad del estado (Arg.) sociedad que excluye la participación de capitales privados.

sociedad dependiente (Esp.) sociedad controlada.

sociedad en comandita ▪ *Esp.* sociedad comanditaria.

sociedad en comandita por acciones ■ *Esp.* sociedad comanditaria por acciones.

sociedad en comandita simple ■ *Esp.* sociedad comanditaria simple.

sociedad regular colectiva (Esp.) sociedad colectiva.

subordinada (Esp.) controlada.

subvención de capital (Esp.) subsidio por la inversión en bienes de uso tangibles.

subvenciones a la explotación (Esp.) subvenciones recibidas para compensar déficits operativos.

suerte principal (Méx.) capital de un préstamo

superávit (Méx.) cuentas de patrimonio excepto por las de capital social.

superávit (Arg.) ganancia en entidades sin fines de lucro.

superávit adquirido (Méx.) prima de emisión por fusión.

superávit donado (Méx.) cuenta en la que se registran las ganancias obtenidas por los bienes donados a la entidad.

superávit ganado (Méx.) resultados acumulados.

superávit pagado (Méx.) prima de emisión, prima de emisión de acciones.

superávit por incremento de bienes agotables (Esp.) saldo por revalúo de bienes agotables.

suplementos por costes-oportunidad de los centros (Esp.) costos de oportunidad que se cargan a los centros de responsabilidad.

suplementos por costes-oportunidad de los productos y trabajos (Esp.) costos de oportunidad que se cargan a los productos y trabajos.

surtido de productos (Esp.) mezcla de ventas.

tarjeta de inventario ■ *Arg.* boleta de inventario.

terceros vinculados (Esp.) partes vinculadas.

tesorería (Esp.) disponibilidades.

título de crédito en dólares ■ *Méx.* papel comercial indexado.

títulos de crédito ■ *Esp.* efectos de comercio.

títulos públicos ■ *Esp.* fondos públicos; ■ *Méx.* efectos públicos.

trabajo directo (Esp.) mano de obra directa.

umbral de rentabilidad (Esp.) punto de equilibrio.

unificación de intereses ■ *Méx.* mancomunidad de intereses.

unión transitoria de empresas (UTE) (Arg.) joint venture.

útiles y herramientas ■ *Méx.* enseres.

utilidades acumuladas (Méx.) resultados acumulados.

utilidades no distribuidas (Méx.) resultados acumulados.

valor amortizable ■ *Esp.* base de amortización.

valor de coste (Esp.) valor de costo.

valor de costo ■ *Esp.* valor de coste.

valor de desecho (Méx.) valor recuperable final.

valor de reposición (Méx.) costo de reposición.

valor de uso (Méx.) valor de utilización económica (VUE).

valor de utilización económica (VUE) ■ *Méx.* valor de uso.

valor llave (Arg.) llave de negocio.

valor neto de reposición (Méx.) valor de reposición menos desgaste por uso u obsolescencia.

valor recuperable final ■ *Méx.* valor de desecho.

valoración (Esp.)   valuación.

valuación   ■ *Esp.* valoración.

velador (Méx.)   guardia nocturno.

venta de activo fijo   ■ *Esp.* venta de inmovilizado.

venta de inmovilizado (Esp.)   venta de activo fijo.

venta de productos   ■ *Esp.* ingresos de productos.

ventas al por mayor   ■ *Méx.* ventas de mayoreo.

ventas de mayoreo (Méx.)   ventas al por mayor.

ventas netas   ■ *Esp.* cifra de negocios, negocios.

verificación del balance y de la cuenta de resultados (Esp.)   auditoría anual.

APPENDIX:
Sample Financial
Statements

The purpose of this appendix is to give the reader a snapshot of how accounting statements may look in different countries. Here you will find 21 financial statements for seven countries: Argentina, Chile, Colombia, Mexico, Spain, Venezuela, and the United States. For each country, we have included sample statements for manufacturing, banking, and service firms. Although the firms and data are fictitious, statements are based on real formats used by real companies. Yet the samples do not cover all possible variants; they are simply intended to illustrate which terms are usually employed in practice in the United States, Spain, and Latin America, and where these terms are located in an accounting statement in these countries.

APENDICE:
Ejemplos de
Estados Contables

El propósito del presente anexo es ilustrar al lector respecto de las diferencias de terminología entre diferentes países, tal como aparecen en los estados contables de la vida real. Se encontrarán aquí 21 estados financieros para siete países: Argentina, Chile, Colombia, España, los Estados Unidos, México y Venezuela. Para cada país, se han incluido ilustraciones pertenecientes al sector manufacturero, a la banca, y a la industria de servicios. Si bien las empresas y los números son ficticios, están basados en reportes reales. Los ejemplos presentados no cubren, naturalmente, todas las variantes que se encuentran en la práctica, pero ilustran al lector sobre los términos—y sobre su ubicación habitual—más frecuentemente utilizados en los reportes contables en los Estados Unidos, España y Latino America.

Banco Argentino S.A.

ESTADO DE SITUACION PATRIMONIAL AL 31 DE DICIEMBRE DE 2002
COMPARATIVO CON EL EJERCICIO ANTERIOR
(EN MILLONES DE PESOS)

	31/12/02	31/12/01
ACTIVO		
A. Disponibilidades	48,567	62,587
Efectivo	22,333	22,622
Bancos y corresponsales	26,088	39,720
Otras	145	245
B. Títulos Públicos y Privados (Anexo A)	32,872	54,366
Tenencias en cuentas de inversión	7,902	24,992
Tenencias para operaciones de compra-venta	24,337	4,092
Inversiones en Títulos Privados con cotización	643	1,112
Otros	0	24,184
Previsiones (Anexo J)	(9)	(15)
C. Préstamos (Anexo B, C y D)	681,398	616,796
Al Sector Público no financiero	181,375	131,690
Al Sector Financiero	28,898	34,016
Adelantos	64,317	56,273
Con garantía real	130,934	129,451
Tarjetas de crédito	26,200	21,729
Otros (Nota 10)	267,691	260,688
Previsiones (Anexo J)	(18,017)	(17,050)
D. Otros créditos por intermediación financiera		
(Anexos B, C y D)	409,767	222,844
Banco Central de la República Argentina	172,620	56,234
Montos a cobrar por ventas al contado a liquidar y a término	86,267	38,818
Especies a recibir por compras contado a liquidar y a término	67,161	65,852
Primas por opciones tomadas	84	386
Otros no computables (Nota 10)	8,503	7,482
Previsiones (Anexo J)	10,368	6,463
Otros no computables (Nota 10)	66,089	48,430
Previsiones (Anexo J)	(1,323)	(822)
E. Bienes dados en locación financiera		
(AnexosB,C, D y J)	653	349
F. Participación en otras sociedades (Anexo E y J)	26,239	23,765
G. Créditos diversos	20,354	33,470
Deudores por venta de bienes (Anexos B, C y D)	40	12,359
Otros	20,723	21,449
Previsiones (Anexo J)	(408)	(338)
H. Bienes de Uso (Anexo F)	19,512	18,025
I. Bienes diversos (Anexo F)	5,893	3,949
J. Bienes intangibles (Anexo G)	7,580	7,083
K. Partidas pendientes de imputación	196	572
TOTAL DEL ACTIVO	**1,253,031**	**1,043,808**

Banco Argentino S.A.

ESTADO DE SITUACION PATRIMONIAL AL 31 DE DICIEMBRE DE 2002
COMPARATIVO CON EL EJERCICIO ANTERIOR
(EN MILLONES DE PESOS)

	31/12/02	31/12/01
PASIVO		
L. Depósitos (Anexos H e I)	691,140	595,382
Cuentas corrientes	49,234	53,886
Cajas de ahorro	101,113	94,039
Plazos Fijos	535,427	431,167
Cuentas de inversión	1,093	11,250
Otros	4,273	5,041
M. Otras obligaciones por intermediación financiera	440,951	335,842
Banco Central de la República Argentina	476	565
Bancos y otros organismos internacionales	86,042	82,372
Obligaciones negociables	91,703	84,065
Montos a pagar por compras contado a liquidar y a término	67,613	63,792
Especies a entregar por ventas contado a liquidar y a término	174,970	78,357
Primas por opciones lanzadas	0	2
Otras	20,147	26,688
N. Obligaciones Diversas	13,155	13,236
Dividendos a pagar	0	0
Honorarios a pagar a directores y síndicos	2,585	2,569
Otras	10,570	10,667
O. Previsiones (Anexo J)	983	2,112
Q. Partidas pendientes de imputación	230	380
TOTAL DEL PASIVO	1,146,459	946,952
PATRIMONIO NETO (según estado respectivo)	106,572	96,855
TOTAL DEL PASIVO MAS PATRIMONIO NETO	**1,253,031**	**1,043,808**
CUENTAS DE ORDEN		
DEUDORAS	**465,610**	**417,167**
Contingentes	424,012	379,800
créditos obtenidos	12,021	12,021
garantías recibidas	411,987	367,767
Otras	41	1
De Control	41,598	37,367
Deudores incobrables	24,725	20,556
Cuentas de control deudoras por contra	16,873	16,811
ACREEDORAS	**465,610**	**417,167**
Contingentes	76,636	121,590
créditos acordados	48,406	32,236
garantías otorgadas al B.C.R.A.	39	55,639
Otras garantías otorgadas	28,191	33,715
De Control	388,974	295,577
Valores por acreditar	16,869	16,706
Cuentas de control acreedoras por contra	372,105	278,871

Banco Argentino S.A.

ESTADO DE RESULTADOS
POR EL EJERCICIO FINALIZADO EL 31 DE DICIEMBRE DE 2002
COMPARATIVO CON EL EJERCICIO ANTERIOR
(EN MILLONES DE PESOS)

	31/12/02	31/12/01
A. Ingresos Financieros	107,862	90,228
Intereses por disponibilidades	3,777	3,866
Intereses por préstamos al sector financiero	2,897	2,565
Intereses por adelantos	8,837	9,378
Intereses por préstamos con garantía real	14,593	15,524
Intereses por préstamos de tarjetas de crédito	5,263	3,630
Intereses por otros préstamos	47,223	35,991
Resultado Neto de Títulos Públicos y Privados	11,892	9,329
Por otros créditos por intermediación financiera	3,755	4,891
Otros	9,625	5,054
B. Egresos Financieros	(57,182)	(49,697)
Intereses por depósitos en cuentas corrientes	0	(5)
Intereses por depósitos en cajas de ahorro	(1,893)	(1,617)
Intereses por depósitos en plazos fijos	(31,575)	(21,667)
Resultado neto de Títulos Privados	(429)	(153)
Por otras obligaciones por intermediación financiera	(15,321)	(14,840)
Otros	(7,964)	(11,414)
MARGEN BRUTO DE INTERMEDIACION FINANCIERA	**50,680**	**40,530**
C. Cargo por Incobrabilidad	(15,082)	(14,444)
D. Ingresos por Servicios	25,313	24,473
Vinculados con operaciones activas	4,045	3,639
Vinculados con operaciones pasivas	8,954	9,064
Otros	12,314	11,770
E. Egresos por Servicios	(5,535)	(5,846)
Comisiones	(2,694)	(2,906)
Otros	(2,841)	(2,940)
G. Gastos de Administración	(39,864)	(38,825)
Gastos en personal	(19,680)	(20,177)
Honorarios a directores y síndicos	(2,580)	(2,537)
Otros honorarios	(976)	(854)
Propaganda y publicidad	(1,335)	(1,106)
Impuestos	(1,132)	(1,055)
Otros gastos operativos	(11,678)	(10,951)
Otros	(2,484)	(2,145)
RESULTADO NETO POR INTERMEDIACION FINANCIERA	**15,512**	**5,889**
H. Utilidades Diversas	4,950	12,940
I. Pérdidas Diversas	(3,678)	(2,350)
RESULTADO NETO ANTES DEL IMPUESTO A LAS GANANCIAS	**16,784**	**16,479**
K. Impuesto a las Ganancias	(4,279)	(4,431)
RESULTADO NETO DEL EJERCICIO	**12,506**	**12,048**

Banco Argentino S.A.

ESTADO DE EVOLUCION DEL PATRIMONIO NETO
POR EL EJERCICIO FINALIZADO EL 31 DE DICIEMBRE DE 2002
(EN MILLONES DE PESOS)

	APORTE DE LOS PROPIETARIOS		AJUSTES AL PATRIMONIO	GANANCIAS RESERVADAS			RESULTADOS NO ASIGNADOS	TOTAL DEL PATRIMONIO NETO
	Capital suscripto	Primas de Emisión		Reserva legal	Otras reservas	Total		
1. Saldo al inicio del ejercicio	32,433	24,854	5,576	10,849	5	10,853	23,139	96,855
2. Distribución de resultados no asignados aprobada por la Asamblea de accionistas del 15 de abril de 2002								
Reserva legal				2,410		2,410	(2,410)	
Reservas estatutarias					11		(1)	
Dividendos en efectivo							(2,789)	(2,789)
Dividendos en acciones	5,060						(5,060)	
3. Ganancia neta del ejercicio							12,506	12,506
Saldos al cierre del ejercicio	**37,493**	**24,854**	**5,576**	**13,258**	**5**	**13,263**	**25,386**	**106,572**

Banco Argentino S.A.

ESTADO DE ORIGEN Y APLICACION DE FONDOS
POR EL EJERCICIO FINALIZADO EL 31 DE DICIEMBRE DE 2002
COMPARATIVO CON EL EJERCICIO ANTERIOR
(EN MILLONES DE PESOS)

	31/12/02	31/12/01
Variación de los Fondos		
Disponibilidades al inicio del ejercicio	62,587	78,068
(Disminución) de los fondos	(14,020)	(15,481)
Disponibilidades al cierre del ejercicio	48,567	62,587
Causas de Variación de los Fondos		
Ingresos financieros cobrados	95,068	71,369
Ingresos por servicios cobrados	25,313	24,473
Menos:	0	0
Egresos financieros pagados	(47,983)	(43,517)
Egresos por servicios pagados	(5,535)	(5,846)
Gastos de administración pagados	(35,446)	(35,014)
Fondos Originados en las Operaciones Ordinarias	31,417	11,465
Otras causas de origen de fondos		
Aumento neto de los depósitos	89,638	80,580
Aumento neto de otras obligaciones por intermediación financiera	102,029	0
Aumento neto de otros pasivos	0	1,553
Disminución neta de Títulos Públicos y Privados	21,499	5,176
Disminución neta de otros pasivos	3,545	0
Otros orígenes de fondos	3,210	8,005
Total de Orígenes de Fondos	219,921	95,314
Otras causas de aplicación de fondos		
Aumento neto de préstamos	(68,004)	(51,618)
Aumento neto de otros créditos por intermediación financiera	(185,992)	(5,087)
Aumento neto de otros activos	0	(29,237)
Disminución neta de otras obligaciones por intermediación financiera	0	(33,160)
Disminución neta de otros pasivos	(4,509)	0
Dividendos pagados en efectivo	(2,789)	(1,735)
Otras aplicaciones de fondos	(4,063)	(1,422)
Total de Aplicaciones de Fondos	(265,358)	(122,260)
(Disminución) de los Fondos	(14,020)	(15,481)

Banca de Chile

BALANCE GENERAL

ACTIVOS	DICIEMBRE 2002 MM$	DICIEMBRE 2001 MM$
DISPONIBLE	**133,395**	**106,847**
COLOCACIONES		
Préstamos comerciales	534,658	446,781
Préstamos para comercio exterior	96,829	99,936
Préstamos de consumo	114,559	100,677
Colocaciones en letras de crédito	160,499	165,383
Contratos de leasing	39,979	35,040
Colocaciones contingentes	43,702	45,419
Otras colocaciones vigentes	180,452	185,243
Cartera vencida	25,143	19,758
Total colocaciones	**1,195,821**	**1,098,236**
Provisión sobre colocaciones	(25,726)	(24,878)
Total colocaciones netas	**1,170,095**	**1,073,358**
OTRAS OPERACIONES DE CREDITO		
Préstamos a instituciones financieras	672	10,375
Total operaciones de crédito	**672**	**10,375**
INVERSIONES		
Documentos del Banco Central de Chile	104,260	96,217
Otras inversiones financieras	23,767	57,195
Documentos intermediados	96,151	145,479
Depósitos en el Banco Central de Chile	0	0
Activos para leasing	2,824	2,393
Bienes recibidos en pago o adjudicados	2,969	1,270
Otras inversiones no financieras	141	119
Total inversiones	**230,112**	**302,673**
OTROS ACTIVOS	**43,683**	**56,393**
ACTIVO FIJO		
Activo fijo físico	37,337	36,877
Inversiones en sociedades	12,050	7,510
Total activo fijo	**49,387**	**44,387**
Total Activos	**1,627,343**	**1,594,032**

Banca de Chile

BALANCE GENERAL

PASIVOS Y PATRIMONIO	DICIEMBRE 2002 M$	DICIEMBRE 2001 M$
CAPTACIONES Y OTRAS OBLIGACIONES		
Acreedores en cuenta corriente	116,414	95,746
Depósitos y captaciones	724,213	617,748
Otras obligaciones a la vista o a plazo	94,047	94,468
Obligaciones por intermediación de documentos	96,060	145,619
Obligaciones por letras de crédito	168,646	171,533
Obligaciones contingentes	43,658	45,439
Total captaciones y otras obligaciones contingentes	**1,243,038**	**1,170,553**
OBLIGACIONES POR BONOS		
Bonos corrientes	28,546	31,161
Bonos subordinados	20,753	20,715
Total obligaciones por bonos	**49,300**	**51,877**
PRESTAMOS OBTENIDOS DE ENTIDADES FINANCIERAS Y BANCO CENTRAL DE CHILE		
Líneas de crédito Banco Central de Chile para reprogramaciones	3,028	4,002
Otras obligaciones con el Banco Central de Chile	4,547	7,688
Préstamos de instituciones financieras del país	19,503	69,725
Obligaciones con el exterior	82,916	50,135
Otras obligaciones	26,326	28,512
Total préstamos de entidades financieras	**136,320**	**160,063**
OTROS PASIVOS	**33,592**	**48,666**
Total pasivos	**1,462,250**	**1,431,158**
PROVISIONES VOLUNTARIAS	**2,394**	–
PATRIMONIO NETO		
Capital y reservas	153,442	153,422
Otras cuentas patrimoniales	(718)	(243)
Utilidad del ejercicio	9,975	9,695
Total patrimonio neto	**162,699**	**162,874**
Total pasivos y patrimonio	**1,627,343**	**1,594,032**

Banca de Chile

ESTADOS DE RESULTADOS

	DICIEMBRE 2002 MM$	DICIEMBRE 2001 MM$
RESULTADOS OPERACIONALES		
Ingresos por intereses y reajustes	138,848	144,275
Utilidad por intermediación de documentos	5,172	1,611
Ingresos por comisiones	10,958	7,804
Utilidad de cambio neta	0	756
Otros ingresos de operación	340	477
Total ingresos de operación	**155,318**	**154,922**
Gastos por intereses y reajustes	(79,146)	(92,745)
Pérdida por intermediación de documentos	(549)	(45)
Gastos por comisiones	(3,025)	(2,940)
Pérdida de cambio neta	(2,736)	0
Otros gastos de operación	(339)	(231)
Margen bruto	**69,524**	**58,961**
Remuneraciones y gastos del personal	(20,331)	(17,199)
Gastos de administración y otros	(17,665)	(16,679)
Depreciaciones y amortizaciones	(6,415)	(4,323)
Margen neto	**25,113**	**20,760**
Provisiones por activos riesgosos	(18,790)	(19,939)
Recuperación de colocaciones castigadas	4,879	4,991
Resultado operacional	**11,202**	**5,812**
RESULTADOS NO OPERACIONALES		
Ingresos no operacionales	2,533	1,506
Gastos no operacionales	(810)	(1,116)
Resultado por inversiones en sociedades	2,305	1,740
Corrección monetaria	(2,656)	(3,297)
Resultado antes de impuesto a la renta	**12,574**	**4,644**
Impuesto a la renta	(205)	1,498
Excedente	**12,369**	**6,142**
Provisiones voluntarias	(2,394)	3,554
UTILIDAD (PERDIDA) DEL EJERCICIO	**9,975**	**9,695**

Banca de Chile
ESTADO DE FLUJO DE EFECTIVO

(En MM$)	DICIEMBRE 2002	DICIEMBRE 2001
FLUJOS POR ACTIVIDADES OPERACIONALES		
Utilidad del ejercicio	9,975	9,695
Cargos (abonos) a resultados que no representan movimiento de efectivo:	0	0
Depreciaciones y amortizaciones	6,415	4,323
Provisiones por activos riesgosos	18,790	19,939
Provisión ajuste a valor de mercado de inversiones	(287)	(85)
Provisiones voluntarias	2,394	(3,554)
Utilidad neta por inversiones en sociedades	(2,305)	(1,740)
Pérdida (utilidad) neta en venta de activos recibidos en pago	254	(92)
Utilidad en venta de activos fijos	(104)	(2)
Castigo de activos recibidos en pago	423	681
Corrección monetaria	2,656	3,297
Impuesto a la renta	205	(1,498)
Otros cargos que no significan movimiento de efectivo	331	148
Variación neta de intereses, reajustes y comisiones devengados sobre activos y pasivos	1,278	(1,058)
Flujo generado por actividades operacionales	**40,023**	**30,055**
FLUJO POR ACTIVIDADES DE INVERSION		
Aumento neto en colocaciones	(121,058)	(162,005)
Disminución (aumento) neta de inversiones	74,471	(103,954)
Compras de activos	(5,382)	(7,491)
Ventas de activos fijos	1,177	50
Inversiones en sociedades	(2,183)	(471)
Dividendos recibidos de inversiones en sociedades	0	88
Venta de bienes recibidos en pago	2,215	2,707
Aumento neto de otros activos y pasivos	251	9,481
Flujo utilizado en actividades de inversión	**(50,509)**	**(261,596)**
FLUJO POR ACTIVIDADES DE FINANCIAMIENTO		
Aumento de acreedores en cuenta corriente	20,668	3,028
Aumento de depósitos y captaciones	108,799	40,099
(Disminución) aumento de otras obligaciones a la vista o a plazo	(420)	22,063
(Disminución) aumento de obligaciones por intermediación de documentos	(49,333)	69,527
Aumento de préstamos del exterior a corto plazo	18,061	4,746
Emisión de letras de crédito	28,638	7,561
Rescate de letras de crédito	(26,368)	(18,556)
Aumento de otros pasivos de corto plazo	(49,129)	74,997
Préstamos obtenidos del Banco Central de Chile (largo plazo)	0	5,840
Pago de préstamos del Banco Central de Chile (largo plazo)	(2,025)	(6,657)
Emisión de bonos	0	14,668
Rescate de bonos	(2,580)	(4,136)
Préstamos del exterior a largo plazo	12,150	1,397
Pago de préstamos del exterior a largo plazo	(1,619)	(444)
Otros préstamos obtenidos a largo plazo	2,396	7,644
Pago de otros préstamos obtenidos a largo plazo	(7,704)	(11,408)
Aumento de capital	0	42,141
Dividendos pagados	(9,675)	(6,192)
Flujo originado por actividades de financiamiento	**41,858**	**246,318**
FLUJO NETO DEL EJERCICIO	**31,373**	**14,777**
EFECTO DE INFLACION SOBRE EFECTIVO Y EFECTIVO EQUIVALENTE	**(4,824)**	**(6,699)**
VARIACION EFECTIVO Y EFECTIVO EQUIVALENTE DURANTE EL EJERCICIO	**26,548**	**8,078**
SALDO INICIAL DE EFECTIVO Y EFECTIVO EQUIVALENTE	**106,847**	**98,768**
SALDO FINAL DE EFECTIVO Y EFECTIVO EQUIVALENTE	**133,395**	**106,847**

Banca Colombiana

BALANCES GENERALES AL 31 DE DICIEMBRE DE 2002 Y 2001
(Expresados en miles de pesos)

ACTIVOS	2002	2001
Efectivo y depósitos en bancos	2,141,635	1,728,424
Fondos interbancarios vendidos y pactos de reventa	1,219,759	302,643
Inversiones	0	0
Valoración inversiones negociables renta variable	0	0
Renta fija	6,154,179	2,717,824
Renta variable	697,638	670,769
	6,851,816	3,388,593
Menos: Provisión para protección	(51)	(221)
	6,851,765	3,388,372
Cartera de préstamos		
Comercial	17,392,581	13,979,695
Consumo	3,930,392	4,407,344
Menos: Provisión para protección	(696,439)	(574,575)
	20,626,534	17,812,464
Deudores por aceptaciones bancarias y derivados	239,233	340,731
Cuentas por cobrar, neto	369,903	708,008
Bienes recibidos en pago de obligaciones, neto	186,371	149,056
Propiedades y equipos, neto	2,116,007	2,166,489
Gastos pagados por anticipado y cargos diferidos	459,221	305,116
Otros activos, neto	490,994	463,106
Valorización de activos	622,251	641,997
TOTAL DE LOS ACTIVOS	**35,323,671**	**28,006,404**
CUENTAS CONTINGENTES Y DE ORDEN	**118,192,755**	**113,402,232**

Banca Colombiana

BALANCES GENERALES AL 31 DE DICIEMBRE DE 2002 Y 2001
(Expresados en miles de pesos)

PASIVOS Y PATRIMONIO	2002	2001
PASIVO		
Depósitos		
Sin intereses		
Cuenta corriente	5,145,688	4,167,491
Otros	960,543	679,218
Con intereses		
Certificados de depósito a término	9,690,111	7,303,047
Ahorros	2,144,227	2,073,031
Fondos interbancarios comprados y pactos de recompra	3,672,000	633,208
Aceptaciones bancarias en circulación	234,974	340,527
Obligaciones financieras	1,858,772	2,077,757
Obligaciones descontadas por entidades financieras	6,054,304	5,385,150
Cuentas por pagar	568,361	586,993
Otros pasivos	387,413	356,847
Pasivos estimados y provisiones	142,528	99,714
TOTAL DE LOS PASIVOS	**30,858,919**	**23,702,981**
PATRIMONIO DE LOS ACCIONISTAS		
Capital social de 716.295.000 acciones de valor nominal $4 c/u		
Capital suscrito y pagado	2,865,189	2,865,189
Utilidades retenidas		
Apropiadas	437,121	437,121
No apropiadas	540,192	359,117
Superávit por		
Valorización de activos	622,251	641,997
Revalorización del patrimonio	0	0
TOTAL PATRIMONIO DE LOS ACCIONISTAS	**4,464,753**	**4,303,423**
TOTAL DE LOS PASIVOS Y PATRIMONIO DE LOS ACCIONISTAS	**35,323,671**	**28,006,404**
CUENTAS CONTINGENTES Y DE ORDEN	**118,192,755**	**113,402,232**

Banca Colombiana

ESTADOS DE PERDIDAS Y GANANCIAS
DEL 1ª DE ENERO AL 31 DE DICIEMBRE DE 2002
(Expresados en miles de pesos)

	2002	2001
Ingresos por intereses		
Cartera de préstamos	1,587,222	1,530,417
Inversiones	39,619	43,673
Fondos interbancarios y otros	13,524	22,967
Valoración inversiones negociables renta variable		
Total ingresos por intereses	1,640,364	1,597,057
Gastos por intereses		
Depósitos de ahorros	75,293	88,213
Certificados de depósito a término y otros	506,082	447,270
Total intereses sobre depósitos	581,375	535,483
Obligaciones financieras	41,225	62,305
Obligaciones descontadas por entidades financieras	338,190	377,060
Fondos interbancarios y otros	50,320	11,985
Total gastos por intereses	1,011,109	986,833
Ingreso neto por intereses	**629,255**	**610,224**
Provisión para protección de cartera de préstamos	(345,483)	(384,217)
Provisión para protección de cuentas por cobrar	(12,886)	(65,314)
Ingresos netos por intereses después de las provisiones para cartera		
de préstamos y cuentas por cobrar	270,887	160,693
Ingresos diferentes de intereses	1,402,993	1,686,630
Gastos diferentes de intereses	(1,444,414)	(1,364,879)
Ganancia antes de la provisión para impuesto		
sobre la renta	**229,466**	**482,443**
Provisión para impuesto sobre la renta	(48,391)	(123,327)
GANANCIA NETA	**181,076**	**359,117**
GANANCIA NETA POR ACCION	**0.25**	**0.50**

Banca Colombiana

ESTADO DE CAMBIOS EN EL PATRIMONIO

Expresado en miles de pesos

	Acciones Comunes		Utilidades Retenidas		Superávit por		Total Patrimonio
	Número	Valor	Apropiadas	No Apropiadas	Valorización de activos	Revalorización del Patrimonio	
Saldo al 31 de Diciembre de 2000	713,575	2,854,394	258,409	149,005	672,036	40,511	3,974,354
Apropiación aprobada por la asamblea de accionistas			149,005	(149,005)			0
Capitalización de la cuenta de superávit por revalorización del patrimonio	2,720	10,795	29,708			(40,511)	(9)
Desvalorizaciones netas durante el ejercicio					(30,039)		(30,039)
Ganancia neta				359,117			359,117
Saldo al 31 de Diciembre de 2001	**716,295**	**2,865,189**	**437,121**	**359,117**	**641,997**	**0**	**4,303,423**
Desvalorizaciones netas durante el ejercicio					(19,746)		(19,746)
Ganancia neta				181,076			181,076
Saldo al 31 de Diciembre de 2002	**716,295**	**2,865,189**	**437,121**	**540,192**	**622,251**	**0**	**4,464,753**

Banca Colombiana
ESTADO DE FLUJO DE EFECTIVO
POR LOS AÑOS TERMINADOS EN 31 DE DICIEMBRE DE 2002 Y 2001
En miles de pesos

	2002	2001
Flujos de efectivo por las actividades de operación:		
Ganancia neta del ejercicio	181,076	359,117
Ajustes para conciliar la ganancia neta con el efectivo provisto por (usado en) las actividades de operación:	0	0
Depreciación de propiedades y equipos	81,762	80,801
Amortizaciones	24,863	20,222
Provisión para la protección de cartera de préstamos y cuentas por cobrar	358,369	449,531
Provisión para protección de bienes recibidos en pago de obligaciones	9,206	51,476
Reversión de provisiones para préstamos y cuentas por cobrar y recuperación de cartera de préstamos y cuentas por cobrar castigadas	(124,687)	(73,423)
Reintegro provisión otros activos	(8,271)	0
Retiro de muebles y equipos	4,318	28,348
Disminución (aumento) de intereses por cobrar	3,859	(40,766)
Aumento (disminución) de intereses por pagar	34,238	(1,403)
Aumento en cuentas por pagar, pasivos estimados y provisiones y otros pasivos	20,511	45,696
(Aumento) disminución en gastos pagados por anticipado, cargos diferidos y otros activos	(230,563)	71,188
(Disminución) aumento en cuentas por cobrar	343,511	(205,114)
Efectivo neto provisto en las actividades de operación	**698,190**	**785,672**
Flujo de efectivo de las actividades de inversión:		
Aumento (disminución) en fondos interbancarios vendidos y pactos de reventa	(917,116)	735,140
(Aumento) disminución de inversiones negociables	(988,967)	707,464
(Disminución) aumento de inversiones no negociables	540,685	(166,345)
(Aumento) en derechos de recompra de inversiones	(3,014,916)	(335,325)
(Aumento) de la cartera de préstamos	(3,057,042)	(1,667,547)
(Disminución) aumento de las aceptaciones bancarias y derivados	101,490	(207,851)
Adiciones a propiedades y equipo	(35,836)	(512,219)
Adiciones bienes recibidos en pago de obligaciones	(14,425)	(11,866)
Efectivo neto (utilizado) en las actividades de inversión	**(7,386,126)**	**(1,458,549)**
Flujos de efectivo de las actividades de financiación:		
Aumento en depósitos que devengan intereses	2,458,260	809,914
Aumento en depósitos sin intereses	1,259,522	(952,927)
Aumento (disminución) fondos interbancarios comprados y en obligaciones financieras	3,488,961	576,453
(Disminución) aumento de aceptaciones bancarias en circulación	(105,553)	208,896
Efectivo neto provisto por las actividades de financiación	**7,101,189**	**642,337**
Aumento (disminución) en el efectivo y en depósitos en bancos	413,253	(30,540)
Efectivo y depósitos en bancos al comienzo del ejercicio	**1,728,416**	**1,758,948**
Efectivo y depósitos al final del ejercicio	**2,141,669**	**1,728,407**

Banca Española
BALANCES DE SITUACION CONSOLIDADOS
Al 31 de diciembre de 2002 y 2001
Millones de Euros

	Ejercicio 2002	Ejercicio 2001
ACTIVO		
Caja y depósitos en bancos centrales	67,100	91,960
Deudas del Estado	147,474	139,273
Entidades de crédito	0	0
Créditos sobre clientes	7,909	7,425
Obligaciones y otros valores de renta fija	2,359	1,962
Acciones y otros títulos de renta variable	2,661	2,217
Participaciones	0	0
Participaciones en empresas del grupo	121	121
Activos inmateriales	1,506	1,318
Fondo de comercio de consolidación	5,977	4,802
Activos materiales	15	14
Capital suscripto no desembolsado	1,466	1,466
Acciones propias	2,417	2,417
Otros activos	5,842	5,587
Cuentas de periodificación	425	425
Pérdidas en sociedades consolidadas	565	553
TOTAL ACTIVO	**245,838**	**259,539**
PASIVO		
Entidades de crédito	67,100	91,960
Débitos a clientes	147,474	139,273
Débitos represent. por valores negociables	0	0
Otros pasivos	7,909	7,425
Cuentas de periodificación	2,359	1,962
Provisiones para riesgos y cargas	2,661	2,217
Fondo para riesgos generales	0	0
Diferencias negativas de consolidación	121	121
Beneficios consolidados del ejercicio	1,506	1,318
Pasivos subordinados	5,977	4,802
Intereses minoritarios	15	14
Capital suscrito	1,466	1,466
Primas de emisión	2,417	2,417
Reservas	5,842	5,587
Reservas de revalorización	425	425
Reservas en sociedades consolidadas	565	553
TOTAL PASIVO	**245,838**	**259,539**

Banca Española

CUENTA DE RESULTADOS CONSOLIDADA
Millones de Euros

	Ejercicio 2002	Ejercicio 2001
Intereses y rendimientos asimilados	13,291	10,574
Cartera de renta fija	4,867	3,686
Intereses y cargas asimiladas	(8,623)	(6,560)
Rendimiento de la cartera de renta variable	98	144
acciones y otros títulos de renta variable	45	70
Participaciones	52	64
Participaciones en el grupo		11
MARGEN DE INTERMEDIACION	**4,766**	**4,159**
Comisiones percibidas	2,209	2,279
Comisiones pagadas	(264)	(235)
Resultados de operaciones financieras	141	(67)
MARGEN ORDINARIO	**6,852**	**6,136**
Otros productos de explotación	28	2
Gastos generales de administración	(3,847)	(3,972)
Personal	(2,564)	(2,801)
Sueldos y salarios	(1,978)	(2,010)
Cargas sociales	(475)	(579)
Pensiones	0	(91)
Otros gastos administrativos	(1,282)	(1,170)
Amortización y saneamiento de activos materiales e inmateriales	(613)	(569)
Otras cargas de explotación	(81)	(72)
MARGEN DE EXPLOTACION	**2,339**	**1,546**
Amortización fondo de comercio de consolidación	(19)	(6)
Resultados netos por sociedades puestas en equivalencia	46	40
Beneficios por operaciones del grupo	2	1
Quebranto por operaciones del grupo	(3)	(1)
Amortización y provisión para insolvencias	(643)	(1,891)
Saneamiento inmovilizaciones financieras	(96)	(57)
Dotación fondo para riesgos generales	0	0
Beneficios extraordinarios	1,082	2,362
Quebrantos extraordinarios	(596)	(223)
RESULTADOS ANTES DE IMPUESTOS	**2,122**	**1,771**
Impuesto sobre sociedades	(615)	(453)
RESULTADO CONSOLIDADO DEL EJERCICIO	**1,506**	**1,318**
Resultado atribuido a la minoría	(8)	0
RESULTADO ATRIBUIDO AL GRUPO	**1,499**	**1,318**

Banca Mexicana
Balances Generales Consolidados
al 31 de diciembre de 2002 y 2001
Expresados en miles de pesos de poder adquisitivo del 31 de diciembre de 2002

ACTIVO	2002	2001
DISPONIBILIDADES	13,486,130	12,237,633
Inversiones en valores:		
Títulos para negociar	3,130,012	554,410
Títulos disponibles para la venta	210,362	571,505
Títulos conservados a vencimiento	862,755	867,221
	4,203,129	1,993,136
Opciones con valores y derivadas:		
Saldos deudores en operaciones de reporto	12,463	87,400
Operaciones con instrumentos financieros derivados	20	546
	12,483	87,947
Cartera de crédito vigente:		
Créditos comerciales	5,896,720	5,995,036
Créditos a entidades financieras	188,451	215,311
Créditos al consumo	1,978,311	1,074,181
Créditos a la vivienda	2,049,871	2,050,978
Créditos a entidades gubernamentales	919,159	1,525,469
Créditos al FOBAPROA o al IPAB	5,134,640	5,177,632
Total de cartera de crédito vigente	16,167,151	16,038,608
Cartera de crédito vencida:		
Créditos comerciales	678,497	764,175
Créditos a entidades financieras	2,738	3,044
Créditos al consumo	371,674	217,937
Créditos a la vivienda	152,337	228,255
Créditos a entidades gubernamentales	39	41
Cobro inmediato, remesas y sobregiros	15,681	15,398
Total de cartera de crédito vencida	1,220,966	1,228,850
Total de cartera de crédito	17,388,117	17,267,458
Menos:		
Estimación preventiva para riesgos crediticios	(1,450,557)	(1,259,304)
Total de cartera de crédito neta	15,937,560	16,008,154
Otras cuentas por cobrar, neto	790,588	753,971
Bienes adjudicados	187,391	218,593
Inmuebles, mobiliario y equipo, neto	956,629	1,073,472
Inversiones permanentes en acciones	37,139	39,816
Impuestos diferidos, neto	658,360	726,063
Otros activos:	0	0
Otros activos, cargos diferidos e intangibles	1,127	6,674
Cobertura de riesgo por amortizar en créditos para vivienda vencidos	159,921	213,226
	161,048	219,900
TOTAL DEL ACTIVO	36,430,458	33,358,684

Banca Mexicana
Balances Generales Consolidados
al 31 de diciembre de 2002 y 2001
Expresados en miles de pesos de poder adquisitivo del 31 de diciembre de 2002

PASIVO Y CAPITAL CONTABLE	2002	2001
Captación tradicional:		
Depósitos de exigibilidad inmediata	18,576,516	16,334,267
Depósitos a plazo	11,701,411	10,252,577
	30,277,927	26,586,844
Préstamos interbancarios y de otros organismos:		0
De exigibilidad inmediata	675,000	
De corto plazo	234,828	1,404,422
De largo plazo	1,773,507	1,828,702
	2,683,335	3,233,124
Operaciones con valores y derivadas:		
Saldos acreedores en operaciones de reporto	34,766	68,515
Otras cuentas por pagar:	0	0
Impuestos sobre la renta y participación de utilidades al personal por pagar	55,415	97,184
Acreedores diversos y otras cuentas por pagar	905,061	875,018
	960,477	972,202
Obligaciones subordinadas en circulación	407,946	439,635
Créditos diferidos	3,468	3,523
TOTAL DEL PASIVO	34,367,919	31,303,843
Capital contable:		
Capital contribuido		
Capital social	396,467	395,519
Prima en venta de acciones	375,403	369,743
Obligaciones subordinadas de conversión obligatoria a capital	670,833	714,151
Capital ganado:		
Reservas de capital	1,018,099	828,188
Resultado de ejercicios anteriores	(29,856)	(6,642)
Resultado por valuación de títulos disponibles para la venta	(1,127)	11,709
Resultado por conversión de operaciones extranjeras	3,291	3,229
Insuficiencia en la actualización del capital	(758,139)	(653,140)
Resultado por tenencia de activos no monetarios	0	0
Por valuación de activo fijo	237,462	164,309
Por valuación de inversiones permanentes en acciones	47,536	29,953
Resultado neto	102,558	197,808
	2,062,528	2,054,828
Interés minoritario	11	12
TOTAL DEL CAPITAL CONTABLE	2,062,539	2,054,840
TOTAL DEL PASIVO Y CAPITAL CONTABLE	36,430,458	33,358,684

Banca Mexicana
Balances Generales Consolidados
al 31 de diciembre de 2002 y 2001
Expresados en miles de pesos de poder adquisitivo del 31 de diciembre de 2002

CUENTAS DE ORDEN	2002	2001
Avales otorgados	13,147	13,925
Otras obligaciones contingentes	2,129,250	2,166,238
Apertura de créditos irrevocables	179,365	237,204
Bienes en fideicomiso o mandato	9,657,833	44,418,040
Bienes en custodia o en administración	106,809,869	102,583,133
Por valuación de inversiones permanentes en acciones	2,238,317	29,433,072
Montos comprometidos en operaciones con el FOBAPROA o terceros, neto	3,083,977	3,313,508
Montos contratados en instrumentos derivados	589,060	1,073,381
Inversiones de los Fondos del Sistema de Ahorro para el Retiro	713,746	644,121
Calificación de la cartera crediticia	17,581,413	17,509,016
Otras cuentas de registro	59,547,063	76,532,612
	202,543,039	277,924,248
Títulos a recibir por reporto	17,746,413	15,173,470
Menos: Acreedores por reporto	17,781,179	15,086,070
	(34,766)	87,400
Deudores por reporto	5,896,011	589,589
Menos: títulos a entregar por reporto	5,883,548	658,104
	12,463	(68,515)

Banca Mexicana
Estados de Resultados Consolidados
al 31 de diciembre de 2002 y 2001
Expresados en miles de pesos de poder adquisitivo del
31 de diciembre de 2002

	2002	2001
Ingresos por intereses	6,077,377	7,923,876
Gastos por intereses	(3,817,554)	(5,440,828)
Resultado por posición monetaria, neto (margen financiero)	26,727	76,502
Margen financiero	2,286,549	2,559,551
Menos:		
Estimación preventiva para riesgos crediticios	867,157	654,831
Margen financiero ajustado por riesgos crediticios	1,419,392	1,904,720
Comisiones y tarifas cobradas	1,020,621	944,657
Comisiones y tarifas pagadas	(136,839)	(60,475)
Resultado por intermediación	443,975	237,852
Ingresos totales de la operación	2,747,149	3,026,755
Gastos de administración y promoción	(2,467,173)	(2,845,052)
Resultado por posición monetaria, neto	0	(80,117)
Resultado de la operación	279,976	101,586
Otros productos	83,572	79,461
Otros gastos	(176,149)	(78,224)
Resultado de la operación	187,399	102,823
Impuesto sobre la renta y participación de utilidades al personal causados	(53,948)	(43,229)
Impuesto sobre la renta y participación de utilidades al personal diferidos	(34,043)	20,763
	(87,991)	(22,465)
Resultado antes de participación en el resultado de subsidiarias. asociadas y afiliadas y operaciones discontinuadas, partidas extraordinarias y cambios en políticas contables	99,408	80,357
Participación en el resultado de subsidiarias, asociadas y afiliadas, neto	3,150	4,626
Resultado por operaciones continuas antes de partidas discontinuadas, partidas extraordinarias y cambios en políticas contables	102,558	84,984
Operaciones discontinuadas, partidas extraordinarias y cambios en políticas contables	0	112,824
Resultado antes de interés minoritario	102,558	197,808
Interés minoritario	10	
Resultado neto	102,558	197,808

Banca Mexicana

Estados Consolidados de Cambios en la Situación Financiera
En miles de pesos con poder adquisitivo del 31 de diciembre de 2002

	2002	2001
Operación:		
Resultado neto	102,558	197,808
Partidas aplicadas a resultados que no generaron (requirieron) la utilización de recursos	0	0
Participación en el resultado de subsidiarias, asociadas y afiliadas	(2,225)	(4,626)
Depreciaciones y amortizaciones	203,197	234,639
Estimación preventiva para riesgos crediticios	867,157	1,021,838
Estimación preventiva para cuentas incobrables	57,971	45,936
Estimación para castigos de bienes muebles e inmuebles	4,214	6,287
Resultado por valuación a valor razonable	46,492	53,071
Impuestos sobre la renta y participación de utilidades al personal diferidos	34,043	13,596
Provisión para obligaciones diversas	30,180	16,486
Interés minoritario	(1)	(1)
Aumento de partidas relacionadas con la operación	1,343,587	1,585,034
(Disminución) aumento en la captación tradicional	3,691,083	(940,420)
(Aumento) disminución de cartera de crédito	(827,676)	(435,458)
Disminución (aumento) por operaciones de tesorería en instrumentos financieros y por operaciones con valores y derivadas	(2,227,606)	5,583,768
Aumento de otras cuentas por cobrar	(87,600)	(72,820)
Disminución de cuentas por pagar	(41,906)	(139,163)
Disminución de impuestos diferidos	33,660	72,156
Recursos generados por la operación	1,883,543	5,653,099
Financiamiento:		
Efecto de valuación e intereses de las obligaciones subordinadas de conversión obligatoria a capital	(43,319)	(63,059)
Efecto por emisión de obligaciones subordinadas en circulación	(31,689)	(31,858)
(Disminución) préstamos interbancarios y de otros organismos	(549,789)	(4,242,904)
Aumento de capital social y prima en venta de acciones	6,608	9,994
Recursos aplicados a financiamiento	(618,189)	(4,327,827)
Inversión:		
Adquisición de activo fijo y de acciones de empresas con carácter de permanentes, neto	(82,383)	(91,120)
Disminución en otros activos, cargos diferidos e intangibles	(7,785)	1,876
Aumento en créditos diferidos	(55)	3,217
Disminución en la cobertura de riesgo por amortizar en créditos para vivienda vencidos	53,305	53,306
Resultado por conversión de operaciones extranjeras	62	(327)
Aumento de bienes adjudicados	26,988	58,761
Aumentos de préstamos al personal	(6,988)	(36,860)
Recursos utilizados en inversiones	(16,856)	(11,147)
Aumento neto en disponibilidades	1,248,497	1,314,124
Disponibilidades al inicio del año	12,237,633	10,923,509
Disponibilidades al final de año	13,486,130	12,237,633

Banca Mexicana

ESTADOS CONSOLIDADOS DE VARIACIONES EN EL CAPITAL CONTABLE

(En millones de pesos de monedas constantes del 31 de diciembre de 2002)

Por los años terminados el 31 de diciembre de 2002 y 2001

	Capital Contribuido								Capital Ganado							Total capital contable
	Capital social			Total de capital social	Prima en venta de acciones	Obligaciones Subordinadas de conversión obligatoria de capital	Reservas de capital	Resultado de ejercicios anteriores	Resultado por valuación de títulos disponibles para la venta	Resultado por conversión de operaciones extranjeras	Insuficiencia en la actualización del capital	Por valuación de activo fijo	Por valuación de inversiones permanentes en acciones	Resultado neto	Interés minoritario	
	Ordinario	No exhibido	Actualización													
Saldos al 31 de diciembre de 2000	245,700	(122,650)	271,608	394,658	360,809	777,210	865,200	0	(1,864)	3,556	(395,794)	0	2,600	143,112	13	2,158,590
Movimientos inherentes a las decisiones de los accionistas:																
Traspaso de utilidades								143,112						(143,112)		
Emisión de acciones		994	67	1,061	8,933											9,994
Traspaso de las utilidades acumuladas a las reservas de capital							143,112	(143,112)								
Movimientos inherentes a la operación:																
Resultado neto														197,808		197,808
Movimientos por reconocimiento de criterios contables específicos:																
Reserva para obligaciones subordinadas, netas							(180,119)									(180,119)
Traspaso del resultado por tenencia de activos no monetarios											(189,106)	164,309	24,797			
Pago de intereses de obligaciones convertibles subordinadas						(4,762)										(4,762)
Reconocimiento de intereses subordinadas						5,256										5,256
Valuación de títulos disponibles para la venta									13,693							13,693
Resultado por conversión de entidades en el extranjero										(327)						(327)
Reconocimiento del interés minoritario															(1)	(1)
Cancelación del activo diferido derivado del esquema de descuento de vivienda								(1,357)								(1,357)
Efecto inicial por cambio en política contable relativa al impuesto diferido								(5,285)			(35,852)					(35,852)
Efecto por valuación de inmuebles													3,156			3,156
Efectos de actualización						(63,553)	(4)				(42,398)					(102,798)
Saldos al 31 de diciembre de 2001	245,700	(121,656)	271,675	395,519	369,743	714,151	828,189	(6,642)	11,709	3,229	(653,140)	164,309	29,553	197,808	12	2,064,840

Banca Mexicana

ESTADOS CONSOLIDADOS DE VARIACIONES EN EL CAPITAL CONTABLE

(En millones de pesos de monedas constantes del 31 de diciembre de 2002)

Por los años terminados el 31 de diciembre de 2002 y 2001

	Capital Contribuido — Capital social Ordinario	Capital social No exhibido	Capital social Actualización	Total de capital social	Prima en venta de acciones	Obligaciones Subordinadas de conversión obligatoria de capital	Capital Ganado — Reservas de capital	Resultado de ejercicios anteriores	Resultado por valuación de títulos disponibles para la venta	Resultado por conversión de operaciones extranjeras	Insuficiencia en la actualización del capital	Por valuación de activo fijo	Por valuación de inversiones permanentes en acciones	Resultado neto	Interés minoritario	Total capital contable
Movimientos inherentes a las decisiones de los accionistas:																
Traspaso de utilidades								197,808						(197,808)		
Emisión de acciones	939		9	948	5,660	(6,957)										(349)
Traspaso de las utilidades acumuladas a las reservas de capital							197,808	(197,808)								
Traspaso del efecto por valuación de inmuebles y del activo diferido derivado del esquema de descuentos de vivienda							(6,642)	6,642								
Movimientos inherentes a la operación:																
Resultado neto														102,558		102,558
Movimientos por reconocimiento de criterios contables específicos:																
Resultado por tenencia de activos no monetarios							(1,256)				(90,737)	73,153	17,583			(1,256)
Reconocimiento del ajuste por valuación																
Pago de intereses de obligaciones convertibles subordinadas						(4,305)										(4,305)
Reconocimiento de intereses de obligaciones convertibles subordinadas						2,793										2,793
Efecto por la reclasificación de títulos disponibles para la venta a bienes adjudicados								(29,856)	29,856							
Valuación de títulos disponibles para la venta									(42,692)							(42,692)
Resultado por conversión de entidades en el extranjero						(34,849)				62	(14,262)				(1)	(49,111)
Saldos al 31 de diciembre de 2002	245,700	(120,917)	271,684	396,467	375,403	670,833	1,018,099	(29,856)	(1,127)	3,291	(756,139)	237,462	47,536	102,558	11	2,062,539

American Bank

CONSOLIDATED BALANCE SHEETS
(In millions, except per share data)

	December 31, 2001	December 31, 2002
ASSETS		
Cash and due from banks	6,541	4,656
Interest-bearing bank balances	3,231	1,522
Federal funds sold as securities purchased under resale agreements	6,542	5,283
Total cash and cash equivalents	**16,314**	**11,461**
Trading account assets	11,931	10,166
Securities	27,479	22,373
Investment securities	0	772
Loans, net of unearned income	76,986	58,167
Allowance for loan losses	(1,408)	(809)
Loans, net	**75,579**	**57,358**
Premises and equipment	2,688	2,361
Due from customers on acceptances	350	411
Goodwill and other intangible assets	6,003	1,722
Other assets	14,968	12,835
Total assets	**155,312**	**119,460**
LIABILITIES AND STOCKHOLDERS' EQUITY		
Deposits:		
Noninterest-bearing deposits	20,428	14,248
Interest-bearing deposits	67,675	52,806
Total deposits	**88,103**	**67,054**
Short-term borrowings	20,861	18,540
Bank acceptances outstanding	358	414
Trading account liabilities	5,375	3,513
Other liabilities	7,627	5,896
Long-term debt	19,615	16,830
Total liabilities	**141,939**	**112,247**
STOCKHOLDERS' EQUITY		
Preferred stock, Class A, 40 million shares, no par value; 10 million shares, no par value; now issued	0	0
Dividend Equalization Preferred shares, no par value, 96 million shares, issued and outstanding in 2002	8	0
Common stock, $3.33-1/3 par value; authorized 3 billion shares	2,133	1,535
Paid-in capital	8,418	2,948
Retained earnings	2,609	2,830
Accumulated other comprehensive income, net	205	(100)
Total stockholders' equity	**13,374**	**7,213**
Total liabilities and stockholders' equity	**155,312**	**119,460**

American Bank
CONSOLIDATED STATEMENTS OF INCOME
(In millions, except per share data)

For the years ended December 31,	2002		2001
INTEREST INCOME			
Interest and fees on loans	4,952	0	5,286
Interest and dividends on securities	1,661	0	1,834
Trading account interest	357	0	385
Other interest income	596	0	736
Total interest income	**7,567**	**0**	**8,241**
INTEREST EXPENSE			
Interest on deposits	2,230	0	2,476
Interest on short-term borrowings	816	0	1,192
Interest on long-term debt	867	0	1,077
Total interest expense	**3,913**	**0**	**4,746**
Net interest income	3,654	0	3,495
Provision for loan losses	915	0	816
Net interest income after provision for loan losses	2,739	0	2,679
FEE AND OTHER INCOME			
Service charges and fees	1,018	0	902
Commissions	737	0	748
Fiduciary and asset management fees	772	0	710
Advisory, underwriting and other investment banking fees	393	0	337
Principal investing	(332)	0	186
Other income	371	0	271
Total fee and other income	**2,959**	**0**	**3,155**
NONINTEREST EXPENSE			
Salaries and employee benefits	2,731	0	2,660
Occupancy	343	0	292
Equipment	413	0	409
Advertising	31	0	54
Communications and supplies	226	0	236
Professional and consulting fees	169	0	164
Goodwill and other intangible amortization	246	0	170
Merger-related and restructuring charges	50	0	1,029
Sundry expense	413	0	490
Total noninterest expense	**4,621**	**0**	**5,504**
Income before income taxes and cumulative effect of a change in accounting method	1,078	0	330
Income taxes	317	0	266
Income before cumulative effect of a change in accounting methods	761	0	65
Cumulative effect of a change in the accounting for benefits	0	0	(22)
Net income	**761**	**0**	**43**
Dividends on preferred stock	3	0	0
Net income available to common stockholders	**758**	**0**	**43**

American Bank
CONSOLIDATED STATEMENTS OF INCOME
(In millions, except per share data)

For the years ended December 31,	2002	2001
PER COMMON SHARE DATA		
Basic		
Income before change in accounting principle	1.47	0.12
Net income	1.47	0.07
Diluted		
Income before change in accounting principle	1.45	0.12
Net income	1.45	0.07
Cash dividends	0.96	1.92
AVERAGE SHARES		
Basic	1,096	971
Diluted	1,105	974

American Bank
CONSOLIDATED STATEMENTS OF CHANGES IN STOCKHOLDERS' EQUITY
(in millions)

	Preferred shares		Common stock		Paid-in capital	Retained earnings	Accumulated other comprehensive income, net	Total
	Shares	Amount $	Shares	Amount $				
Balance, December 31, 2001	0	0	980	1,535	2,948	2,830	(100)	7,213
Comprehensive income:								0
Net income						761		761
Net unrealized gain on debt and equity securities, net of reclassification adjustment							295	295
Net unrealized gain on derivative financial instruments							10	10
Additional minimum pension liability							0	0
Total comprehensive income	0	0	0	0	0	761	306	1,066
Preferred shares issued	96	11						11
Purchases of common stock			(14)	(48)	(58)	(497)		(603)
Common stock issued for:								0
Stock options and restricted stock			1	5	38			43
Dividend reinvestment plan			1	3	24			27
Acquisitions			191	638	5,383			6,021
Stock options issued in acquisition					88			88
Deferred compensation, net					(5)			(5)
Cash dividends:								0
Preferred shares		(3)						(3)
Common						(485)		(485)
Balance, December 31, 2002	96	8	1,160	2,133	8,418	2,609	205	13,374

American Bank
CONSOLIDATED STATEMENTS OF CASH FLOWS
(In millions)

	December 31,	
	2002	2001
OPERATING ACTIVITIES		
Net income	761	43
Adjustments to reconcile net income to net cash provided (used) by operating activities:		
Cumulative effect of a change in accounting principle	0	22
Accretion and amortization of securities, discounts and premiums, net	84	124
Provision for loan losses	915	816
Securitization gains	(133)	(125)
(Gain) loss on sales of mortgage servicing rights	(40)	1
Securities transactions	31	529
Depreciation, goodwill and other amortization	653	589
Goodwill impairments	0	824
Deferred income taxes	17	43
Trading account assets, net	(1,326)	(3,141)
Mortgage loans held for resale	(616)	179
(Gain) loss on sales of premises and equipment	2	(8)
(Gain) on sales of credit card and mortgage servicing portfolios	0	(474)
Other assets, net	675	650
Trading account liabilities, net	1,862	1,836
Other liabilities, net	540	1,804
Net cash provided (used) by operating activities	**3,425**	**3,712**
INVESTING ACTIVITIES		
Increase (decrease) in cash realized from:		
Sales of securities	6,348	7,702
Maturities of securities	4,148	1,604
Purchases of securities	(8,756)	(3,930)
Origination of loans, net	1,938	(4,387)
Sales of premises and equipment	73	187
Purchases of premises and equipment	(246)	(415)
Goodwill and other intangible assets, net	(54)	(19)
Purchase of bank-owned separate account life insurance	(133)	(63)
Cash equivalents acquired, net of purchase acquisitions	1,688	1
Net cash provided (used) by investing activities	**5,006**	**681**
FINANCING ACTIVITIES		
Increase (decrease) in cash realized from:		
Purchases (sales) of deposits, net	770	762
Securities sold under repurchase agreements and other short-term borrowings	(1,489)	(5,011)
Issuance of long-term debt	4,389	8,221
Payments of long-term debt	(6,146)	(6,421)
Issuance of preferred shares	11	0
Issuance of common stock	(21)	71
Purchases of common stock	(603)	(324)
Cash dividends paid	(488)	(887)
Net cash provided (used) by financing activities	**(3,577)**	**(3,589)**
Increase (decrease) in cash and cash equivalents	**4,853**	**803**
Cash and cash equivalents, beginning of year	11,461	10,658
Cash and cash equivalents, end of year	**16,314**	**11,461**

American Bank
CONSOLIDATED STATEMENTS OF CASH FLOWS
(In millions)

	December 31,	
	2002	2001
CASH PAID FOR:		
Interest	4,113	4,587
Income taxes	316	95
NONCASH ITEMS		
Transfer to securities from trading account assets	—	—
Transfer to securities from loans	1,422	4,391
Transfer to securities from other assets	427	0
Transfer to other assets from trading account assets	94	0
Transfer to other assets from securities	0	627
Transfer to other assets from loans, net	772	3,713
Issuance of common stock for purchase accounting merger	6,109	16

Banca de Venezuela
BALANCES GENERALES
Al 31 de diciembre de 2002 y 2001
(Expresados en millones de bolívares)

ACTIVO	2002	2001
DISPONIBILIDADES	49,946,483	54,342,807
Efectivo	2,122,132	4,407,715
Banco Central de Venezuela	24,287,748	30,920,696
Bancos y otras instituciones financieras del país	9,341	4,505,983
Bancos y corresponsales del exterior	436,679	750,734
Oficina matriz y sucursales	0	0
Efectos de cobro inmediato	23,113,083	13,780,180
(Provisión para disponibilidades)	(22,500)	(22,500)
INVERSIONES EN TITULOS VALORES	37,553,754	28,585,762
Inversiones en títulos valores para negociar	0	614,584
Inversiones en títulos valores disponibles para la venta	19,703,069	12,497,690
Inversiones en títulos valores mantenidos hasta su vencimiento	1,787,906	1,787,906
Inversiones en otros títulos valores	6,529,900	7,650,000
Inversiones de disponibilidad restringida	9,560,251	6,052,267
(Provisión para inversiones en títulos valores)	(27,372)	(16,685)
CARTERA DE CREDITOS	86,949,299	79,127,956
Créditos vigentes	89,587,904	80,013,921
Créditos reestructurados	130,514	111,061
Créditos vencidos	9,641,597	11,085,857
Créditos en litigio	1,382,250	1,237,500
(Provisión para cartera de créditos)	(13,792,965)	(13,320,383)
INTERESES Y COMISIONES POR COBRAR	19,272,953	10,684,829
Rendimientos por cobrar por inversiones en títulos valores	1,602,095	750,063
Rendimientos por cobrar por cartera de crédito	22,530,810	14,759,191
Comisiones por cobrar	98,993	134,519
Rendimientos por cobrar por otras cuentas por cobrar	52,628	52,628
(Provisión para rendimientos por cobrar y otros)	(5,011,572)	(5,011,572)
INVERSIONES EN EMPRESAS FILIALES, AFILIADAS Y SUCURSALES	1,275,098	2,845,414
Participaciones en empresas filiales y afiliadas	1,275,098	2,845,414
BIENES REALIZABLES	6,690,113	6,698,637
BIENES DE USO	3,353,169	3,081,675
OTROS ACTIVOS	16,172,978	15,875,967
TOTAL DEL ACTIVO	**221,213,846**	**201,243,046**

Banca de Venezuela
BALANCES GENERALES
Al 31 de diciembre de 2002 y 2001
(Expresados en millones de bolívares)

PASIVO	2,002	2,001
CAPTACIONES DEL PUBLICO	168,887,447	157,091,842
Depósitos en cuenta corriente	45,430,166	60,378,643
Cuentas corrientes no remuneradas	33,321,210	48,763,805
Cuentas corrientes remuneradas	12,108,956	11,614,838
Otras obligaciones a la vista	2,506,505	987,547
Obligaciones por operaciones de mesa de dinero	0	0
Depósitos de ahorro	30,755,637	33,823,199
Depósitos a plazo	90,160,640	61,902,454
Títulos valores emitidos por la institución	0	0
Captaciones del público restringidas	34,500	0
OTROS FINANCIAMIENTOS OBTENIDOS	19,232,906	10,857,878
Obligaciones con instituciones financieras del país	19,003,763	7,900,661
Obligaciones con instituciones financieras del exterior	0	2,705,138
Obligaciones por otros financiamientos	229,142	252,079
OTRAS OBLIGACIONES POR INTERMEDIACION FINANCIERA	0	49,470
INTERESES Y COMISIONES POR PAGAR	1,399,561	579,031
Gastos por pagar con captaciones del público	1,399,561	579,031
ACUMULACIONES Y OTROS PASIVOS	5,267,670	6,057,109
TOTAL DEL PASIVO	194,787,583	174,635,329
PATRIMONIO		
Capital social	15,000,000	15,000,000
Capital pagado	15,000,000	15,000,000
Aportes patrimoniales no capitalizados	9,430,125	9,390,000
Reserva de capital	1,626,060	1,580,396
Resultados acumulados	683,102	432,035
Ganancia o pérdida no realizada en inversiones disponibles para la venta	(313,024)	205,287
TOTAL PATRIMONIO	26,426,264	26,607,717
TOTAL PASIVO Y PATRIMONIO	221,213,846	201,243,046
CUENTAS CONTINGENTES DEUDORAS	11,692,886	9,770,414
ACTIVOS DE LOS FIDEICOMISOS	23,794,376	22,066,389
ENCARGOS DE CONFIANZA	0	0
OTRAS CUENTAS DE ORDEN DEUDORAS	195,445,189	172,111,146
PRESTAMOS AL SECTOR AGRICOLA	9,249,321	9,047,840

Banca de Venezuela

ESTADOS CONSOLIDADOS DE RESULTADOS
Al 31 de diciembre del 2002 y 2001
(En millones de bolívares al 31 de diciembre de 2002 y 2001)

	2002	2001
INGRESOS FINANCIEROS:	**24,022,974**	**11,971,002**
Ingresos por disponibilidades	687,729	375,935
Ingresos por inversiones en títulos valores	5,894,876	3,370,956
Ingresos por cartera de créditos	17,342,579	8,174,451
Ingresos por otras cuentas por cobrar	-	46,921
Ingresos por inversiones en empresas filiales, afiliadas y sucursales	52,883	0
Otros ingresos financieros	44,908	2,740
GASTOS FINANCIEROS	**17,950,820**	**6,805,848**
Gastos por captaciones del público	16,875,899	6,322,337
Gastos por obligaciones con el BCV	486,025	126,608
Gastos por captaciones y obligaciones del BANAP	0	0
Gastos por otros financiamientos obtenidos	275,029	179,428
Gastos por otras obligaciones por intermediación financiera	187,123	5
Gastos por obligaciones subordinadas	-	-
Gastos por obligaciones convertibles en capital	-	-
Gastos por oficina principal, sucursales y agencias	27,941	25,072
Otros gastos financieros	98,804	151,888
MARGEN FINANCIERO BRUTO	**6,072,154**	**5,165,154**
Ingresos por recuperación de activos financieros	-	-
Gastos por incobrabilidad y desvalorización de activos financieros	1,875,989	365,166
Gastos por incobrabilidad de créditos y otras cuentas por cobrar	1,875,989	296,755
Gastos por desvalorización de inversiones financieras	-	-
Gastos por partidas pendientes en conciliación	-	68,411
MARGEN FINANCIERO	**4,196,165**	**4,799,988**
MENOS:		
GASTOS DE TRANSFORMACION:	**7,634,334**	**5,973,782**
Gastos de personal	2,980,562	2,745,857
Gastos generales y administrativos	4,298,133	2,967,897
Aportes a Fogade	290,937	241,080
Aporte a la Superintendencia de Bancos	64,702	18,949
MARGEN DE INTERMEDIACION FINANCIERA	**(3,438,169)**	**(1,173,794)**
Otros ingresos operativos	6,081,618	4,052,453
Otros gastos operativos	(2,016,177)	(2,520,895)
MARGEN DEL NEGOCIO	**627,272**	**357,764**
Ingresos extraordinarios	4,692	0
Gastos extraordinarios	(148,643)	(185,414)
RESULTADO BRUTO ANTES DE IMPUESTOS	**483,321**	**172,350**
Impuesto sobre la renta	(255,000)	(133,064)
RESULTADO NETO	**228,321**	**39,286**
Aplicación del resultado neto:		
Reserva legal	45,665	7,857
Resultados acumulados	**182,657**	**31,429**

Banca de Venezuela
ESTADOS CONSOLIDADOS DE MOVIMIENTO DEL EFECTIVO
(En millones de bolívares)

Al 31 de diciembre de	2002	2001
Flujo de efectivo de actividades de operación		
Resultado neto del ejercicio	228,321	39,286
Ajustes para conciliar el resultado del ejercicio con el efectivo neto		
Provisiones para incobrabilidad	1,784,301	157,500
Provisiones para desvalorización de inversiones	10,688	11,306
Provisiones para otras cuentas por cobrar	0	81,000
Provisiones para otros activos	81,000	0
Provisión prestaciones sociales	137,338	407,243
Apartado para bienes realizables	109,907	771,881
Depreciación y amortización	292,465	310,968
Ganancia en venta de bienes realizables	(30,000)	(1,397)
Ganancia en venta de bienes de uso	0	(781,874)
Efecto de ajuste del 31 de diciembre de 2001 registrados en el primer semestre de 2003	68,411	0
Variación neta de inversiones en títulos valores para negociar	614,584	(614,584)
Variación neta de otros activos	(1,809,482)	(957,797)
Variación neta de intereses y comisiones por cobrar	(8,588,125)	(2,445,414)
Variación neta de otros pasivos	(940,488)	2,745,377
Variación neta de intereses y comisiones por pagar	820,530	376,814
Efectivo neto provisto por (usado en) las operaciones	**(7,220,550)**	**100,309**
Flujo de efectivo de actividades de financiamiento		
Variación neta de captaciones del público	11,795,604	43,441,654
Variación neta de otros financiamientos obtenidos	8,375,029	8,183,171
Variación neta de otras obligaciones por intermediación financiera	0	42,746
Aportes de capital en efectivo por capitalizar	(49,470)	(10,500,000)
Aportes de capital en efectivo	40,125	10,500,000
Aportes de capital en efectivo por capitalizar	0	1,500,000
Ganancia y/o pérdida en venta de inversiones disponibles para la venta	(518,311)	332,210
Efectivo neto provisto por actividades de financiamiento	**19,642,977**	**53,499,781**
Flujo de efectivo de actividades de inversión		
Créditos otorgados en el período	(29,330,120)	(50,095,928)
Créditos cobrados en el período	21,036,194	19,218,117
Variación neta de inversiones en títulos valores disponibles para la venta	(7,205,379)	3,837,875
Variación neta de inversiones en otros títulos valores	1,120,100	(7,650,000)
Variación neta de inversiones de disponibilidad restringida	(3,507,984)	(5,666,745)
Variación neta de inversiones con empresas filiales y afiliadas	1,570,316	(892,099)
Desincorporaciones e incorporaciones de bienes de uso neto	(430,495)	753,077
Desincorporaciones e incorporaciones de bienes realizables neto	(71,384)	7,410,593
Efectivo neto (usado) en actividades de inversión	**(16,818,752)**	**(33,085,109)**
Variación neta de disponibilidades	**(4,396,325)**	**20,514,980**
Disponibilidades al inicio del período	**54,342,807**	**33,827,827**
Disponibilidades al final del período	**49,946,483**	**54,342,807**

Banca de Venezuela

ESTADOS DE CAMBIOS EN LAS CUENTAS PATRIMONIO
(En millones de bolívares)

	Capital social	Aportes patrimoniales no capitalizados	Reservas de capital	Resultados acumulados — Ganancia integral acumulada	Resultados acumulados — Superávit por aplicar	Ganancia (pérdida) no realizada en inversiones	Total
Saldos al 31 de diciembre de 2000	**4,500,000**	**18,390,000**	**1,558,856**	**210,746**	**203,542**	**(126,923)**	**24,736,221**
Resultado neto del periodo				19,643	19,643		39,286
Capitalización de reservas			21,539	(10,770)	(10,769)		
aporte en efectivo capitalizado	10,500,000	(10,500,000)					
Aportes patrimoniales en efectivo no capitalizados		1,500,000					1,500,000
Ganancia o pérdida no realizada por tenencia de inversiones disponibles para la venta						332,210	332,210
Saldos al 31 de diciembre de 2001	**15,000,000**	**9,390,000**	**1,580,396**	**219,620**	**212,415**	**205,287**	**26,607,717**
Resultado neto del periodo				114,161	114,161		228,321
registrados en resultados del primer semestre del 2002				34,206	34,205		68,411
Capitalización de reservas			45,665	(22,832)	(22,832)		0
Aportes patrimoniales en efectivo no capitalizados		40,125					40,125
Ganancia o pérdida no realizada por tenencia de inversiones disponibles para la venta						(518,311)	(518,311)
Saldos al 31 de diciembre de 2002	**15,000,000**	**9,430,125**	**1,626,060**	**345,154**	**337,949**	**(313,024)**	**26,426,264**

Compañía Manufacturera Argentina S.A.

**ESTADO DE SITUACION PATRIMONIAL AL 31 DE DICIEMBRE DE 2002
COMPARATIVO CON EL EJERCICIO ANTERIOR**

(EN MILLONES DE PESOS)

	31/12/02	31/12/01
ACTIVO		
ACTIVO CORRIENTE		
Caja y Bancos	308	117
Inversiones	3,986	520
Créditos por ventas	8,982	8,244
Otros créditos	1,506	1,092
Bienes de cambio	7,785	7,268
Otros activos	11	141
Total del Activo Corriente	22,577	17,381
ACTIVO NO CORRIENTE		
Créditos por ventas	5,042	2,131
Otros créditos	808	496
Inversiones	55	2,930
Bienes de uso (Anexo A)	23,716	21,736
Activos intangibles (Anexo B)	6,668	5,259
Otros activos	104	74
Total del Activo No Corriente	36,393	32,626
Total del Activo	58,970	50,006
PASIVO		
PASIVO CORRIENTE		
Cuentas por pagar	6,381	5,699
Préstamos	9,600	1,377
Remuneraciones y Cargas Sociales	667	960
Otros pasivos	435	462
Previsiones (Anexo E)	634	633
Total del Pasivo Corriente	17,716	9,131
PASIVO NO CORRIENTE		
Préstamos	6,155	7,418
Otros Pasivos	0	240
Total del Pasivo No Corriente	6,155	7,658
Total del Pasivo	23,871	16,789
PARTICIPACION DE TERCEROS EN SOCIEDADES CONTROLADAS	12	12
PATRIMONIO NETO (según estado respectivo)	35,086	33,205
TOTAL DEL PASIVO Y PATRIMONIO NETO	58,970	50,006

Compañía Manufacturera Argentina S.A.

ESTADO DE RESULTADOS
POR EL EJERCICIO FINALIZADO EL 31 DE DICIEMBRE DE 2002
COMPARATIVO CON EL EJERCICIO ANTERIOR
(EN MILLONES DE PESOS)

	31/12/02	31/12/01
Ventas netas	49,723	48,907
Costo de las mercaderías vendidas (Anexo F)	(36,333)	(35,401)
Ganancia bruta	**13,390**	**13,506**
Gastos de comercialización (Anexo H)	(7,899)	(8,229)
Gastos de administración (Anexo H)	(1,850)	(2,182)
Resultados de inversiones permanentes	164	(123)
Otros ingresos	55	0
Resultado operativo	**3,859**	**2,972**
Resultados financieros y por tenencia	(1,154)	(1,123)
Otros egresos	(765)	(16)
Ganancia antes de impuestos	**1,940**	**1,833**
Impuesto a las ganancias	(179)	(269)
Participación minoritaria de terceros	0	1
Ganancia ordinaria	**1,761**	**1,565**
Resultados extraordinarios	226	0
Ganancia neta del ejercicio	**1,988**	**1,565**

Compañía Manufacturera Argentina S.A.

ESTADO DE EVOLUCION DEL PATRIMONIO NETO

POR EL EJERCICIO FINALIZADO EL 31 DE DICIEMBRE DE 2002

(EN MILLONES DE PESOS)

	APORTE DE LOS PROPIETARIOS					REVALUACION ES TECNICAS	GANANCIAS RESERVADAS			RESULTADOS NO ASIGNADOS	TOTAL DEL PATRIMONIO NETO
	Capital suscripto	Ajuste de capital	Aportes no capitaliz.	Revalúos legales	TOTAL		Reserva legal	Otras reservas	Total		
Saldos al inicio del ejercicio	20,030		6,863		26,894	102	858		858	5,351	33,205
Distribución de resultados acumulados según Asamblea ordinaria del 15 de abril de 2002:											
Reserva legal				78	78					(78)	
Dividendos en efectivo										(106)	(106)
Ganancia neta del ejercicio										1,988	1,988
Saldos al cierre del ejercicio	20,030		6,863	78	26,894	102	858		858	7,154	35,086

Compañía Manufacturera Argentina S.A.

ESTADO DE ORIGEN Y APLICACION DE FONDOS (*)
POR EL EJERCICIO FINALIZADO EL 31 DE DICIEMBRE DE 2002
COMPARATIVO CON EL EJERCICIO ANTERIOR
(EN MILLONES DE PESOS)

	31/12/02	31/12/01
VARIACION DE LOS FONDOS		
Fondos al inicio del ejercicio	637	2,243
Aumento (disminución) de los fondos	3,656	(1,606)
Fondos al cierre del ejercicio	4,293	637
CAUSAS DE VARIACION DE LOS FONDOS		
Flujo de fondos operativos:		
Ganancia neta del ejercicio	1,988	1,565
Resultado por venta de bienes de uso	203	(219)
Depreciación de bienes de uso	3,076	2,712
Desvalorización de otros créditos	197	0
Resultado participación en otras sociedades	76	(35)
Participación minoritaria	0	(1)
Aumento (disminución) de intereses a pagar	95	(19)
Variación en activos y pasivos		
(Aumento) disminución de créditos por ventas	(457)	915
Aumento de otros créditos	(44)	(322)
disminución (aumento) de otros activos	285	(1,222)
Aumento de deudas comerciales	136	(97)
disminución de remuneraciones y deudas fiscales	271	1,328
disminución de otros pasivos	(386)	(114)
disminución de previsiones del pasivo	(1,659)	(794)
	(120)	(158)
Fondos provistos por las operaciones	3,661	3,538
Fondos provistos por las actividades de inversión		
adquisición de bienes de uso	(1,743)	(1,875)
adquisición de bienes intangibles	(2,395)	(1,845)
adquisición de otras inversiones	(31)	0
adquisición de sociedades	(2,790)	(224)
Venta de bienes de uso e intangibles	573	661
Dividendos recibidos en efectivo	20	9
Fondos aplicados a actividades de inversión	(6,366)	(3,273)
Flujo de fondos por actividades de financiación		
Aumento (disminución) de préstamos	6,362	(1,871)
Fondos provistos por (aplicados a) las actividades de financiación	6,362	(1,871)
Aumento (disminución) de los fondos	3,656	(1,606)

(*) Fondos considerados como caja y bancos e inversiones corrientes

Compañía Manufacturera Chilena

BALANCES GENERALES CONSOLIDADOS

ACTIVOS	Diciembre 31	
	M$ 2002	M$ 2001
Activos Circulantes		
Disponible	138,961	101,943
Depósitos a plazo	23,833	268
Valores negociables (neto)	16,654	88,171
Deudores por venta (neto)	1,992,025	1,823,963
Documentos por cobrar (neto)	136,447	149,121
Deudores varios (neto)	53,558	73,357
Documentos y cuentas por cobrar empresas relacionadas	39,216	23,890
Existencias (neto)	2,290,229	2,531,513
Impuestos por recuperar	121,068	131,280
Gastos pagados por anticipado	411,445	354,026
Impuestos diferidos	54,064	54,280
Otros activos circulantes	13,632	-
Total Activos Circulantes	**5,291,132**	**5,331,810**
Activos Fijos		
Terrenos	1,130,691	1,062,483
Construcciones y obras de infraestructura	4,886,547	4,570,450
Maquinarias y equipos	1,928,063	1,643,910
Otros activos fijos	471,257	451,053
Mayor valor por retasación técnica del activo fijo	238,406	238,574
Depreciación acumulada (menos)	(2,254,633)	(1,970,889)
Total Activos Fijos	**6,400,330**	**5,995,580**
Otros Activos		
Inversiones en empresas relacionadas	290,485	248,197
Inversiones en otras sociedades	15,615	12,015
Menor valor de inversiones	84,919	90,419
Deudores a largo plazo	456	456
Intangibles	34,880	22,247
Amortización (menos)	(6,000)	(1,318)
Otros	23,900	-
Total Otros Activos	**444,254**	**372,016**
Total Activos	**12,135,717**	**11,699,406**

Compañía Manufacturera Chilena
BALANCES GENERALES CONSOLIDADOS
Diciembre 31

PASIVOS	M$ 2002	M$ 2001
Pasivos Circulantes		
Obligaciones con bancos e instituciones financieras a corto plazo	919,172	1,282,105
Obligaciones con bancos e instituciones financieras a largo plazo con vencimiento dentro de un año	292,069	223,674
Obligaciones con el público con vencimiento dentro de un año	40,626	39,132
Obligaciones a largo plazo con vencimiento dentro de un año	6,474	6,114
Dividendos por pagar	68,605	66,812
Cuentas por pagar	711,066	661,374
Documentos por pagar	21,531	10,872
Acreedores varios	55,297	1,014
Documentos y cuentas por pagar empresas relacionadas	113,417	155,045
Provisiones	323,971	358,484
Retenciones	120,635	64,809
Impuesto a la renta	35,846	-
Ingresos percibidos por adelantado	649	-
Otros pasivos circulantes	-	3,409
Total Pasivos Circulantes	**2,709,358**	**2,872,846**
Pasivos a Largo Plazo		
Obligaciones con bancos e instituciones financieras	1,336,120	1,309,691
Obligaciones con el público a largo plazo	41,383	80,405
Acreedores varios a largo plazo	65,932	68,755
Documentos y cuentas por pagar empresas relacionadas	164,516	178,317
Provisiones largo plazo	30,103	25,381
Impuestos diferidos a largo plazo	170,704	113,212
Otros pasivos a largo plazo	33,931	0
Total Pasivos a Largo Plazo	**1,842,688**	**1,775,761**
Interés minoritario	3,826	3,396
Patrimonio		
Capital pagado	2,712,741	2,712,741
Sobreprecio en venta de acciones propias	316,542	316,542
Otras reservas	562,532	543,580
Utilidades retenidas	3,988,029	3,474,541
Reservas futuros dividendos	3,308,937	2,769,683
Utilidad (pérdida) del ejercicio	886,324	899,636
Dividendos provisorios (menos)	(207,232)	(194,778)
Total Patrimonio	**7,579,844**	**7,047,403**
Total Pasivos y Patrimonio	**12,135,717**	**11,699,406**

Compañía Manufacturera Chilena

ESTADOS CONSOLIDADOS DE RESULTADOS

	Diciembre 31	
	M$ 2002	M$ 2001
Resultado de Explotación	**1,213,983**	**1,180,988**
Margen de explotación	2,771,024	2,477,678
Ingresos de explotación	7,479,967	6,938,103
Costos de explotación (menos)	(4,708,943)	(4,460,425)
Gastos de administración y ventas (menos)	(1,557,041)	(1,296,690)
Resultados fuera de explotación	**(147,434)**	**(141,802)**
Ingresos financieros	8,397	7,739
Utilidad inversiones empresas relacionadas	37,522	26,347
Otros ingresos fuera de explotación	132,108	64,859
Pérdida inversión empresas relacionadas (menos)	(540)	0
Amortización menor valor de inversiones (menos)	(5,500)	(1,609)
Gastos financieros (menos)	(142,919)	(149,189)
Otros egresos fuera de explotación (menos)	(10,491)	(8,604)
Corrección monetaria	(57,009)	(67,684)
Diferencias de cambio	(109,003)	(13,661)
Resultado antes de impuesto a la renta e ítems extraordinarios	**1,066,550**	**1,039,185**
Impuesto a la renta	(179,798)	(139,346)
Items extraordinarios	-	-
Utilidad (pérdida) antes interés minoritario	**886,752**	**899,839**
Interés minoritario	(428)	(203)
Utilidad (pérdida) líquida	**886,324**	**899,636**
Amortización mayor valor de inversiones	-	-
Utilidad (pérdida) del ejercicio	**886,324**	**899,636**

Compañía Manufacturera Chilena

ESTADOS CONSOLIDADOS DE FLUJO DE EFECTIVO

	Diciembre 31	
	M$ 2002	M$ 2001
Flujo Neto Originado por Actividades de la Operación	**1,398,905**	**816,715**
Recaudación de deudores por ventas	8,373,884	7,018,098
Ingresos financieros percibidos	8,850	6,778
Dividendos y otros repartos percibidos	1,007	4,164
Otros ingresos percibidos	37,450	26,002
Pago a proveedores y personal (menos)	(6,591,051)	(6,007,866)
Intereses pagados (menos)	(168,016)	(125,171)
Impuesto a la renta pagado (menos)	(42,285)	(135,554)
Otros gastos pagados (menos)	(33,749)	(62,698)
Impuesto al Valor Agregado y otros similares pagados (menos)	(187,185)	92,963
Flujo Neto Originado por Actividades de Financiamiento	**(730,700)**	**(61,921)**
Obtención de préstamos	2,151,783	1,810,866
Pago de dividendos (menos)	(367,180)	(331,789)
Pago de préstamos (menos)	(2,478,480)	(1,506,938)
Pago de obligaciones con el público (menos)	(36,822)	(34,060)
Flujo Neto Originado por Actividades de Inversión	**(680,792)**	**(637,946)**
Ventas de activo fijo	92,851	52,017
Ventas de inversiones permanentes	-	56,510
Incorporación de activos fijos (menos)	(640,731)	(686,386)
Paga de intereses capitalizados (menos)	(48,844)	(60,087)
Inversiones permanentes (menos)	(64,710)	-
Otros desembolsos de inversión (menos)	(19,359)	-
Flujo Neto Total del Período	**(12,586)**	**116,848**
Efecto de la inflación sobre el efectivo y efectivo equivalente	1,627	(925)
Variación Neta del efectivo y efectivo equivalente	**(10,959)**	**115,923**
Saldo inicial de efectivo y efectivo equivalente	190,382	74,458
Saldo final de efectivo y efectivo equivalente	**179,423**	**190,382**

Compañía Manufacturera Chilena

CONCILIACION FLUJO-RESULTADO

	Diciembre 31 M$ 2002	M$ 2001
Utilidad (pérdida) del ejercicio	886,324	899,636
Resultado en venta de activos	(84,188)	(29,128)
(Utilidad) pérdida en venta de activos fijos	(84,188)	(16,834)
Utilidad en venta de inversiones (menos)	-	(12,294)
Cargos (abonos) a resultado que no representan flujo de efectivo	836,231	576,957
Depreciación del ejercicio	387,242	323,996
Amortización de intangibles	2,482	1,429
Castigos y provisiones	119,601	127,682
Utilidad devengada en inversiones en empresas relacionadas (menos)	(37,522)	(26,347)
Pérdida devengada en inversiones en empresas relacionadas	540	-
Amortización menor valor de inversiones	5,500	1,609
Corrección monetaria neta	57,009	67,684
Diferencia de cambio neto	109,003	13,661
Otros abonos a resultado que no representan flujo de efectivo (menos)	(14,353)	-
Otros cargos a resultado que no representan flujo de efectivo	206,729	67,242
Variación de activos que afectan al flujo de efectivo (aumentos) disminuciones	(130,140)	(928,334)
Deudores por ventas	(177,496)	(481,991)
Existencias	192,834	(201,730)
Otros activos	(145,478)	(244,613)
Variación de pasivos que afectan al flujo de efectivo (aumentos) disminuciones	(109,750)	297,382
Cuentas por pagar relacionadas con el resultado de la explotación	107,198	289,917
Intereses por pagar	(31,531)	60,582
Impuesto a la renta por pagar (neto)	(60,187)	76,477
Otras cuentas por pagar relacionadas con el resultado fuera de explotación	(79,879)	(71,915)
Impuesto al Valor Agregado y otros similares por pagar (neto)	(45,350)	(57,680)
Utilidad (pérdida) del interés minoritario	428	203
Flujo neto originado por actividades de la operación	1,398,905	816,715

Compañía Manufacturera Colombiana
BALANCE GENERAL
En miles de pesos

	Al 31 de diciembre de:			
		2002		2001
ACTIVO				
CORRIENTE				
DISPONIBLE		2,474,838		19,570,628
Caja y Bancos	1,376,032		14,490,064	
Inversiones temporales	1,098,806		5,080,563	
INVERSIONES		0		567,005
DEUDORES		47,225,422		16,495,051
Clientes	1,916,426		1,629,863	
Cuentas por cobrar a trabajadores	592,527		507,596	
Deudores varios	42,400,609		12,436,317	
Cuentas a cobrar a vinculados económicos	1,847,058		1,099,337	
Anticipos y avances	468,802		821,938	
INVENTARIOS		24,205,530		9,592,773
Productos terminados y en proceso	1,916,338		2,440,932	
Materias primas	730,001		984,411	
Materiales, repuestos y otros	21,972,729		6,376,719	
Suma	24,619,068		9,802,061	
Menos: provisión	(413,538)		(209,288)	
DIFERIDOS		1,811,281		992,741
CREDITO MERCANTIL		31,573		3,597
Total corriente		**75,748,643**		**47,221,795**
NO CORRIENTE				
INVERSIONES		152,998,758		111,359,807
Acciones	152,828,378		111,470,485	
Bonos	412,477		131,419	
Suma	153,240,855		111,601,904	
Menos: provisión	(242,097)		(242,097)	
DEUDORES		16,942,390		28,831,100
Cuentas por cobrar a trabajadores	427,239		497,395	
Cuentas por cobrar a vinculados económicos	0		12,610,525	
Deudores varios	16,170,476		15,218,477	
Reclamaciones	8,651		9,891	
Otros	1,014,755		853,042	
Suma	17,621,121		29,189,329	
Menos: provisión	(678,731)		(358,229)	
PROPIEDADES, PLANTA Y EQUIPO - Neto				
		20,907,902		42,048,288
CREDITO MERCANTIL		113,155		14,389
DIFERIDOS		4,016,381		1,510,381
Total no corriente		**194,978,585**		**183,763,965**
VALORIZACIONES				
De inversiones	21,530,151		30,156,607	
De propiedades, planta y equipo	100,334,656		89,233,589	
Total valorizaciones		**121,864,808**		**119,390,197**
TOTAL DEL ACTIVO		**392,592,035**		**350,375,956**
CUENTAS DE ORDEN		**(39,173,079)**		**(31,170,189)**

Compañía Manufacturera Colombiana
BALANCE GENERAL
En miles de pesos

	Al 31 de diciembre de:		
	2002		2001
PASIVO Y PATRIMONIO			
CORRIENTE			
OBLIGACIONES FINANCIERAS		477,075	7,949,854
En bancos del exterior	411,699		6,159,571
En entidades nacionales	65,376		1,790,283
IMPUESTOS, GRAVAMENES Y TASAS		8,857,441	8,772,998
Diferido	3,016,133		2,213,842
De renta y completamientos	5,374,183		6,249,131
Otros	467,125		310,025
DIVIDENDOS POR PAGAR		2,694,951	2,475,933
PROVEEDORES		1,097,865	1,211,327
Nacionales	1,040,381		1,193,958
Del exterior	57,484		17,369
CUENTAS POR PAGAR		23,189,038	19,738,293
Retención en la fuente	971,748		806,556
Obligaciones laborales	18,516,468		8,354,372
Acreedores varios	3,700,822		10,577,366
Total corriente		**36,316,370**	**40,148,406**
NO CORRIENTE			
OBLIGACIONES FINANCIERAS		16,208,773	20,980,257
En bancos	4,958,773		16,705,257
Bonos en circulación	11,250,000		4,275,000
CUENTAS POR PAGAR		4,105,859	2,597,458
A compañías vinculadas	3,856,501		2,317,239
Obligaciones laborales	249,358		280,219
PENSIONES DE JUBILACION		12,469,238	12,017,687
Cálculo actuarial pensiones de jubilación	12,469,238		12,017,687
Total no corriente		**32,783,870**	**35,595,401**
Total del pasivo		**69,100,240**	**75,743,807**

Compañía Manufacturera Colombiana
BALANCE GENERAL
En miles de pesos

	Al 31 de diciembre de:	
	2002	2001
PATRIMONIO		
Capital social		
Capital autorizado	75,000	75,000
375.000.000 accs. a $2.00 c/u.		
Capital por suscribir	(16,092)	(17,415)
(80.460.000) accs. a $2.00 c/u		
Suscrito y pagado	58,908	57,585
294.540.000 accs. a $2.00 c/u.		
Superávit de capital	27,436,717	18,076,339
Prima en colocación de acciones	5,421,844	129,250
Superávit método de participación	22,014,873	17,947,089
Superávit por valorizaciones	121,864,808	119,390,197
De inversiones	21,530,151	30,156,607
De propiedades, planta y equipo	100,334,656	89,233,589
Reservas		
Obligatorias	12,693,328	10,165,092
Reserva legal	72,330	72,330
Reserva por disposiciones fiscales	3,784,339	2,659,339
Reserva para readquisición de acciones	12,233,179	8,679,365
Menos: acciones propias readquiridas	(3,396,520)	(1,245,941)
Suma	12,693,328	10,165,092
Ocasionales	67,816,532	53,280,259
Revalorización del patrimonio	61,435,289	48,332,043
Resultado de ejercicios anteriores	67,830	0
Utilidad del ejercicio	32,118,383	25,330,635
Total patrimonio	**323,491,795**	**274,632,149**
TOTAL DEL PASIVO Y PATRIMONIO	**392,592,035**	**350,375,956**
CUENTAS DE ORDEN POR CONTRA (Nota 14)	(39,173,079)	(31,170,189)

Compañía Manufacturera Colombiana
ESTADO DE RESULTADOS
En miles de pesos

Por los años terminados en 31 de diciembre de:	2002	2001
INGRESOS		
Ventas	93,039,049	80,267,050
Menos: descuentos en ventas	(1,787,306)	(1,581,445)
Total ingresos	**91,251,743**	**78,685,604**
COSTOS DE VENTAS		
Inventario de productos terminados y en proceso	(2,440,932)	(2,361,880)
Costos de producción	(44,026,636)	(36,550,665)
Depreciación	(2,992,924)	(3,087,297)
Pensiones de jubilación	(451,552)	(1,436,429)
Suma	(49,912,044)	(43,436,271)
Menos: inventario productos terminados y en proceso	1,916,338	(2,440,932)
Costo de ventas	(47,995,706)	(40,995,340)
Utilidad bruta	**43,256,037**	**37,690,265**
GASTOS		
Operacionales de ventas	(20,892,962)	(17,372,782)
Operacionales de administración	(5,464,822)	(4,922,914)
Provisión de deudores	(328,926)	(320,450)
Depreciación	(1,937,611)	(1,557,880)
Suma	(28,624,322)	(24,174,026)
Utilidad de operación	**14,631,715**	**13,516,239**
INGRESOS NO OPERACIONALES		
Dividendos	0	163,401
Financieros	5,409,385	5,902,966
Arrendamientos	31,596	18,104
Utilidad en venta de activos	6,593,342	1,980,929
Recuperaciones	32,354	513,496
Reajuste monetario	0	8,097
Diferencia en cambio	7,134,670	6,801,285
Descuentos comerciales	67,036	81,635
Ingreso por método de participación neto	14,588,400	12,802,887
Indemnizaciones	95,202	194,262
Diversos	213,781	416,220
Suma	34,165,766	28,883,281
EGRESOS NO OPERACIONALES		
Financieros	(7,492,475)	(9,418,298)
Gastos diversos	(974,906)	(2,067,534)
Suma	(8,467,381)	(11,485,832)
CORRECCION MONETARIA	(2,936,649)	(792,963)
Utilidad antes de impuestos	37,393,451	30,120,725
Impuesto de renta y complementarios	(5,275,068)	(4,790,090)
UTILIDAD DEL EJERCICIO	32,118,383	25,330,635

Compañía Manufacturera Colombiana

ESTADO DE CAMBIOS EN EL PATRIMONIO

En miles de pesos

	POR LOS AÑOS TERMINADOS EN 31 DE DICIEMBRE DE:						
	Saldo al 31 de diciembre	Distribución de la utilidad	Traslado y utilidad	Saldo al 31 de diciembre	Distribución de la utilidad	Traslado y utilidad	Saldo al 31 dediciembre
	2000	**2000**	**2001**	**2001**	**2001**	**2002**	**2002**
Capital suscrito y pagado	57,585			57,585		1,323	58,908
Prima en colocación de acciones	129,250			129,250		5,292,594	5,421,844
Superávit por método de participación	17,775,486		171,603	17,947,089		4,067,784	22,014,873
Superávit por valorizaciones	103,749,321		15,640,876	119,390,197		2,474,611	121,864,808
Reserva legal	72,330			72,330			72,330
Reserva por disposiciones fiscales	34,339	2,625,000		2,659,339	1,125,000		3,784,339
Reserva para readquisición de acciones	5,750,830	2,928,535		8,679,365	3,553,814	(2,150,578)	12,233,179
Acciones propias readquiridas	(1,245,941)			(1,245,941)			(3,396,520)
Reserva para fomento económico	1,107,070			1,107,070			1,107,070
Reserva para futuras capitalizaciones	1,814			1,814			1,814
Otras reservas	39,609,773	12,561,602	11,442,470	52,171,375	14,536,273	13,103,246	66,707,648
Revalorización del patrimonio	36,889,573			48,332,043			61,435,289
Utilidad del ejercicio	23,874,303	(23,874,303)	25,330,635	25,330,635	(25,330,635)	32,118,382	32,118,382
Dividendos reintegrados por acciones propias readquiridas		(10,219)	10,219			67,830	67,830
Dividendos decretados		5,769,385	(5,769,385)		6,115,548	(6,115,548)	
	227,805,731	5,769,385	46,826,419	274,632,149	6,115,548	48,859,645	323,491,795

Compañía Manufacturera Colombiana
ESTADO DE FLUJO DE EFECTIVO
En miles de pesos

Por los años terminados en 31 de diciembre de:	2002		2001	
FLUJOS DE EFECTIVO ORIGINADO EN ACTIVIDADES DE OPERACION				
Utilidad neta del período		32,118,382		25,330,635
Ajuste a los resultados		(17,536,924)		(12,170,080)
Efecto ajuste por inflación a cuentas de balance	(2,161,134)		(3,790,291)	
Efecto aplicación método de participación	(14,588,400)		(12,802,887)	
Depreciaciones	4,930,535		4,645,177	
Pensiones de jubilación	451,552		1,436,429	
Intereses bonos	(7,378)		(7,955)	
Utilidad en venta de propiedad, planta y equipo	(92,941)		(72,928)	
Utilidad en venta de inversiones	(6,398,085)		(1,855,435)	
Provisión de propiedades, planta y equipo			357,179	
Provisión de deudores	328,926		320,450	
Recuperación de provisiones			(399,819)	
Utilidad operacional antes de cambios en el capital de trabajo		14,581,458		13,160,556
Aumento en cuentas por cobrar		(19,170,586)		(13,753,180)
Aumento en activos diferidos		(285,484)		(83,393)
Aumento en crédito mercantil		(126,742)		(17,987)
Disminución en inventarios		4,094,270		1,901,697
Aumento a impuestos, gravámenes y tasas		84,443		984,641
Aumento en proveedores		0		420,580
Aumento en otras cuentas por pagar		4,959,147		11,823,481
Disminución en proveedores		(113,462)		0
Producto de la venta de propiedades, planta y equipo		199,780		861,875
Producto de la venta de inversiones		9,172,091		5,878,921
Readquisición de acciones propias		(2,150,578)		0
Reintegro de dividendos sobre acciones propias readquiridas		67,830		10,219
EFECTIVO NETO GENERADO POR LAS OPERACIONES		11,312,166		21,187,410
FLUJOS DE EFECTIVO EN ACTIVIDADES DE FINANCIACION				
Adquisición propiedades, planta y equipo	(2,653,931)		(4,602,102)	
Adquisición de inversiones	(12,907,150)			
Disminución de inversiones			275,658	
EFECTIVO NETO EN ACTIVIDADES DE INVERSION		(15,561,082)		(4,326,444)
FLUJOS DE EFECTIVO EN ACTIVIDADES DE FINANCIACION				
Aumento en dividendos por pagar	219,018		82,599	
Disminución en obligaciones financieras	(12,244,262)		(459,946)	
Prima en colocación de acciones	5,292,594			
Emisión de acciones	1,323			
Dividendos decretados	(6,115,548)		(5,769,385)	
EFECTIVO NETO EN ACTIVIDADES DE FINANCIACION		(12,846,874)		(6,146,731)
Aumento (disminución) neto en efectivo y sus equivalentes		(17,095,790)		10,714,235
Efectivo y sus equivalentes al iniciar el ejercicio		19,570,628		8,856,393
EFECTIVO Y SUS EQUIVALENTES AL FINALIZAR EL EJERCICIO		2,474,838		19,570,628

Manufacturas de España, S.A.

BALANCES DE SITUACION CONSOLIDADOS
Al 31 de diciembre de 2002 y 2001

Millones de pesetas

ACTIVO	Ejercicio 2002	Ejercicio 2001
INMOVILIZADO		
Gastos de establecimiento	94	31
Inmovilizaciones inmateriales, neto	457	218
Inmovilizaciones materiales, neto	3,811	3,102
Inmovilizaciones financieras, neto	5,165	3,151
TOTAL INMOVILIZADO	9,527	6,503
FONDO DE COMERCIO DE CONSOLIDACION	488	498
GASTOS A DISTRIBUIR EN VARIOS EJERCICIOS	71	4
ACTIVO CIRCULANTE		
Existencias	8,042	5,878
Almacenes	1,012	573
Obras en curso	6,003	4,824
Anticipo a proveedores	1,028	481
Deudores	39,510	29,309
Clientes por ventas y prestaciones de servicios	33,816	22,434
Deudas con empresas asociadas	4,015	3,761
Deudores varios	2,425	3,823
Provisiones para insolvencias	(746)	(710)
Inversiones Financieras Temporales	902	2,256
Acciones propias a corto plazo	422	0
Tesorería	1,672	1,385
Ajustes por Periodificación	189	173
TOTAL ACTIVO CIRCULANTE	50,737	39,001
TOTAL ACTIVO	60,823	46,005

Manufacturas de España, S.A.

BALANCES DE SITUACION CONSOLIDADOS
Al 31 de diciembre de 2002 y 2001

	Millones de pesetas	
	Ejercicio	Ejercicio
PASIVO	2002	2001
FONDOS PROPIOS	13,927	11,642
Capital suscrito	1,273	1,275
Reservas	10,096	8,730
Beneficio del ejercicio	2,558	1,791
Dividendo a cuenta del ejercicio	0	(153)
INTERESES MINORITARIOS	381	300
INGRESOS A DISTRIBUIR EN VARIOS EJERCICIOS	145	333
PROVISIONES PARA RIESGOS Y GASTOS	286	218
ACREEDORES A LARGO PLAZO	2,026	252
Deudas con entidades de crédito	1,920	150
Otros acreedores	106	101
ACREEDORES A CORTO PLAZO	44,057	33,260
Deudas con entidades de crédito	9,376	3,175
Deudas con empresas del grupo	3	12
Acreedores comerciales	31,046	26,304
Deudas por compras o prestaciones de servicio	24,127	18,873
Anticipos de clientes y facturación anticipada	6,919	7,432
Otras deudas no comerciales	3,632	3,769
Hacienda Pública	1,851	2,288
Organismos de la Seguridad Social	434	312
Otras deudas	1,347	1,169
TOTAL PASIVO	60,823	46,005

Manufacturas de España, S.A.

CUENTA DE PERDIDAS Y GANANCIAS CONSOLIDADAS

	Millones de pesetas	
	Ejercicio 2002	Ejercicio 2001
GASTOS		
Reducción de existencias de productos terminados y en curso de fabricación	0	1,601
Aprovisionamientos	45,096	31,463
Gastos de personal	18,578	13,660
Dotaciones para amortizaciones de inmovilizado	878	711
Variación de las provisiones de tráfico	263	241
Otros gastos de explotación	10,444	8,228
Servicios exteriores	9,841	7,759
Tributos	468	322
Otros gastos de gestión corriente	135	147
I. Beneficios de explotación	**4,559**	**3,035**
	79,818	58,938
Gastos financieros	587	691
Diferencias negativas de cambio	1,635	555
	2,221	1,246
Pérdidas de sociedades puestas en equivalencia	180	143
Amortización del fondo de comercio de consolidación	71	46
III. Beneficios de las actividades ordinarias	**3,812**	**2,764**
Variación de las provisiones del inmovilizado material y cartera de control	8	(1)
Pérdidas procedentes del inmovilizado	7	24
Gastos extraordinarios	229	44
Pérdidas por operaciones con acciones propias	0	5
IV. Resultados extraordinarios positivos	**0**	**52**
	243	124
V. Beneficios consolidados antes de impuestos (III + IV)	**3,718**	**2,816**
Menos - Impuesto sobre sociedades	1,088	956
VI. Resultado consolidado del ejercicio (Beneficios)	**2,630**	**1,860**
Menos - Resultado atribuible a minoritarios	72	69
VII. Beneficios netos del grupo	**2,558**	**1,791**

Manufacturas de México

ESTADOS CONSOLIDADOS DE SITUACION FINANCIERA
Al 31 de diciembre del 2002 y 2001
(En millones de pesos en monedas constantes del 31 de diciembre de 2002 y 2001)

	2002	2001
ACTIVO		
Circulante:		
Efectivo e inversiones temporales	290	88
Inversiones temporales restringidas	2	5
Cuentas y documentos por cobrar, neto	1,786	1,981
Impuestos por recuperar	162	138
Inventarios	1,764	1,837
Pagos anticipados	101	117
Total Activo Circulante	**4,105**	**4,165**
Inversión en acciones de asociadas	868	846
Propiedades, planta y equipo, neto	8,907	9,446
Intangibles, neto	675	934
Exceso del costo sobre el valor en libros de acciones de subsidiarias adquiridas, neto	676	757
Otros activos	231	221
Total Activo	**15,461**	**16,368**

Manufacturas de México

ESTADOS CONSOLIDADOS DE SITUACION FINANCIERA
Al 31 de diciembre del 2002 y 2001
(En millones de pesos en monedas constantes del 31 de diciembre de 2002 y 2001)

	2002	2001
PASIVO		
Circulante:		
Préstamos bancarios	243	490
Porción circulante de la deuda a largo plazo	8	473
Proveedores	610	876
Pasivos acumulados y otras cuentas por pagar	988	975
Impuestos sobre la renta por pagar	24	0
Participación en las utilidades al personal por pagar	11	5
Total Pasivo Circulante	**1,884**	**2,818**
Deuda a largo plazo y documentos por pagar	4,683	4,396
Impuesto sobre la renta diferido	231	218
Participación en las utilidades al personal diferido	36	38
Otros pasivos	35	36
Total Pasivo a Largo Plazo	**4,985**	**4,687**
Total Pasivo	**6,869**	**7,506**
Exceso del valor en libros sobre el costo de acciones de subsidiarias adquiridas, neto	76	275
CAPITAL CONTABLE		
Interés mayoritario		
Capital social	3,178	3,200
Actualización del capital social	4,148	4,151
	7,326	7,351
Prima en venta de acciones	2,240	2,210
	9,566	9,560
Insuficiencia en la actualización del capital	(7,780)	(7,790)
Efecto acumulado por cambio contable para el registro de impuesto sobre la renta y participación en las utilidades al personal diferidos	(132)	(132)
Utilidades retenidas	0	0
De años anteriores	5,112	4,797
Utilidad neta mayoritaria del año	235	175
Conversión de entidades extranjeras	(260)	146
Total interés mayoritario	6,741	6,757
Interés minoritario	1,776	1,832
Total Capital Contable	**8,517**	**8,588**
	15,461	**16,368**

Manufacturas de México

ESTADOS CONSOLIDADOS DE RESULTADOS
Al 31 de diciembre del 2002 y 2001
(En millones de pesos de monedas constantes del 31 de diciembre de 2002)

	2002	2001
Ventas netas	13,365	13,705
	0	0
Costo de ventas	(8,428)	(8,737)
Utilidad bruta	4,937	4,968
Gastos de venta, administración y generales	(4,247)	(4,355)
Utilidad de operación	689	612
Costo integral de financiamiento, neto:		
Gastos financieros	(474)	(595)
Productos financieros	66	111
Ganancia por posición monetaria, neta	127	167
Ganancia (pérdida) por fluctuación cambiaria, neta	71	(43)
	(210)	**(361)**
Otros productos, neto	49	27
Utilidad antes de impuesto sobre la renta, participación de utilidades al personal, participación en la utilidad neta de asociadas e interés minoritario	528	279
Impuesto sobre la renta		
Causado	(130)	(112)
Diferido	(65)	96
	(195)	**(16)**
Participación en las utilidades al personal		
Causado	(10)	(4)
Diferido	1	4
	(9)	**0**
Utilidad antes de participación en la utilidad neta de asociadas e interés minoritario	324	263
Participación en la utilidad neta de asociadas	45	48
Utilidad neta consolidada antes de interés minoritario	370	311
Interés minoritario	(135)	(136)
Utilidad neta mayoritaria del año	235	175

Manufacturas de México

ESTADOS CONSOLIDADOS DE CAMBIOS EN LA SITUACION FINANCIERA
Por los años terminados el 31 de diciembre de 2002 y 2001
(En millones de pesos de monedas constantes del 31 de diciembre de 2002)

	2002		2001
Operación:			
Utilidad neta mayoritaria	235	0	175
Interés minoritario	135	0	136
Utilidad neta consolidada	370	0	311
Partidas que no implicaron el uso de recursos:			
Depreciación y amortización	585	0	486
Retiro de activos ociosos y otros diferidos	0	0	78
Participación en la utilidad neta de asociadas menos dividendos recibidos	(45)	0	(48)
Impuesto sobre la renta y participación en las utilidades al personal diferidos	64	0	(100)
Pérdida neta en el cierre de las operaciones del segmento lácteos	141	0	0
Provisión para prima de antigüedad	5	0	0
	1,119	0	727
Cambios en el capital de trabajo:			
Inversiones temporales restringidas	3	0	0
Cuentas y documentos por cobrar, neto	61	0	(26)
Inventarios	(26)	0	143
Pagos anticipados	10	0	16
Proveedores	(241)	0	262
Pasivos acumulados y otras cuentas por pagar	31	0	57
Impuesto sobre la renta y participación de utilidades al personal por pagar	31	0	16
	(31)	0	469
Recursos netos generados por la operación	**1,088**	**0**	**1,196**
Actividades de financiamiento:			
Préstamos bancarios y deuda a largo plazo	1,871	0	1,785
Pago de préstamos bancarios y deuda a largo plazo	(2,254)	0	(1,982)
Aumento de capital social en subsidiarias	0	0	152
Disminución del capital social minoritario	0	0	(327)
Ventas netas de acciones propias	(55)	0	(5)
Pago de dividendos de subsidiarias al interés minoritario	(196)	0	(17)
Otros	(61)	0	(39)
Recursos netos utilizados en actividades de financiamiento	**(695)**	**0**	**(433)**
Actividades de inversión:			
Adquisiciones de propiedades, planta y equipo	(488)	0	(1,033)
Adquisición de nuevas plantas	0	0	(92)
Recursos recibidos por el cierre de las operaciones de lácteos	379	0	0
Exceso de valor en libros sobre el costo	4	0	276
Activo diferido	(56)	0	(74)
Inversión en acciones	(2)	0	(42)
Otros	(29)	0	(14)
Recursos netos utilizados en actividades de inversión	**(191)**	**0**	**(981)**
Aumento (disminución) en efectivo e inversiones temporales	**202**	**0**	**(218)**
Efectivo e inversiones temporales al inicio del año	8	0	305
Efectivo e inversiones temporales al final del año	290	0	88

Manufacturas de México

ESTADOS CONSOLIDADOS DE VARIACIONES EN EL CAPITAL CONTABLE

(En millones de pesos de monedas constantes del 31 de diciembre de 2002)

	Capital social		Prima en venta de acciones	Prima en venta de acciones	Efecto acumulado de ISR y PTU diferidos	Utilidades retenidas		Conversión de entidades extranjeras	Total interés mayoritario	Interés minoritario	Total capital contable
	Número de acciones	Importe				De años anteriores	(Pérdida) utilidad neta del año				
Saldos al 31 de diciembre de 2000	**327**	**7,319**	**2,282**	**(7,221)**		**4,876**	**(226)**	**284**	**7,314**	**2,053**	**9,367**
Aplicación por la pérdida neta del año anterior						(226)	226				
Dividendos al interés minoritario										(17)	(17)
Ventas netas de acciones propias	2	33	(71)			39			2	1	3
Acciones bajo el plan de opción de compra para ejecutivos		(1)	(2)			0			(3)		(3)
Operaciones con acciones propias						(6)			(6)		(6)
Aumento de capital social en subsidiarias						0				152	152
Disminución del capital social minoritario						0				(327)	(327)
	2	32	(72)			(192)	226		(6)	(190)	(196)
Utilidad (pérdida) integral:											
Efecto acumulado por cambio contable para el registro del impuesto sobre la renta y participación en las utilidades al personal diferidos					(132)				(132)	(165)	(296)
Reconocimiento de los efectos de la inflación del año				(569)		113			(456)	(3)	(459)
Efecto de conversión de entidades extranjeras								(138)	(138)		(138)
Utilidad neta del año							175		175	136	311
Total (pérdida) integral del año				(569)	(132)	113	175	(138)	(551)	(32)	(583)
Saldos al 31 de diciembre de 2001	**329**	**7,351**	**2,210**	**(7,790)**	**(132)**	**4,797**	**175**	**146**	**6,757**	**1,832**	**8,588**
Aplicación de la utilidad neta del año anterior						175	(175)				
Dividendos al interés minoritario										(196)	(196)
Ventas netas de acciones propias	2	27	10			(31)			6		6
Acciones bajo el plan de opción de compra para ejecutivos		(52)	29						(23)		(23)
Operaciones con acciones propias		0	(9)			(29)			(38)		(38)
	2	(25)	31			115	(175)		(55)	(196)	(251)
Utilidad (pérdida) integral:											
Reconocimiento de los efectos de la inflación del año						200			211	5	216
Efecto de conversión de entidades extranjeras, neto								(406)	(406)		(406)
Utilidad neta del año							235		235	135	370
Total utilidad integral del año						200	235	(406)	39	140	179
Saldos al 31 de diciembre de 2002	**331**	**7,326**	**2,240**	**(7,790)**	**(132)**	**5,112**	**235**	**(260)**	**6,741**	**1,776**	**8,517**

American Industries, Corp.

CONSOLIDATED BALANCE SHEETS
(In millions of dollars)

At December 31,	2001	2002
Assets		
Cash and cash equivalents	78	92
Receivables (less allowances)	1,503	1,551
Inventories:	0	0
Raw materials	615	564
Finished products	838	896
	3,033	3,102
Deferred income taxes	224	242
Other current assets	106	89
Total current assets	**3,363**	**3,433**
Property, plant and equipment, at cost:		
Land and land improvements	186	201
Buildings and building equipment	1,399	1,416
Machinery and equipment	4,447	4,252
Construction in progress	339	392
	6,371	6,260
Less accumulated depreciation	(1,998)	(1,746)
	4,372	4,514
Goodwill and other intangible assets (less accumulated amortization)	17,259	15,160
Prepaid pension assets	1,284	1,259
Other assets	504	627
Total assets	**26,783**	**24,994**

American Industries, Corp.

CONSOLIDATED BALANCE SHEETS
(In millions of dollars)

At December 31,	2001	2002
Liabilities		
Short-term borrowings	327	70
Current portion of long-term debt	259	342
Due to parent and affiliates	793	415
Accounts payable	911	946
Accrued liabilities:	0	0
Marketing	671	768
Employment costs	316	300
Other	874	677
Income taxes	109	124
Total current liabilities	**4,260**	**3,643**
Long-term debt	3,904	1,294
Deferred income taxes	2,415	694
Accrued postretirement health care costs	888	896
Notes payable to parent and affiliates	2,400	10,275
Other liabilities	1,646	1,449
Total liabilities	**15,514**	**18,251**

Contingencies

Stockholders' equity:

	2001	2002
Class A common stock, no par value (555,000,000 and 275,000,000 shares issued and outstanding in 2002 and 2001)		
Additional paid-in capital	11,354	7,310
Earnings reinvested in the business	1,148	476
Accumulated other comprehensive losses (primarily currency translation adjustments)	(1,233)	(1,044)
Total stockholders' equity	**11,269**	**6,743**
Total liabilities and stockholders' equity	**26,783**	**24,994**

American Services, Corp.

CONSOLIDATED STATEMENTS OF EARNINGS
(In millions of dollars, except per share data)

For the years ended December 31,	2002		2001
Operating revenues	16,260	0	12,735
Cost of sales	8,415	0	6,680
Gross profit	**7,845**		**6,055**
Marketing, administration and research costs	5,039	0	3,873
Amortization of goodwill and other intangible assets	462	0	257
Operating income	**2,344**		**1,926**
Interest and other debt expense, net	690	0	287
Earnings before income taxes	**1,655**		**1,639**
Provision for income taxes	751	0	679
Net earnings	**903**		**960**
Per share data:			
Basic earnings per share	1.17		1.38
Diluted earnings per share	1.17		1.38

American Services, Corp.
CONSOLIDATED STATEMENTS OF STOCKHOLDERS' EQUITY
(In millions of dollars, except per share data)

	Class A and B common stock	Additional paid-in capital	Earnings reinvested in the business	Accumulated other comprehensive losses			Total shareholders' equity
				Currency translation adjustments	Other	Total	
Balances, January 1, 2000		7,917		(648)	(5)	(652)	7,264
Comprehensive earnings:							
Net earnings			841				841
Other comprehensive losses, net of income taxes:							
Currency translation adjustments				(188)		(188)	(188)
Additional minimum pension liability					(9)	(9)	(9)
Total other comprehensive losses							(197)
Total comprehensive earnings							645
Dividends declared		(606)	(841)				(1,448)
Balances, December 31, 2000	-	7,310	0	(836)	(13)	(849)	6,461
Comprehensive earnings:							
Net earnings			960				960
Other comprehensive losses, net of income taxes:							
Currency translation adjustments				(191)		(191)	(191)
Additional minimum pension liability					(4)	(4)	(4)
Total other comprehensive losses							(194)
Total comprehensive earnings							766
Dividends declared			(484)				(484)
Balances, December 31, 2001	-	7,310	476	(1,026)	(17)	(1,044)	6,743
Comprehensive earnings:							
Net earnings			903				903
Other comprehensive losses, net of income taxes:							
Currency translation adjustments				(143)		(143)	(143)
Additional minimum pension liability					(37)	(37)	(37)
Change in fair value of derivatives accounted for as hedges					(9)	(9)	(9)
Total other comprehensive losses							(189)
Total comprehensive earnings							714
Sale of Class A common stock to public		4,044					4,044
Dividends declared			(232)				(232)
Balances, December 31, 2002	-	11,354	1,148	(1,169)	(63)	(1,233)	11,269

American Industries, Corp.
CONSOLIDATED STATEMENTS OF CASHFLOWS
(In millions of dollars)

For the years ended December 31,	2002	2001
Cash provided by (used in) operating activities		
Net earnings	903	960
Adjustments to reconcile net earnings to operating cashflows:	0	0
Depreciation and amortization	788	496
Deferred income tax provision	199	118
Gains on sales of businesses	(4)	(83)
Loss on sale of factory and integration costs	39	0
Cash effects of changes, net of the effects form acquired and divested companies:	0	0
Receivables, net	11	98
Inventories	(51)	84
Accounts payable and accrued expenses	(35)	6
Income taxes	36	17
Other working capital items	(195)	(94)
Increase in pension assets and postretirement liabilities, net	(118)	(103)
Increase (decrease) in amount due to parent and affiliates	66	50
Other	(42)	12
Net cash provided by operating activities	**1,597**	**1,562**
Cash provided by (used in) investing activities		
Capital expenditures	(528)	(435)
Purchase of company, net of acquired cash	0	(7,276)
Purchases of other businesses, net of acquired cash	(93)	(175)
Proceeds from sales of businesses	10	144
Other	25	(4)
Net cash used in investing activities	**(587)**	**(7,746)**
Cash provided by (used in) financing activities		
Net issuance (repayments) of short term-borrowings	1,202	(392)
Long-term debt proceeds	1,957	42
Long-term debt repaid	(338)	(54)
Net proceeds from sales of Class A common stock	4,044	0
Proceeds from issuance of notes payable to parent and affiliates	0	7,200
Repayment of notes payable to parent and affiliates	(7,848)	(60)
Increase in amount due to parent and affiliates	68	69
Dividends paid	(108)	(484)
Other	0	(90)
Net cash (used in) provided by financing activities	**(1,023)**	**6,231**
Effect of exchange rate changes on cash and cash equivalents	(2)	(1)
Cash and cash equivalents:		
(Decrease) increase	**(14)**	**46**
Balance at beginning of year	92	46
Balance at end of year	**78**	**92**
Cash paid:		
Interest	688	290
Income taxes	508	504

Compañía Manufacturera Venezolana

BALANCE GENERAL CONSOLIDADO
(En millones de bolívares)

	30 de junio de	
ACTIVO	**2002**	**2001**
Activo Circulante		
Efectivo y sus equivalentes		
Cuentas por cobrar	631,359	487,461
Comerciales y otras	718,533	585,162
Compañías relacionadas	110,316	862,518
Inventarios	453,183	647,802
Gastos pagados por anticipado y otros activos circulantes	8,265	12,180
Total Activo Circulante	**1,921,656**	**2,595,123**
Inversiones bajo el método de participación patrimonial	-	4,718,184
Propiedades, plantas y equipos, neto	8,117,622	9,041,910
Repuestos y otros activos	159,906	314,679
Total Activo	**10,199,184**	**16,669,896**

Compañía Manufacturera Venezolana

BALANCE GENERAL CONSOLIDADO
(En millones de bolívares)

	30 de junio de	
	2002	**2001**
PASIVO Y PATRIMONIO		
Pasivos Circulante		
Cuentas por pagar		
Proveedores	178,176	346,086
Compañías relacionadas	1,873,284	2,086,782
Utilidades, vacaciones y otras acumulaciones para el personal	65,163	104,052
Impuestos	14,442	13,659
Otros pasivos circulantes	17,139	36,627
Total Pasivo Circulante	**2,148,204**	**2,587,206**
Acumulación para indemnizaciones laborales, neta de anticipos al personal	52,896	82,824
Total Pasivo	**2,201,100**	**2,670,030**
Intereses minoritarios	259,347	254,823
Patrimonio	7,738,737	13,745,043
Total Pasivo, Intereses Minoritarios y Patrimonio	**10,199,184**	**16,669,896**

Compañía Manufacturera Venezolana

ESTADO CONSOLIDADO DE OPERACIONES
(En millones de bolívares)

	30 de junio de	
	2002	**2001**
Ventas netas:	**4,776,996**	**5,318,136**
Exportaciones	4,356,699	4,998,585
Locales	420,297	319,551
Costo de ventas	(5,705,547)	(6,290,448)
Utilidad (pérdida) bruta	**(928,551)**	**(972,312)**
Gastos generales y de administración	(371,577)	(494,160)
Pérdida operativa	**(1,300,128)**	**(1,466,472)**
Ingresos por intereses	26,013	364,704
Gastos por intereses	(365,574)	(280,662)
Participación patrimonial en resultados de afiliadas	(2,396,502)	(5,166,930)
Provisión para inversión en afiliadas	(2,321,682)	0
Provisión para cuentas por cobrar a afiliadas	(722,274)	0
Ganancia en cambio, neta	1,092,459	61,509
Otros ingresos (gastos), neto	1,044	16,704
Pérdida antes de impuestos e intereses minoritarios	**(5,986,644)**	**(6,471,147)**
Impuestos	(15,138)	(14,616)
Pérdida antes de intereses minoritarios	**(6,001,782)**	**(6,485,763)**
Intereses minoritarios	(4,524)	12,963
Pérdida neta	**(6,006,306)**	**(6,472,800)**

Compañía Manufacturera Venezolana
ESTADO CONSOLIDADO DE FLUJO DE EFECTIVO
(En millones de bolívares)

	30 de junio de	
	2002	**2001**
Flujos de efectivo actividades operacionales:		
Pérdida neta	(6,006,306)	(6,472,800)
Ajustes para conciliar la pérdida neta con el efectivo neto provisto por (usado en) las actividades operacionales		
Intereses minoritarios	4,524	(12,963)
Participación patrimonial en afiliadas	2,396,502	5,166,930
Provisión para inversiones en filiales	2,321,682	-
Provisión para cuentas por cobrar en afiliadas	722,274	-
Depreciación	928,290	858,603
Pérdida en cambio extranjero	(1,092,459)	(61,509)
Ingresos por intereses no cobrados	-	(265,176)
Provisión para cuentas por cobrar de cobro dudoso e inventarios	66,120	47,937
Variaciones netas en cuentas operacionales		
Cuentas por cobrar	(63,771)	20,271
Compañías relacionadas, neto	783,348	(109,185)
Inventarios	194,706	418,122
Gastos pagados por anticipado y otros activos	158,688	200,361
Cuentas por pagar	(167,910)	(82,998)
Indemnizaciones laborales, neto	(29,928)	9,570
Pasivos acumulados, otros pasivos y beneficios al personal y otros	(57,681)	(40,542)
Efectivo neto provisto (usado en) las actividades operacionales	**158,079**	**(323,379)**
Flujos de efectivo por actividades de inversión:		
Adiciones a propiedades, plantas y equipos	(4,002)	(870)
Adiciones a inversiones	-	(174,000)
Cobros a compañías		-
Préstamos adquiridos a largo plazo	-	-
Efectivo neto usado en actividades de inversión	**(4,002)**	**(174,870)**
Diferencia cambiaria sobre el efectivo y sus equivalentes	(10,179)	(1,392)
Efectivo y sus equivalentes		
Aumento (disminución) del año	**143,898**	**(499,641)**
Saldo al principio del año	487,461	987,102
Saldo al final del año	**631,359**	**487,461**
Información complementaria:		
Efectivo pagado durante el año por impuestos	**22,011**	**36,801**
Información complementaria sobre actividades que no movilizaron efectivo:		
Capitalización de cuentas por cobrar	-	-

Compañía Manufacturera Venezolana

ESTADO CONSOLIDADO DE MOVIMIENTOS EN LAS CUENTAS DE PATRIMONIO
(En millones de bolívares)

	Capital Social	Prima en Emisión de Acciones	Utilidades Retenidas			Total
			Reserva Legal	No Distribuidas (déficit)		
Saldo al 30 de junio de 1999	17,487	19,899,945	530,091	1,483,263		21,930,786
Pérdida neta del 2000	-	-	-	(1,712,943)		(1,712,943)
Saldos al 30 de junio de 2000	17,487	19,899,945	530,091	(229,680)		20,217,843
Pérdida neta del 2001	-	-	-	(6,472,800)		(6,472,800)
Saldos al 30 de junio de 2001	17,487	19,899,945	530,091	(6,702,480)		13,745,043
Pérdida neta del 2002	-	-	-	(6,006,306)		(6,006,306)
Saldos al 30 de junio de 2002	17,487	19,899,945	530,091	(12,708,786)		7,738,737

Servicios Argentinos S.A.

ESTADO DE SITUACION PATRIMONIAL AL 31 DE DICIEMBRE DE 2002
COMPARATIVO CON EL EJERCICIO ANTERIOR
(EN MILES DE PESOS)

	31/12/02	31/12/01
ACTIVO		
ACTIVO CORRIENTE		
Caja y bancos	4,560	1,920
Inversiones en títulos privados con cotización	12,240	25,440
Créditos por ventas	54,240	69,680
Otros créditos	23,200	9,200
Bienes de cambio	1,760	6,880
Otros activos	480	640
Total del activo corriente	**96,480**	113,760
ACTIVO NO CORRIENTE		
Créditos por ventas	320	400
Otros créditos	4,560	2,560
Inversiones (Anexo C)	4,320	1,920
Bienes de uso (Anexo A)	386,160	412,720
Activos intangibles (Anexo B)	38,240	41,200
Total del activo no corriente	**433,600**	**458,800**
Total del Activo	**530,080**	**572,560**
PASIVO		
PASIVO CORRIENTE		
Cuentas por pagar	39,280	70,240
Préstamos	92,880	49,280
Remuneraciones y cargas sociales	4,880	4,640
Cargas fiscales	6,800	4,720
Otros pasivos	1,680	9,360
Previsiones (Anexo E)	480	800
Total del pasivo corriente	**146,000**	**139,040**
PASIVO NO CORRIENTE		
Cuentas por pagar	880	4,560
Préstamos	167,120	196,960
Remuneraciones y cargas sociales	3,040	3,680
Cargas fiscales	16,640	19,040
Otros pasivos	1,040	880
Previsiones (Anexo E)	4,800	4,560
Total del pasivo no corriente	**193,520**	**229,680**
Total del pasivo	**339,520**	**368,720**
Participación de terceros en sociedades controladas	960	960
PATRIMONIO NETO (según estado respectivo)	189,600	202,880
Total del pasivo, participación de terceros en sociedades controladas y patrimonio neto	**530,080**	**572,560**

Servicios Argentinos S.A.

ESTADO DE RESULTADOS
POR EL EJERCICIO FINALIZADO EL 31 DE DICIEMBRE DE 2002
COMPARATIVO CON EL EJERCICIO ANTERIOR
(EN MILES DE PESOS)

	31/12/02	31/12/01
Ventas netas	243,920	257,120
Costos de explotación (anexo F)	(119,040)	(121,680)
Utilidad bruta	**124,880**	**135,440**
Gastos de administración (Anexo H)	(19,680)	(20,400)
Gastos de comercialización (Anexo H)	(72,240)	(71,120)
Utilidad de explotación	**32,960**	**43,920**
Resultado de inversiones permanentes	(880)	(640)
Resultados financieros y por tenencia	(18,320)	(17,440)
Otros egresos	(5,920)	(3,840)
Utilidad ordinaria antes de impuesto a las ganancias y de participación de terceros en sociedades controladas	**7,840**	**22,000**
Impuesto a las ganancias	(4,080)	(8,800)
Participación de terceros en sociedades controladas	0	80
Utilidad neta	**3,760**	**13,280**
Utilidad neta por acción	**0.05**	**0.17**

Servicios Argentinos S.A.

ESTADO DE EVOLUCION DEL PATRIMONIO NETO

POR EL EJERCICIO FINALIZADO EL 31 DE DICIEMBRE DE 2002

(EN MILLONES DE PESOS)

	APORTE DE LOS PROPIETARIOS			GANANCIAS RESERVADAS			RESULTADOS NO ASIGNADOS	TOTAL DEL PATRIMONIO NETO
	Capital suscripto	Ajuste integral del capital	Total	Reserva legal	Reserva para futuros dividendos	Total		
1. Saldo al inicio del ejercicio	78,720	67,840	146,560	10,880	14,240	25,120	31,200	202,880
2. Saldos ajustados al inicio								
3. Resolución del Directorio:								
Dividendos en efectivo					(14,240)	(14,240)		(14,240)
4. Disposiciones de la Asamblea de Accionistas del 15 de enero de 2001:								
Dividendos en efectivo							(2,800)	(2,800)
Reserva para futuros dividendos								
Reserva legal				960		960	(960)	
5. Ganancia neta del ejercicio							3,760	3,760
Saldos al cierre del ejercicio	78,720	67,840	146,560	11,840	0	11,840	31,200	189,600

Servicios Argentinos S.A.

ESTADO DE ORIGEN Y APLICACION DE FONDOS
POR EL EJERCICIO FINALIZADO EL 31 DE DICIEMBRE DE 2002
COMPARATIVO CON EL EJERCICIO ANTERIOR
(EN MILES DE PESOS)

	31/12/02	31/12/01
FONDOS GENERADOS (APLICADOS A) LAS OPERACIONES		
Utilidad neta	**3,760**	**13,280**
Ajustes para conciliar la utilidad neta con los fondos generados por las operaciones		
Previsión para deudores incobrables	20,640	12,240
Amortizaciones de bienes de uso	61,520	58,080
Amortizaciones de activos intangibles	4,880	4,240
Resultados de inversiones permanentes	880	640
Consumo de materiales	2,400	2,960
Valor residual de bajas de bienes de uso	240	880
Previsiones para juicios y otras contingencias	1,440	1,680
Intereses a pagar	20,560	18,640
Gratificaciones por desvinculación laboral	(480)	(640)
Participación de terceros en sociedades controladas	0	(80)
Impuesto a las ganancias	(4,480)	(1,360)
Aumento neto de activos	(6,800)	(16,240)
Disminución neta de pasivos	(14,800)	(1,360)
Total de fondos generados por las operaciones	**89,760**	**92,960**
FONDOS GENERADOS POR (APLICADOS A) LAS ACTIVIDADES DE INVERSION		
Adquisición de inversiones permanentes	0	(560)
Adquisición de bienes de uso	(42,080)	(55,040)
Adquisición de activos intangibles	(9,280)	(10,960)
Inversiones no consideradas fondos	(240)	16,000
Total de fondos aplicados a las actividades de inversión	**(51,600)**	**(50,560)**
FONDOS GENERADOS POR (APLICADOS A) LAS ACTIVIDADES DE FINANCIACION		
Toma de préstamos	58,000	92,320
Pago de préstamos	(54,560)	(86,320)
Aportes de los propietarios	0	0
Pago de intereses y gastos relacionados	(35,120)	(26,000)
Dividendos relacionados	(17,040)	(10,720)
Total de fondos generados por (aplicados a) las actividades de financiación	**(48,720)**	**(30,720)**
AUMENTO (DISMINUCION) DE LOS FONDOS	**(10,560)**	**11,680**
FONDOS AL INICIO DEL EJERCICIO	**27,360**	**15,680**
FONDOS AL CIERRE DEL EJERCICIO	**16,800**	**27,360**

Compañía de Servicios de Chile

BALANCE GENERAL

ACTIVOS	DICIEMBRE 2002 M$	DICIEMBRE 2001 M$
Disponible	85,118	72,130
Depósitos a plazo	0	9,799,071
Valores negociables (neto)	0	673,634
Deudores por venta (neto)	10,858,103	10,258,263
Documentos por cobrar (neto)	256,916	141,093
Deudores varios (neto)	311,716	189,753
Documentos y cuentas por cobrar empresas relacionadas	4,214,178	1,841,962
Existencias (neto)	839,315	566,776
Impuestos por recuperar	4,660	0
Gastos pagados por anticipado	136,834	64,859
Impuestos diferidos	175,875	51,792
Otros activos circulantes	6,729,038	12,470,104
Total Activos Circulantes	**23,611,752**	**36,129,437**
Terrenos	12,329,207	12,265,228
Construcción y obras de infraestructura	420,092,051	387,465,893
Maquinarias y equipos	27,831,209	17,018,153
Otros activos fijos	7,819,804	6,717,085
Depreciación acumulada	(236,093,875)	(227,864,948)
Total Activos Fijos	**231,978,396**	**195,601,411**
Inversiones en empresas relacionadas	30,606,454	27,195,997
Menor valor de inversiones	37,064,570	37,924,457
Deudores a largo plazo	4,313,144	4,412,781
Impuestos diferidos a largo plazo	326,548	559,446
Intangibles	8,145,448	4,458,390
Amortización intangibles	(435,499)	(299,139)
Otros	3,009,671	2,471,371
Total Otros Activos	**83,030,337**	**76,723,302**
Total Activos	**338,620,485**	**308,454,150**

Compañía de Servicios de Chile

BALANCE GENERAL

PASIVOS	DICIEMBRE 2002 M$	DICIEMBRE 2001 M$
Obligaciones con el público (bonos) con vencimiento dentro de un año	142,055	141,364
Cuentas por pagar	7,869,098	13,576,098
Documentos por pagar	18,810	0
Acreedores varios	111,778	51,038
Documentos y cuentas por pagar empresas relacionadas	20,352,024	4,443
Provisiones	5,646,173	5,212,215
Retenciones	1,483,689	648,258
Impuesto a la renta	189,519	693,988
Ingresos percibidos por adelantado	233,136	83,194
Total Pasivos Circulantes	**36,046,281**	**20,410,598**
Obligaciones con el público (bonos)	28,138,101	28,127,874
Documentos por pagar a largo plazo	748,749	65,638
Acreedores varios a largo plazo	441,736	9,145
Provisiones a largo plazo	3,356,169	3,382,544
Otros pasivos a largo plazo	210,329	127,514
Total Pasivos a Largo Plazo	**32,895,085**	**31,712,714**
Capital pagado	245,299,698	243,158,382
Reserva revalorización capital	3,188,896	5,349,484
Reservas futuros dividendos	116,832	85,924
Utilidad (pérdida) del ejercicio	21,073,695	17,646,475
Dividendos provisorios (menos)	0	(9,909,427)
Total Patrimonio	**269,679,120**	**256,330,838**
Total Pasivos y Patrimonio	**338,620,485**	**308,454,150**

Compañía de Servicios de Chile

ESTADOS DE RESULTADOS

	DICIEMBRE 2002	DICIEMBRE 2001
	M$	M$
Ingresos de explotación	51,976,332	43,996,541
Costos de explotación (menos)	(16,145,817)	(13,743,130)
Margen de explotación	**35,830,515**	**30,253,411**
Gastos de administración y ventas (menos)	(13,539,738)	(11,811,750)
RESULTADO DE EXPLOTACION	**22,290,777**	**18,441,661**
Ingresos financieros	1,297,587	1,865,623
Utilidad inversiones empresas relacionadas	3,277,301	2,241,383
Otros ingresos fuera de explotación	758,663	328,003
Pérdida inversión empresas relacionadas	(636)	(18,143)
Amortización menor valor de inversiones	(1,587,586)	(1,529,384)
Gastos financieros	(827,443)	(49,317)
Otros egresos fuera de explotación	(199,990)	(105,571)
Corrección monetaria	(137,006)	(598,938)
Diferencias de cambio	11,525	198,093
RESULTADO FUERA DE EXPLOTACION	**2,592,415**	**2,331,749**
RESULTADO ANTES DE IMPUESTO A LA RENTA	**24,883,192**	**20,773,409**
Impuesto a la renta	(3,809,498)	(3,126,935)
UTILIDAD (PERDIDA) ANTES INTERES MINORITARIO	**21,073,695**	**17,646,475**
Interés minoritario		
UTILIDAD (PERDIDA) DEL EJERCICIO	**21,073,695**	**17,646,475**

Compañía de Servicios de Chile

ESTADO DE FLUJO DE EFECTIVO

	DICIEMBRE 2002 M$	DICIEMBRE 2001 M$
Recaudación de deudores por ventas	66,012,914	54,138,780
Ingresos financieros percibidos	535,036	969,189
Dividendos y otros repartos percibidos	1,245,635	1,307,886
Otros ingresos percibidos	274,060	202,712
Pago a proveedores y personal	(24,461,849)	(19,736,924)
Intereses pagados	(1,121,378)	(14,530)
Impuesto a la renta pagado	(4,208,985)	(3,348,993)
Otros gastos pagados	(53,665)	(45,702)
I.V.A. y otros similares pagados	(4,209,321)	(2,229,029)
TOTAL FLUJO DE LA OPERACION	**34,012,445**	**31,243,388**
Obligaciones con el público	0	26,542,057
Otras fuentes de financiamiento	574,272	0
Pago de dividendos	(17,506,461)	(24,376,549)
Pago de préstamos	0	(647,226)
Otros desembolsos por financiamiento	0	(45,719)
TOTAL FLUJO DE FINANCIAMIENTO	**(16,932,190)**	**1,472,564**
Ventas de activo fijo	230,576	75,421
Recaudación de otros préstamos a empresas relacionadas	251,255	0
Incorporación de activos fijos	(27,679,719)	(32,003,829)
Pago de intereses capitalizados	(584,716)	0
Inversiones permanentes	(3,689,189)	(4,456)
Otros préstamos a empresas relacionadas	(675,656)	(37,224)
Otros desembolsos de inversión	(3,231,872)	(255,916)
FLUJO NETO ORIGINADO POR ACTIVIDADES DE INVERSION	**(35,379,320)**	**(32,226,004)**
FLUJO NETO TOTAL DEL PERIODO	**(18,299,065)**	**489,947**
Efecto de la inflación sobre el efectivo y efectivo equivalente	354,250	(134,191)
VARIACION NETA DEL EFECTIVO Y EFECTIVO EQUIVALENTE	**(17,944,815)**	**355,756**
SALDO INICIAL DE EFECTIVO Y EFECTIVO EQUIVALENTE	24,711,164	22,561,939
SALDO FINAL DE EFECTIVO Y EFECTIVO EQUIVALENTE	**6,766,349**	**22,917,695**

Compañía de Servicios de Chile

CONCILIACION FLUJO-RESULTADOS

	DICIEMBRE 2002 M$	DICIEMBRE 2001 M$
Utilidad (pérdida) del ejercicio	**21,073,695**	**17,646,475**
(Utilidad) pérdida en venta de activos fijos	(145,892)	(24,212)
(Utilidad) pérdida en venta de otros activos	-	(100)
Resultado en venta de activos	**(145,892)**	**(24,312)**
Depreciación del ejercicio	9,028,387	7,319,648
Amortización de intangibles	108,293	80,133
Castigos y provisiones	756,324	642,457
Utilidad devengada en inversiones en empresas relacionadas	(3,277,301)	(2,241,383)
Pérdida devengada en inversiones en empresas relacionadas	636	18,143
Amortización menor valor de inversiones	1,587,586	1,529,384
Corrección monetaria neta	137,006	598,938
Diferencia de cambio neto	(11,525)	(198,093)
Otros cargos a resultado que no representan flujo de efectivo	152,985	7,928
Cargos (abonos) a resultado que no representan flujo de efectivo	**8,482,391**	**7,757,154**
Deudores por ventas	2,332,939	1,134,848
Existencias	(247,786)	231,486
Otros activos	1,396,952	1,496,280
Variación de activos que afectan al flujo de efectivo (aumentos) disminuciones	**3,482,105**	**2,862,615**
Cuentas por pagar relacionadas con el resultado de la explotación	(2,173,373)	(1,143,935)
Intereses por pagar	(431,415)	57,065
Impuesto a la renta por pagar (neto)	(269,053)	(212,141)
Otras cuentas por pagar relacionadas con el resultado fuera de explotación	131,008	140,291
I.V.A. y otros similares por pagar (neto)	3,862,979	4,160,176
Variación de pasivos que afectan al flujo de efectivo aumentos (disminuciones)	**1,120,146**	**3,001,456**
Utilidad (pérdida) del interés minoritario	**0**	**0**
Flujo neto originado por actividades de la operación	**34,012,445**	**31,243,388**

Compañía de Servicios Colombianos
BALANCES GENERALES AL 31 DE DICIEMBRE DE 2002 Y 2001
(Expresados en miles de pesos)

ACTIVO	2002	2001
ACTIVO CORRIENTE		
Efectivo y equivalentes de efectivo	7,555,463	9,542,783
Deudores, neto	150,041,788	77,939,083
Inventarios, neto	23,262,980	19,316,181
Diferidos, neto	910,308	7,981,684
Total activo corriente	181,770,539	114,779,731
INVERSIONES		10,010,625
ANTICIPOS A CONTRATISTAS	1,120,061	1,161,506
PROPIEDAD, PLANTA Y EQUIPO, NETO	269,659,482	215,502,099
CREDITO MERCANTIL	384,412,300	353,271,508
INTANGIBLES, NETO	407,965,926	387,009,765
CARGOS DIFERIDOS, NETO	125,856,654	160,348,219
OTROS ACTIVOS	3,645,025	1,458,998
VALORIZACIONES	68,566,106	58,090,706
TOTAL ACTIVO	1,442,996,092	1,301,633,158
CUENTAS DE ORDEN	220,353,073	834,206,405

PASIVO Y PATRIMONIO

	2002	2001
PASIVO CORRIENTE		
Obligaciones financieras	16,970,298	53,326,649
Porción corriente de obligaciones financieras a largo plazo	153,292,051	15,193,056
Cuentas por pagar	65,950,087	58,061,468
Impuestos, gravámenes y tasas	2,997,485	1,343,300
Obligaciones laborales	1,371,274	1,424,800
Pasivos estimados y provisiones	56,000,030	47,557,665
Otros pasivos	12,018,324	5,693,025
Total pasivo corriente	308,599,548	182,599,964
OBLIGACIONES FINANCIERAS A LARGO PLAZO	425,234,185	664,395,837
OTROS PASIVOS A LARGO PLAZO	80,230,522	
TOTAL PASIVO	814,064,255	846,995,801
PATRIMONIO DE LOS ACCIONISTAS	628,931,837	454,637,357
TOTAL DEL PASIVO Y PATRIMONIO	1,442,996,092	1,301,633,158
CUENTAS DE ORDEN	220,353,073	834,206,405

Compañía de Servicios Colombianos

ESTADO DE RESULTADOS
POR LOS AÑOS TERMINADOS AL 31 DE DICIEMBRE DE:
(Expresado en miles de pesos)

	2002	2001
INGRESOS		
Servicios de transporte		
Servicios	252,355,140	188,314,690
Venta de equipos	35,703,903	12,891,343
Otros	13,383,523	9,060,316
Total ingresos	301,442,567	210,266,349
COSTOS DE VENTAS		
Servicio de transporte	52,459,554	47,872,729
Venta de equipos	92,742,730	17,129,200
Amortización de equipos	8,960,675	5,018,326
Total costo de ventas	154,162,959	70,020,256
UTILIDAD BRUTA	**147,279,608**	**140,246,094**
GASTOS OPERACIONALES		
Ventas	48,368,639	32,472,239
Administración	49,653,115	53,316,634
Tecnología	23,879,872	18,983,638
Amortización crédito mercantil comprado	29,536,772	8,914,949
Depreciación	32,887,728	28,668,877
Total gastos operacionales	184,326,126	142,356,337
PERDIDA OPERACIONAL	**(37,046,519)**	**(2,110,243)**
OTROS INGRESOS (GASTOS)		
Intereses, neto	(83,917,503)	(103,703,039)
Utilidad en venta de activos	(15,716,348)	(16,503,269)
Diferencia en cambio, neta	(41,093,090)	(30,961,235)
Otros (Nota 18)	(17,246,891)	(47,848,799)
Total otros gastos	(157,973,833)	(199,016,342)
CORRECCION MONETARIA	44,937,056	59,326,898
PERDIDA ANTES DE IMPUESTO A LA RENTA	**(150,083,296)**	**(141,799,687)**
IMPUESTO A LA RENTA	(9,528,590)	(6,277,467)
PERDIDA NETA DEL EJERCICIO	**(159,611,886)**	**(148,077,153)**
PERDIDA NETA POR ACCION	**(0.42)**	**(0.62)**

Compañía de Servicios Colombianos

ESTADO DE CAMBIOS EN EL PATRIMONIO
Expresado en miles de pesos

	Capital Social	Superávit de Capital	Warrants (Derechos)	Superávit (Método Participación)	Reservas	Revalorización del Patrimonio	Pérdidas Acum.	Superávit por Valorizaciones	Total Patrimonio
Saldo al 31 de Diciembre de 2000	142,324,057	152,898,683	188,808,048	8,371,405	4,658,778	136,694,048	(352,491,823)	40,056,411	321,319,606
Aumento de capital	58,516,045	158,306,486							216,822,531
Movimiento del año				18,796,467					18,796,467
Ajuste por inflación						27,741,610			27,741,610
Superávit por valorización								18,034,296	18,034,296
Pérdida neta del ejercicio							(148,077,153)		(148,077,153)
Saldo al 31 de Diciembre de 2001	200,840,102	311,205,169	188,808,048	27,167,872	4,658,778	164,435,658	(500,568,976)	58,090,706	454,637,357
Aumento de capital	75,498,527	209,040,507							284,539,034
Movimiento del año				934,976					934,976
Ajuste por inflación						37,956,956			37,956,956
Superávit por valorización								10,475,400	10,475,400
Pérdida neta del ejercicio							(159,611,886)		(159,611,886)
Saldo al 31 de diciembre de 2002	276,338,629	520,245,676	188,808,048	28,102,848	4,658,778	202,392,614	(660,180,862)	68,566,106	628,931,837

Compañía de Servicios Colombianos
ESTADO DE FLUJO DE EFECTIVO
POR LOS AÑOS TERMINADOS EN 31 DE DICIEMBRE DE 2002 Y 2001
Expresado en miles de pesos

	2002	2001
FLUJOS DE EFECTIVO ORIGINADO DE LAS ACTIVIDADES DE OPERACION		
Pérdida neta del ejercicio	(159,611,886)	(148,077,153)
Ajustes para conciliar la pérdida neta con el efectivo neto utilizado por las operaciones:		
Depreciación	32,887,728	28,668,877
Amortización de equipos	8,960,675	3,809,225
Amortización de diferidos	77,320,825	45,800,613
Amortización de bienes entregados en comodato	463,618	404,237
Amortización crédito mercantil comprado	29,536,772	8,914,948
Pérdida método de participación	15,816,301	40,341,772
Corrección monetaria	(44,937,056)	(59,326,898)
Pérdida en cambio no realizada	2,025,891	9,767,490
Provisión y ajustes a propiedad, planta y equipo	(1,517,848)	7,859,798
Intereses sobre bonos capitalizados	0	38,562,404
Adiciones a cargos diferidos	(9,138,234)	(25,193,932)
Cambios en activos y pasivos operacionales		
Deudores, neto	(40,543,906)	(5,776,445)
Inventarios, neto	(3,946,799)	(8,890,186)
Gastos pagados por anticipado	(737,744)	1,997,954
Cuentas por pagar	17,193,826	(4,798,957)
Impuestos, gravámenes y tasas	1,654,184	(4,050,056)
Obligaciones laborales	(53,526)	243,981
Pasivos estimados	8,442,364	21,159,543
Otros pasivos	6,325,299	20,875
Efectivo neto provisto (utilizado) por las actividades de operación	**(59,859,514)**	**(48,561,908)**
FLUJOS DE EFECTIVO DE LAS ACTIVIDADES DE FINANCIACION		
Incremento (disminución) de obligaciones financieras a corto plazo	(36,356,352)	16,745,713
Pagos de obligaciones financieras a largo plazo	(139,524,574)	(128,079,071)
Suscripción de acciones	270,464,110	216,822,531
Depósitos recibidos para futura suscripción	80,230,522	0
Préstamos obtenidos a largo plazo	13,688,438	7,932,732
Efectivo neto provisto por las actividades de financiación	**188,502,144**	**113,421,905**

Compañía de Servicios Colombianos
ESTADO DE FLUJO DE EFECTIVO
POR LOS AÑOS TERMINADOS EN 31 DE DICIEMBRE DE 2002 Y 2001
Expresado en miles de pesos

	2002	2001
FLUJOS DE EFECTIVO DE LAS ACTIVIDADES DE INVERSION		
Compra de propiedades, planta y equipo	(65,507,621)	(23,883,049)
Anticipo para adquisición de acciones	(31,558,800)	0
(Adquisición) redención de inversiones	(1,030,479)	0
Incremento de anticipos a contratistas	41,445	(843,920)
Adquisición goodwill	(32,574,495)	(260,052,133)
Cancelación inversión	0	229,293,743
Efectivo neto utilizado por las actividades de inversión	**(130,629,949)**	**(55,485,358)**
EFECTO DE REEXPRESION A PESOS CONSTANTES	0	0
EFECTIVO NETO PROVISTO (UTILIZADO) DURANTE EL AÑO	**(1,987,320)**	**9,374,639**
EFECTIVO Y EQUIVALENTES DE EFECTIVO AL PRINCIPIO DEL AÑO	**9,542,783**	**168,143**
EFECTIVO EQUIVALENTES DE EFECTIVO AL FINAL DEL AÑO	**7,555,463**	**9,542,783**

Servicios de España, S.A.
BALANCES DE SITUACION CONSOLIDADOS

	Euros		
ACTIVO	**31/12/02**		**31/12/01**
ACTIVO INMOVILIZADO	1,455,875		1,410,208
Inmovilizaciones Inmateriales	902,446		1,087,228
Gastos de establecimiento	36,239		14,145
Gastos de investigación y desarrollo	265		242
Concesiones, patentes y licencias	847,952		1,056,338
Arrendamientos financieros	598		598
Aplicaciones informáticas	42,580		23,726
Amortizaciones y provisiones	(25,189)		(7,821)
Inmovilizaciones Materiales	419,553		305,670
Terrenos y construcciones	59,582		47,580
Instalaciones	567,063		401,919
Mobiliario	38,141		20,596
Equipos informáticos	34,440		18,015
Inmovilizaciones materiales en curso	55,234		36,227
Amortizaciones y provisiones	(334,908)		(218,667)
Inmovilizaciones Financieras	133,876		17,310
Participaciones en empresas asociadas	90,637		8,799
Otras participaciones	650		1,341
Otro inmovilizado financiero	12,943		2,210
Créditos a empresas del grupo	29,788		5,099
Provisiones	(142)		(139)
FONDO DE COMERCIO DE CONSOLIDACION	88,945		38,885
GASTOS A DISTRIBUIR EN VARIOS EJERCICIOS	2,749		2,849
ACTIVO CIRCULANTE	445,558	0	248,908
Existencias	17,361		15,372
Existencias	19,273		16,402
Anticipos	810		177
Provisiones	(2,722)		(1,207)
Deudores	173,746		118,377
Clientes	121,958	0	91,421
Empresas del grupo	46,338		33,894
Deudores varios	3,726		1,767
Personal	317		281
Administraciones Públicas	30,218		10,068
Provisiones para insolvencias	(28,812)		(19,054)
Inversiones Financieras Temporales	246,094		96,210
Créditos a empresas del grupo	236,079		90,853
Otros créditos	10,015		5,356
Tesorería	5,713		14,194
Ajustes por Periodificación	2,644		4,756
TOTAL GENERAL	1,993,127		1,700,850

Servicios de España, S.A.

BALANCES DE SITUACION CONSOLIDADOS

	Euros	
PASIVO	**31/12/02**	**31/12/01**
FONDOS PROPIOS	**599,092**	**425,547**
Capital suscrito	171,568	152,943
Prima de emisión	351,691	252,000
Otras reservas de la sociedad dominante	(8,401)	0
Reservas Sociedades Consolidadas	35,242	20,759
Diferencias de conversión de consolidación	(30,428)	(6,237)
Pérdidas y ganancias	79,421	6,082
SOCIOS EXTERNOS	95,866	191,905
INGRESOS A DISTRIBUIR EN VARIOS EJERCICIOS	2,767	4,812
PROVISIONES PARA RIESGOS Y GASTOS	2,455	2,774
ACREEDORES A LARGO PLAZO	431,997	242,074
Deudas con entidades de crédito	31,750	44,695
Deudas con empresas del grupo	149,834	107,902
Otras deudas	240,763	88,239
Administraciones Públicas	9,650	1,239
ACREEDORES A CORTO PLAZO	860,950	833,738
Emisiones	8,521	0
Deudas con entidades de crédito	31,306	24,471
Préstamos y otras deudas	30,301	22,326
Deuda por intereses	1,005	2,145
Deudas con empresas del grupo	603,068	427,927
Acreedores comerciales	159,545	114,930
Otras deudas no comerciales	53,787	256,178
Administraciones Públicas	36,049	11,056
Otras deudas no comerciales	17,738	245,123
Ajustes por periodificación	4,722	10,232
TOTAL GENERAL	1,993,127	1,700,850

Servicios de España, S.A.

CUENTA DE PERDIDAS Y GANANCIAS CONSOLIDADAS

	Euros	
	31/12/02	31/12/01
GASTOS		
Reducción de existencias	2,069	2,779
Aprovisionamientos	149,269	34,900
Compras	63,948	13,001
Compras a empresas del grupo	215	18
Trabajos realizados	85,106	21,881
Gastos de personal	42,269	7,030
Dotaciones para amortizaciones de inmovilizado	99,569	18,953
Material	81,585	16,649
Inmaterial	13,806	1,715
Gastos amortizables	4,179	589
Variación de las provisiones de tráfico	17,759	2,089
Variación de provisiones por insolvencias	17,759	2,089
Otros gastos de explotación	205,310	47,092
Beneficios de explotación	166,119	23,928
Gastos financieros	18,395	3,934
Otros gatos financieros	10,600	2,509
Diferencias de cambio	26,478	3,472
Resultado financiero positivo	0	0
Participación en pérdidas de empresas puestas en equivalencia	9,610	3,004
Amortización del fondo de comercio de consolidación	4,302	522
Beneficio de las actividades ordinarias	128,440	15,483
Variación de las provisiones de la cartera de control	30	472
Pérdidas procedentes del inmovilizado	6,216	1,235
Pérdidas por enajenación de sociedades consolidadas	0	93
Gastos y péridadas extraordinarias	4,675	2,601
Resultado extraordinario positivo	0	0
Beneficio consolidado antes de impuestos	124,711	11,551
Impuesto sobre los beneficios	49,056	6,229
Beneficio consolidado del ejercicio	75,655	5,322
Resultado atribuido a socios externos	3,946	400
Resultado del ejercicio atribuido a la sociedad dominante	79,421	6,082

Servicios de España, S.A.

	Euros	
	31/12/02	**31/12/01**
INGRESOS		
Ventas netas y prestaciones de servicios	667,567	133,975
Trabajos de la empresa para el inmovilizado	10,288	1,596
Otros ingresos de explotación	4,510	1,198
Ingresos accesorios y otros de gestión corriente con empresas del grupo	479	0
Ingresos accesorios y otros de gestión corriente	3,112	1,082
Exceso de provisiones de riesgos y gastos	919	116
Pérdidas de explotación	0	0
Ingresos de participaciones en capital	2,051	0
En empresas del grupo	2,051	0
Ingresos de otros valores y créditos	11,041	3,846
En empresas del grupo	8,039	1,654
En otras empresas	3,002	2,191
Diferencias positivas de cambio	18,540	1,150
Resultados financieros negativos	23,840	4,920
Participación en beneficios de empresas puestas en equivalencia	74	1
Pérdidas de las actividades ordinarias	0	0
Beneficios en enajenación de inmovilizado	106	133
Subvenciones de capital	34	13
Ingresos extraordinarios	7,052	323
Resultados extraordinarios negativos	3,729	3,932
Pérdidas antes de impuestos	0	0
Resultado del ejercicio (Pérdidas)	0	0
Resultado atribuido a los socios externos	7,711	1,160
Resultado del ejercicio (Pérdidas)	0	0

Servicios de México
ESTADOS CONSOLIDADOS DE SITUACION FINANCIERA
Al 31 de diciembre del 2002 y 2001
(En miles de pesos de poder adquisitivo al 31 de diciembre de 2002 y 2001)

	2002	2001
ACTIVO		
Activo Circulante:		
Efectivo e inversiones temporales	2,379,788	3,710,162
Valores negociables	189,253	95,976
Cuentas por cobrar, neto	5,423,035	5,982,013
Pagos anticipados	385,318	407,210
Suma el activo circulante	8,377,393	10,195,360
Propiedades, planta y equipo, neto	30,902,684	30,025,481
Inventarios, destinados a la obra en curso	512,791	687,761
Obras en curso	164,334	174,390
Inversiones permanentes	289,215	569,669
Activo intangible	2,044,288	2,325,403
Crédito mercantil, neto	75,278	244,977
Suma el activo	42,365,982	44,223,043
PASIVO Y CAPITAL CONTABLE		
Pasivo Circulante:		
Deuda a corto plazo y porción circulante de la deuda a largo plazo	4,721,574	12,435,984
Cuentas por pagar y pasivos acumulados	4,672,936	3,714,158
Impuestos por pagar	336,024	193,943
Suma el pasivo circulante	9,730,534	16,344,084
Deuda a largo plazo	14,108,683	8,539,799
Pensiones y primas de antigüedad	1,437,407	1,830,495
Impuestos diferidos	3,111,424	3,212,081
Créditos diferidos	272,164	357,523
Suma el pasivo	28,660,211	30,283,983
CAPITAL CONTABLE		
Interés mayoritario		
Capital Social:		
Histórico	88,863	94,568
Complemento por actualización	7,138,957	7,476,138
	7,227,820	7,570,706
Prima en venta de acciones	2,803,326	2,803,326
Utilidades acumuladas:		
De años anteriores	15,930,865	13,638,737
Del año	6,343,412	7,461,658
	22,274,276	21,100,395
Otras partidas de utilidad integral acumuladas	(18,599,651)	(17,535,366)
Suma el capital contable	13,705,771	13,939,060
Suman el pasivo y el capital contable	42,365,982	44,223,043

Servicios de México

ESTADOS CONSOLIDADOS DE RESULTADOS
Al 31 de diciembre del 2002 y 2001
(En miles de pesos, excepto utilidades por acción, de poder adquisitivo
al 31 de diciembre de 2002)

	2002	2001
Ingresos de operación:		
Servicios locales	14,153,294	13,308,968
Servicios en el exterior	14,210,850	13,955,859
Otros	1,596,930	1,505,565
	29,961,074	28,770,392
Costos y gastos de operación:		
Costo de venta y servicios	9,174,267	8,155,318
Comerciales, administrativos y generales	4,627,212	4,651,593
Depreciación y amortización	4,659,863	4,771,773
	18,461,343	17,578,685
Utilidad de operación	**11,499,731**	**11,191,707**
Costo integral de financiamiento:		
Intereses ganados	(345,389)	(909,830)
Intereses pagados	1,889,254	2,815,763
Utilidad cambiaria, neta	(312,801)	(22,929)
Ganancia monetaria, neta	(582,223)	(966,938)
	648,840	916,067
Utilidad antes de impuesto sobre la renta y participación de los trabajadores en las utilidades	**10,850,891**	**10,275,641**
Provisiones para:		
Impuesto sobre la renta	3,585,376	2,208,912
Participación de los trabajadores en las utilidades	805,981	931,993
	4,391,357	3,140,904
Utilidad antes de la participación en los resultados de compañías asociadas	**6,459,534**	**7,134,736**
Participación en los resultados de compañías asociadas	(116,122)	(88,413)
Utilidad de operaciones continuas	**6,343,412**	**7,046,324**
Utilidad de operaciones escindidas, neta del impuesto sobre la renta y la participación de los trabajadores en las utilidades		415,334
Utilidad neta	**6,343,412**	**7,461,658**
Utilidad neta por acción de utilidades continuas		
Básica	**1.67**	**1.71**
Diluida	**1.56**	**1.62**
Utilidad neta por acción		
Básica	**1.67**	**1.81**
Diluida	**1.56**	**1.71**

Servicios de México

ESTADOS CONSOLIDADOS DE CAMBIOS EN LA SITUACION FINANCIERA

(En miles de pesos de poder adquisitivo al 31 de diciembre de 2002)

	2002	2001
Operación:		
Utilidad neta	6,343,412	7,461,658
Más partidas que no requirieron el uso de recursos:		
Depreciación	4,523,272	4,679,904
Amortización	136,591	91,870
Impuestos diferidos	729,545	503,730
Participación en los resultados de compañías asociadas	116,122	88,413
Utilidad de operaciones escindidas		(415,334)
Ajuste en el valor de inversiones permanentes	238,037	
Cambios en activos y pasivos de operación		
Decremento (incremento) en:		
Cuentas por cobrar	558,978	(1,026,000)
Pagos anticipados	10,468	(141,079)
Incremento (decremento) en:		
Pensiones y primas de antigüedad		
Reserva	960,352	954,837
Aportaciones al fondo en fideicomiso	(1,321,641)	(509,516)
Pagos directos al personal	(821,074)	(703,539)
Cuentas por pagar y pasivos acumulados	958,778	967,688
Impuestos por pagar	138,875	(362,198)
Créditos diferidos	(85,359)	203,687
Recursos generados por la operación	**12,486,355**	**11,794,121**
Financiamiento:		
Nuevos préstamos	18,976,672	16,890,521
Pagos de préstamos	(19,686,322)	(9,596,598)
Efecto de la variación de la deuda a pesos constantes y de la fluctuación cambiaria	(1,435,876)	(1,330,690)
Disminución del capital social y utilidades acumuladas por compra de acciones propias	(3,703,153)	(6,661,490)
Pago de dividendos	(1,809,262)	(1,892,714)
Recursos utilizados en actividades de financiamiento	**(7,657,942)**	**(2,590,972)**
Inversión:		
Planta, propiedades y equipo	(6,195,088)	(4,983,643)
Inventarios	211,705	(84,414)
Compañías asociadas	(34,343)	(385,025)
Compañías subsidiarias		(58,525)
Otras inversiones	(141,062)	(43,661)
Recursos utilizados en actividades de inversión	**(6,158,787)**	**(5,555,267)**
Cambio neto en activos y pasivos de operaciones escindidas		(1,807,602)
(Disminución) aumento de efectivo e inversiones temporales	**(1,330,374)**	**1,840,280**
Efectivo e inversiones temporales al principio del año	3,710,162	1,869,882
Efectivo e inversiones temporales al final del año	**2,379,788**	**3,710,162**

American Services, Corp.

CONSOLIDATED BALANCE SHEETS
(In thousands, except per share data)

	December 31,	
	2001	**2002**
Current assets:		
Cash and equivalents	202,874	215,754
Short-term investments	108,324	231,543
Marketable equity securities	3,857	2,229
Accounts receivable, net	140,767	104,374
Deferred income taxes	16,693	15,695
Prepaids and other	25,063	21,733
Total current assets	**497,577**	**591,328**
Property and equipment, net	51,195	95,375
Goodwill, net	11,558	19,675
Intangible assets, net	542	5,130
Other assets	14,237	15,364
Deferred income taxes	8,561	14,236
Total assets	**583,670**	**741,108**
Current liabilities:		
Accounts payable	6,511	3,887
Accrued expenses	95,893	95,399
Deferred revenue	54,681	65,075
Total current liabilities	**157,085**	**164,360**
Convertible subordinated debentures	81,000	81,000
Total liabilities	**238,085**	**245,360**
Commitments and Contingencies		
Stockholders' equity:		
Common stock; $0.001 par value; 800,000 and 2,000,000 shares authorized, respectively; 442,392 and 466,950 shares issued and outstanding, respectively	119	126
Additional paid-in capital	286,902	366,504
Notes receivable from stockholders	(438)	(114)
Deferred compensation	(4,104)	(2,258)
Accumulated other comprehensive income	2,019	1,667
Retained earnings	61,087	129,822
Total stockholders' equity	**345,585**	**495,748**
Total liabilities and stockholders' equity	**583,670**	**741,108**

American Services, Corp.

CONSOLIDATED STATEMENTS OF OPERATIONS
AND COMPREHENSIVE INCOME
(In thousands, except per share data)

	December 31,	
	2001	2002
Professional services	300,983	287,717
Maintenance and other	183,770	265,351
Total revenues	484,754	553,068
Professional services	(4,674)	(2,672)
Maintenance and other	(115,144)	(154,143)
Total cost of revenues	(119,818)	(156,814)
Gross margin	364,936	396,254
Product development	(39,289)	(53,630)
Sales and marketing	(185,925)	(198,425)
General and administrative	(42,782)	(47,571)
Merger related expenses	(9,856)	0
Total operating expenses	(277,852)	(299,626)
Operating income	87,084	96,628
Other income, net	16,706	12,475
Income before income taxes	103,791	109,103
Income taxes	(43,878)	(40,367)
Net income	59,913	68,735
Accretion of preferred stock	(26,664)	0
Net income available to common stockholders'	33,249	68,735
Diluted net income per common share	0.07	0.13
Basic net income per common share	0.09	0.16
Shares used in diluted share computation	467,907	522,321
Shares used in basic share computation	387,867	423,067
Net income	59,913	68,735
Other comprehensive income (loss), net of tax:		
Foreign currency translation adjustments	496	(874)
Realized (gain) loss previously recognized in other		
comprehensive income	(16,443)	(918)
Unrealized gains (loss) on investments	(4,710)	1,440
Other comprehensive income (loss)	(20,657)	(352)
Total comprehensive income	39,255	68,383

American Services, Corp.
CONSOLIDATED STATEMENTS OF STOCKHOLDERS' EQUITY
(In thousands)

	Preferred Stock Shares	Preferred Stock Amount	Common stock Shares	Common stock Amount	Additional paid-in capital	Notes receivable from stockholders	Deferred compensation	Accumulated other comprehensive income	Retained earnings	Total stockholders' equity
Balances, December 31, 2000	482	1	101,311	101	68,136	(132)	(123)	(282)	13,047	80,748
Issuance of common stock under Employee Stock Option Plans			5,806	6	16,022	(16)				16,012
Issuance of common stock under Employee Stock Purchase Plans			450	1	4,248					4,249
Issuance of common stock, other			121		1,135					1,135
Repurchase of common stock			(154)		(762)					(762)
Termination of put provision of redeemable common stock warrants					87					87
Issuance of Series A and B convertible preferred stock	279				2,878					2,878
Issuance of warrants in connection with license agreements					1					1
Tax benefit from stock options					24,753					24,753
Deferred compensation related to stock options					1,154		(1,154)			0
Amortization of deferred compensation related to stock options							319			319
Change in net and realized gain on short-term investments, net of taxes of $51,279								22,590		22,590
Currency translation adjustment, net of taxes of $837								369		369
Subchapter S distributions									(562)	(562)
Conversion of convertible notes to common stock			348		1,868					1,868
Issuance of common stock related to acquisitions			867	1	5,022					5,023
Accretion of mandatory redeemable convertible preferred stock									(14,354)	(14,354)
Net income									29,707	29,707
Balances, December 31, 2001	761	1	108,750	109	124,543	(148)	(959)	22,677	27,838	174,060

American Services, Corp.

CONSOLIDATED STATEMENTS OF STOCKHOLDERS' EQUITY

(In thousands)

	Preferred Stock		Common stock		Additional paid-in capital	Notes receivable from stockholders	Deferred compensation	Accumulated other comprehensive income	Retained earnings	Total stockholders' equity
	Shares	Amount	Shares	Amount						
Issuance of common stock under Employee Stock Option Plans			7,964	8	39,793	(311)				39,490
Issuance of common stock under Employee Stock Purchase Plans			239		10,824					10,824
Issuance of common stock, other			102		767					767
Issuance of common stock for services rendered			9		519					519
Repurchase of common stock which was subject to vesting			(6)		(4)					(4)
Issuance of Series C convertible preferred stock	188				5,393					5,393
Issuance of warrants in connection with license agreements					318					318
Tax benefit from stock options					50,116					50,116
Deferred compensation related to stock options					6,563		(6,563)			
Forfeiture of stock options issued below fair value					(315)		315			
Amortization of deferred compensation related to stock options							3,103			3,103
Change in net and realized gain on short-term investments, net of taxes of $47,938								(21,153)		(21,153)
Currency translation adjustment, net of taxes of $1,125						21		496		517
Repayments of stockholders notes			1,437	1	48,386					48,388
Conversion of mandatory redeemable convertible preferred stock			949	1						1
Conversion of Series A, Series B, and Series C convertible preferred stock	(949)	(1)								(1)

American Services, Corp.
CONSOLIDATED STATEMENTS OF STOCKHOLDERS' EQUITY
(In thousands)

	Preferred Stock — Shares	Preferred Stock — Amount	Common stock — Shares	Common stock — Amount	Additional paid-in capital	Notes receivable from stockholders	Deferred compensation	Accumulated other comprehensive income	Retained earnings	Total stockholders' equity
Accretion of mandatory redeemable convertible preferred stock									(26,664)	(26,664)
Net income									59,913	59,913
Balances, December 31, 2002	**0**	**(0)**	**119,446**	**119**	**286,902**	**(438)**	**(4,104)**	**2,019**	**61,087**	**345,585**
Issuance of common stock under Employee Stock Option Plans			5,561	6	29,184					29,190
Issuance of common stock under Employee Stock Purchase Plans			397		13,036					13,036
Repurchase of common stock which was subject to vesting			(39)		(64)					(64)
Tax benefit from stock options					14,526					14,526
Forfeiture of stock options issued below fair value					(797)		797			
Amortization of deferred compensation related to stock options					(30)		1,426			1,396
Change in net and realized gain on short-term investments net of taxes of $1,185								522		522
Currency translation adjustment, net of taxes $1,985								(874)		(874)
Issuance of common stock related to acquisitions			101		7,263					7,263
Exchange of the companies options to acquisitions					360					360
Issuance of common stock related to acquisitions			610	2	15,772					15,774
Exchange of the Companies' options										
Deferred compensation related to restricted stock and stock options issued					353		(377)			(25)
Repayment of stockholders notes						324				324
Net income									68,735	68,735
Balances December 31, 2002	**0**	**(0)**	**126,077**	**127**	**366,504**	**(114)**	**(2,258)**	**1,667**	**129,822**	**495,748**

American Services, Corp.
CONSOLIDATED STATEMENTS OF CASHFLOWS
(In thousands)

December 31,	2001	2002
Net income	59,913	68,735
Adjustments to reconcile net income to net cash provided by operating activities:		
Compensation related to stock options, net	3,103	1,396
Compensation related to stock warrants	0	0
Depreciation and other amortization	9,545	25,158
Amortization of goodwill	3,973	5,411
Amortization of identifiable intangible assets	358	1,760
Exchange of software for cost-method investments	(3,528)	(262)
Loss from equity method invested	2,020	0
Deferred income taxes	(16,756)	(3,142)
Tax benefit from exercise of stock options	50,116	14,526
Loss on disposal of property and equipment	4	0
Write-down of acquired companies' assets to be disposed of	620	0
Write-down of cost-method investments to fair value	0	830
Net gains on short-term investments and marketable equity securities	(16,443)	(918)
Charitable contribution of marketable equity securities	7,749	0
Provision for doubtful accounts and returns	10,634	7,129
Changes in operating assets and liabilities:	0	0
Accounts receivable	(69,898)	29,529
Prepaids and other	(15,785)	3,698
Accounts payable and accrued expenses	62,318	(4,000)
Deferred revenue	30,473	10,261
Net cash provided by operating activities	**118,413**	**160,111**
Proceeds from sale of marketable equity securities	9,545	222
Purchases of property and equipment	(43,790)	(67,858)
Proceeds from disposal of property and equipment	7	0
Purchases of short-term investments	(131,730)	(300,511)
Sales and maturities of short-term investments	78,324	180,368
Purchases consideration pay related to acquired businesses, net of cash received	(7,887)	2,310
Other non-operating assets and non-marketable securities	(4,883)	(6,228)
Repayments from (advances to) affiliates, net	(3,338)	2,856
Net cash used in investing activities	(103,752)	(188,842)
Proceeds from issuance of common stock, net of repurchases	51,077	42,162
Proceeds from issuance of preferred stock, net of repurchases	5,393	0
Proceeds from issuance of convertible debt, net	0	0
Repayments on line of credit, net	(81)	0
Subchapter S distributions	0	0
Repayments of stockholders notes	21	324
Net cash provided by financing activities	**56,410**	**42,486**
Effect of change rate fluctuations on cash and cash equivalents	496	(874)
Change in cash and cash equivalents	**71,567**	**12,881**
Cash and cash equivalents, beginning of period	131,307	202,874
Cash and cash equivalents, end of period	**202,874**	**215,754**
Cash paid for interest	4,407	4,617
Cash paid for income taxes	4,167	5,086
Purchase price payable to acquired companies	810	0
Conversion of preferred stock into common stock	48,388	0
Convertible notes issued for acquisitions	0	0
Common stock and stock options issued for acquisitions	0	26,448

Compañía de Servicios de Venezuela

BALANCES GENERALES CONSOLIDADOS
Al 31 de diciembre del 2002 y 2001
(En millones de bolívares al 31 de diciembre de 2002 y 2001)

ACTIVO	2002	2001
Activo Circulante		
Efectivo e inversiones temporales	426	1,498
Cuentas por cobrar, netas	1,509	2,040
Existencias	1,016	1,001
Créditos fiscales por recuperar	989	679
Gastos pagados por anticipado y otros	500	362
Impuesto sobre la renta diferido	157	302
Total Activo Circulante	**4,596**	**5,882**
Efectivo restringido	1,873	1,107
Inversiones en compañías afiliadas	1,297	1,243
Propiedades, plantas y equipos, neto	17,126	16,712
Impuesto sobre la renta diferido	138	231
Otros activos	1,439	1,322
Total Activo	**26,469**	**26,496**

PASIVO Y PATRIMONIO	2002	2001
Pasivo Circulante		
Cuentas por pagar a proveedores	1,189	1,419
Deuda a corto plazo	460	274
Impuestos por pagar	545	735
Indemnizaciones y jubilaciones de trabajadores	312	147
Otros pasivos	1,143	1,202
Total Pasivo Circulante	**3,649**	**3,778**
Deuda a largo plazo	3,416	3,221
Arrendamientos financieros	54	85
Indemnizaciones y jubilaciones de trabajadores	1,457	1,291
Impuesto sobre la renta diferido	384	293
Otros pasivos	368	280
Total Pasivo	**9,327**	**8,947**
Intereses minoritarios	77	100
Patrimonio (véase estado anexo)	**17,065**	**17,449**
	26,469	**26,496**

Compañía de Servicios de Venezuela

ESTADOS CONSOLIDADOS DE RESULTADOS
Al 31 de diciembre del 2002 y 2001
(En millones de bolívares al 31 de diciembre de 2002 y 2001)

	2002	2001
Ingresos netos por servicios		
En el exterior	19,634	22,899
En Venezuela	782	1,026
Ventas de equipos	645	563
Participación patrimonial en resultados netos de compañías afiliadas	213	205
	21,275	24,693
Costos y gastos		
Compras de insumos	8,385	9,089
Gastos de operación	5,006	4,605
Gastos de explotación	80	78
Depreciación y amortización	1,207	1,380
Gastos de ventas, administración y generales	852	578
Impuestos de explotación y otros	1,730	2,294
Gastos de financiamiento	234	309
Otros egresos, neto	210	390
	17,704	18,722
Ganancia antes de impuesto sobre la renta	3,571	5,970
Impuesto sobre la renta	(1,732)	(2,644)
Intereses minoritarios	(2)	(7)
Ganancia neta	1,837	3,319

Compañía de Servicios de Venezuela
ESTADOS CONSOLIDADOS DE MOVIMIENTO DEL EFECTIVO
(En millones de bolívares)

Al 31 de diciembre de	2002	2001
Movimiento del efectivo proveniente de las actividades operacionales		
Ganancia neta	1,837	3,319
actividades operacionales:		
Depreciación y amortización	1,207	1,380
Impuesto sobre la renta diferido	277	(71)
Acumulación para indemnizaciones y jubilaciones		
de trabajadores	680	978
Participación patrimonial en resultados netos		
de compañías afiliadas	(213)	(205)
Dividendos recibidos de compañías afiliadas	130	68
Cambios en activos operacionales:		
Documentos y cuentas por cobrar	531	(283)
Existencias	(15)	(167)
Créditos fiscales por recuperar	(311)	(255)
Gastos pagados por anticipado y otros activos	(255)	(677)
Cambios en pasivos operacionales:		
Cuentas por pagar a proveedores	(230)	282
Impuesto por pagar y dividendos por pagar,		
acumulaciones y otros pasivos a corto plazo	(178)	460
Pagos de indemnizaciones y jubilaciones de trabajadores	(350)	(509)
Otros pasivos	88	88
Efectivo neto provisto por las actividades operacionales	**3,199**	**4,409**
Movimiento del efectivo proveniente de las actividades de inversión		
Adquisiciones de propiedades, plantas y equipos, neto	(1,621)	(1,143)
Efectivo restringido	(766)	(1,008)
Variación neta en inversiones	30	7
Efectivo neto usado en actividades de inversión	**(2,358)**	**(2,144)**
Movimiento del efectivo proveniente de las actividades de financiamiento		
Aumento de la deuda	694	201
Pagos de la deuda	(313)	(621)
Pagos de arrendamientos financieros	(58)	(48)
Dividendos pagados	(2,237)	(797)
Saldo al final del año		
Efectivo neto usado en las actividades de financiamiento	**(1,914)**	**(1,264)**
(Disminución) aumento neto en el efectivo y equivalentes de efectivo	**(1,073)**	**1,002**
Efectivo y equivalentes de efectivo al comienzo del año	1,498	496
Efectivo y equivalentes de efectivo al final del año	**426**	**1,498**
INFORMACION COMPLEMENTARIA		
Desembolsos de efectivo del año:		
Intereses, neto del monto registrado como activos	699	761
Impuesto sobre la renta	3,443	4,955
Transacciones que no requieren de efectivo:		
Certificados de reintegro tributario aplicados:		
Al impuesto sobre la renta por pagar	84	255
Al dividendo por pagar	-	-

Compañía de Servicios de Venezuela

ESTADOS CONSOLIDADOS DE MOVIMIENTO DE LAS CUENTAS DE PATRIMONIO
(En millones de bolivares)

	Capital social	Reservas legales y otras	Déficit — Pérdidas acumuladas	Déficit — Ganancia integral acumulada	Total
Saldos al 31 de diciembre de 1999	**17,983**	**3,481**	**(6,763)**	**(90)**	**14,611**
Ganancia integral:					
Ganancia neta de 2000			1,296		1,296
Variación en la obligación mínima adicional por jubilaciones				15	15
Total ganancia integral					1,311
Transferido a reservas		(5)	5		
Dividendos			(791)		(791)
Saldos al 31 de diciembre de 2000	**17,983**	**3,476**	**(6,253)**	**(75)**	**15,131**
Ganancia integral:					
Ganancia neta de 2001			3,319		3,319
Variación en la obligación mínima adicional por jubilaciones				(74)	(74)
Total ganancia integral					3,246
Transferido a reservas		265	(265)		
Dividendos			(928)		(928)
Saldos al 31 de diciembre de 2001	**17,983**	**3,741**	**(4,127)**	**(149)**	**17,449**
Ganancia integral:					
Ganancia neta de 2001			1,837		1,837
Ganancia neta de 2002				(24)	(24)
Total ganancia integral					1,812
Transferido a reservas		(69)	69		
Dividendos			(2,196)		(2,196)
Saldos al 30 de junio de 2002	**17,983**	**3,672**	**(4,416)**	**(173)**	**17,065**